# 문제적
# 중국사

**문제적 중국사**

지은이 김훈종
펴낸이 임상진
펴낸곳 (주)넥서스

초판 1쇄 인쇄 2024년 7월 10일
초판 1쇄 발행 2024년 7월 15일
출판신고 1992년 4월 3일 제311-2002-2호
주소 10880 경기도 파주시 지목로 5
전화 (02)330-5500 팩스 (02)330-5555

ISBN 979-11-6683-890-3 03900

www.nexusbook.com
지식의숲은 (주)넥서스의 인문교양 브랜드입니다.

# 문제적

세계사적
시각에서
바라본
중국사
66장면

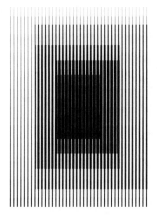

# 중국사

김훈종 지음

지식의숲

역사를 공부한다는 건 팩트에 기초한 사료를 바탕으로 상상의 나래를 펼치는 일입니다. 사료의 행간에서 해석의 근거를 찾아내고 의미를 부여하는, 숭고하고 웅숭깊으며 멋들어진 작업이죠. 그런 의미에서 제가 코흘리개 시절 읽었던 월탄 박종화의 어문각판《삼국지》는 제 인생의 물꼬를 틀어 버린 문제적 작품입니다.

이후《천자문》과《명심보감》을 붓글씨로 익히며, 중국 역사와 문화에 심취했던 저는 대학 전공도 중어중문학으로 결정했더랬지요. 반백 살이 된 지금까지《논어》,《도덕경》,《사기》등의 동양 고전은 제게 가장 친근한 벗이자 인생의 충직한 안내자입니다. 제가 읽던《삼국지》, 엄밀히 나관중의《삼국지연의》야말로 사료의 행간마다 상상을 덧칠해 만든 창작물입니다. 진수의 정사《삼국지》가 뼈대라면, 나관중은 여기에 살을 붙이고 핏줄을 돌게 하여 온기를 빚어냈죠.

중국 역사와 문화에 매료되어 심취한 채 살아가던 저는 몇 해 전 놀라운 소식을 전해 들었습니다. 제게는 대학 강단에서 중어중문학을 가르치는 친구들이 꽤나 많은데요, 요즘 중어중문학과의 인기가 영 시들하다는 겁니다. 2000년대 초중반 단과대 최고의 인기 학과에서 급전직하해 정원을 채우기도 급급한 상황이라더군요. 충격적이었습니다. 중국 문화가 더 이상 MZ 세대에게 소구 되지 못하고 있다는 현실에 뒤통수를 맞은 듯 얼얼했습니다.

사드(THAAD) 배치를 둘러싼 한중 갈등과 이어진 혐한 정서, 엄연한 우리 역사를 억지스레 중국사에 편입시키려는 동북공정, 코로나19 팬데믹 상황에 대처하는 중국 공산당의 봉쇄 일변도 정책, 대만을 언제든 침공하겠다는 야욕을 숨기지 않는 시진핑의 노골적 태도 등 어느 것 하나 마음에 들지 않죠. 요즘 세대는 물론이요, 기성세대까지 고개를 절레절레 젓게 하는 행태가 지난 수년간 이어졌으니, 중어중문학과의 인기가 수그러드는 건 어쩌면 당연한 귀결입니다.

중앙유럽아시아연구소 등 국제 연구진이 세계 56개국 국민을 대상으로 여론조사를 실시한 결과, 반중 정서가 가장 높은 나라로 우리나라가 꼽혔습니다(2022년 12월 27일 연합뉴스 기사 참고). 중국에 대해 '부정적' 혹은 '매우 부정적'이라는 답변이 81퍼센트를 차지해서, 72퍼센트로 2위인 스위스나 69퍼센트로 3위인 일본과 비교해도 꽤나 높은 수치입니다. 2015년 미국의 여론조사 기관이 조사할 당시 한국의 반중 정서는 고작 32퍼센트였으니, 요 근래 중국에 대한 부정적 여론이 급격하게 치솟고 있음을 확인할 수 있습니다. 요즘은 '반중'이라기보다 '혐중'이라는 표현이 더 적확할 정도로, 중국에 대한 인식은 악화일로입니다.

이제 중국은 한국과 '가깝고도 먼 나라'라는 달갑지 않은 타이틀을 일본과 공유하는 지경에 이르렀습니다. 비행기로 한 시간 거리인 칭다오는 중국이 가까운 이웃 국가임을 증명하지만, 정서적으로는 그 어느 때보다 우리나라와 멀어진 요즘입니다. 중국에 대한 혐오가 일상이 되어 버린 이즈음, 중국 문화를 사랑하는 제 마음 한구석에는 조금이나마 오해를 풀고 싶다는 사명감이 들었습니다. 물론 동북공정처럼 일말의 재고 없이 비판받아 마땅한 잘못도 있지만, 제대로 들여다보고 행간의 의미를 해석하면 오해가 풀릴 만한 사안도 더러 있다는 점을 인지하고 있었기 때문입니다. 중국과 우리나라 혹은 중국과 세계 각국의 관계를 이해한다면, 냉전 시대로 회귀한 듯 날선 혐중 정서가 조금은 누그러들지 않을까요. 특히나 잘 알려진 역사적 사건의 이면을 들춰 보면, 전면적 진실이 드러나게 되어 있습니다. 문제적 인물이 일으킨 문제적 사건의 속살을 톺아보는 작업이야말로 서로 간에 쌓인 앙금을 해소할 수 있는 계기가 될 것이라고 여겼습니다.

그렇다면 깊고 풍부한 역사를 자랑하는 중국사 가운데, 과연 어떤 시대를 선택해 집중해서 보아야 할까 고민되었습니다. 황하 문명의 원류가 꿈틀대는 하·상·주 시대를 조명하여 중국 문화의 원형을 알려 볼까. 아니면 유가·도가·법가 등 제자백가 사상이 백가쟁명 하며 동아시아의 사상적 맹아를 싹 틔우던 춘추전국 시대로 가 볼까. 한자(漢字)라는 단어가 웅변하듯 중국 문화의 대명사 격인 한(漢)나라 시대를 집중적으로 파 볼까. 문화가 융성하고 철학이 발달했던 송나라의 시대상을 들여다봐야 할까. 여러 고민이 스쳐 지나갔지만, 중국 자국사가 대부분인 이 시기보다는 원나라 이후 세계 각국과 활발하게 교섭하는 중국의 민낯이야말로 퇴행적 한중 관계를 되살리는 단초가 될 수 있다고 판단했습니다. 우리나라의 역사를 톺아보려면 동아시아사 전체의 맥락을 읽어 내야 합니다. 마찬가지로 중국의 역사를 제대로 이해하려면, 급변하는 세계정세 흐름 속에서 좌충우돌하는 중국의 모습을 살펴봐야 합니다.

19세기 조선으로 거슬러 올라가, 예를 하나 들어 볼까요? 1882년 6월 9일, 흙먼지를 날리며 돈화문을 밀어젖히고 경복궁에 진입한 군인들은 밀린 봉급을 달라고 무력시위를 했습니다. 임오군란이었죠. 조선은 사실상 임오군란을 기점으로 망국에 접어들었다고 평가받습니다. 문제적 사건 임오군란을 분석할 때, 병사들의 처우를 둘러싼 신식 군대와 구식 군대의 갈등에만 초점을 맞추어 그저 흥선대원군과 고종 간에 벌어진 헤게모니 다툼으로만 해석한다면 행간의 숨은 의미를 제대로 파악하지 못한 겁니다. 결과론적인 이야기지만, 임오군란으로 인해 청나라와 일본의 군대가 조선 땅에 주둔하게 되었습니다. 불평등조약이 낳은 비극적 결말이죠. 임진왜란과 병자호란 이후 300년 가까이 유지되던 조선의 평화는 송두리째 박살 나고, 백성은 대규모 외국 군대가 저잣거리에서 버젓이 활보하는 모습을 지켜봐야 했습니다.

당시 청나라 군대의 무력을 앞세워 조선의 내정 간섭을 시도한 인물이 바로 위안스카이입니다. 한 사람이 나라 하나를 망하게 하는 일도 드문데, 그는 조선과 청나라를 동시에 망국의 길로 접어들게 한 문제적 인물입니다. 임오군란의 역사적 함의를 입체적으로 조망하려면 위안스카이의 행적을 돌아봐야 하고, 그가 황제를 참칭하다 결국 청나라를 서구 열강에게 헌납한 과정까지 시야를 넓혀야 합니다. 그제야 비로소 우리는 임오군란의 세계사적 맥락을 정확히 읽어 낼 수 있고, 개별적 사건 사이의 행간을 오롯이 채워 넣을 수 있습니다.

이 책은 총 4장으로 구성되어 있습니다. 원나라를 다룬 1장에서는 칭기즈 칸의 세계 정복과 이로 인해 야기된 흑사병이 유럽의 정치·경제 지형도를 얼마나 극적으로 바꾸었는지 살펴보겠습니다. 비록 전쟁으로 촉발된 문명의 고속도로였지만, 초원의 길 위에서 종이나 지폐 등 고도로 발달된 문명이 동서양을 넘나들며 교류했습니다. 그 결과 유럽에서는 부르주아가 탄생했고, 자본주의의 맹아가 싹트게 되었습니다. 태생적이라 여겼던 서구의 자본주의 시스템이 실은 동양의 자극으로 촉발되었다는 놀라운 사실을 목도하게 될 겁니다.

명나라의 건국과 멸망을 기록한 2장에서는 서유럽보다 100여 년 앞서 대항해에 나서고도, 중농주의 프레임에 갇혀 국력의 쇠퇴를 맞이해야 했던 문제적 상황을 조명합니다. 전 지구를 씨줄과 날줄로 엮어 들어가기 시작한 문제적 사건, 대항해 시대의 씨앗이 어떻게 잉태되었는지도 살펴보겠습니다. 《동방견문록》이 어떻게 유럽 상인들의 마음을 움직였는지 살펴보고, 마르코 폴로의 정신을 그대로 물려받은 크리스토퍼 콜럼버스의 아메리카 대륙 발견이 다시금 돌고 돌아 중국 대륙에 끼친 영향을 파악해 보겠습니다. 오늘날 세계 질서 재편의 변곡점이 되어 버린 명나라의 쇄국 정책을 거울삼아, 우리의 미래 비전을 고민해 보는 챕터가 될 것입니다.

청나라 시대를 포괄하는 3장에서는 종교적 권위에 의지한 중앙집권적 지배 체제가 갈라놓은 동서양 운명의 갈림길을 집중적으로 조명합니다. 산업혁명은 왜 중국이 아닌 영국에서 먼저 일어났는지 그 배경에 대해 살펴봤습니다. 절대왕권을 공고히 다진 중국이 쌍무적 계약 관계에 기초한 유럽의 해양 세력과 충돌했을 때, 어떤 파열음을 일으켰을까요? 자급자족이 가능할 정도로 풍부한 물산을 갖춘 중국과 생존을 위해 세계로 뻗어 나가야만 했던 영국이 무역 갈등 끝에 전쟁을 벌였습니다. 아편 전쟁의 여파로 맺게 된 불평등 조약(남경 조약)이 훗날 중국은 물론 조선, 일본, 베트남 등 동아시아 전역에 얼마나 지대한 악영향을 끼쳤는지 알아보다 보면 분통이 터질지 모릅니다.

마지막으로 4장에서는 청나라의 멸망과 뒤이어 중화인민공화국이 탄생하게 된 역사적 배경을 살펴보겠습니다. 전근대 왕조 국가에 종언을 고하고 근대 국가로서 새로운 정체성을 확립하게 된 신해혁명을 살펴보고, 중국과 대만 양안에서 고루 존경받는 쑨원의 활약상을 집중 해부해 보겠습니다. 또한 마오쩌둥은 어떻게 열세를 극복하고 장제스의 국민당을 제압했으며, 대장정을 거쳐 마침내 공산혁명에 성공했는지 파악해 보고, 이후 대약진운동과 문화대혁명의 그림자가 중국을 얼마나 퇴보시켰는지 고찰해 보겠습니다.

　우리의 시야는 동양과 서양으로 세계를 양분하곤 하지만, 실상 어디서부터가 동양이고, 어디서부터가 서양일까요? 칼로 무 자르듯 구분하기가 난망하죠. 세계 각국은 서로 영향을 주고받고, 다양한 사건과 상황으로 얽히며 복잡다단한 역사의 연대표를 직조해 내고 있습니다. 그러니 세계사적인 관점에서 넓은 시야로 바라봐야 역사적 사건의 행간을 정확히 파악해 낼 수 있습니다. 19세기 이후, 강대국들의 강력한 자장 안에서 이리 치이고 저리 치이며 격동의 세월을 보내야 했던 우리 민족입니다. 그 지정학적 리스크를 면밀히 고려해 보노라면, 이웃 국가들에 대한 관심을 한층 더 끌어올려야겠다는 의무감이 증폭됩니다. 미중 패권 전쟁의 와중에 미국에 엎어질 수도 없고, 중국의 '깐부'가 되기도 거북한 우리의 외교적 딜레마를 해결하기 위해서라도 중국을 둘러싼 문제적 장면들을 복기할 필요가 있습니다. 자, 지금부터 중국사의 문제적 장면 속으로 함께 떠나 보시죠.

들어가며 · 4

# 1
## 유목 민족이 세운
## 세계 최대 제국

# 3

## 만주족이 일으킨
## 중국의 마지막 통일 왕조

# 청

# 4

## 아시아 최초 공화제 국가와
## 일국양제 구도

# 근현대

## 원의 시간

# 1

유목 민족이 세운
세계 최대 제국

# 원

# 전 세계 가장 많은 후손을 남긴 인물

2004년 영국 옥스퍼드 대학 유전학 연구팀은 독특한 연구 결과를 발표합니다. 전 세계를 통틀어 가장 많은 후손을 남긴 인물이 칭기즈 칸이라는 것입니다. 이 연구팀은 울란바토르 연구소와 협업하여 몽골과 중국 북부에 거주하는 남성들의 DNA 샘플을 채취해 분석한 결과, 몽골과 중국 북부에 거주하고 있는 남성의 8퍼센트에게서 동일한 Y염색체 일배체형(一培體型: 부모의 한쪽으로부터 물려받아 함께 유전하는 한 묶음의 유전자 세트)을 발견하였습니다. 그 수가 1,300만 명에 달하니 어마어마한 규모네요. 이 연구를 주도한 크리스 타일러 스미스 교수는 이 염색체를 제공한 인물이 칭기즈 칸이라는 가설을 발표했습니다. 이와 유사한 연구가 또 있습니다. 학술지 〈네이처(Nature)〉에 따르면, 영국 레스터 대학의 마크 조블링 교수가 아시아 남성의 약 40퍼센트가 칭기즈 칸을 포함한 11인의 혈통을 계승하고 있다는 가설을 발표했습니다. 아시아 127개 지역에 사는 총 5,321명의 DNA를 분석한 연구 결과입니다.

미국의 일간지 〈워싱턴포스트(The Washington Post)〉는 서기 1001년부터 2000년까지 지난 천 년의 역사를 통틀어 칭기즈 칸을 가장 중요한 인물로 꼽았습니다. 칭기즈 칸이 인류에 가장 큰 영향을 끼친 인물이라는 평가입니다. 악영향도 영향이니 크리스토퍼 콜럼버스나 아돌프 히틀러 혹은 로버트 오펜하이머도 인류에 끼친 영향이 만만치 않을 텐데, 칭기즈 칸을 원톱으로 꼽았네요. 그는 인류사에 어떤 족적을 남긴 걸까요?

1980년대 '칭기즈 칸'이란 이름의 독일 혼성 그룹이 혜성처럼 등장해 세계적으로 인기를 끌었습니다. 어린 시절 '칭, 칭, 칭기즈 칸……'으로 시작하는 노랫말을 흥얼거리고 다닌 기억이 납니다만, 훗날 그 가사의 의미를 알고는 놀란 기억이 있습니다.

이 노래 가사를 살펴보면, 몽골 기마대가 질풍노도와 같이 진격하여 유럽을 뒤흔든 것에 대한 묘사가 먼저 나옵니다. 칭기즈 칸의 일대기를 읽고 난 후에 뒤늦게 노랫말을 보고 생각보다 칭기즈 칸의 세계 정복기가 오밀조밀 잘 요약되어 있다고 생각했습니다. 가사에 칭기즈 칸의 세계 정복 규모, 그의 기세와 태도 등 몽골 정복의 핵심이 녹아 있더군요. 노래 가사에는 광야를 뒤흔드는 말발굽을 누구도 막을 수 없다고 자부하며, 악마에게 영혼을 판 몽골 기마대가 유럽을 공포와 경악으로 몰아넣고 있음을 묘사되어 있습니다. 그리고 그 중심에 칭기즈 칸의 호탕한 웃음과 영웅적 풍모가 빛을 발한다고 찬양합니다. 여기까지는 일반적인 사실에 대한 가사입니다.

그런데 노래 후반에 이르면 지면에 옮기기 낯 뜨거운 가사가 이어집니다. 2절 가사 내용을 보고는 고작 열 살짜리 어린아이가 생각 없이 흥얼거린 노랫말이 '찐 19금'이어서 경악했습니다. 전장에서 승리를 거둔 후에 패전국의 사람 중 마음에 드는 여인을 텐트로 끌고 들어가 사랑을 나누었고, 하룻밤에 무려 일곱 명의 아이를 잉태시켰다는 표현까지 이어지거든요. 2절 가사는 스미스 교수와 조블링 교수의 가설을 뒷받침하는 내용입니다. 정복자 칭기즈 칸은 전장의 한가운데에서 왜 이토록 정복지 여인들과 동침했던 것일까요?

칭기즈 칸은 정복지의 성인 남성을 철저히 말살했습니다. 그리고 과시하듯 그들의 아내와 어머니와 딸을 범했습니다. 그 만행이 얼마나 지독하고 집요했으면 800년을 훌쩍 뛰어넘어 유럽의 대중가요에 등장하게 되었을까요? 그러나 칭기즈 칸이 행한 바를, 그가 유독 여성 편력이 심했다거나 몽골인이 야만적이라서 그랬다고 보는 건 수박 겉 핥기 식 분석입니다. 칭기즈 칸의 비윤리적 행동을 매도할 수는 있어도, 정확한 인과 관계에 대한 설명은 안 될 겁니다. 그 근원적 이유를 분석하려면 유목민이라는 몽골인의 정체성을 파악해야 합니다. 정주민의 관점에서 해석할 것이 아니라 유목민의 패러다임으로 관찰할 필요가 있습니다.

# 유목민 제국과 정주민 제국의 차이

세계사의 흐름을 왕조사와 민중사, 거시사와 미시사, 정치외교사와 문화사 등으로 분류할 수 있습니다. 이런 분류에서 '유목민의 역사와 정주민의 역사'도 중요한 갈래를 차지합니다. 그리고 중국사는 정주민과 유목민 사이의 대립과 전쟁의 역사라고 볼 수 있습니다. 천하를 통일한 황제들도 초원의 유목 세력을 두려워했으니까요.

중국 최초의 통일 제국인 진(秦)나라의 시황제는 흉노가 두려워 만리장성을 무리하게 축조하였고, 이로 인해 진나라는 중국 역사상 가장 단명한 왕조가 되었습니다. 한나라를 세운 고조 유방은 흉노에게 포위되었는데, 선우(흉노의 왕)의 부인인 연지(왕비)에게 온갖 뇌물을 바치고 나서야 겨우 도망칠 수 있었습니다. 고조 유방의 아내 여후는 흉노 선우로부터 뜨거운 밤을 보내자는 내용의 편지를 받고도, 전쟁을 일으키지 못하고 주저앉았죠. 신하들은 분노한 여후에게 참을 것을 진언했습니다. 그만큼 흉노의 군사력이 두려웠기 때문이죠. 당나라의 실질적 창업주인 태종 이세민은 온갖 전장을 누비며 많은 맹장을 무릎 꿇리고 제위에 오른 인물인데도, 토번의 국왕 송찬감포가 두려워 자신의 혈육인 문성 공주를 시집보내 화친을 맺습니다. 송나라는 유목 민족에게 무릎을 꿇고 돈으로 평화를 구걸했으며, 이후 중국에는 유목민과 정주민의 왕조가 번갈아 들어서게 됩니다.

스스로가 세상의 중심이라는 중화 사상을 지닌 중원의 민족은 주변 다른 민족을 오랑캐라고 칭했습니다. 동서남북의 오랑캐라는 뜻으로 남만(南蠻), 북적(北狄), 동이(東夷), 서융(西戎)이라고 일컬었죠. 중원의 입장에서 지리적으로 황하(黃河)와 장강(長江) 사이가 그들이 주장하는 '진짜 중국'이라고 정의할 수 있습니다. 춘추전국 시대에도 오나라, 월나라, 초나라를 낮춰 보는 경향이 있었습니다. 반면 조나라, 위나라, 한나라, 송나라, 제나라 등이 성골로 대접받았죠. 성골로 대접받은 나라들이 황하와 장강 사이의 중심 지역에서 벗어난 민족을 백안시한 이유는 무엇일까요?

초원의 삶은 농경민이 살아가는 방식과 전혀 달랐기 때문입니다. 유목민은 가축을 몰고 다니며, 가축이 초원의 신선한 풀을 뜯게 합니다. 계절마다 이사하고, 가축이 먹을 풀이 없으면 한 계절에도 몇 번씩 이동합니다. '게르(Ger)'라는 몽골족의 집은 해체했다 다시 조립할 수 있습니다. 몽골족은 가축의 고기와 젖을 주된 양식으로 삼고, 가축의 고기나 가죽을 곡식으로 교환하여 의식주를 해결합니다. 자급자족이 불가능하니 무역(교환)이 필수적인 삶의 방식인 거죠.

교환보다 손쉬운 게 약탈이라서, 약탈이 빈번히 일어났습니다. 농경 정주민의 입장에서는 기껏 한 해 농사를 지어 놓으면 유목민이 몰려 내려와 훔쳐가니 부아가 났겠죠. 맞서 싸우면 되지 않느냐고요? 유목민의 전투력이 만만치 않았습니다. '천고마비(天高馬肥)'라는 말은 가을이면 말이 살찐다는 뜻으로 흔히 모든 것이 풍성해지는 가을철을 나타내는 것으

유목 민족이 세운 세계 최대 제국

로 알려져 있죠. 그 말에는 본래 말이 살찌고 곡식이 익어 가는 가을이면, 유목 민족의 침입이 시작된다는 무시무시한 의미가 담겨 있습니다. 흉노의 노략질에 대한 변방 백성의 고통과 절박한 심경을 비유한 말이 후에 풍요로운 가을을 뜻하는 말로 쓰이게 된 것입니다.

정주민과 유목민의 전투력은 격차가 큽니다. 초원은 생존에 유리한 환경이 아닙니다. 일교차가 심하고 야생 동물의 습격에 노출되어 있으며 식수를 구하기 어렵습니다. 어릴 적부터 혹독한 환경에 노출되어 이곳저곳 옮겨 다니던 유목민은 강인한 전투력을 지닐 수밖에 없죠. 그래서 몽골족의 아이는 다섯 살이면 말을 타기 시작했습니다. 일종의 '병민일치 (兵民一致)' 사회 시스템입니다. 유목민의 삶은 전투친화적인 요건을 다수 갖추고 있습니다. 약탈이 자연스럽게 체화되고, 약탈이 악행이라기보다는 생존 방법이자 생존 수단입니다.

초원에서는 혼인도 약탈로 이루어집니다. 칭기즈 칸도 약탈혼의 결과로 태어났죠. 당시 몽골족은 몽골 고원 곳곳에 흩어져 살고 있었고, 그 가운데 보르긴 부족 우두머리는 예수게이였죠. 예수게이는 초원을 달리다 아름다운 여자를 보고 반해 납치했고, 여자 곁에 있던 남자는 도망칩니다. 여자는 오기라트 부족의 호엘룬이었고, 도망친 남자는 메르키트 부족의 귀족 칠레두였습니다. 유목 민족의 혼례 관습상 칠레두는 예물을 처가에 선물하고 상당 기간을 처가에서 부역했을 겁니다. 마침내 결혼하게 된 신혼부부가 메르키트의 본거지로 돌아가고 있던 거죠.

예수게이의 습격을 받자, 신부 호엘룬은 사랑하는 신랑 칠레두가 탄 말에 채찍을 쳐 달아나게 했습니다. 도망가지 않으려는 칠레두를 보호하려는 의도였죠. 칠레두 혼자 예수게이 일당을 당해 낼 수 없으리라 직감하고, 자신이 사랑하는 남자를 살리기 위해 떠나보낸 겁니다. 예수게이는 납치한 호엘룬을 아내로 맞이해 사내아이를 낳습니다(후대의 사가들은 1162년으로 추정합니다). 마침 타타르족과의 전쟁을 마치고 돌아온 예수게이는 사내아이의 이름을 테무친이라 짓습니다. 자신이 포로로 잡아온 적장의 이름을 따서 자식의 이름을 지은 겁니다. 원수의 이름을 자식에게 붙이는 것은 당시 유목 민족의 풍습이었습니다. 이러한 풍습은 적장에 대한 존경을 담고 있습니다. 비록 적장이지만 위대한 장수나 지도자에 대한 존경의 마음을 담아내는 것이고 자신이 위대한 적장을 제압했음을 자식의 이름을 통해 기념하는 것이기도 합니다.

테무친이라는 이 아이는 훗날 유라시아 역사를 뒤흔드는 칭기즈 칸입니다. 테무친의 유년기는 가혹했습니다. 예수게이는 아홉 살이 된 테무친을 부르테와 약혼시키고 풍습에 따라 처가에 맡깁니다. 몽골 초원의 법도였죠. 사위가 될 장정이 처가에 수년 간 머물며 노동력을 제공해야 아내를 본가로 데리고 올 수 있었습니다. 일종의 데릴사위 제도입니다. 《삼국지》〈위지 동이전〉의 기록에 따르면, 고구려에도 서옥제(壻屋制)라는 비슷한 제도가 있었습니다. 서옥제는 직역하자면 '사위집 제도'입니다. 신랑이 처가 뒷마당에 집을 짓고 수년 간 노동력을 제공한 후에 남자 집으로 돌아가는 혼인 제도입니다. 이른바 '봉사혼(奉仕婚)'이죠.

예수게이는 어린 테무친을 테무친의 처가에 맡기고 돌아가는 길에 타타르족과 마주치게 됩니다. 타타르족이 누구던가요? 예수게이의 철천지 원수입니다. 타타르족은 예수게이를 부족 잔치에 초대합니다. 예수게이는 초대에 응했고, 음식과 술을 먹게 됩니다. 이 대목에서 의문이 듭니다. 서로 칼부림한 사이에 초대는 웬 말이며, 그에 응하는 행태는 무엇인지 이해하기 어렵습니다. 초원의 손님 대접은 극진하다 못해 부담스럽죠. 손님이 보이면 무조건 음식과 잠자리를 내주고 환대해야 합니다. 손님 입장에서도 초대를 거절할 수 없습니다. 일단 초청받은 이상 주인이 내주는 음식을 먹어야 할 의무가 있습니다. 그래서 타타르족의 초대도 자

유목 민족이 세운 세계 최대 제국

연스럽고, 초대에 응한 예수게이의 행동도 이해할 만한 일입니다.

약탈혼에서 비롯된 테무친의 탄생부터 어린 나이에 데릴사위로 들어간 과정, 예수게이가 적에게 초대받은 일까지 모두 유목민의 관점에서 보지 않으면 이해하기 어려운 일 투성이입니다. 마르코 폴로의 표현을 빌어 '인류 역사상 최대 영토'를 차지한 제국의 탄생을 온전히 이해하려면 유목민이라는 정체성을 먼저 파악해야 합니다. 흉노족은 칭기즈 칸의 몽골족은 아니지만, 중국 역사에서 초기부터 등장하는 이들에 관한 기록으로 유목민의 정체성을 알 수 있습니다. 《사기(史記)》〈흉노열전(匈奴列傳)〉에는 사마천의 예리한 통찰을 드러내는 일화가 실려 있습니다. 한나라의 환관 출신으로 흉노에서 중용된 중항열(中行說)에 관한 기록입니다.

한나라 효문제는 흉노의 노상계육 선우(왕)가 즉위하자 종실의 딸을 공주라 속이고 선우에게 보내 연지(왕비)로 삼게 하였습니다. 이때 공주와 함께 중항열이란 환관이 떠밀려 흉노로 가게 되었고 이내 귀순했죠. 하루는 한나라의 사자(使者)가 찾아와서 흉노는 아버지와 아들이 같은 막사에 살며 아버지가 죽으면 아들이 그 계모를 아내로 삼고, 형제가 죽으면 남은 형제가 그 아내를 맞아 자신의 아내로 삼는다고, 옷·관·허리띠로 꾸미지도 않고 조정에서도 예의가 없다고 전하죠. 이에 중항열은 흉노의 풍습에 사람은 가축의 고기를 먹고 그 젖을 마시며 그 가죽으로 옷을 지어 입고, 가축은 풀을 먹고 물을 마시며 철마다 옮겨 다니기 때문에 싸울 때를 대비해 말타기와 활쏘기를 익히고 평시에는 일을 하지 않는다고 답합니다. 흉노족의 약속은 간편하여 실행하기 쉽고, 군주와 신하의 관계는 간단하여 한 나라의 정치가 한 몸인 듯하고, 아버지·아들· 형·동생이 죽으면 그들의 아내를 맞아들이는 것은 대가 끊길까 염려하기 때문이라고 답합니다.

한나라 사자가 유목민에게 널리 퍼져 있는 '형사취수(兄死娶嫂: 형이 사

유목민의 삶이 어떠한지 그 특성을 설파하는 장면입니다. 한나라 사신은 형사취수 제도를 북방 유목 민족의 미개함을 드러내는 것이라고 비난합니다. 현대 문명의 관점에서는 패륜적이고 야만적인 제도겠지만, 당시 유목이라는 삶의 방식으로 보면 이해되는 제도입니다. 농경이 아닌 유목 중심 생활에서 성인 남성이 없어진다는 것은 경제 기반이 송두리째 사라지는 것을 뜻합니다. 끝없이 펼쳐진 대초원에서 가장을 잃은 여인과 아이는 죽음으로 내몰릴 수밖에 없습니다.

유목에 관해 2,000년 전 사마천의 기록을 통해 몇 가지 단초를 얻어낼 수 있습니다. 그가 쓴 역사서 《사기》 〈흉노열전〉에 따르면 우선 유목민의 생존 환경은 혹독합니다. 오늘날 몽골이 차지하는 영토를 기준으로 북위 50도 부근의 몽골 고원은 일교차가 심하고 건조합니다. 겨울은 길고 여름은 짧습니다. 여름에도 새벽이면 한기에 온몸이 떨릴 지경입니다. 유목민의 생존은 그들이 몰고 다니며 풀을 먹이는 가축에게 달려 있습니다. 가뭄이라도 닥쳐 풀의 생장이 방해받으면, 유목 경제 생태계는 마비될 수밖에 없습니다. 한 해의 생업이 절망의 나락으로 빠져 버리는 것이죠. 이처럼 기후가 목숨을 좌지우지하는 곳이 초원입니다. 그 때문에 칭기즈 칸이 세계 정복에 나선 원인을 12세기 몽골 고원의 급격한 기후 변화에서 찾는 사학자도 있습니다. 기후 변화로 의식주가 해결되지 않자, 몽골에서 벗어나 새로운 영토를 찾아 나섰다는 가설이죠.

다음으로 유목민의 삶은 이동의 연속입니다. 가축에게 목초지의 풀을 다 먹이고 나면, 새로운 풀을 찾아 이동해야 합니다. 누군가의 땅을 빼앗는다는 개념이 없습니다. 땅은 무한정 주어지는 것이고, 다만 이동해서 차지하고 다시 버리는 게 무한 반복될 뿐이죠. 제레미 리프킨이 《소유의 종말(The Age Of Access)》에서 주장하는 소유의 경제라는 개념이 아니라,

'접근의 경제'를 실천하고 있던 셈입니다. 칭기즈 칸의 세계 정복 과정에서도 이 관념은 중요하게 작용합니다. 칭기즈 칸은 영토를 정복하고 차지하려는 욕심이 없었습니다. 원활한 교역과 전리품이 확보되면, 그 지역의 지도자들을 인정해 주었죠. 점령보다는 약탈과 이용에 방점을 찍었습니다. 정주민에게는 점령이 자연스럽겠지만, 유목민에게는 약탈이 더 자연스러운 것입니다. 애초부터 불모의 땅에서 늘 이동하며 일궈 온 유목 문명의 특성을 직시해야, 몽골 제국의 영토 확장을 이해할 수 있습니다. 몽골 제국의 융기·번영·쇠퇴를 제대로 이해하려면, 유목민의 세계관을 뼛속까지 탑재해야 합니다. 지금부터 유목민의 관점으로 제국의 시발점을 하나하나 살펴보시죠.

## 초원에서 양태된 테무친의 정복 유전자

　예수게이는 초원의 법도에 따라 원수 타타르족이 건네는 아이락(말의
젖을 발효시켜 만든 마유주)을 마신 후에 극심한 고통을 느낍니다. 타타르족
이 술에 독을 탄 겁니다. 타타르족의 행동은 초원의 패러다임으로는 이
해할 수 없는 아주 질 낮은 행동입니다. 암묵적인 초원의 룰에 따르면, 아
무리 원수라도 손님의 자격으로 타타르족 잔치에 온 예수게이에게 독이
든 음식이나 술을 먹일 수는 없습니다. 훗날 칭기즈 칸은 타타르족에 대
한 처절한 복수를 감행하는데, 이는 아버지 예수게이에 대한 복수와 더
불어 유목민의 법도를 어긴 괘씸죄까지 더해진 겁니다.

　예수게이는 사력을 다해 집으로 돌아와 자신의 운명을 직감하고는 아
들 테무친을 데려오라고 사람을 보냅니다. 테무친에게는 엄청난 시련이
기다리고 있었습니다. 족장 예수게이가 사망하자, 부족원들이 테무친에
게서 등을 돌렸기 때문입니다. 예수게이는 용맹하고 호전적인 족장이었
기 때문에 생전에는 두려워 웅크리고 있던 다른 권력자들이 그가 죽자
들고 일어난 겁니다.

유목 민족이 세운 세계 최대 제국

예수게이의 아내 호엘룬과 그의 아이들은 초원에 버려졌습니다. 초원의 유목민에게 가장의 죽음은 사형 선고와 다름없습니다. 칼이나 활로 죽이지 않았을 뿐 사실상 죽은 것과 다를 바 없죠. 여성과 아이들만으로 이루어진 호엘룬 가족은 숲으로 들어가 온갖 풀을 캐 먹고 들쥐를 잡아 먹으며 연명합니다. 테무친의 '정복 유전자'가 두드러지는 독특한 일화가 있습니다. 호엘룬은 배 아파 낳은 친자식과 더불어 테무친의 이복형제들까지 데리고 숲으로 들어갔습니다.

테무친은 예수게이가 가장이던 때 주변 부족을 약탈해 가져온 전리품이나 목축으로 얻은 고기와 젖으로 풍족한 유년기를 보냈지만, 초원에서 쫓겨나 숲속으로 들어가서는 식량 부족으로 고생했습니다. 들쥐와 물고기가 그나마 손에 쥘 수 있는 단백질 공급원이었어요. 그런데 테무친보다 나이가 많고 덩치가 큰 이복형제 벡테르가 종종 테무친의 사냥감을 빼앗곤 했습니다. 어린 테무친은 동생들과 짜고 앞뒤로 협공해 벡테르를 활로 쏘아 죽입니다. 《몽골비사》에 따르면, 어머니 호엘룬은 진노했다고 합니다. 친구라고는 그림자밖에 없는 처지에 자기 형제마저 죽인 잔혹한 놈이라고요.

테무친은 마흔네 살에 몽골 고원을 통일하기까지 신산한 삶을 이어 갔습니다. 당시 초원에는 '안다'라는 제도가 있었어요. 안다는 드라마 〈오징어 게임〉에 나오는 '깐부'처럼 목숨까지도 내놓을 수 있는 연합 관계입니다. 테무친에게는 자무카라는 안다가 있었습니다. 호엘룬을 빼앗긴 메르키트족은 복수를 위해 테무친의 아내 부르테를 납치합니다. 테무친은 안다 자무카의 도움으로 여러 부족을 연합해 메르키트를 박살 내고, 아내를 구해 옵니다. 하지만 자무카는 테무친의 세력이 무섭게 성장하자 시기와 질투에 눈이 멀어 공격합니다. 테무친은 자무카에게 일격을 당하기도 하고 승리를 거두기도 했습니다만, 안다와 권력을 다툰다는 게

쓸쓸했겠죠.

테무친의 아버지인 예수게이의 안다였던 옹 칸도 테무친에게 병력을 빌려주며 자식처럼 대했고, 테무친은 그를 아버지처럼 따르고 공경했지만, 결국 옹 칸도 테무친이 성장하자 배신합니다. 동물의 왕국이 따로 없죠? 세렝게티 초원만이 약육강식의 무대가 아닙니다. 몽골의 초원도 족장이 죽으면 그 가족을 사지로 내몰고 가축을 빼앗는 무시무시한 곳입니다. 안다 관계도 이익 앞에서는 철저히 붕괴되는 곳이죠. 800년 전, 초원과 유목민의 삶이 얼마나 가혹했는지 이해되죠?

이제 칭기즈 칸이 정복지 여성과의 잠자리에 집착한 이유를 살펴볼게요. 정주민의 제국은 엄청난 규모의 궁궐과 사원, 무덤을 남깁니다. 현세의 주거지와 사후의 머물 곳을 최대한 화려하게 건설하고 현세와 사후 세계를 이어 주는 종교를 위해 하늘 끝까지 탑을 올립니다. 탑의 높이가 높을수록, 궁궐의 장식이 화려할수록, 무덤의 규모가 클수록 제국의 위엄이 높아지는 것이죠. 1976년 발굴되기 시작해 아직도 전체 규모가 다 드러나지 않은 진시황의 병마용이 대표적인 사례입니다. 이집트의 피라미드나 인도의 타지마할도 같은 사례겠죠.

유목 제국의 지도자는 무엇을 남길 수 있을까요? 당시 몽골은 문자도 없어 제국의 화양연화를 역사에 남길 수도 없었고, 건축물을 지어 후손에게 과시할 수도 없었습니다(칭기즈 칸은 제국의 기틀을 다진 후에야 문자를 받아들였습니다). 그러니 제국의 위용을 과시하는 수단으로 정복국의 왕비나 공주를 겁탈했고, 이 추문을 정복지에 소문냈습니다.

칭기즈 칸의 죽음을 둘러싼 여러 가설이 있습니다. 그 가운데 하나는 침소에 든 정복국 서하의 왕비가 은밀한 곳에 흉기를 숨겨 와 칭기즈 칸의 성기를 절단해 죽였다는 설도 있습니다. 치아로 성기를 물어뜯었다는 설도 있지요. 끔찍한 죽음입니다. 칭기즈 칸 역시 암살의 위험에 두려웠

유목 민족이 세운 세계 최대 제국

을지도 모릅니다. 아무리 몸수색을 한다 한들 남녀상열지사를 벌이다 보면 암살의 위험에 노출될 수밖에 없죠. 그런 위험에도 그의 엽색 행각은 지속되었습니다.

800년의 세월이 지나 몽골 제국의 직접적 침공을 받지도 않은 독일에서, 노골적인 노랫말이 울려 퍼진 이유가 짐작되는 대목입니다. 칭기즈 칸으로서는 자신의 추잡한 행동이 제국의 위세를 떨치는 방편이었던 겁니다. 생물학적 충동을 넘어선 고도의 통치 전략으로 읽힙니다. 이 또한 정주민의 문화와 유목의 문화가 얼마나 다른지 보여 주는 극단적인 사례입니다. 오늘날의 상식으로 보자면 이해하기 어려운, 정주민과 유목민의 차이입니다.

## 세계 최대 제국의 좌표

오늘날 세계 최고 패권국으로 미국을 인정하지 않을 수 없습니다. 그 위세를 흔히 '팍스 아메리카나(Pax Americana)'라고 표현하죠. 이 표현은 본디 '팍스 로마나(Pax Romana)'가 원조로, 로마의 평화로운 시기를 의미합니다. 아우구스투스 황제부터 아우렐리우스 황제까지 200년간 지중해 일대는 물론, 동으로는 페르시아, 서로는 스코틀랜드, 남으로는 북아프리카까지 비교적 태평성세를 누렸습니다.

하지만 오늘날에는 평화에 방점이 있다기보다, 로마가 그런 안정기를 누릴 정도로 세계를 지배했다는 확장성에 중심을 둡니다. 전성기의 로마나 20세기의 미국처럼 말이죠. 팍스 로마나, 팍스 아메리카나와 더불어 '팍스 몽골리카'가 있습니다. 이른바 '팍스 삼대장'이죠. 아이러니하게도 '팍스(Pax: 라틴어로 평화라는 뜻)'가 활개 치던 때 세계는 피로 물들었습니다.

세계 최대 국가로 어느 나라가 먼저 떠오르나요? 나폴레옹의 프랑스나 히틀러의 독일은 전투에 승리해 차지한 점령지의 개념이지 국가로 편입되었다고 볼 수는 없죠. 그렇다면 로마? 대영 제국? 러시아 제국? 오스

유목 민족이 세운 세계 최대 제국

만튀르크? 세계사의 한 페이지를 주름잡던 여러 제국이 떠오릅니다. 역사상 가장 큰 제국은 영국이 맞습니다. 한때 전 지구 영토 4분의 1을 차지한 적도 있으니까요. 하지만 대영 제국은 여러 대륙에 걸쳐 있었기 때문에 단일 제국이라기보다는 거대한 식민지를 차지한 식민제국주의 카테고리로 파악해야 합니다.

연속되는 하나의 땅덩어리 개념으로 접근해 볼게요. 알렉산더 대왕은 그리스 북부의 마케도니아 왕국에서 시작해 이집트, 페르시아, 인도까지 원정을 나섰죠. 알렉산더의 원정이 워낙 드라마틱한 데다 동서양을 융합해 헬레니즘 문화를 낳았기 때문에 인상적이지만, 영토는 그리 광대하지 않았습니다. 로마 제국은 지금의 이탈리아반도에서 단출하게 시작했지만, 지중해 연안과 중부 유럽, 이베리아반도, 아프리카 북동부와 메소포타미아 지역까지 아울렀습니다. 하지만 알렉산더 제국(전성기 350만 제곱킬로미터)이나 로마 제국(전성기 500만 제곱킬로미터)도 몽골 제국의 전성기(2400만 제곱킬로미터)를 능가하지는 못합니다.

몽골 제국은 영토의 크기와 시간이라는 변수까지 더해도 세계 최대 제국이었습니다. 로마는 400년에 걸쳐 최전성기 영토를 정복했지만, 몽골은 불과 25년 만에 인류 역사상 연속되는 가장 큰 제국을 이루어 냈기 때문입니다.

몽골 제국의 경계를 머릿속으로 그려 볼까요? 유라시아 전역을 휩쓴 방대한 제국의 영토지만 몇 안 되는 패배의 기록을 살펴

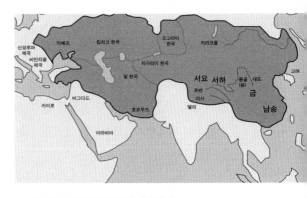

▲ 몽골 제국의 최전성기 영토를 나타낸 지도

보면 경계가 선명해집니다. 우선, 동으로는 일본 원정에 실패했고, 서쪽으로는 오스트리아 빈을 공격하다가 멈추고 돌아섰고, 남으로는 베트남에 패전하여 정복하지 못했으니 몽골의 지배력을 가늠할 수 있죠. 북으로는 러시아에게 계속 승전했으니 패배는 아닙니다만, 혹독한 기후 때문에 더 이상 북진하지 않았습니다. 추위에 진 셈이니 패배이긴 하네요. 이렇게 동서남북으로 유라시아 대륙의 경계를 지어 보면 몽골 제국의 영토가 어느 정도였는지 가늠되죠. 몽골 제국은 연속적인 육상 제국으로는 인류 역사상 최대 영토를 확보한 겁니다.

몽골 제국의 영토를 오늘날 국가 개념을 기준으로 본다면 중국, 러시아, 우크라이나, 카자흐스탄, 우즈베키스탄, 타지키스탄, 키르기스스탄, 투르크메니스탄, 아프가니스탄, 파키스탄, 아르메니아, 조지아, 아제르바이잔, 버마, 티베트, 이란, 이라크, 터키, 불가리아, 루마니아, 헝가리, 폴란드, 보스니아, 세르비아, 크로아티아, 벨라루스, 체코, 슬로베니아, 몰도바, 리투아니아, 그리스, 알바니아까지 몽골의 말발굽에 짓밟혔습니다.

몽골 제국 연구 자료들이 다양한 언어로 기록되어 있다는 것도 주목할 만한 지점입니다. 한문과 페르시아어를 중심으로 몽골어, 러시아어, 아라비아어, 라틴어, 이탈리아어, 슬라브 고어, 프랑스 고어, 아르메니아어, 위구르 고어, 티베트어, 일본어 등이 포함되어 있습니다. 몽골 제국은 다양한 역사 기록에서 볼 수 있듯 유라시아 전역에 걸쳐 영향력을 행사했습니다.

헝가리나 폴란드에서 전투를 벌인 기록이 존재하여, 동유럽에는 몽골군의 잔혹함이 널리 퍼져 있었습니다. 동유럽과 중부 유럽, 서유럽까지 몽골에 대한 풍문은 퍼져 나갔죠. 오죽하면 바다 건너 영국에서 이상향을 시로 표현할 때도 몽골 도시 이름을 언급했을까요? 영어에 '제너두(xanadu)'라는 단어가 있습니다. '도원경(별천지나 이상향을 비유하는 표현)'이라고도 하는 제너두는 쿠빌라이 칸을 만났던 마르코 폴로의 기록 덕분에 전해진 것입니다. 마르코 폴로는 쿠빌라이 칸의 여름 별장이던 상도(上 都)를 방문하고 그 아름다움에 매료되어 상찬을 늘어놓습니다. 그리고 상 도를 알파벳으로 음차 표기를 한 게 제너두입니다.

마르코 폴로의 별명은 '백만돌이(Millione)'였습니다. 백만 배 아름답 다, 백만 배 강하다, 백만 배 위험하다 등 뭐든 백만을 수식어로 표현했 죠. 과장이 심했던 겁니다. 상도에 대해서도 어찌나 칭찬을 늘어놓았던 지 《동방견문록(東方見聞錄)》을 읽어 본 유럽인에게 지상 낙원으로 인식 되었습니다. 1980년 올리비아 뉴튼 존이 동명의 노래를 발표한 걸 보면, 200년이 지나서도 여전히 예술가들에게 영감을 주는 단어로 쓰이나 봅 니다. 아무튼 이 영단어 하나가 상징하는 바는 무척이나 큽니다. 서유럽 의 끝인 영국에까지 몽골의 영향이 미쳤다는 증거니까요.

# 가공할 만한 몽골 군사력의 비밀

몽골의 군사력이 얼마나 대단했기에, 극동의 고려에서 유럽 전역까지 그 말발굽을 울려 댔을까요? 지금부터 가공할 만한 전력을 갖춘 몽골 군대의 비밀을 풀어 보겠습니다. 먼저 몽골의 기병은 그 속도가 타의 추종을 불허합니다. 몽골 병사는 자신이 타는 말 이외에 보통 두세 마리의 말을 더 끌고 다닙니다. 왜냐고요? 말이 지치면 갈아타기 위해서입니다.

몽골 기마병의 하루 이동 거리는 120킬로미터가 넘었습니다. 호라즘 제국 정복 당시 하루 134킬로미터 속도로 행군하기도 했죠. 실감이 안 나죠? 몽골 기병의 이동 속도가 얼마나 대단한지 다른 군대의 행군 속도와 비교해 볼게요. 십자군 원정 당시 사자왕 리처드의 기사단이 하루에 고작 16킬로미터를 행군했고, 알렉산더의 마케도니아 보병이 24킬로미터, 카이사르의 로마 군단이 33킬로미터였습니다. 5백여 년 후에 나폴레옹의 프랑스 육군이 오스트리아 침공 당시 보여 준 최대 행군 속도가 하루 40킬로미터였으니, 몽골 기병이 얼마나 대단한 기동력을 갖췄는지 가늠되죠.

몽골군의 본질을 적확하게 표현한다면, '3~5마리의 말을 번갈아 타고 다니며 기동하는 궁수'라고 할 수 있습니다. 몽골군의 잔혹하고 강인한 이미지 때문에, 몽골 병사들이 칼과 창을 휘둘러 선혈이 낭자한 전투를 했을 거라고 생각하기 쉽습니다. 하지만 몽골 기병은 모두 궁수라고 봐도 무방하고, 그들은 늘 멀리서 활로 적군의 예봉을 꺾었습니다. 적군이 다가오면 일부러 후퇴하여 적군을 방심하게 하는 동시에 거리를 유지하는 전략을 사용했습니다.

후퇴하는 척하며 적군을 유인하다가 몸을 돌려 화살을 날리는 몽골군에게 상대는 속수무책 당할 수밖에 없었습니다. 이 독특하고도 효과적인 사법을 '파르티안 샷'이라고도 '배사법(背射法)'이라고도 하는데, 말을 타고 달리며 상반신만 뒤로 돌아서 활을 쏘는 공격법입니다. 기원전 3세기 무렵 지금의 이란 북동부에 세워진 파르티아의 궁기병이 로마와의 전투에서 시전한 전투 기술이기에 파르티안 샷이라 불립니다만, 동아시아에도 배사법이 존재했습니다.

고구려 고분 무용총 벽화 중 〈수렵도〉 우상단에는 파르티안 샷을 구사하고 있는 인물이 있죠. 우리 민족은 동이족이라는 칭호답게 예나 지금이나 활쏘기를 잘했나 봅니다. 활도 활이지만, 파르티안 샷의 핵심은 '말 타기'에 있습니다. 말을 타고 내달리기도 어려운 게 승마인데, 전속력으로 달리는 말 위에서 갑자기 몸을 비틀어 활로 적군을 겨냥해 쏘는 게 여간 어려운 일이 아니죠. 몽골인은 '말에 살고 말에 죽는' 기마 민족입니다. 그저 사냥감에 불과하던 말이라는 동물을 제일 먼저 운송 수단으로 길들인 것도 몽골족입니다. 말은 소나 돼지, 양에 비해 가축화가 힘든 동물이었나 봅니다. 소나 양이 가축화되고서도 4천 년이 더 흐른 신석기 말에야 사육되기 시작했으니까요. 몽골족은 아시아 대초원을 터전으로 살아가며 기원전 4천 년에 말을 처음으로 길들인 인류입니다.

원

기원전 3천 년 무렵 말의 치아 화석을 보면 어금니 양쪽이 인위적으로 뽑혀 있음을 알 수 있습니다. 이즈음 재갈을 사용했다는 증거이고, 고삐를 이용하여 말을 조종했다는 의미죠. 기원전 7세기에는 안장이 발명되었습니다. 안장 없이 말을 타면 아무리 능숙한 기수도 엉덩이가 배겨 견디지 못합니다. 안장의 발명으로 장시간 말 위에서 생활하는 게 가능해졌죠. 마지막으로 서기 3세기경 등자의 발명으로 인간은 말을 온전히 이용하게 되었습니다. 유목 생활을 위해 말이 필수이던 몽골인에게 그야말로 물아일체, '말과 하나 되는' 때였을 테죠.

그렇게 말은 운송 수단에서 세월을 거듭하며 치명적인 전쟁 무기로 변모했습니다. 잉카 문명을 무너뜨린 프란시스코 피사로의 전투에서도 말은 압도적인 역할을 수행했습니다. 불과 187명의 병력으로 수만 명의 잉카 군대를 물리친 이유로 여러 가지가 꼽힙니다. 총이라는 혁신적인 무기가 주효했다는 설, 잉카 병사들이 총탄 소리에 겁을 먹었다는 설, 재레드 다이아몬드의 주장처럼 유럽의 병균이 청정 지역 남아메리카 주민을 죽음으로 내몰았다는 설이 있죠. 그 가운데 잉카 병사들이 피사로의 기병들이 타고 있던 말의 모습에 놀라 지레 겁을 먹었다는 설도 있습니다. 당시 남미에는 말이 없었습니다. 잉카인들은 엄청나게 커다랗고 거친 모습의 말을 목격하고 '지옥에서 온 괴물'과 같은 존재로 여겼습니다.

인류 전쟁사에서 말을 가공할 만한 전쟁 무기로 활용한 것은 단연코 칭기즈 칸의 몽골 기병입니다. 초원의 삶에서 말은 생존의 수단이자 생활 필수 아이템입니다. 청소년기 이상의 남성으로만 한정하자면, 하루 일과의 대부분을 말안장 위에서 보냅니다. 말 위에서 밥도 먹고, 옷도 갈아입습니다. 내가 말이요, 말이 곧 나인 '마아일체(馬我一體)'의 삶입니다. 그러니 몽골 기마병의 파르티안 샷은 압도적일 수밖에 없었죠. 토끼몰이 하듯 적군을 몰아 가며 파르티안 샷을 유유자적 날리는 몽골의 전술 앞

유목 민족이 세운 세계 최대 제국

에 많은 나라가 무릎을 꿇었습니다.

두 번째, 몽골 전력의 우수성은 탁월하게 효율적인 보급 체계 덕분입니다. 장기간 전쟁의 승패는 보급이 가릅니다. 뛰어난 장수와 용맹한 병사라도 식량과 무기가 떨어지면 전투를 수행할 수 없습니다. 제2차 세계대전 당시 '사막의 여우'라 불린 에르빈 롬멜 장군은 독일 전력의 핵심이었습니다. 롬멜은 동양에 《손자병법(孫子兵法)》이 있었다면 서양에는 《롬멜 보병전술(Infanterie greift an)》이 있다고 할 정도로, 불세출의 전략가였습니다. 그도 병참의 중요성을 강조했죠.

롬멜은 전투란 발포 전에 이미 보급 장교의 능력에 따라 승부가 결정된다고 생각했습니다. 그는 아무리 용맹한 병사라 해도 총이 없으면 아무것도 할 수 없고, 총은 충분한 탄약 없이는 쓸모가 없음을 역설했습니다. 나아가 기동전에서는 운송 수단과 그것을 움직이는 연료가 충분하지 못하면, 총도 탄약도 전투에 도움이 되지 못함을 지적하기도 했죠. 롬멜은 보급품이 양적으로나 질적으로 적군과 동등해야 전투가 가능하다는 '보급 신봉론'을 주창했습니다.

몽골군의 보급은 놀랍게도 완벽에 가까운 수준으로 유지되었습니다. 하루에 1백 킬로미터씩 전진하는 몽골 기병에게 식량과 무기가 원활하게 보급되었다는 게 믿기지 않죠? 발상의 전환이 필요합니다. 몽골 군대에는 보급을 담당하는 치중대가 따로 없었습니다. 그런데 몽골 기병은 3~5마리의 말을 번갈아 타고 다니며 전투를 수행한다는 것 기억나시죠? 몽골의 병사는 자신이 타는 말에 스스로 먹을 식량과 무기를 싣고 다녔습니다. 전투병과 보급병이 합체되어 있으니 얼마나 효율적인 시스템입니까? 몽골 병사의 주식은 '쿠르트(말 젖)'입니다. 끌고 다니는 3~5마리의 말 가운데 암말을 선호하는 이유가 이 때문이죠. 암말에게서 젖을 짜서 식량으로 삼을 수 있으니까요. 병사들은 가루 형태의 말 젖을 가지고 다니다가 물에 타서 섭취하곤 했습니다. 가볍지만 열량은 충분히 보급될 수 있는 최상의 전투 식량이었던 거죠.

게다가 병참선은 보통 병력의 본거지에서 전선까지 이어지기 마련인데, 몽골군의 경우에는 무조건 현지 조달이었던 것도 차별점입니다. 승리를 거둔 점령지를 탈탈 털어 내니, 몽골 침략을 받았던 나라의 역사는 그들을 악마로 기록할 수밖에 없었겠죠. 몽골군은 보급 물자뿐 아니라 병사들도 현지 징발했다는 게 더욱 놀라운 지점입니다. 포로들을 최전방에 배치해 총알받이, 아니 '화살받이'로 활용했습니다. 포로들이 적군의 진을 빼 놓은 상태에서 소수 정예의 몽골 군대가 들이닥쳐 분쇄하니 상대가 당해 낼 재간이 없었겠죠. 몽골이 고작 수만 병력으로 적군 수십만을 물리쳤다는 극적인 기록 이면에는 이런 사정이 숨겨져 있던 겁니다.

몽골군의 가공할 전투력의 비밀을 파악하기 위해서 칭기즈 칸의 전략과 전술도 살펴볼 필요가 있습니다. 칭기즈 칸은 어린 시절 자신의 친동생 카사르와 종종 비교되곤 했습니다. 카사르가 덩치도 크고 힘도 우월했으며 활도 더 잘 쐈다는 기록이 남아 있는 걸 보면, 칭기즈 칸을 항우와 같은 인물로 상상하는 대중의 시선은 실제와는 차이가 있는 것입니다. 칭기즈 칸은 역발산기개세의 용장이라기보다는 천재적 전략가이자 경영자라고 볼 수 있습니다. '항우'나 '여포' 같은 대장군이기보다는 '잭 웰치(다국적 기업인 제너럴 일렉트릭의 최연소 최고경영자이던 인물)'와 같은 전략가의 모습이 떠오르는 인물인 거죠.

칭기즈 칸이 어떻게 병사들의 사기를 높이고, 그들에게 전쟁에 뛰어들 동기를 부여했는지 알아볼까요? 칭기즈 칸은 여러 부족으로 나뉘어 외세의 침략에 시달리던 몽골 부족을 통일하고 난 후에 외부로 눈을 돌립니다. 돌릴 수밖에 없었습니다. 척박한 환경 아래 놓인 몽골의 삶을 개선하기 위해서는 유목의 결과물을 정주민의 곡물·직물과 교환하거나 약

유목 민족이 세운 세계 최대 제국

탈하는 방법밖에 없습니다. 칭기즈 칸의 군대는 전리품을 챙기기 위해 끝없이 전쟁을 일으킬 수밖에 없었죠.

칭기즈 칸은 병사들에게 전리품을 공평하게 나눠 줬습니다. 이것이 몽골 부족 통일의 원동력입니다. 본디 유목 병사들은 승기가 보이면 전리품을 챙기느라 전투를 완벽하게 마무리 짓지 못하고 적군을 살려 보내는 경우가 많았습니다. 칭기즈 칸은 이를 강력하게 금했고, 병사들은 순순히 그 명을 따랐습니다. 칭기즈 칸이 전투가 끝난 뒤에 전리품을 공평하게 분배했기 때문입니다. 이는 개별 병사에게 가장 큰 동기 부여가 되었습니다. 몽골의 초원에서 약탈은 삶을 지속할 수 있는 길이었고, 약탈문화가 체화된 몽골 병사에게 이보다 더 큰 인센티브는 없었을 테니까요. 몽골 제국이 몽골 초원을 통일하고 금나라, 서하, 송나라를 비롯해 중앙아시아와 아라비아를 거쳐 러시아, 동유럽까지 뻗어 나간 힘은 개별 병사의 이익을 존중함으로써 얻어진 겁니다. 칭기즈 칸의 모습에서 주주의 이익을 대변하는 주식회사의 CEO가 연상되지 않나요?

몽골 제국의 형성을 관찰하노라면, 폰지 게임이 떠오릅니다. 폰지 게임은 다음 회원을 유치해야 지금 회원을 만족시키는 다단계 시스템이에요. 폰지 게임이 유지되려면 끝없이 회원을 모집해야 합니다. 칭기즈 칸도 마찬가지였어요. 수하들을 만족시키려면 또 다른 영토를 침략해야 합니다. 바닷물을 마시면 더 갈증이 나듯 한 번 호랑이 등에 올라탄 칭기즈 칸은 내려올 수 없었습니다. 끝없는 팽창만이 몽골 제국을 확장하고 유지하게 했습니다.

칭기즈 칸은 귀족 혈통 중심의 몽골 문화를 과감히 버리고 철저히 능력 중심의 체계를 세워 갑니다. 10진법 단위로 군대를 편성하고, 십호제·백호제·천호제·만호제를 실시합니다. 열 명으로 구성된 소대는 공동 운명체입니다. 누군가 한 명이라도 포로가 되거나 죽으면, 그 소대는 모두 벌을 받게 됩니다. 그러니 똘똘 뭉쳐서 죽어도 같이 죽고 살아도 같이 사는 운명 공동체가 되는 것이죠. 가문이나 혈통과는 상관없이 능력만 좋으면 십호장이 백호장이 되고, 백호장이 천호장으로 승격할 수 있었습니다. 전쟁은 출세를 위한 완벽한 무대가 되었죠. 칭기즈 칸은 병사들에게 동기 부여를 확실하게 함으로써, 병사들이 전쟁에 최선을 다하게 만들었습니다. 이만하면 역사상 최고 경영자가 아닐까요?

유목 민족이 세운 세계 최대 제국

# 중국사의 주인공이 된 오랑캐

칭기즈 칸의 손자 쿠빌라이 칸이 세운 원나라는 여러모로 중국의 역대 통일 왕조와는 다릅니다. 하나라로 시작해 상, 주, 춘추전국, 진, 한, 위진남북조, 수, 당, 오대십국, 송, 원, 명, 청으로 이어지는 중국 왕조사를 살펴보세요. 중국은 오직 한족만의 역사라 규정하고, 과거에는 오랑캐라고 하고 오늘날엔 소수 민족이라고 하는 유목민을 역사에서 배제하려 합니다. 동북공정에서 드러나듯, 포섭하되 선을 딱 그어 버리는 거죠. 오랑캐의 역사도 중국의 역사지만, 한족의 정통사에는 편입할 수 없다는 주장인 거죠.

하지만 이런 주장은 편협한 역사관을 바탕으로 한 것입니다. 중국 최초의 통일 왕조라 일컬어지는 진(秦)나라는 동이·서융·남만·북적이라는 오랑캐 가운데 서융의 도움으로 전쟁에서 승리할 수 있었습니다. 서융은 이미 주나라 시절 유왕을 공격해, 서주에서 동주로 갈라지는 계기를 만들었습니다. 진나라 목공은 서융의 여러 부족을 공격했고, 그 결과 서융의 주민이 진나라 국민으로 동화되었습니다. 춘추전국 시대 중원의 진

(晉)나라와 제나라, 노나라 등은 진(秦)나라를 사실상 오랑캐 국가라고 무시했습니다. 하지만 그 진나라가 결국 중국을 처음으로 통일했으니, 중국 역사를 한족만의 역사라고 할 수 있을까요?

중국 통일 왕조 가운데 한 획을 그은 당나라는 어떤가요? 위진남북조 가운데 북위(北魏) 태무제(太武帝) 재위기에 유연(柔然)의 침입이 시작되었습니다. 황제는 위협적인 침입을 방어하기 위해, 이미 한족화되어 버린 선비족(鮮卑族) 출신 귀족들을 무천진(武川鎭), 회삭진(懷朔鎭), 무명진(撫冥鎭) 등의 여러 진(鎭)으로 파견했습니다. 변경에 파견된 선비족 귀족들은 군사와 정치를 동시에 관할하게 되었고, 진민(鎭民)은 부역을 면제받는 등 특권을 누리게 됩니다. 변경에 나가 고생하는 만큼 대접해 준다는 것인데, 이 과정에서 귀족들은 무소불위의 군벌로 변모합니다. 병권, 행정권, 사법권, 조세징수권을 틀어쥐니 그 권력이 대단했죠. 역사학자 천인커는 위진남북조 시기에 한족 문화를 받아들인 유목민에 대해 '새외(塞外)의 야만적이고 용맹한 피를 취하여 중원 문화의 퇴폐적인 몸에 주입하니, 새로운 기회가 다시 열리고 마침내 세상은 예기치 못한 국면을 맞이하게 되었다.'라고 표현합니다. 당나라를 건국한 고조 이연도 바로 그 선비족 출신으로 변방의 군벌로 성장한 인물입니다. 그러니 당나라의 정체성은 한족의 왕조라기보다는 한족화된 선비족의 나라입니다. 한족화된 선비족이라도 선비족은 선비족입니다. 그 본질은 유목 민족이라는 것입니다.

한족 통일 왕조 가운데 두 나라가 유목 민족과 밀접한 관련이 있네요. 위진남북조 시대의 한가운데 시기를 오호십육국 시대라고 하는데, 이는 '다섯 오랑캐와 열여섯 개의 국가'라는 뜻입니다. 이 시기도 한족과 중원 중심의 관점에서는 '오랑캐'가 활개 치던 때입니다.

당나라 멸망 후 오대십국 시기를 거쳐 등장한 통일 왕조 송나라의 집

유목 민족이 세운 세계 최대 제국

권기에는 요나라와 금나라가 주도권을 쥐고 전국에 영향을 끼쳤습니다. 요나라는 거란족이 세운 나라이고, 금나라는 여진족이 세운 나라입니다. 중국 역사 연대기에는 '송나라'로 버젓이 표기되어 있지만, 이 시기는 요와 금의 전성기여서 송나라는 비단과 은을 바치며 겨우 정권을 유지했습니다. 사실상 유목 민족의 통치 시기입니다. 그 이후로도 원나라와 청나라가 통일 왕조로 집권했으니, 중국 역사는 정주민 한족과 다양한 유목 민족의 앙상블이라고 봐야 하지 않을까요? 오히려 한족 순혈 왕조가 드물어서 한나라와 명나라 정도가 해당되겠네요.

중국사의 연대표를 다시금 자세히 살펴보시죠. 중국의 역사는 정주민 한족과 여러 유목 민족이 자연스레 조화를 이룬 통합의 역사입니다. 그러니 유목 민족을 살펴보는 것 역시 중국사를 온전히 이해하는 데 중요합니다. 지금부터 연대기 순으로 유목 민족들을 정리해 볼게요.

주나라를 멸망시킨 서융은 지금의 감숙성 일대에 거주한 민족으로, 후대에 저족이나 강족이라 불립니다. 《삼국지연의(三國志演義)》에 서량의 마초라는 용맹한 장군이 등장하죠. 마초의 할머니가 강족 여인이니 그에게 강족의 피가 흐른다고 할 수 있죠. 훗날 오호대장군으로 추대되는 마초의 군대는 《삼국지연의》에서도 용맹하고 강인한 부대로 묘사됩니다.

천하의 진시황을 괴롭히고 한나라 고조를 벌벌 떨게 만든 흉노족의 '흉노(匈奴)'는 '흉측스러운 노예'라는 의미입니다. 한족의 두려움과 원망이 가득 담긴 명명이죠. 흉노의 가공할 만한 공격력은 말이 살찌는 가을에 본격적으로 활성화됩니다. 공격력을 극대화시킬 수 있는 말도 여름내 초원에서 풀을 뜯어 살도 올랐겠다, 정주민의 곡식은 가을이 되어 수확했겠다, 약탈의 시기가 가을인 겁니다. 흉노족은 해마다 가을이면 토실토실 건강해진 말을 타고 침입하여 한나라 백성을 노략질하고 그들의 곡식을 빼어 갔습니다.

심지어 전한(前漢)의 원제(元帝)는 후궁 가운데 한 명을 흉노 호한야에게 시집보내야 했습니다. 원제에게는 궁녀가 너무 많아, 매일 밤 어느 침소에 들지 결정하는 것도 골치 아픈 일이었습니다. 그래서 모연수라는 화공에게 궁녀들의 얼굴을 그리게 했고, 원제는 수백 장의 초상화를 보며 그날 밤 어느 처소에 들지 결정했습니다. 모연수는 궁녀들에게 노골적으로 뇌물을 바치라 압박했는데, 궁녀 중 왕소군은 끝까지 바치지 않았습니다. 그래서 모연수는 왕소군의 초상을 엉망으로 그렸고, 원제는 한 번도 그 침소를 찾지 않았습니다. 그러던 어느 날 호한야의 공격이 두려워진 원제는 자신의 궁녀 가운데 한 명을 호한야에게 시집보내기로 결심했습니다. 왕소군은 흉노로 시집가기 전 처음이자 마지막으로 원제를 알현했습니다. 원제는 왕소군의 미모에 놀라 보내고 싶지 않았지만, 이미 결정되었기 때문에 흉노족 왕비로 보낼 수밖에 없었습니다. 원제는 화가 머리끝까지 치솟아 모연수의 목을 잘라 버렸습니다.

그 후, 흉노족의 서진으로 초원은 무주공산이 됩니다. 이때 초원을 차지한 세력이 선비족입니다. 선비족은 후한 시기 복속되어 정주민의 정체성을 이식하게 됩니다. 후한 말 《삼국지연의》의 시대가 끝난 후에 들어선 위진남북조 시대에 선비족의 활약이 두드러집니다. 한족화한 선비족은 당나라를 건국합니다. 중국사에서도 손에 꼽는 통일 제국이자 로마와 견줄 만한 세계 제국 당의 역사는 이렇게 유목 민족에서 시작된 겁니다.

돌궐족에 대해서도 알아볼게요. 터키의 국명이 튀르키예로 바뀌었죠. 튀르키예가 바로 돌궐족의 후예입니다. 돌궐은 6세기경 중앙아시아와 동북아 스텝 지역에서 왕성하게 활동한 튀르크계 민족을 의미합니다. 돌궐은 튀르크의 음차인 셈이죠. 13세기 몽골 제국의 등장과 함께 '몽골'이라는 지역 명칭이 몽골 초원에 붙기 전에 몽골 초원에는 튀르크계 유목 제국이 존재했습니다. 돌궐은 다른 유목민과는 다르게 문자를 만들어

유목 민족이 세운 세계 최대 제국

기록하고 비문(碑文)을 남기는 등 유목 문화를 꽃피웠습니다. 고도로 발달된 유목 문명답게 튀르크족은 11세기에는 셀주크튀르크로, 14세기에는 오스만튀르크라는 이름으로 중앙아시아, 아라비아, 터키, 유럽 지역을 뒤흔들었습니다. 특히 오스만튀르크는 십자군 전쟁 등 유럽사의 중요한 분기점이 되는 사건마다 등장합니다. 1912년 발칸 전쟁으로 유럽에서 축출될 때까지 주요 국가로서 명맥을 유지했습니다.

말갈족은 6세기부터 만주 지역에 살던 퉁구스계 민족입니다. '말갈'은 엄밀하게는 특정 민족을 지칭하기보다는 중국 동북 지방에 흩어져 살던 부족을 통칭합니다. 주나라 대에는 '숙신'이라고 했고, 한나라 시절에는 '읍루'라고 했죠. 주로 송화강과 흑룡강 일대에 흩어져 살아서 고구려와 접촉이 많았습니다. 말갈족은 고구려 멸망 이후 발해가 건국될 당시 대조영의 든든한 후원 세력이 됩니다. 돌궐은 튀르크계라고 하고, 말갈은 퉁구스계라고 구분했죠? 여기에 몽골계까지 더하면 유라시아 초원의 삼대장이라 할 수 있습니다. 튀르크계가 좀 더 유럽에 가깝고, 퉁구스계는 동아시아 혈통과 이어집니다.

여진족은 숙신, 즉 말갈의 후예입니다. 세종대왕은 여진족의 침탈에 고생하던 백성을 위해 김종서 장군과 최윤덕 장군에게 동북면 일대를 정리할 것을 명합니다. 그 결과 압록강 일대 4군과 두만강 6진을 개척하게 되죠. 오늘날 우리가 알고 있는 대한민국의 지도가 바로 이 시기에 완성된 겁니다. 압록강과 두만강으로 경계를 정했다는 점을 인지한다면 대략 여진족의 활동 무대가 어디인지 가늠될 겁니다. 우리가 흔히 만주라고 하는 지역이 그들의 본거지라서, 여진족을 '만주족'이라고도 합니다.

여진족은 송나라가 중원을 차지하던 시기에 금나라를 세웠습니다. 금나라는 1115년에 건국하여 1234년 멸망한 1백 년 남짓한 왕조였지만, 송나라에게는 두려움의 대상이었습니다. 남으로는 정주민의 국가 송나라를 위협했고, 북으로는 초원의 몽골족에게 골치 아픈 존재였습니다. 금나라는 유목 기마 민족으로서 정주민 나라인 송을 겁박했듯이, 자신들보다 더 척박한 초원에 살고 있는 몽골 부족이 통일하여 금나라를 위협할까 두려웠습니다. 유목의 피가 진해질수록 민족성이 더욱 강인해졌기 때문입니다. 그래서 몽골 부족을 침략하며 부족 간의 통일을 방해했습니다. 단합된 몽골족은 누구보다 두려운 상대였을 테니까요.

당시 몽골 초원에는 대략 다섯 부족이 있었습니다. 서쪽의 나이만, 북쪽의 메르키트, 중앙의 케레이트, 동북부의 몽골, 금나라 접경지대에 있던 타타르까지 척박한 스텝 지역의 패권을 차지하려고 서로 다투고 있었습니다. 금나라는 몽골족을 공격했습니다. 초원에 흩어진 부족민을 발견하면, 남성은 잔혹하게 죽이고 여성이나 어린아이는 잡아와 노예로 삼았습니다. 금나라는 이이제이(以夷制夷: 오랑캐를 이용하여 다른 오랑캐를 제어하는 것) 전술의 일환으로 타타르족을 활용했습니다. 금나라는 타타르를 지원하여 스텝 지역의 여러 타 부족을 공격하도록 부추겼습니다. 타타르는 몽골의 암바카이 칸을 금나라에 팔아넘겨 죽였습니다. 그러니 몽골과 타타르는 대대로 원수지간이었죠.

칭기즈 칸의 아버지 예수게이가 전투를 벌이고 테무친이라는 장수를 사로잡아 와서는 자신의 아들에게 그 이름을 붙인 것도 타타르족과의 일이요, 어린 테무친을 처가에 맡기고

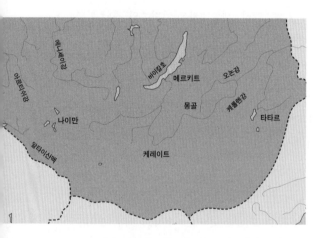

▲ 몽골 고원의 주요 부족들 위치를 나타낸 지도

유목 민족이 세운 세계 최대 제국

돌아오다 어느 부족의 초대에 응해 독주를 마시고 죽음에 이른 것 역시 타타르족이 그 주인공입니다. 칭기즈 칸에게 타타르족은 금나라보다 미운 동족인 셈이죠. 칭기즈 칸은 훗날 몽골 초원을 통일하는 와중에도 타타르족을 공격할 때 특히 잔혹했습니다. 수레바퀴보다 키가 큰 성인 남성은 모두 죽여 버렸을 정도로 타타르에 대한 원한이 깊었습니다. 아이러니하게도 마르코 폴로의 《동방견문록》에서는 몽골인을 그들의 원수인 타타르족이라고 부릅니다. 서양이나 유럽에서 타타르라고 하면 흔히 중앙아시아 스텝 지역에 분포한 퉁구스계, 튀르크계, 몽골계 유목 민족을 통칭하는 말로 쓰였기 때문입니다.

마지막으로, 몽골에 대해 알아볼게요. 몽고가 어느 순간 몽골이 되었죠? 우크라이나는 자신들의 수도가 키예프가 아닌 키이우로 불리길 원합니다. 키예프는 러시아식 발음이라는 거죠. 누군가 독도를 다케시마라고 부른다면 우리도 가만있을 수 없죠. 같은 이유로 몽골은 몽고라는 명칭을 거부합니다. 몽고는 몽골을 얕잡아 칭하는 정주민의 호칭이기 때문이죠. 몽고(蒙古)의 한자를 풀이하면 '무지몽매하고 고루하다.'라는 뜻입니다. 흉노의 경우처럼 정주민이 유목 민족에게 덧씌운 프레임입니다.

몽골이 지닌 이미지는 여러 겹입니다. 누군가는 오늘날 울란바토르를 수도로 삼고 세계에서 인구 밀도가 가장 낮은 나라 몽골인민공화국을 떠올릴 겁니다. 또 다른 누군가는 정주민 한족의 프레임 그대로 명명된 내몽고자치구를 생각하며 중국과의 관계를 먼저 떠올리겠죠. 칭기즈 칸이 유럽까지 호령하며 유라시아를 뒤흔들던 그 시절의 몽골을 생각하는 사람도 있을 겁니다. 지금부터는 칭기즈 칸의 영도 아래 세계사의 주인공이 된 몽골을 자세히 살펴볼게요.

# 《데카메론》 탄생에 기여한 칭기즈 칸의 유럽 원정

《로마 제국 쇠망사(The History of the Decline and Fall of the Roman Empire)》를 저술한 역사가 에드워드 기번은 프랑크족이 이슬람 세력을 막아 내지 못했다면 그 이후 옥스퍼드 대학에서는 기독교 성경이 아닌 이슬람 코란을 가르치고 있었을 것이라고 했습니다. 732년 프랑크 왕국의 카를로스 마르텔이 투르 프아티에 전투에서 우마이야 왕조의 이슬람군을 막아 내지 못했더라면, 서양사의 흐름이 완전히 바뀌었을 것이라는 가정입니다. 투르 프아티에 전투는 서유럽 기독교 세계를 이슬람으로부터 지켜 낸 전투로 서양사의 주요한 변곡점입니다.

서유럽의 역사와 문화를 제대로 이해하기 위해서는 먼저 기독교를 알아야 합니다. '모든 재난 영화는 결국 성경에 대한 주석일 뿐'이라는 평가가 있을 정도로 기독교를 이해하지 못하면, 서양의 서사 문학을 온전히 소화할 수 없습니다. 허먼 멜빌의 소설 《모비딕(Moby Dick)》은 문학사에서 빛나는 첫 문장으로 유명한 작품입니다. 이 소설은 '나를 이스마엘이라 불러 달라(Call me Ishmael)!'라는 문장으로 시작하죠.

이 짧은 문장을 제대로 이해하려면, 성경에 대한 기본 지식이 있어야 합니다. 아브라함과 부인 사라 사이에서 태어난 이삭, 그리고 아브라함과 여종 하갈 사이에 태어난 이스마엘의 처지가 얼마나 다른지 알아야 하죠. 반목과 질시의 대상으로 알고 있는 기독교와 이슬람교, 유대교가 사실 한 뿌리에서 나왔다는 점도 인식해야 합니다. 성경과 코란에서 각기 이삭과 이스마엘을 기술하는 태도가 상반되어 있다는 것까지 고려해야 합니다. 이러한 배경 지식이 있어야 이스마엘로 불러 달라는 외침이 어떤 의미인지 파악할 수 있습니다.

기독교 중심 서구 사회에서 나에게 이스마엘의 정체성을 부여하라는 외침은 주류 기독교 사회 시스템에서 이탈한 중간자로서 편견 없이 모든 문명을 받아들이겠다는 선언입니다. 자신을 중립자적 위치에 자리매김하고, 세속적 민주주의와 종교, 노예제와 인종차별 등의 다양한 주제 의식을 풀어 가는 겁니다. 《모비딕》은 중세 천 년 이후 더욱 공고해진 기독교 중심 문명을 드러낸 소설답게 이스마엘이라는 정체성을 언급하며 시작하는 것이죠.

기독교 중심의 서양 문명 관점에서 에드워드 기번의 어록을 패러디하자면 몽골 원정군의 퇴각이 없었다면 옥스퍼드 대학에서는 샤머니즘을 가르치고 기번은 게르에서 아침을 맞이하고 아이락을 마시고 있을 겁니다. 몽골의 유럽 침공은 강력했고, 유럽의 지형을 송두리째 바꿀 만큼 치명적이었죠. 몽골 초원을 통일한 칭기즈 칸은 기존의 유목민처럼 남하하여 중국을 차지하기에 앞서 서진을 시작합니다. 몽골 전력의 핵심인 기병이 움직이려면 말에게 먹일 물과 풀이 필수적인데, 비슷한 위도상의 나라를 점령하는 편이 손쉬웠을 겁니다. 몽골에서 출발하여 중앙아시아, 러시아 남부, 헝가리에 이르는 유라시아 초원을 따라 공략해 갔습니다.

따라서 몽골의 침공은 초원의 길을 개척하는 작업으로 볼 수 있습니다. 전쟁을 통해 수많은 사상자가 발생한 것은 비극이지만, 문명 간 고속도로를 개척했다는 점은 문화 교류사적으로 긍정적 결과를 낳은 것이라고 할 수 있죠.

몽골군은 오늘날의 중동 지역에 해당하는 호라즘 제국, 러시아 남부, 중앙아시아 여러 국가를 복속시키고 마침내 유럽에 다다릅니다. 칭기즈 칸이 가장 아꼈던 명장 수부타이의 병력은 천하무적이었습니다. 수부타이는 〈타임(Time)〉지와 BBC가 꼽은 역사상 최고의 명장일 정도로 탁월한 전투력을 보여 준 인물입니다. 65번의 대회전에서 승리를 거두었으니, 백전무패의 신화적 장수라고 할 수 있죠. 당시 유럽 원정의 총사령관은 칭기즈 칸의 손자 바투 칸이었습니다. 바투는 지휘관으로서 낙제라서, 수부타이가 바투의 결점까지 보완하며 전공을 올렸으니, 그 무공이 얼마나 뛰어났는지 알 수 있는 대목이죠. 그의 말발굽 아래 스러져 간 나라로는 한족의 남송, 여진족의 금나라, 탕구트족의 서하, 슬라브족의 러시아, 불가리아, 폴란드를 비롯해 헝가리, 아르메니아, 조지아 등이 있습니다.

수부타이는 일개 사병으로 군영에 발을 들여 최고 사령관 자리에 오르기까지 60년간 전장을 누비다가 73세에 세상을 떠났습니다. 그는 타고난 전략가였습니다. 무공이 뛰어났다는 기록보다는 지휘관으로서 지략이 남달랐음을 보여 주는 일화가 많이 남아 있습니다. 1236년 유럽 원정에 나선 수부타이의 병력은 7만여 명에 불과했습니다(아직 남송과 대치 중이던 본대에 훨씬 많은 병력이 남아 있었습니다). 유럽 원정은 중차대한 임무였지만 그에 걸맞은 병력을 배정받지 못했던 거죠. 수부타이의 상대는 만만치 않았습니다. 당대 명성을 떨치던 템플 기사단, 튜튼 기사단, 신성로마제국, 헝가리, 크로아티아, 러시아의 병력이 전력을 다해 덤벼들었거

유목 민족이 세운 세계 최대 제국

든요.

수부타이는 겨울이 될 때까지 기다리다 출격을 감행했습니다. 부족한 병력을 벌충하기 위해서는 기동력이 필수인데 당시 유럽으로의 진격 루트에는 많은 강이 가로막고 있었습니다. 강물이 얼어 기마병이 건너갈 수 있기를 기다린 겁니다. 한겨울의 유라시아 횡단은 예상치 못한 작전이었습니다. 수부타이의 동계 횡단 전략은 적의 허를 찌르고 큰 성과를 거둡니다. 그는 지구 둘레의 2할에 육박하는 거리를 파죽지세로 달려, 러시아를 초토화시키고 곧바로 동유럽을 생지옥으로 만들어 버렸습니다.

당시 몽골군의 잔혹성을 호라즘 제국 침공 당시 전황을 통해 살펴보겠습니다. 호라즘 제국은 11세기에 건국되어 카스피해에서 페르시아만 연안까지 지배하던 이슬람 왕국입니다. 동서양의 길목에 자리 잡고 있어 중개 무역에 유리하여 막대한 부를 쌓고 영토를 확장하는 등 다방면에서 국력을 신장시켰습니다. 히타이트·그리스·페르시아 등 다양한 문화가 융합하며 꽃을 피웠으며, 천문학·수학·의학·농학·언어학이 발달했습니다. 호라즘의 술탄 무함마드는 호라즘과 몽골 사이에 끼어 있던 거란의 서요가 고작 2만의 몽골 기병에 멸망한 것을 지켜보고, 몽골의 화력을 상대하기에는 버겁다는 현실을 판단하여 서둘러 사절단을 보냅니다. 칭기즈 칸도 무슬림을 포함한 450명 규모의 사절단을 파견하는 것으로 화답했죠.

이때 어리석은 지도자의 그릇된 판단으로 비극이 발생합니다. 호라즘 제국의 동방 지역에 위치한 오트라르의 성주 이날추크는 칭기즈 칸의 영토 정복 개념을 이해하지 못했습니다. 영구적으로 이동하는 유목민의 삶에서 영토는 그 자체로 중요하다기보다 그 땅으로 인해 얻어지는 부가가치가 중요한 것이죠. 세계의 절반을 정복한 칭기즈 칸의 정복은 땅을 빼앗는다는 개념이 아니었습니다. 호라즘이 동양과 서양의 정중앙에서 지리적 이점을 이용해 중개 무역을 한다면, 그 이권을 나눠 가지면 그만인 겁니다. 칭기즈 칸의 입장에서는 일정 비율로 중개 무역의 이권을 나눈다면 굳이 호라즘에서 피를 볼 필요가 없었던 셈이죠. 하지만 이날추크는 어리석게도 몽골 사절단의 금은보화를 빼앗고 그들을 간첩으로 내몰아 몰살해 버렸습니다.

칭기즈 칸은 격노하여 오트라르성을 공격했습니다. 칭기즈 칸은 성을 함락했고, 병사들과 주민을 잔혹하게 죽였습니다. 생명이 붙어 있는 것은 갓난아이와 가축마저 몰살시켰죠. 이 참혹한 학살은 칭기즈 칸의 복수라기보다는 일종의 전략이었습니다. 오트라르성을 점령했지만 호라즘 제국에는 여전히 많은 성이 남아 있었습니다. 몽골군에게 저항한 성은 남녀노소, 심지어 가축까지 씨를 말려 버린다는 소문을 원했던 거죠. 칭기즈 칸은 공포감이 전쟁의 수단으로 얼마나 효과적인지 파악하고 있었습니다. 군사력 못지않게 중요한 게 정보력입니다. 특히 유목민에게는 더욱 그렇습니다. 누구와 동맹을 맺어야 하고 누구와 싸워야 하는지 판가름하는 것부터 전쟁의 시작이니까요.

마침내 삼십만 명이 살고 있던 호라즘 최고의 도시 부하라도 함락되었습니다. 부하라는 5백 년 역사를 지닌 이슬람 최고의 문화 교육 중심지입니다. 인구나 경제 지표, 문화 등 전반적인 수준이 바그다드와 맞먹을 정도의 도시였죠. 무려 4만 5천여 권의 장서를 보유한 도서관이 있었고, 당대 최고의 지식인이 모였으며, 무슬림 지역에서 가장 아름다운 건축물을 보유한 세련된 도시였지요. 하지만 부하라 역시 몽골군의 말발굽 아래 항전의 대가를 치러야 했습니다. 오늘날 바그다드는 우리 모두 알고 있지만, 부하라는 낯선 도시명이 되었습니다. 그 이유가 바로 몽골의 원정 때문입니다.

오늘날 부하라를 방문하는 많은 관광객은 카론 미너렛(Minaret)을 보고 감탄합니다. 미너렛은 이슬람 신전에 부설된 첨탑으로 '등대'라는 의미의 아라비아어에서 유래했습니다. 이슬람 신자들은 예배 시간이 되면 하루에 다섯 번 미너렛 첨탑에 올라 기도를 알리는 아잔(Adhān)을 외칩니다. 12세기에 축조된 미너렛이 칭기즈 칸의 침략에도 남아 있는 데는 전설 같은 에피소드가 전해집니다. 부하라를 점령하고 도시 중심부에 다다른 칭기즈 칸이 카론 미너렛을 바라보다가 바람에 모자가 날리자 허리를 굽혀 주웠습니다. 그 모습이 카론 미너렛을 향해 예를 표하는 것처럼 보였죠. 칭기즈 칸은 수하 장수들에게 내가 예의를 표한 건축물이니 파괴하지 말라고 명했습니다. 덕분에 부하라가 초토화되는 와중에도 카론 미너렛만은 남을 수 있었습니다.

한 성주의 무모한 판단으로 당대 가장 낮은 문맹률과 경제적 부를 누리던 호라즘 제국은 그렇게 사라졌습니다. 오트라르 대학살 이후에 많은 성이 자진해서 문을 열었고, 칭기즈 칸은 약속대로 성을 허물어 버리는 것 외에는 피를 보지 않고 떠났습니다. 저항은 곧 죽음이지만, 항복은 삶이라는 공식을 철저히 이행했죠. 호라즘 정복은 칭기즈 칸이 가장 원했던 숙원 사업이었을 겁니다. 그의 목표는 영토가 아닌 '길'이었기 때문이죠. 몽골 기병은 호라즘을 정복하며 비로소 공성전에 눈을 뜨고 유럽에서 전투를 벌이며 기발한 전술을 구사합니다.

몽골 기병은 1347년에 크림 반도에 위치한 도시 카파를 침공했습니다. 치열한 공성전이 이어졌고 공격이 여의치 않아진 몽골군은 급기야 투석기를 이용해 시체를 성안으로 던졌습니다. 적군의 시신을 성안으로 투척하는 전술은 이미 오래전부터 전장에서 사용되었습니다. 춘추전국시대 최고의 라이벌로 '오월동주(吳越同舟)'라는 사자성어를 낳은 오나라와 월나라는 여러 차례 치열한 전투를 벌였습니다. '와신상담(臥薪嘗膽)'의 주인공이기도 한 월나라 왕 구천은 오나라와의 전투에서 열세에 몰리자,

사형수를 3열로 세우고 적군이 진격할 때마다 자결하게 만듭니다. 오나라 병사들은 이들이 사형수라는 사실을 알 리 없었고, 월나라 병사들이 자결하는 줄 알고 기겁하며 도망쳤죠. '기세'에 눌려 버린 겁니다. 마찬가지로 시체를 투석기로 성안에 투척하면 성을 지키던 병력은 두려움에 사로잡힙니다. 가족이나 친구가 싸늘한 주검으로 돌아오는 모습을 보고 사기가 꺾이게 되는 것이죠.

그런데 14세기 카파에서 벌어진 시체 투척 전술은 심리전만이 아닌 바이오 테러였다는 설도 있습니다. 몽골군이 흑사병에 감염된 시체를 성안으로 던졌던 거죠. 성안에는 삽시간에 흑사병이 퍼졌고, 인류사를 뒤흔든 팬데믹이 시작되었습니다. 흑사병은 본디 중앙아시아 등 스텝 지역의 설치류에 기생하는 쥐벼룩을 통해 전염되는 것입니다. 흑사병이라는 바이오 테러가 벌어진 카파는 이탈리아 제노바의 식민지였습니다. 성내에는 제노바의 병사와 상인도 많았고, 이들을 통해서 흑사병이 이탈리아와 유럽 전역으로 퍼졌습니다. 흑사병은 당시 유럽 인구의 절반을 죽음으로 내몰아서 최소 1억 명의 인구가 흑사병으로 희생되었다는 것이 정설입니다.

몽골의 유럽 원정이라는 비극은 아이러니하게도 르네상스 시기 서사문학의 백미로 알려진 《데카메론(Decameron)》을 낳게 됩니다. 《데카메론》에는 열 명의 남녀가 10일간 나눈 1백 개의 이야기가 담겨 있습니다. 열 명의 화자를 통해 죽음의 공포 속에 인간의 불안과 혼돈, 탐욕을 적나라하게 드러내고 있는 작품이죠. 《데카메론》은 단테의 《신곡(神曲)》에 비견하여 '인곡(人曲)'이라 불리기도 하는 만큼 당대 최고의 문학 작품입니다. 저자인 조반니 보카치오는 단테가 대중에게 다가가기 위해 《신곡》을 이탈리아 속어로 쓴 것처럼 《데카메론》을 이탈리아 민중 언어로 썼습니다. 《데카메론》은 《신곡》과는 달리 산문이고, 그런 이유로 근대 소설의

유목 민족이 세운 세계 최대 제국

선구적 작품으로 꼽힙니다. 영국 문학의 걸작으로 추앙받는 제프리 초서 의《캔터베리 이야기(The Canterbury Tales)》도 이 작품의 영향을 받았죠.

전 세계적으로 유행하였던 코로나19 팬데믹에서도 드러나듯 대전염 병이라는 재앙 앞에 인류는 공포감을 이기지 못하고 누군가에게 비난 의 화살을 날리기 시작합니다. 타자에 대한 편견과 불관용은 공포를 먹 고 자라납니다. 불안이 클수록 비난의 강도도 거세지죠. 인간은 불안과 공포를 이기기 위해 외부에서 희생양을 찾아 왔죠. 중세 마녀사냥도 마 찬가지입니다. 대다수의 마녀사냥은 전쟁이나 흉년, 전염병이 창궐할 때 일어났습니다. 유럽인은 흑사병이라는 거대한 재앙 앞에 가족과 동료 를 잃은 슬픔을 겪었고, 자신도 언제 죽음과 맞닥뜨릴지 모른다는 공포 에 시달렸습니다. 이 가공할 불안과 공포를 이겨 내려면, 악마의 군대 몽 골군이 흑사병을 퍼뜨린 주범이라고 믿는 게 손쉬운 방법이었겠죠. 실제 당시 흑사병이 몽골군의 공성전으로 인해 벌어졌는지, 아니면 반대로 그 공성전 시체 투기 전술이 흑사병의 결과물인지는 누구도 확신할 수 없습 니다. 다만 유럽인의 흑사병에 대한 공포는 분명 누군가 원망할 대상을 절실하게 찾았을 겁니다.

21세기인 오늘날에도 코로나19의 정확한 감염 경로를 파악하지 못 하고 있습니다. 하물며 당시 과학 기술로 흑사병의 정확한 전파 경로를 파악했다고 말한다면 거짓이나 허풍이겠죠. 흑사병의 창궐 경로에 관해 서는 그 정확한 실체를 알 수 없기에, 다양한 가설이 존재합니다.

수도사 미켈레 다 피아짜의 가설은 다음과 같습니다. 1347년 10월, 상선 하나가 흑해에서 출발해 시칠리아 메시나 항구에 도착합니다. 그런 데 선원의 대부분은 이미 사망한 상태였고 극소수의 생존자 역시 온몸 에 검은 부종을 보이며 죽어 가고 있었죠. 시칠리아 당국은 이 배를 즉시 추방했지만, 이미 병균은 항구를 뒤덮고 있었습니다. 시칠리아를 죽음의 공포로 몰아간 이 괴질이 피사, 베네치아 등 이탈리아 여러 도시로 퍼졌고, 마침내 온 유럽을 뒤덮게 되었다는 이른바 '죽음의 배' 가설입니다.

공성전 가운데 흑사병에 감염된 시신을 투척해서 시작되었든, 흑해로부터 도착한 상선에서 시작되었든, 아무튼 스텝 지역의 쥐벼룩이 유럽으로 옮아온 것은 사실입니다. 몽골의 진격과 무역, 이 두 축의 바퀴를 통해 전해진 흑사병은 실로 유럽의 사회상을 극적으로 뒤바꿔 버렸습니다. 유럽의 사회·경제·정치 시스템이 송두리째 바뀐 것이죠. 흑사병으로 유럽 인구의 절반이 사라져 버리자, 가장 먼저 변화한 것은 노동 시장이었습니다.

인구가 급전직하하자 노동력이 귀해졌습니다. 노동 집약적인 밀 농사보다는 넓은 땅을 적은 노동력으로 관리할 수 있는 목축업이 유행하게 되었습니다. 임대료는 줄고 노동의 가치는 올랐기 때문입니다. 그런데 놀랍게도 똑같은 원인이 서유럽과 동유럽에서 각기 다른 결과를 낳았습니다. 서유럽은 노동력의 가치 상승으로 사회 불평등이 완화되었고, 봉건제의 몰락이 야기되었습니다. 동유럽의 경우에는 반대로 농노제가 강화되었습니다. 왜 같은 원인이 지역마다 다른 결과를 낳게 되었을까요?

서유럽의 소작농에게는 이동의 자유가 있었지만, 동유럽의 소작농은 토지를 떠나거나 다른 곳으로 이주하는 게 힘들었습니다. 이동의 자유가 있는 노동력에게는 수요 공급의 법칙이 정확히 적용되었습니다. 흑사병으로 인해 농사지을 사람이 줄자, 서유럽에서는 임대료가 낮아지고 임금은 올라갔습니다. 소작농에게도 잉여가 발생하고 기층 민중도 조금씩 권리를 찾기 시작하게 됩니다. 이른바 선순환이 일어난 것이죠.

반면 동유럽의 지주들은 여러 명목의 빚을 소작농에게 지워, 그들이 함부로 이동하지 못하게 만들었습니다. 소작농들은 토지가 남아도는 상황에서 더 많은 농토를 경작하게 되었습니다. 물론 임금은 오르지 않았

유목 민족이 세운 세계 최대 제국

죠. 지주들은 착취를 강화하는 방식으로 소작농을 몰아쳐 사실상 농노의 지위로 전락하게 만들었습니다. 점점 더 열악한 노동 환경에 내몰린 그들의 운명은 악순환에 빠졌고, 지주의 장악력은 더욱 강화되었습니다.

흑사병으로 인구가 줄고 품삯이 올라가는 공통의 현상을 서유럽에서는 불평등 해소의 기회로 활용해 버렸습니다. 그 결과 수백 년에 걸쳐 공고히 이어진 중세 장원제가 붕괴되었습니다. 스스로 농노가 되기를 자처했던 소작농은 권리를 누리게 되었죠. 부르주아와 자본주의의 맹아가 싹트기 시작한 겁니다.

# 레닌에게 몽골인의 피가 흐른다면

바투가 지휘하는 몽골군은 1241년 겨울에 폴란드, 헝가리, 보헤미아를 비롯해 도나우강 유역 일대를 장악하고 서유럽을 침공하기 위해 만반의 준비를 갖추고 있었습니다. 그러던 와중 12월에 본국으로부터 비보가 전해집니다. 제국의 우두머리 오고타이 대칸이 세상을 떠났다는 소식이었죠. 몽골군은 기수를 돌립니다.

몽골의 유럽 침공이 멈춘 것은 제국의 수장이 죽었기 때문만은 아니었습니다. 흑사병 때문이기도 했죠. 흑사병으로 괴로운 건 유럽의 병사들뿐만 아니라 몽골군도 마찬가지였습니다. 흑사병으로 병력이 약화되는 몽골군을 괴롭힌 다른 하나는 추위였습니다.

몽골군은 강물이 얼어붙어야 신속한 기동이 가능하기에 일부러 겨울을 기다려 진격했지만 당시 혹독한 추위는 기상 이변에 가까워 몽골군의 예상치를 넘었습니다. 당대 날씨를 나무의 나이테를 통해 알아낼 수 있었습니다. 프린스턴 대학 역사학자 니콜라 디코스모는 러시아 대초원이 몽골 기병에게 완벽한 날씨와 지형을 제공했다고 분석합니다. 반면 몽골군이 유럽 대륙에 진입하자 이 모든 환경이 송두리째 뒤바뀌었다고 합니다. 유라시아 여러 지역 나무들의 나이테를 분석한 결과, 1241년 겨울이 유독 혹한이었다는 걸 알게 되었죠. 혹독한 추위가 몽골 병사의 사기를 떨어뜨리는 것도 문제였지만, 말의 먹이가 부족해진 게 치명타였습니다. 몽골 기병의 위력은 말에서 나왔기 때문에 퇴각할 수밖에 없던 것이죠.

흑사병과 혹독한 추위에 괴롭던 차에 칭기즈 칸의 손자 바투의 야망도 퇴각에 한몫했죠. 몽골 제국 수장이 되려면 최고위급 족장회의 쿠릴타이에서 인정받아야 했습니다. 바투 입장에서 자신이 유럽 전장에서 목숨 걸고 제국의 영토를 넓히는 사이에 후방에서 누군가 제국의 우두머리가 된다면 그야말로 닭 쫓던 개 지붕 쳐다보는 신세가 되는 것이었으니까요. 재벌 기업마다 왕자의 난이 끊이지 않고 일어나는 건 창업보다 이후 수성이 어렵다는 것을 방증합니다. 창업자가 사라지고 나면 그 카리스마에 눌렸던 후손들이 저마다 기업을 차지하려 들죠. 당시 1241년이면 칭기즈 칸이 죽은 지 10여 년이 지난 시점이었습니다. 이쯤에서 칭기즈 칸의 가계도를 살펴볼까요?

칭기즈 칸의 사망 이후에 거대한 제국의 후계가 누구에게 넘어갈지는 당시 유라시아 전반에 영향을 미치는 중차대한 문제였습니다. 우리나라는 예로부터 농경 국가로 장자 상속을 당연시했지만, 유목 민족은 다릅니다. 유목 민족은 아이가 태어나 성인이 되어 일가를 이루면 말과 양떼를 나눠 주어 독립시킵니다. 부모는 장자부터 차례로 독립시키고, 막내와 더불어 노년기를 지내다가 막내아들에게 가축과 천막을 남기고 세상을 떠납니다. 우리나라의 장자가 그렇듯 유목 민족은 막내가 집안을 계승하는 정통성을 부여받는 것이죠.

조선을 건국한 태조 이성계가 막내아들 방석을 세자로 삼자, 그가 실은 여진의 피가 흐르는 유목민이기에 말자 상속을 고집한다고 비판받았습니다. 고려를 지키고자 했던 유민들이 조선의 정통성을 폄훼하기 위해 혈안이 되어 있던 와중에 방석의 세자 책봉은 그야말로 씹기 좋은 안주였죠. 요나라, 금나라, 청나라 등 유목민이 세운 왕조들도 건국 단계를 넘어서게 되면 장자 상속을 도입했으니 이성계에게 유목 민족의 피가 흘러 말자 상속을 했다는 비판은 근거가 희박합니다. 그보다 건국 초기 왕권을 위협할 수 있는 장성한 왕자들 가운데 세자를 책봉했다가는 본인의 권력이 흔들릴까 두려워 그런 선택을 했다는 설이 가능성 있습니다.

말자 상속이 대세인 유목 민족이지만, 대제국이 된 이상 말자 상속만이 정답은 아니었습니다. 칭기즈 칸에게는 자신이 이룩한 제국을 안정적으로 발전시킬 자식이 누구인지가 더욱 중요했겠죠. 칭기즈 칸의 장남 주치는 그의 혈육이 아니었습니다. 칭기즈 칸의 아버지 예수게이가 메르키트족에게 시집가는 호엘룬을 납치해 아내로 삼은 약탈혼, 기억나시죠? 메르키트족도 복수하기 위해 테무친(칭기즈 칸)의 아내 보르테를 납치했습니다. 테무친이 군사를 이끌고 가서 아내를 구출했지만, 보르테는 임신한 상태였죠. 구출한 직후에 태어난 주치는 테무친에게 아들로 인정받았지만, 평생 출생의 약점 때문에 동생들로부터 구박당했죠. 테무친은 비록 피가 섞이지 않았지만, 장남 주치에게도 큰 사랑을 주었습니다. 하지만 대제국을 물려줄 만큼은 아니었나 봅니다. 후계를 찾는 그의 눈길은 혈육인 차가타이, 오고타이, 톨루이에게 향합니다.

그런데 그의 핏줄 가운데 차가타이는 어려서부터 주치를 심하게 공격하며 갈등을 빚었습니다. 주치에 대한 아버지의 사랑이 깊다는 걸 알고 견제했던 거죠. 두 아들의 티격태격하는 모습이 칭기즈 칸에게 곱게 보일 리 없었겠죠. 삼남 오고타이는 정복 전쟁 내내 칭기즈 칸과 함께 종군하였고, 주치와 차가타이가 싸울 때도 늘 화해시킬 정도로 온화한 성품을 지니고 있었습니다. 칭기즈 칸은 주치나 차가타이에게 후계를 맡기

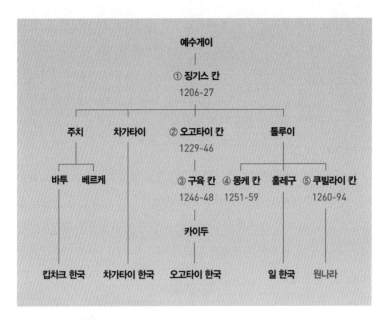

▲ 칭기즈 칸의 가계도

면, 제국이 분열될 것을 염려했습니다. 어떻게 세운 나라인데 겨우 2대에
이르러 붕괴되는 꼴을 볼 수는 없었습니다. 칭기즈 칸은 결국 관대하고
비교적 현명한 오고타이에게 후계를 넘겼습니다.

　하지만 오고타이에게는 거대한 제국을 관리하기에 치명적인 단점이
있었습니다. 술을 지나치게 좋아한 그는 재위 12년 만에 환갑도 넘기지
못하고 세상을 떠납니다. 오고타이 가문으로 후계가 공고해지기 전에 사
망했기에, 주치의 아들 바투나 톨루이의 아들 몽케도 호시탐탐 왕관을
노리고 있었죠. 그래서 바투가 유럽 원정에서 급히 귀국하였던 거죠. 바
투는 쿠릴타이에 영향을 미치려고 했습니다.

　쿠릴타이는 몽골에서 후계를 정하거나 법을 제정하는 등 중요한 안건
을 결정하기 위해 개최하는 회의입니다. 오고타이가 죽고 바로 쿠릴타이

가 열렸고, 구육이 대칸으로 추대되었지만 바투는 이를 인정할 수 없었죠. 구육 칸도 이를 잘 알고 있었고, 1248년 바투를 자신이 있는 곳으로 소환하자 바투가 대군을 이끌고 찾아갔습니다. 사실상 내전이 발발하기 직전에 구육 칸이 사망하여 형제간에 피를 보는 일은 벌어지지 않았습니다. 구육도 자기 아버지처럼 알콜 중독으로 일찍이 세상을 떴다는 게 정설입니다.

바투는 구육이 사망하자 오고타이 가문으로 혈통을 잇지 못하게, 톨루이 가문을 지지합니다. 오고타이와 구육이 집권하던 내내 말자 상속의 정통성을 지닌 톨루이 가문은 극심한 핍박을 받았습니다. 바투 입장에서는 세가 줄어 있던 톨루이 가문에서 대칸이 나오면 자기 입지가 더욱 커질 것이라 예상했던 거죠. 그래서 그는 톨루이 가문의 몽케를 밀었습니다.

바투가 유럽으로부터 퇴각한 이후에 대제국은 여러 갈래로 쪼개지기 시작했고, 몽케 칸이 집권하면서부터 이 구도가 공

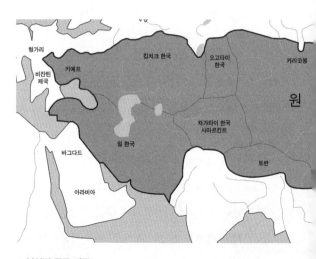

▲ 분열된 몽골 제국

고해졌습니다. 거대한 제국은 중국 본토에 자리 잡은 원나라를 중심으로 킵차크 한국, 일 한국, 차가타이 한국, 오고타이 한국으로 분할되었습니다. 주치의 아들인 바투가 일찍이 러시아 방면으로 진출하여 세운 킵차크 한국, 톨루이의 아들 훌레구가 아라비아 지역으로 진출하여 건국한

유목 민족이 세운 세계 최대 제국

일 한국, 오고타이 가문이 대칸의 지위에서 물러나고 카이두가 차지한 오고타이 한국, 차가타이의 후손들이 일찍이 중앙아시아에 자리 잡은 차가타이 한국 등 여러 칸국이 탄생하였죠. 지금의 미합중국이 여러 주가 합쳐져 이루어졌듯, 여러 한국의 연합체가 몽골 제국이었던 겁니다.

그중 바투의 킵차크 한국이 묘합니다. 킵차크가 없었다면 인류사의 거대한 변곡점 하나가 사라졌을지도 모릅니다. 황제의 시대를 끝내고 사회주의 혁명을 이끌어 낸 불세출의 혁명가 블라디미르 레닌에게 몽골인의 피가 흐른다면? 놀랍게도 다양한 혈통을 지닌 혼혈아 레닌에게는 몽골인의 피도 흘렀습니다. 레닌의 혈통을 따지자면 그에게는 러시아인·몰도바인·유대인·스웨덴인·독일인·칼미크인의 피가 흐르는데, 칼미크인이 몽골계 오이라트인의 후예이기 때문입니다.

2012년 레닌의 동상이 울란바토르에서 철거되었습니다. 냉전 시절 내내 소련의 위성국이던 몽골은 공산주의 국가라는 정체성 때문에 레닌의 동상을 여러 곳에 설치해 두었습니다. 1990년대 들어 공산주의가 무너지면서, 몽골도 헌법 개정으로 1당 독재를 철폐하고 대통령 중심제 국가로 탈바꿈했죠. 볼셰비키의 상징이던 레닌의 동상은 그 후에도 20년간 자리를 지키다가 철거되었습니다. 몽골의 피가 흐르던 레닌의 동상이 아시아에서 마지막까지 남아 있던 곳이 몽골의 수도 울란바토르라는 점이 의미심장하네요.

## 길 위에서 꽃핀 제국의 정체성

'한참 동안'이라는 말이 있죠? '한참'의 어원을 살피자면 몽골의 역참제로 거슬러 갑니다. 몽골 제국의 강력한 군사력과 통치력의 비결은 기동력에 있었습니다. 많은 병력을 보유했더라도 전선이 거대하게 펼쳐져 있는데 신속한 기동이 어렵다면 무용지물일 겁니다. 백만 대군의 지원군이라도 뒤늦게 도착한다면 지키려던 성은 적군에게 넘어가 있거나 공격하던 병력이 섬멸당해 시너지를 낼 수 없게 되겠죠. 기동력이 떨어지면 거대한 영토를 확보하고도 관리가 어려워 무너져 버리기도 쉽죠. 진시황은 중국 대륙을 최초로 통일하였지만, 자신이 확보한 영토를 지켜 내기 위해 지방을 순시하다가 과로사했습니다. 이것만 봐도 알 수 있죠.

몽골은 진시황의 제국보다 몇 배는 넓은 영토를 어떻게 효율적으로 관리했을까요? 그 해답은 '역참제'에 있습니다. 역참(驛站)은 공공 업무 수행을 위해 설치된 교통 및 숙박 시설입니다. 역참은 왕명과 공문서 전달, 국방과 관련된 긴급 상황 보고, 외국 사신 영접, 군수품 및 공공 물자 이동 등 다양한 방면에서 이용되었습니다. 중국은 고대 주나라 때부터

유목 민족이 세운 세계 최대 제국

역참제와 비슷한 제도를 활용했습니다. 역참제는 한나라와 당나라, 송나라 등 여러 왕조에 걸쳐 이어졌지만 몽골 제국에 이르러 역참제의 효율성이 정점을 찍게 됩니다. 몽골 제국의 역참제는 기존의 역참제와 비교할 때 훨씬 뛰어났습니다. 기존 역참은 약 360킬로미터당 하나씩 있었지만, 몽골의 역참은 평균 40킬로미터마다 배치되었죠. 역참 간 거리가 10분의 1정도로 줄었으니 얼마나 편리했을까요?

'한참'은 몽골 제국이 세운 역참과 역참 사이를 오가는 시간을 뜻합니다. 국어사전에서 그 뜻을 찾으면 '시간이 꽤 지나는 동안'인데요, 그 유래를 찾아보자면 '참에서 다음 참까지 이동하는 시간'을 의미합니다. 사람이 도보로 걷기도 하고 말을 이용하기도 했으니 40킬로미터면 꽤나 긴 시간이 걸렸겠죠. '참'은 본래 '길이'라는 뜻의 몽골어 '잠'에서 유래한 것으로, 한자로는 '站(우두커니 서다)'으로 표기합니다.

우리나라에도 역참제가 전파되었습니다. 원나라 간섭기인 고려 충렬왕 대에 설치한 포마차자색(鋪馬箚子色)이 그 연원입니다. 지금도 남아 있는 여러 지명은 과거의 역참을 소환합니다. 양재동 말죽거리나 은평구 구파발과 역촌동 등은 파발역참이 있던 곳으로, 서울을 오가는 관리나 장사치가 이곳에서 말을 먹이고 숙박하곤 했죠. 사극에서 암행어사가 '암행어사 출두요!' 하며 신분을 나타내는 마패를 꺼내 들죠? 어명을 받고 전국 방방곡곡을 돌아야 하는 감찰관에게 마패는 필수적인 신분증이었습니다. 말을 동원하는 게 얼마나 강력한 권한인지 알 수 있죠. 암행어사는 2~5마리 말이 새겨진 마패를 지니고 다니며 역참을 이용했습니다.

몽골 제국 전성기에는 중국 본토에만 1,500여 개 이상의 역참이 운영됐고, 주변 한국들까지 합치면 수천 개의 역참이 몽골의 실핏줄이 되어 제국을 건강하게 만들었습니다. 몽골 제국의 전체 역참이 보유했던 말은 5만 마리가 넘었고, 1만 마리의 소와 4천 개의 수레를 유지했습니다. 몽골 제국은 역참을 통해 탁월한 통신·물류 시스템을 갖춰 거대한 영토를 관리할 수 있었습니다. 역참이라는 미세 혈관을 타고 흐르는 정보망도 제국의 성공을 위한 디딤돌이었죠. 역참을 통해 전해지는 군사 정보는 몽골 제국 병력을 실제 이상의 위력으로 발휘하게 하는 긴요한 장치였습니다. 적국의 상인들이나 일반 백성으로부터 적의 정보를 취합하여 역참을 통해 수뇌부로 전달하는데, 이러한 정보전을 통해 적국의 약점이나 강점을 알고 전쟁에 임하는 것이었으니까요. 예컨대 적국 지도자인 왕이 앓고 있다더라, 뭐 이런 정보가 전쟁에 기여하게 됩니다.

오고타이 칸은 오르콘강 유역에 카라코룸이라는 제국의 행정 수도를 건설했습니다. 카라코룸은 행정의 중심이자 각국 사절단을 맞이하는 외교의 중심지인 동시에 사절단이 가져오는 물품을 받고 유통하는 국제 시장의 기능을 담당한 곳이었습니다. 유목민의 정복이란 영토의 확장보다는 여러 곳에 산재한 다양한 민족과 상품을 거래하는 유통에 방점이 찍혀 있는 만큼, 역참제는 팍스 몽골리카의 실현이자 거대 제국 몽골의 정체성을 상징하는 제도입니다.

기존 농경 사회가 생산을 최고의 미덕으로 신봉하며 수천 년간 발전해 왔다면, 유목 민족 몽골의 정체성은 '유통'에 방점이 찍혀 있습니다. 칭기즈 칸은 여러 나라를 정복하며 성을 짓지 않았습니다. 호라즘의 경우처럼 도리어 성을 부수었죠. 성을 쌓아 영토를 지켜 내는 것은 그의 정복 방식이 아니었습니다. 그의 정복은 명사형이 아닌 동사형, 즉 움직이는 것이었죠.

그래서 칭기즈 칸은 여러 영토를 정복하며 다리를 건설했습니다. 길을 닦고 다리를 놓아서, 정복한 영토를 사통팔달 모든 곳과 통하게 만들었습니다. 길과 다리를 통해서 병력과 군수 물자를 얼마나 빨리 이동·기동시키느냐에 전쟁의 성패가 달려 있었으니까요. 칭기즈 칸은 대제국을 세우기 이전부터 상인의 무역을 독려했습니다. 제국 건립 후에는 역참을 통해 각국 상인의 무역을 장려했고, 그들로부터 알짜 정보를 얻어 군사 작전을 시행했습니다. 그러니 몽골의 정체성은 길 위에서 시작해 길 위에서 발전했고 길 위에서 꽃을 피운 것입니다.

몽골 제국은 상인의 무역로를 철저히 보호했습니다. 제국 내 무역로만큼은 평화롭게 유지하기 위해 최선을 다했습니다. '길 위에서'라는 제국의 정체성을 지켜 내기 위해서는 상인들이 안전하게 무역에 종사하고 여러 나라 사절단이 평화롭게 카라코룸으로 왕래해야 했습니다. 몽케 칸의 재위 시절엔 "금 항아리를 든 여성이 몽골 제국의 끝에서 다른 끝까지 걸어가도, 아무런 사달이 일어나지 않을 것이다."라는 속담이 있었을 정도라고 합니다.

몽골의 주요 교역로 네 곳은 철저한 치안 아래 중국과 유럽을 온전히 연결했습니다. 초원 루트를 비롯해 천산북로·천산남로·서역남로가 실크로드를 이루었습니다. 한나라 장건의 실크로드가 하나의 상징이라면, 몽골의 실크로드는 분명한 실체였습니다. 콘스탄티노플·베니스·키예프는 환상 속의 도시가 아니라 교역을 시행하는 대상이었죠. 육로만 발전한 것도 아닙니다. 중국과 페르시아만을 잇는 해상 무역로도 비약적으로 발전했습니다. 1231년, 몽골은 호라즘을 멸망시키며 이슬람의 선진 문화를 흡수했습니다. 본디 무역과 산술에 능한 아라비안 상인들로부터 정치·경제·사회·문화 등 다방면의 정수를 가져왔죠. 군사와 정치가 하나되는 군정일치 국가에서 상업도 포괄하는 하이브리드 제국으로 변모한 겁니다.

몽골의 왕족과 귀족은 무슬림 상인처럼 상업 조합을 결성했습니다. '오르톡(Ortaghs: 투르크어로 동업자를 의미, 상인 조합 혹은 상인 단체를 뜻하지만 넓은 의미에서 오르톡에 속한 상인도 뜻함)'이라는 조합을 만들어, 금융 대출과 전매제를 활용하여 제국 상권을 틀어쥐었습니다. 오늘날 부정적인 함의를 지닌 정경유착을 시행한 것이지만, 당시 상황에서는 국가 주도 경제 정책의 일환이었죠. 오르톡은 상인이자 준공무원 신분이었기에 역참을 우선적으로 사용할 수 있었고, 무역에 문제가 생기면 군사력 동원을 나라에 요청할 수 있었습니다. 이른바 '주식회사 팍스 몽골리카'의 탄생이었습니다.

몽골은 항만이나 나루터에서 매기던 통과세를 철폐하고, 최종 목적지에서 상품을 판매하며 한 번에 세금을 지불하게 했습니다. 세금은 주로 은으로 받았습니다. 오르톡은 무역을 위해 거대한 자본을 마련해야 했는데, 이때 주로 사용된 것도 은입니다. 제국은 은을 대량으로 사들였고, 이를 바탕으로 물자를 확보하는 무역을 추진했습니다. 먼 거리를 이동하는 상인에게는 가볍고 보관이 편리한 화폐 성격의 물건이 필요했고, 당시에는 은이 그 역할을 해냈습니다.

물물교환 수준에서 벗어나 화폐를 바탕으로 한 상업을 발전시켰고, 이러한 몽골 제국의 정체성이 결국 유럽까지 전해져 자본주의의 맹아를 싹트게 했습니다. 일찍이 1227년 칭기즈 칸은 비단이나 귀금속을 바탕으로 화폐를 발행해 사용하는 것을 승인했습니다. 주식회사 팍스 몽골리카의 은본위제는 유라시아 전역에 구축되었고 근대화의 초석을 다지는 역할을 담당하게 되었습니다. 몽골의 요직을 맡았으며《세계 정복자의 역사》를 통해 제국의 역사를 기록한 페르시아인 역사가 아타 말릭 주베이니는 세계 곳곳에서 상인, 투기꾼 혹은 총독의 자리나 관직을 바라는 자들이 몽골로 몰려와 목적을 이루고 물건을 얻어 돌아갔으며, 얼마나 많은 사람이 가난을 벗고 부자가 되었는지 모른다고 역설합니다.

이토록 안전한 몽골의 무역로를 따라 부를 거머쥐기 위해 유럽에서 온 상인 가운데 한 명이 마르코 폴로입니다. 몽골 기병이 무시무시한 공

유목 민족이 세운 세계 최대 제국

격력으로 유럽까지 존재감을 드러냈고, 주식회사 팍스 몽골리카는 은을 매개로 한 무역의 달콤함을 풍겨 댔으니 베니스의 상인들 역시 이 기회를 놓칠 리 없겠죠. 이제부터 마르코 폴로의 여정을 본격적으로 살펴보겠습니다.

# 허풍쟁이 베니스 상인이
## 바꾼 세계의 흐름

역사학자 유발 하라리는《사피엔스(Sapiens)》라는 책에서 호모 사피엔스가 살아남은 여러 이유 가운데 '거짓말'을 먼저 꼽습니다. 호모 사피엔스가 여느 동물과는 달리 원시 신앙을 비롯한 종교·국가·규칙·인권 등 허구의 개념을 만들어 낼 수 있었기에 상호 협력할 수 있었다는 것입니다. 이것이 인류의 인지 혁명입니다. 인지 혁명 덕분에 인류는 무리를 이루었고, 상상의 질서를 통해 이를 확장하여 대규모의 집단을 형성할 수 있었습니다.

그런 면에서 마르코 폴로라는 구라쟁이가 역사의 물꼬를 틀어 버렸죠. 그는 1254년 베네치아 공화국에서 무역상의 아들로 태어나, 열다섯에 아버지를 상봉하게 됩니다. 그가 태어나기 전에 무역상으로 길을 떠난 아버지가 그제야 집으로 돌아왔기 때문이죠. 마르코 폴로는 그로부터 두 해가 지난 1271년에 아버지 니콜로 폴로, 숙부 마페오 폴로와 함께 중국으로 떠납니다. 당시 몽골 제국은 쿠빌라이 칸이 즉위하여, 원나라 왕조를 시작한 때였습니다.

《동방견문록》에 따르면, 마르코 폴로는 원나라에 도착해 쿠빌라이 칸을 만났고, 17년간 머물며 벼슬살이도 하고 여행도 다녔습니다. 그는 고향을 떠난 지 20여 년의 시간이 지난 1292년 베네치아 공화국으로 귀환하였고, 제노바 공화국과의 해전에 참전해 패배하고 포로가 되었습니다. 당시 이탈리아의 동쪽 아드리아해는 베네치아가 장악하고 있었고, 서쪽 리구리아해는 제노바가 차지하고 있었습니다. 두 공화국은 지중해 무역 상권의 헤게모니를 차지하기 위해 치열한 다툼을 벌였고, 마르코 폴로도 사재까지 털어 가며 이 라이벌전에 헌신했습니다.

마르코 폴로는 전쟁 포로 신분으로 감옥에 갇혔지만, 현란한 입담만큼은 가둘 수 없었습니다. 옥중에서 동료 수감자들에게 20여 년 동안 중국에서 보고 듣고 겪은 일들을 주워섬겼습니다. 무료한 옥중 생활 속에서 저 머나먼 나라의 신비한 이야기를 들려주니 얼마나 재미있었을까요? 작가 루스티첼로 다 피사가 마르코 폴로와 같은 감옥에 수감되어 있다가, 믿을 수 없지만 흥미로운 이야기를 듣고 글로 옮겨 책으로 출간된 것이《동방견문록》입니다.

그로부터 2백 년이 흘러 한 제노바 청년이《동방견문록》을 보게 됩니다. 청년은《동방견문록》을 탐독하며 모험심에 가득 차서 마르코 폴로처럼 신비롭고 아름다운 땅, 아시아로 향하리라 다짐했죠. 그는 이탈리아 제노바에서 후원자를 찾지 못하자 에스파냐의 여왕 이사벨 1세를 찾아갑니다. 지구는 둥그니까 서쪽으로 항해하면 아시아에 닿을 것이라는 판단에 따라 여왕을 설득했고, 마침내 함선을 지원받아 대서양을 건넙니다. 그 청년이 크리스토퍼 콜럼버스입니다.

1492년 산타마리아호를 필두로 세 척의 배를 이끌고 희망에 가득 찬 대서양을 가로지르던 콜럼버스가《동방견문록》여백에 남겨 놓은 메모는 그가 이 책에 얼마나 빠져 있었는지를 보여 줍니다. 특히 《동방견문록》에 등장하는 황금의 땅 '지팡구(오늘날의 일본)'가 콜럼버스의 탐욕에 불을 지폈습니다. 중국 앞바다에 떠 있는 수천 개의 섬 가운데 가장 큰 섬인 지팡구 사람들은 황금을 돌멩이 보듯 한다고 기술되어 있었죠. 정말로 지팡구에 황금이 넘쳐났던 건 아니지만, 콜럼버스는 이 가짜 뉴스로 이사벨 여왕의 마음을 움직여 산타마리아호를 얻어 낼 수 있었습니다.

《동방견문록》은 진위 여부를 떠나, 존재 자체가 세계사에 거대한 특이점을 만들어 냈습니다. 어쩌면 대항해 시대의 시발점은 마르코 폴로의 《동방견문록》일지도 모릅니다. 대항해 시대 하면 흔히 포르투갈이나 스페인을 떠올리지만, 원래 유럽의 대항해는 이탈리아가 원조입니다. 가장 먼저 무역에 눈을 뜬 것이 지중해를 넘나들던 이탈리아 상인이었으니까요. 제노바와 베네치아가 그 선두에 선 도시국가들이었고, 마르코 폴로가 두 국가 사이의 전쟁 때문에 옥에 갇힌 덕에 《동방견문록》이 세상에 나왔으니 역사의 아이러니죠. 그렇게 대항해 시대의 원동력은 《동방견문록》과 콜럼버스를 매개로 지중해 중심에서 대서양 연안으로 옮겨졌습니다.

《동방견문록》은 대항해 시대의 경전과도 같은 책이었지만, 아시아로 들어오며 제목에 번역 오류가 발생한 책입니다. 이 책의 원제는 '세계의 서술'입니다. 일본에서 처음으로 《동방견문록》이라고 잘못 번역했고, 우리나라에서도 이 오류를 답습했죠. 이 책은 마르코 폴로가 여행한 지역의 방위·거리·언어·종교·산물 등을 기록하고 있습니다. 아직 신대륙을 발견하지 못한 당대 유럽인의 관점에서는 유라시아가 세계의 전부였으니, '세계의 서술(Divisament dou Monde)'이라는 제목이었겠죠.

그런데 한 문화권의 산물이 다른 문화권으로 건너갈 때 발생하는 오역이 때로는 그 뉘앙스를 살리는 경우도 많습니다. 영화 〈죽은 시인의 사

유목 민족이 세운 세계 최대 제국

회〉도 원제는 'dead poet's society', 즉 '죽은 시인들 동아리'지만, 지금의 제목이 영화 내용과 더 잘 맞아떨어지는 것 같습니다. 찰스 디킨스의《위대한 유산(great expectations)》도 '막대한 유산'이라는 번역보다 오역이 문학적 풍미를 배가시켜 줍니다.《동방견문록》이라는 제목에 깃든 조금은 오리엔탈리즘적이고, 세속적인 뉘앙스는 마르코 폴로가 어떤 부류의 인간인지 더 정확하게 설명하고 있네요. 유길준의《서유견문(西遊見聞)》이 개화기 우리네 지식인의 마음을 뒤흔들었듯, 마르코 폴로의 장광설은 당대 모험심 가득한 유럽인의 심장을 두근거리게 만들었습니다.

'동방견문록'이라는 제목이 잘못된 번역인 것은 마르코 폴로가 여행한 지역이 유럽을 주체로 삼고 타자화한 '동방'이 아니기 때문입니다. 루스티첼로 다 피사가 '세계의 서술'이라 명시한 바와 같이 당시 마르코 폴로가 여행한 지역은 '세계'였습니다. 일본 번역가의 시선에는 원나라가 위대한 유럽 중심의 세상에서 동쪽의 변방에 지나지 않아 보였을 겁니다. '탈아입구론(脫亞入歐論)', 즉 아시아를 벗어나 구라파(유럽)로 들어가야 한다는 19세기 말 일본을 지배하던 사상이 번역의 오류에 영향을 미쳤겠죠.

이븐 바투타의《여행기(Rihlatu Ibn Batūtah)》도《동방견문록》과 비슷한 시기에 등장합니다. 마르코 폴로가 1254년생이고 이븐 바투타가 1304년생이니, 두 사람 사이에는 두 세대 정도의 시간 차이가 있습니다. 이븐 바투타의 여행 경로는 비교적 정확한 기술이 뒷받침되어 있어서 마르코 폴로의 행적이 의심을 사는 것과는 달리, 그의 여행은 사실로 받아들여지고 있습니다. 개인이 지금처럼 비행기나 자동차 등 교통수단이 발달하지 않았던 14세기에 저렇게 많은 곳을 돌아다녔다는 것이 쉽사리 믿기진 않습니다. 긴 여정을 채워 가기 위해 필요한 경비·체력·안전을 담보하기 어려웠을 테니까요. 하지만 칭기즈 칸 이래 원나라 집권기 내내 동서무역로를 안전하게 유지하려는 노력은 지속되었고, 이븐 바투타는 몽골이 뚫어 놓은 교역로의 최대 수혜자였습니다.

　세상을 뒤바꾼 점에서 《동방견문록》의 선정성이 한몫 제대로 했지만, 이븐 바투타의 《여행기》만큼 학술적 자료로 대접받지 못하는 이유는 뭘까요? 《동방견문록》에는 기이하고 황당한 이야기가 여럿 수록되어 있었기 때문입니다. 황금이 지천에 널려 있다는 지팡구 이야기, 아르메니아와 터키 국경에 위치한 아라랏산의 아무도 오를 수 없는 산봉우리 이야기, 만년설로 뒤덮인 정상에 노아의 방주가 있다는 이야기 등. 마르코 폴로는 어디선가 주워들은 것도 두 눈으로 확인한 것처럼 이야기했죠.

　《동방견문록》의 내용 중 가장 유명한 것은 아무래도 산상노인에 관한 것입니다. 호르무즈의 동북쪽에 자리한 물레텍이란 지방의 이야기입니다. 알라오딘이라는 노인은 산중 깊숙한 곳에 궁전을 짓고는 도랑을 파서 포도주 혹은 젖과 꿀이 넘쳐나게 만들었습니다. 여기에 더해 세상에서 가장 아름다운 여인들을 이곳에 살게 하여, 자신의 궁전을 주지육림, 낙원의 모습으로 연출했죠. 노인은 스무 살 미만의 마을 청년들을 약에 취해 정신을 잃게 만들고는 자신의 궁전으로 데리고 왔습니다. 그곳에서 청년들은 그야말로 천국을 맛봤죠. 그러다 노인은 누군가 암살하고 싶은 목표물이 생기면 청년 한 명을 골라, 취하게 만든 후 다시 마을로 데리고 나갔습니다. 잠에서 깬 청년은 금단 증상을 보이며 낙원으로 돌아가고 싶어 했고, 노인은 자신이 지령한 암살을 마치면, 다시 천국으로 돌아갈 수 있다고 유혹했습니다. 이렇게 노인은 죽음도 불사하는 최강의 암살단을 조직했고, 오랫동안 공포의 대상이 되었습니다. 이슬람권에서 유명한 하시신에 관한 전승 가운데 《동방견문록》에 실린 이야기입니다. 암살자에 관한 서사는 매혹적이어서 많은 영화와 소설에 등장했습니다. 산상노인 알라오딘이 사용한 약이 오늘날의 마약입니다. 아라비아어 '하시

유목 민족이 세운 세계 최대 제국

신'은 약초를 뜻하는데, 이 이야기에서는 환각 작용으로 몽롱한 상태에서 암살에 나섰다는 걸 의미합니다. 암살을 뜻하는 영어 어쌔신(Assassin)의 어원이 하시신입니다.

《동방견문록》에 근거가 희박한 이야기도 많이 나오지만, 과학적 근거가 갖춰진 이야기도 등장합니다. 특정 기름에 대한 상세한 묘사가 그 대표적인 예입니다. 이 기름은 먹기에 적합하지 않지만 불이 잘 붙고, 인간과 낙타의 소양증과 부스럼을 치료하는 연고로도 사용된다며 극찬하죠. 멀리서도 사람들이 가지러 오며, 인근 지역에서는 등잔에 이 기름을 사용한다는 기록도 남깁니다. 과연 이 기름은 뭘까요? 카스피해 연안에서 솟아나는 석유를 목격한 기록입니다. 마르코 폴로가 운남성에서 본 뱀에 관한 기록도 있습니다. 길이가 10보나 되고, 굵기는 10뼘에 가깝고, 머리 쪽 몸통 앞부분에는 두 개의 다리가 있는데 매나 사자의 발톱과 비슷한 것이 달려 있으며, 머리통은 엄청나게 크고, 눈은 빵 덩어리보다 크며, 입은 단번에 사람을 삼킬 정도로 거대하고 이빨도 큰 뱀의 정체는 악어입니다.

《동방견문록》에는 인간의 욕망을 일깨우거나 선정적일 정도로 재미난 이야기가 넘쳐 납니다. 그러니 많은 논란에도 전 유럽에 복사본이 팔려 나갈 수 있었죠. 《동방견문록》에는 유독 '들어도 믿기 힘들 것'이라거나 '보지 않고는 믿을 자가 없을 것' 또는 '경이로운 경험을 세상에 알리지 않는다면 큰 죄악이 될 것'이라는 내용을 담은 문구가 자주 등장합니다. 훗날 지리상 발견에 지대한 영향을 끼친 이 저작물의 내용에 대한 진위를 살펴볼 필요가 있습니다.

칭기즈 칸의 막내아들 툴루이의 아들 쿠빌라이 칸이 다섯 번째 대칸의 자리에 오르며 초원의 제국은 비로소 왕조의 모습으로 진화합니다. 쿠빌라이는 어려서부터 어질고 슬기롭기로 유명했고, 체격이 크고 효심이 지극했습니다. 그는 아버지 툴루이가 갑자기 세상을 떠난 후에 강력한 숙부와 사촌들에 치여 궁색한 처지에서 하북성을 직접 통치했습니다.

쿠빌라이 칸은 한족의 문화와 제도를 받아들였고, 아들 칭김의 스승으로 한족 승려를 초빙할 만큼 중원 중심 가치관에 젖어 들었습니다. 이것이 몽골이란 초원의 제국을 원나라라는 중원의 왕조로 탈바꿈시킨 이유입니다. 세상을 움직이는 리더를 창업형과 수성형으로 분류한다면, 칭기즈 칸은 몽골 제국의 발판을 마련한 창업형 리더이고, 쿠빌라이 칸은 그 결실을 제대로 이루어 낸 수성형 인재라고 할 수 있겠습니다.

쿠빌라이 칸은 1271년 수도를 초원의 카라코룸에서 대도(오늘날의 베이징)로 옮기고, 나라 이름을 대원이라고 칭했습니다. 할아버지 칭기즈 칸을 태조로 추존하고, 아버지 툴루이·숙부 주치·차가타이·오고타이 등에게도 제호를 올려 왕조의 시작을 선포했습니다. 의례나 복식을 한족 식으로 바꾸고, 몽골족이 더 이상 떠돌이 세력이 아닌 중국의 주인임을 대내외에 과시했죠. 한족이 아닌 이민족으로서는 최초로 중국을 통일한 왕조가 원나라입니다.

백만 남짓한 몽골 인구로 수천만 명에 달하는 한족을 상대하려니, 야 박한 정책을 취할 수밖에 없었습니다. 황제를 정점으로 몽골족과 색목인 을 지배 계급으로 두고, 한족·여진족·거란족을 피지배계급으로 삼았죠. 특히 남송의 백성으로 마지막까지 저항했던 한족은 밑바닥에서 차별과 학대를 견뎌야 했죠. 원나라 초반에는 몽골 지배 계층 대부분이 문맹일 정도로 통치 기반이 취약했습니다. 그렇다고 한족에게 관직을 줄 수는 없으니, 몽골족이 고위직을 독차지했고, 재정이나 행정 실무는 색목인에 게 맡겼습니다. 중국의 주인이던 한족이 불편하고 껄끄럽다 보니, 중앙 아시아나 아라비아 등 외국에서 온 색목인이 도리어 나왔던 겁니다.

쿠빌라이 칸은 다양한 종교를 허용했고, 한족을 제외한 인종에게 관 대했습니다. 이러한 배경 아래 마르코 폴로는 쿠빌라이 칸의 환대를 받 았을 가능성이 크지만, 마르코 폴로가 정말 쿠빌라이 칸을 만났을까요?

마르코 폴로의 구술에 따르면, 니콜로 폴로와 마페오 폴로 형제는 1266년 대도에 도착하여 쿠빌라이 칸을 만났습니다. 당시 마르코 폴로 는 열 살짜리 소년이었다고 합니다. 쿠빌라이 칸은 폴로 형제로부터 유 럽의 문화·정치·제도를 배우고 싶어 했습니다. 그는 기독교에 관심이 많 아서 교황에게 학식이 뛰어난 수도승 100명을 파견해 달라고 요청하는 편지를 써서 폴로 형제에게 전달을 부탁했고, 동시에 예루살렘에서 성 유를 구해서 재방문하여 줄 것을 요청했습니다. 폴로 형제는 일종의 특 사로 3년에 걸쳐 베네치아로 돌아왔습니다. 그런데 얄궂게도 당시 교황 은 궐위(闕位: 직위나 관직 자리가 빈) 상황이었고 차기 교황이 정해지지 않아서 쿠빌라이 칸의 수도승 파견 요청에 답서를 받을 수 없었습니다. 차일 피일 시간이 지체되고, 더 이상 기다릴 수 없다고 판단한 형제는 예루살렘에 도착해 성유를 구했습니다. 때마침 신임 교황으로부터 친서를 받아 지체 없이 원나라로 향했습니다.

쿠빌라이 칸은 성유와 교황의 답서를 가지고 돌아온 폴로 형제를 격하게 환대했습니다. 그는 특히 청년 마르코 폴로에게 관심을 두었는데, 어린 마르코 폴로는 3년이 넘는 기나긴 육로 여정을 지나오며 몽골어를 금세 습득할 수 있었기 때문에 쿠빌라이 칸과 대화가 가능했다고 합니다. 쿠빌라이 칸은 마르코 폴로를 통해 유럽을 배우고, 마르코 폴로를 통해 자신에게 적대적인 지방 호족의 동태를 감시했습니다. 마르코 폴로는 양주에서 지방관으로 벼슬살이까지 하며 쿠빌라이 칸이 수여한 특별 통행증으로 중국 대륙과 오늘날의 베트남과 버마 등 동남아시아 지역까지 돌아다녔다고 합니다.

하지만 마르코 폴로는 쿠빌라이 칸을 만난 적 없고, 《동방견문록》의 핵심 내용 상당수가 거짓이라는 주장도 만만치 않습니다. 전 세계 많은 역사가가 《동방견문록》의 진위에 관심을 기울이고 있습니다. 특히 유럽의 사가들이 관심 많은 연구 주제입니다. 이탈리아 나폴리 대학 다니엘 페트렐라 교수가 이끄는 고고학 연구팀은 실증적 자료를 연구해 마르코 폴로가 실제 중국에 가지 않았다고 주장합니다. 영국 국립도서관 중국학과 담당자 프랜시스 우드는 《마르코 폴로는 정말 중국에 갔을까?(Did Marco Polo Go to China?)》라는 책을 출간해 《동방견문록》의 약점을 지적하기도 했죠. 《동방견문록》이 거짓이라는 주장과 근거를 몇 가지 살펴볼게요.

마르코 폴로의 구술대로라면, 그는 1274년과 1281년 두 차례에 걸친 일본 침략 시기에 쿠빌라이 칸으로부터 관직을 부여받고 원나라에 머

유목 민족이 세운 세계 최대 제국

물렀습니다. 그는 첫 번째 일본 침공에서 풍랑을 만나 배가 좌초되어 침공이 실패했다고 기록했지만, 원나라가 태풍 때문에 일본 원정에 실패한 것은 2차 침공이기 때문에 마르코 폴로의 주장은 거짓이라는 거죠. 게다가 마르코 폴로가 파도를 설명하며 '추남(Chunam)'이라는 용어를 사용했는데, 이는 중국어나 몽골어가 아닌 페르시아어라서, 그가 페르시아 상인에게서 들은 이야기를 옮긴 것이라는 주장도 있습니다. 다음으로 원나라 문헌에 마르코 폴로에 관한 기록이 없다는 점입니다. 당시 푸른 눈의 유럽인으로 관직에 올라 활동했다는 특이점 때문에라도 역사서 어딘가에 기록이 남아 있을 텐데, 그렇지 않다는 것이죠. 쿠빌라이 칸과 통역도 없이 직접 대화하며 신임을 얻었고, 이를 바탕으로 지방관 직책까지 맡았다면 원나라 역사에 자취가 남아 있어야 할 텐데요.

그다음으로 마르코 폴로가 중국 땅을 밟았다면 그처럼 허풍 센 캐릭터가 떠벌리지 않고는 배길 수 없던 것들이《동방견문록》에는 실려 있지 않다는 것입니다. 그가 17년이나 원나라 이곳저곳을 여행하며 만리장성을 언급하지 않은 것도 이상합니다. 게다가 차를 마시거나 젓가락으로 음식을 먹는 풍습과 전족이라는 희한한 악습 등은 이탈리아 청년에게 인상 깊은 장면일 텐데《동방견문록》에는 담기지 않았습니다.

이 외에도《동방견문록》의 인칭이 맞지 않는다는 점도 이 책 내용의 진위에 의문이 들게 합니다. 여행기임에도 주관적 감상이 지나치게 거세되어 있다는 것도《동방견문록》이 가짜임을 주장하는 근거입니다. 마르코 폴로는 기껏해야 흑해 언저리 정도까지 여행했고, 폴로 가문의 상관이 자리 잡고 있던 국제 도시 콘스탄티노폴리스에서 다양한 무역상으로부터 주워들은 이야기를 짜깁기해 경험담처럼 이야기했다는 설도 있습니다.

반면《동방견문록》이 진짜라는 근거도 많습니다. 예를 들어, 뉴욕에 다녀와서 자유의 여신상과 엠파이어스테이트 빌딩, 타임스퀘어를 언급하지 않기는 어려운 일이지만 설사 그런 것들을 이야기하지 않았다고 해서 그게 뉴욕을 여행하지 않은 증거는 아니니까요. 원나라의 두 번에 걸친 일본 침공을 말하자면, 1281년 두 번째 원정 때 가미카제(신풍)가 불어와 배가 난파당해 일본 침공이 실패한 것은 사실이지만 그렇다고 첫 원정 때 풍랑이 없던 것은 아닙니다. 바닷길에 익숙하지 않은 몽골의 입장에서 첫 원정도 거센 바람 때문에 실패했다고 분석할 수 있는 것이죠. 마르코 폴로가 십수 년이 지난 시점에서 감옥에 갇혀 구술하는 열악한 상황에서 7년 간격으로 일어난 두 번의 원정을 헷갈릴 수도 있습니다.

또한, 만리장성의 현재 모습은 명나라 때 완성되었습니다. 진시황의 만리장성을 완성형 건축물이라고 착각하는 사람이 많은데요, 만리장성은 구간별로 축조되어 이어진 귀납적 결과이지 처음부터 철저한 기획을 통해 축조된 건축물이 아닙니다. 전근대 왕조의 경제력과 국력으로는 한 줄로 연결된 선형 만리장성을 한 번에 축조하는 것은 꿈꾸기 어려웠고, 마르코 폴로가 원나라를 방문했을 당시에 만리장성은 군데군데 성터만 있었을 가능성도 큽니다. 그리고 전족은 어디까지나 한족의 풍습이었습니다. 마르코 폴로는 주로 몽골족, 여진족, 거란족을 접촉하여 전족을 목도하지 못했을 가능성도 있습니다.

폴로 형제가 처음 쿠빌라이 칸을 알현하고 교황에게 친서를 전달하는 특사 역할을 담당했다는 점도 《동방견문록》의 진실성을 뒷받침합니다. 바티칸 공문서관에서 1920년 특이한 문서가 발견됩니다. 페르시아어로 된 문서는 몽골 대칸의 국서였습니다. 정확히는 몽골 제국 3대 대칸인 구육 칸이 교황 인노첸시오 4세에게 보낸 외교 문서입니다. 이 편지 왕래의 발단은 교황 측에서 시작되었습니다. 교황은 레그니차 전투에서 폴란드가 패하고 모히 전투에서 헝가리 병력이 패퇴하자 위기감을 느꼈습

유목 민족이 세운 세계 최대 제국

니다. 몽골 정복자들이 어디까지 밀고 들어올지 모르는 불안감에 특사와 편지를 보내, 기독교 국가를 더 이상 침략하지 말아 달라고 설득했습니다. 이에 구육 칸이 답장을 보내 대칸과 교황 사이의 국서 왕래가 이루어진 것입니다. 몽골 제국 대칸이 보낸 편지 내용을 살짝 들여다볼까요?

서양인은 자신들(그리스도인)이 전부라 믿고 다른 사람들을 멸시하지만 하느님께서 누구에게 은총을 베푸시는지 어찌 알 수 있냐는 주장으로 시작하는 편지에는 '우리는 하느님을 경배하며, 하느님의 강인함으로 해 뜨는 동쪽에서 해가 지는 서쪽까지 모든 땅을 정복했다. 이것이 하느님의 권능이 아니라면, 인간이 대체 무엇을 할 수 있었겠나? 그러나 당신이 평화를 선택하고 우리에게 당신의 권능을 넘겨주려고 한다면, 교황님, 그리스도인들 사이에서 권세 있는 자들과 함께 평화를 이루기 위해 나에게 오는 것을 조금도 지체하지 마시오.'라는 내용의 강렬한 반박이 구구절절 담겨 있습니다.

《영락대전(永樂大典)》에 마르코 폴로가 베네치아로 귀환할 때 동행한 사신에 관한 기록이 존재합니다. 《영락대전》은 원나라가 멸망하고 명나라 왕조가 들어선 후에 영락제가 편찬한 백과사전입니다. 《동방견문록》에 적시한 사신들의 이름과 《영락대전》의 기록이 일치합니다. 《동방견문록》에 '울라타이(Oulatai)', '아푸스카(Apusca)', '코자(Coja)'로 기록된 사신명이 중국 측 사료인 《영락대전》에 각각 '우루우다이(兀魯鯀)', '아비시카(阿必失阿)', '호자(火者)'로 표기되어 있습니다. 사신들의 존재감이 다른 여러 사서에 등장할 만큼 대단하지 않은데, 두 자료 내용이 일치하는 것은 마르코 폴로가 쿠빌라이 칸을 대면했다는 결정적인 증거입니다.

원대사 전문가인 역사학자 양쯔지우는 〈타임〉지에 기고한 '마르코 폴로와 중국-'마르코 폴로는 중국에 간 적이 있는가?'라는 글에 대한 생각'에서 중국의 사서에서 마르코 폴로의 이름을 발견하지 못한 것은 사실이지만, 고증할 만한 자료가 없는 것은 아니라고 합니다. 몽골이 색목인을 중용한 사례는 마르코 폴로 외에도 많습니다. 천주(泉州)에서 활약하던 아라비아 상인 포수경이 대표적인 사례인데, 그는 남송 시대에 천주제거시박사에 임명되었고, 원나라에 투항한 후에는 강서행성참지정사와 복건행성좌승을 역임했습니다.

《동방견문록》이 마르코 폴로의 생생한 경험담인지 주위들은 이야기를 짜깁기한 것인지 그 실체를 정확히 파악할 수는 없습니다. 원나라를 방문해 쿠빌라이 칸을 만난 것은 사실이지만 관직을 받았다는 것은 허풍일 수도 있습니다. 중국 대륙을 밟긴 했지만 황제를 알현하여 대화를 나눈 것은 거짓이고 먼발치에서 보고 국서를 전달하는 특사 역할을 담당했을 수도 있습니다.

마르코 폴로의 구술에 대한 진위 여부는 모호하지만, 마르코 폴로 혹은 그의 이름을 빌린 누군가의 마음속은 새로운 세상에 대한 열망으로 가득했겠죠. 세계의 지평을 넓혀 보고자 했던 당대 유럽인은 《동방견문록》을 읽고 꿈을 꾸었겠죠. 《동방견문록》이 열어젖힌 대항해 시대는 책 한 권이 세상을 바꾼 드라마틱한 사례일 겁니다.

유목 민족이 세운 세계 최대 제국

# 세계 최초 지폐의 유래

세계 최강 몽골 기병의 대표적인 전투 식량은 보르츠(борц)였습니다. 보르츠는 양고기·소고기·말고기 등 육류를 장기간 그늘에 말려서 만든 육포입니다. 몽골 병사들은 가볍게 휴대할 수 있으면서 충분한 영양을 공급받을 수 있는 보르츠를 마유나 물에 타서 섭취했습니다. 오늘날 술안주로 즐겨 찾는 육포의 원조가 몽골의 전투 식량이었던 거죠. 몽골 전투력의 핵심은 빠른 기동력과 치중대의 지원 없이 자급자족이 가능한 보급 체계에서 비롯되었습니다. 몽골인은 끊임없는 이동과 교역이 필수인 유목민의 정체성을 가지고 있어서, 그들에게 무겁고 부피가 큰 자산은 효용 가치가 떨어졌습니다. 몽골의 삶을 깊이 이해하고 유목의 본질을 꿰뚫어 본다면, 지폐의 사용이 본격화된 시점이 몽골 제국이라는 점이 놀랍지 않습니다. 최소 무게와 부피로 최대 가치를 담보할 수 있는 지폐는 몽골 제국에 이르러 활성화되었습니다.

조개껍데기를 돈으로 사용하던 고대 중국의 통화는 기원전 8세기에 이르면 청동으로 만든 칼 모양 '도전(刀錢)'과 삽 모양의 '포전(布錢)'으로 발전했습니다. 도전과 포전은 춘추전국 시대에 주로 연나라·제나라·조나라에서 유통되었습니다. 진시황은 천하를 통일하며 문자와 도량형을 통일했고, 화폐로 반량전(半兩錢)을 대량 유통했습니다. 반량전의 재료는 청동이었고, 모양은 하늘을 상징하는 원과 땅을 의미하는 사각형이었습니다. 오늘날 사극 드라마에서 볼 수 있는 것과 같은 엽전의 원형이 탄생한 셈입니다.

사마천의 《사기》〈서〉에 따르면 전한 효문제 대에 백성에게 동전을 주조할 수 있도록 했습니다. 화폐를 주조하는 데 사용하는 청동·은·주석 같은 광물 자체가 가치 있는 재료였기 때문에 이를 국가가 독점할 이유가 없던 것이죠. 위조 화폐를 만드는 비용이 액면가와 같다면 위조를 굳이 단속할 필요가 없으니까요. 당시 제후에 불과했던 오왕 유비는 구리산을 채굴하여 동전을 주조함으로써 황제에 버금가는 부를 일궜고, 이를 바탕으로 반역을 도모했다는 기록이 남아 있습니다. 오왕 유비는 그야말로 돈을 찍어 낸 겁니다.

전한 무제에 이르면 반량전을 본떠서 만든 오수전(五銖錢)을 제작하여 7백 년 가까이 사용하였고, 최대 280억 개가 만들어졌다고 합니다. 당시 인구를 6천만 명으로 추산하는데, 280억 개면 엄청난 물량이죠. 고대 중국의 금속 가공 기술이 뛰어났기 때문에 이처럼 많은 동전 주조가 가능했던 겁니다. 철광석이나 구리를 녹여 거푸집에 넣고 금속 가공품을 제조해 내는 실력이 탁월했죠. 유럽에서는 철의 주조가 14세기에 이르러서야 이뤄졌으니, 1천 년 이상 앞선 셈입니다.

전한과 후한을 지나 당나라에 이르면 개원통보(開元通寶)가 주조됩니다. 개원통보도 금속 화폐로 당나라와 당 멸망 이후에 오대십국 때까지 널리 유통되었습니다. 당시 장안은 로마에 버금가는 국제 도시였습니다. 장안이 이스탄불, 바그다드와 더불어 세계 3대 교역 도시로 그 위상을

　　　　　　　　　　　　　유목 민족이 세운 세계 최대 제국

떨쳤죠. 당나라 이후 송나라에서도 아라비아 상인과의 교역이 활발했습니다.

《동방견문록》에는 9세기인 당나라 때 이미 어음을 발행하고 사용했다는 내용이 나옵니다. 어음을 발행하는 '편전무(便錢務)'라는 기관은 돈을 편리하게 이용하는 업무를 담당하는 곳이었다고 해요. 실크로드를 따라 서방과의 무역이 성행하던 당시 장거리 교역에 비전(飛錢)이라는 어음을 사용하고, 행(行)이라는 상인 조합도 결성되었습니다. 이 비전이 발전하여 송나라에 이르면 '교자(交子)'라는 지폐가 발생됩니다.

수나라 양제 때 건설된 대운하, 즉 북경과 항주를 잇는 경항운하 덕분에 중국의 강남 개발은 속도를 높이게 됩니다. 황하 부근의 밀 농사보다 장강 이남의 쌀농사가 수십 배 높은 생산력을 바탕으로 경제 상승을 유발했습니다. 경제 규모가 비약적으로 상승하며 상인들은 무겁고 부피가 큰 금속 동전보다 가볍고 소지하기 편한 지폐를 원하게 되었습니다.

송나라의 '교자'는 인류 최초의 지폐라고 할 수 있는데, 10세기 말에 남송 상인들이 사용하기 시작했습니다. 당시 비단 한 필을 사기 위해서 철전 130근을 지불해야 했으니, 비단을 사러 갈 때나 돌아올 때나 상인의 마차는 무거울 수밖에 없었죠. 정부가 이런 불편함을 덜기 위해 보증을 서고, 그 신용을 담보하는 종이 문서 '교자'를 오늘날의 지폐처럼 발행하여 사용한 것입니다. 그 후 금나라에서도 이를 본받아 '교초(交鈔)'라는 지폐를 발행했으며, 원나라는 새롭게 중국 대륙의 주인이 된 후에는 더욱 발전된 형태의 '교초(交鈔)'를 발행합니다. 교초는 이동과 교역의 DNA가 아로새겨진 몽골 제국에서 꽃을 피우게 됩니다.

몽골 제국 초기만 해도 은과 비단이 화폐 노릇을 했지만, 중상주의 정책을 취한 쿠빌라이 칸이 집권하면서 교초가 전국적으로 유통됩니다. 교초는 동판으로 인쇄하여 황제의 옥새를 찍어 발행하는 게 일반적이었습니다. 송나라 교자가 시기상 원나라 교초에 앞서지만, 교초가 훨씬 오랫동안 정기적으로 유통되었기 때문에, 사실상 원나라의 교초를 세계 최초의 화폐로 인정하고 있습니다. 쿠빌라이 칸은 수도인 대도에서 모든 지폐를 통일해 '제로통행중통원보교초(이후 '중통초'로 표기)'를 발행했습니다.

중통초는 당대 유라시아를 석권한 기축통화(基軸通貨: 국제간 금융 거래에 기본이 되는 통화)의 위상을 지녔습니다. 중통초가 기축통화로 손색이 없던 이유는 은태환제에 있습니다. 1260년 7월 원나라가 보유했던 365만 관의 은을 기준으로 7만 3천 정의 교초가 발행되었습니다. 은으로 거래하되 유통의 어려움을 반감하기 위해 지폐를 발행한 것이니, 은의 보유량만큼만 지폐를 인쇄한 겁니다. 13세기 지폐 유통 초창기에 이런 안정적인 제도를 구축했다는 게 놀랍죠.

1971년 브레턴우즈 체제가 공식 붕괴된 것과 비교하면 더욱 경이롭습니다. 2차 세계대전이 종전 직전이던 1944년 미국 뉴햄프셔주 브레턴우즈에 44개국 경제 관료가 모여 회의를 열었습니다. 미국 달러화를 세계의 기축통화로 삼고, 금 1온스를 35달러에 고정시켜 달러화의 실질 가치를 담보한다는 회의였습니다. 하지만 미국 정부가 베트남 전쟁에서 패배하고 만성 무역적자에 시달리다가 브레턴우즈 체제 탈퇴를 선언합니다. 서브프라임 사태 이후 헬리콥터에서 살포하듯 달러를 찍어내 경기 회복에 나설 수 있던 이유를 여기에서 찾을 수 있습니다. 그 결과 달러가 지나치게 많이 풀린 부작용을 전 세계가 맞닥뜨리게 되었죠.

21세기인 지금도 기축통화의 안정화는 확보하기 어려운 부분입니다. 그런데 원나라는 일찍이 그 중요성을 어떻게 알고 대처한 것일까요? 그 열쇠는 야율초재라는 인물에게서 찾을 수 있습니다. 그는 금나라가 멸망시킨 요나라의 후예였습니다. 야율초재는 스무 살 무렵 이미 천문·지리·산술·역사 등에 통달하였고 유교·불교·도교는 물론 의학 지식도 두루 갖

유목 민족이 세운 세계 최대 제국

추고 있었습니다. 그는 금나라 관리로 재직하다가, 몽골에 의해 금나라가 멸망하자 칭기즈 칸의 신하가 되었습니다. 무장(武將)들만 가득한 칭기즈 칸의 진영에서 야율초재의 학문과 지략은 빛났습니다. 그는 칭기즈 칸의 신임을 얻어 몽골 제국의 기틀을 다지는 데 큰 역할을 담당했죠. 야율초재는 군사력만 탁월했지 미개한 수준이던 몽골의 법·정치·경제 등을 개혁·정비하여 제국의 초석을 다진 인물입니다.

야율초재는 금나라에서 발행하던 교초가 왜 실패했는지를 정확히 파악했습니다. 금나라 조정은 잦은 전쟁으로 재정을 확보하기 어려워지자 지폐를 남발하기 시작했고, 이는 인플레이션으로 이어졌습니다. 그는 물가가 상승하자 백성의 삶은 피폐해지고 국가 재정이 어려워지는 악순환의 고리에 빠졌던 금나라를 거울삼아, 은태환을 기반으로 지폐를 발행해야지 인플레이션을 방지한다는 걸 알고 있던 겁니다. 덕분에 원나라는 13세기에 이미 전국 단위 지폐 유통을 활성화시켰죠. 미국과 프랑스가 18세기, 영국이 19세기에 이르러서야 지폐를 통용하였다는 점과 비교됩니다.

오늘날 동서양을 가른 결정적 차이를 자본주의의 탄생에서 찾습니다. 자본주의가 탄생할 수 있던 토양으로 기독교를 언급하고요. 막스 베버는 《프로테스탄트 윤리와 자본주의 정신(The Protestant Ethic and the Spirit Capitalism)》이라는 책에서 청교도 윤리가 자본주의 정신이 확립되는 데 영향을 끼쳤다고 주장합니다. 예정설에 기초한 금욕주의와 노동을 소명으로 해석하는 개신교 덕분에 서양에서 자본주의가 발전할 수 있었다는 설명이죠.

장 칼뱅은 자신의 직업에 충실한 것이야말로 하나님의 뜻을 기리는 것이라고 강조했습니다. 그는 상공업자들에게 근면 성실하게 일하고 부를 축적하는 것이 소명이며, 이를 통해 구원받을 수 있음을 강조했죠. 이처럼 유럽은 부자가 천국에 가는 것은 낙타가 바늘구멍을 통과하는 것만큼 어렵다는 초기 기독교 교리에서 벗어나면서 자본주의의 날개를 달기 시작한 겁니다.

막스 베버의 통찰은 정확한 지적입니다만, 이에 더해 몽골 제국이 탄생시킨 지폐도 자본주의의 탄생에 기여했습니다. 지폐는 제도적 장치이고, 막스 베버가 지적한 개신교의 근면·성실·소명 의식은 구성원에게 내재된 정신 상태입니다. 제도적 완비가 먼저 일어난 동양보다 내면에 자본주의 정신이 일깨워진 서양이 먼저 발전한 건 어쩌면 당연한 결과죠.

장 칼뱅이 상공업자의 자본가 정신을 일깨우던 16세기에 동양에서는 중국·조선·일본·베트남 할 것 없이 중농주의를 고수하며 자본주의로 향하는 길목을 막고 있었죠. 16세기 중국 대륙은 명나라의 통치 아래 있었습니다. 명나라가 교역을 금지하고 중농주의에 사로잡혀 어떻게 쇠락의 길을 걷게 되었는지 뒤에 살펴보겠습니다.

# 육회 타르타르와 안동소주의 비밀

베르디의 〈리골레토〉나, 비제의 〈카르멘〉, 푸치니의 〈나비부인〉, 모차르트의 〈피가로의 결혼〉 등은 꽤 익숙한 오페라 작품입니다. 세계적인 명성의 오페라는 대강의 줄거리나 친숙한 멜로디의 아리아가 널리 알려져 있죠. 〈투란도트〉도 그중 하나입니다. 오페라에는 으레 금발에 드레스나 망토를 걸친 서양인 주인공이 등장하기 마련이지만, 〈투란도트〉에는 흑발의 왕비와 병사들이 등장합니다.

18세기 초의 철학자 볼테르는 원나라의 희곡 〈조씨고아〉를 유럽에 소개하여 선풍적 인기를 모았습니다. 볼테르는 춘추전국 시대 멸문지화를 당한 가문의 후손이 출생의 비밀을 안고 살다가 통쾌하게 복수하는 내용의 이 작품을 금세기 유럽의 어떤 작품보다 훌륭하다고 평했습니다. 이 시기 유럽인들은 낯선 중국 이야기에 매료되었던 듯합니다. 이번엔 아예 원나라 공주 이야기를 모티브로 오페라 〈투란도트〉가 탄생합니다.

〈투란도트〉의 주인공 투란도트 공주는 칭기즈 칸의 고손녀 쿠툴룬 공주를 모티브로 만들어진 캐릭터입니다. 쿠툴룬 공주는 카이두 칸의 딸입니다. 카이두는 칭기즈 칸에서 오고타이·구육까지 이어지는 대칸의 지위를 승계해야 했지만, 권력 투쟁에서 패배했습니다. 그는 대칸의 자리를 빼앗겼다고 생각하고, 톨루이 집안과 전쟁을 이어 갔죠. 카이두는 평생에 걸쳐 쿠빌라이 칸과 경쟁하며 대칸 자리에 오르려 했지만 결국 실패합니다.

마르코 폴로에 따르면, 카이두 칸의 딸인 쿠툴룬 공주는 아름답고 무예가 출중했다고 합니다. 드라마 주인공으로 손색없는 캐릭터죠? 쿠툴룬 공주가 결혼 적령기에 이르자 카이두 칸은 사윗감을 물색합니다. 하지만 쿠툴룬 공주는 씨름을 겨뤄 자신을 이기는 남자만 배필로 인정할 수 있다고 당차게 선언합니다. 부마가 되기 위해 공주와 씨름을 겨루려는 남성들이 찾아왔죠. 아무나 공주와 씨름을 겨룰 수는 없었습니다. 참가비로 말 1백 필을 받았다고 하니 신랑감의 재력도 어느 정도 고려했다고 봐야겠죠? 재력과 체력을 겸비한 '완벽 스펙남'을 고르겠다는 공주의 의도가 읽힙니다.

지금도 몽골에서는 씨름의 전통이 면면히 이어지는 것으로 보아, 당대 씨름은 국민 스포츠였을 겁니다. 쿠툴룬 공주와 겨룬 남자들은 고개를 숙이고 돌아갔습니다. 공주가 씨름으로 얻어낸 말이 1만 마리에 이르도록 그녀의 배필은 나타나지 않았습니다. 그러던 어느 날, 이웃의 왕자한 명이 1천 마리의 말을 이끌고 찾아옵니다. 뛰어난 실력을 바탕으로 공주를 거의 패배 직전까지 몰고 가기도 했지만, 결국 공주가 승리했죠. 공주를 씨름으로 이기는 남자가 나타나 공주가 결혼했다는 기록은 전해지지 않습니다. 그녀가 공주의 신분으로 전장에 출전하여, 매가 닭을 사냥하듯 손쉽게 적군을 생포했다는 기록은《동방견문록》에 남아 있습니다. 카이두 칸이 일찍이 세상을 떠나며 병석에서 당대 최고의 여전사 캐릭터인 쿠툴룬 공주를 후계로 임명했지만, 다른 왕자들의 격렬한 반대에

유목 민족이 세운 세계 최대 제국

부딪혀 그녀는 살해됩니다.

《동방견문록》에 수록된 쿠툴룬 공주 일화는 당대 유럽인에게 흥미롭고 인상적인 서사였습니다. 영국이나 스페인에도 여왕이 있었지만, 전장을 누비며 자신의 용맹함을 뽐내던 여전사 지도자는 아니었으니까요.

여전사 쿠툴룬 공주의 일생은 카를로 고치의 희곡으로 만들어졌다가, 푸치니에 의해 오페라로 재탄생됩니다. 푸치니의 죽음으로 완성되지 못했지만 토스카니니 등 그의 동료들을 통해 빛을 보게 되죠. '공주는 잠 못 이루고'로 번역되곤 하는 3막의 아리아 '네순 도르마(Nessun dorma)'는 오페라를 잘 모르는 사람에게도 널리 알려진 명곡이죠.

서양에서 서사 문학, 즉 소설을 이르는 노블(novel)에는 본래 '신기한'이라는 뜻이 있죠. 중국의 소설 전통을 그 뿌리까지 찾아가면, '기이한 이야기'가 자리 잡고 있어요. 소설의 효시격인 선진 시대 《산해경(山海經)》은 신화집이자 지리서입니다. 낯선 지역 동식물에 관한 묘사나 신화에 대해 다루고 있죠. 《산해경》을 편찬하고 주석을 달았던 곽박은 일찍이 '《산해경》을 읽는 사람이라면 누구나 그 책이 황당무계하기 때문에 의혹을 품지 않는 이가 없다. 천하에 지극히 높은 식견을 가진 사람이 아니고서, 《산해경》의 의미를 헤아리기는 어렵다. 통달하고 박식한 자만이 이를 거울로 삼을 것이다.'라는 평가를 남겼습니다.

본격적인 소설이 시작된 위진남북조 시대에는 《박물지(博物誌)》, 《수신기》 등 지괴소설이 유행합니다. '지괴(志怪)'는 괴이한 것을 기록한다는 의미입니다. 《수신기》에는 귀신에 관한 기괴한 이야기가 가득하고, 《박물지》는 산천 지리와 관련된 신기한 이야기를 다루었으며, 《유명록(幽明錄)》은 불교의 인과응보 사상을 이야기에 녹여 냅니다. 어떤 이야기가 담겼는지 쉽게 설명하자면, 장국영과 왕조현이 출연한 영화 〈천녀유혼(倩女幽魂, 1987)〉을 떠올리면 됩니다. 이 영화의 원작은 《요재지이(聊齋志異)》라는 청나라 초기 포송령이 지은 기담 모음집인데 그 가운데 '섭소천' 편이 영화의 모티브가 되었죠. 영화 〈천녀유혼〉을 모르는 독자라면, 우리 고전 소설 《장화홍련전》을 떠올리면 이해하기 쉬울 겁니다.

《동방견문록》에 열광한 독자나, 이 책을 토대로 오페라를 제작한 창작자에게는 에드워드 사이드가 지적한 '오리엔탈리즘(Orientalism: 동양에 대한 서양의 왜곡과 편견)'적인 시각이 존재했습니다. 하지만 본디 이야기의 본질은 신기한 것을 좋게 설계되어 있고, 서사 문학도 기이하고 신비로운 이야기에 매료되는 독자를 존중할 수밖에 없었겠죠. 몽골 제국의 가공할 만한 군사력에 대한 공포심에 사로잡힌 유럽인의 심리 상태에서, 공주가 전장을 누비는 이미지는 신비롭고 경이로운 장면이었을 겁니다.

오페라의 또 다른 주인공 칼라프 왕자는 타타르의 왕자로 묘사됩니다. 《동방견문록》의 이야기가 오페라의 모티브가 되었기에, 마르코 폴로가 언급한 타타르가 등장하는 것은 자연스럽습니다. 마르코 폴로는 몽골을 줄기차게 '타타르'로 표기했거든요. 그는 몽골의 침공을 타타르의 공습으로 여기죠. 그는 몽골과 타타르를 동의어처럼 혼용했습니다. 타타르는 아시아 스텝 지역에 사는 유목인의 총칭입니다. 타타르족은 튀르크계 혈통으로 러시아 남부 스텝 지역에 살던 유목 민족으로, 몽골의 철천지 원수이기도 하죠. 이런 잘못된 명칭 사용은 상대 문화에 대한 무지에서 비롯된 것입니다. 한때 우리가 금발에 하얀 피부를 가진 코카시안 인종의 외국인을 무조건 미국인이라고 부른 것과 같은 거죠. 타타르와 몽골의 혼용도 이와 마찬가지입니다. 수십 년을 몽골 제국에서 돌아다닌 마르코 폴로조차 그러할진대 이를 풍문으로만 접한 유럽인에게 타타르는 그저 몽골일 뿐이었습니다.

이런 유목민은 먼 거리를 이동해야 하기 때문에 육포 가루나 우유 가루 등 '간편한 휴대식'을 탄생시켰습니다. 고급 양식당에 가면 맛볼 수 있

유목 민족이 세운 세계 최대 제국

는 타르타르라는 서양식 육회 요리가 있죠. 몽골 기마병들이 말안장에 생고기를 깔아 놓고 달리다가 먹었던 풍습에서 유래한 요리입니다. 몽골 제국은 유럽인에게 육회라는 음식을 남겼고, 우리 민족에게는 소주를 전파했습니다. 술도 가벼워야 했죠. 맥주나 와인, 막걸리보다 독주가 가볍습니다. 곡물이나 과일로 만든 저도수 술이 증류 과정을 거쳐 불순물이 걸러지고 압축되면 독주가 되기 때문입니다.

증류주는 9세기경 아라비아의 연금술사 자비르 이븐 하이얀이 처음 제조했습니다. 증류하다 보면 독한 술이 이슬처럼 맺혀 떨어지니 '땀'이라는 의미를 지닌 아라비아어 '아라크(عرق)'라고 불렀습니다. 지금도 증류주를 터키에서는 라키, 유럽 남부에서는 라키아, 에티오피아에서는 아라키, 인도네시아에서는 아락이라고 합니다. 원조의 인장이 남아 있는 셈이죠. 이슬람교는 술을 금하기에 처음에는 신비한 약으로 사용했습니다. 마시면 잠시나마 고통이 줄고 기분이 좋아지니 약은 약이죠. 십자군 전쟁을 통해 증류 기술이 서양으로 퍼져 위스키가 되었습니다. 몽골 제국의 침략으로 동양에 전해진 증류 기술은 소주를 만들어 냈죠.

이렇게 만들어진 소주는 증류식 소주입니다. 요즘 흔히 '삼겹살에 소주 한잔' 할 때 마시는 희석식 소주와는 다른 것입니다. 버블티 아시죠? 버블을 만드는 재료가 타피오카입니다. 타피오카는 카사바 뿌리에서 채취한 녹말로 비교적 재배가 쉬워 가격이 저렴합니다. 희석식 소주는 카사바에서 추출한 식물성 탄수화물을 발효시켜 만든 주정이 주원료입니다. 이 주정에 물을 섞고 감미료를 더해 만든 것이 희석식 소주입니다. 일종의 칵테일이죠.

몽골의 침공으로 전해진 증류식 소주의 원형에 가까운 술로는 안동소주나 제주의 고소리술, 개성소주가 있습니다. 안동·제주·개성의 공통점이 뭘까요? 모두 고려 시대 몽골 주력 부대 주둔지라는 점입니다. 몽골이 아라비아에서 들여온 증류 기술을 전파했기 때문에 세 지역의 소주가 유명해진 겁니다. 고려 말, 목은 이색은 아라길(阿剌吉), 소주의 별칭을 맛보며 반 잔 술을 겨우 넘기자 훈기가 뱃속까지 스민다는 내용의 시를 남기기도 했습니다. 소주가 얼마나 독했는지 절절하게 표현한 구절입니다. 또한 당시 소주를 아라길이라 불렀다는 것도 아라비아의 증류 기술이 몽골을 통해 고려까지 전해졌음을 증명하고 있네요.

《고려사(高麗史)》에 따르면 우왕 재위기 소주에 관한 언급이 등장합니다. "백성이 검소할 줄 모르고 비단, 금, 옥그릇이나 소주에 재산을 탕진하니 앞으로 일절 금지한다." 조선 시대 우리나라 최초의 백과사전《지봉유설(芝峰類說)》에 '소주는 몽골에서 전해졌고 너무 독해서 함부로 마시면 감당하기 어렵고, 세상 사람들은 작은 잔을 소주잔이라 칭했다.'라고 설명되어 있습니다. 《동의보감(東醫寶鑑)》의 저자 허준도 소주를 빚는 방법이 몽골에서 전해졌다고 주장합니다. 그 이전에 우리 술은 오늘날 막걸리를 연상케 하는, 곡물로 빚은 발효주였죠. 소주는 단순히 술의 한 종류가 아니라, 유라시아가 하나의 식문화를 공유하는 문명 공동체임을 증명하는 매개체일지도 모릅니다.

안동소주 술병에 소주(燒酎)라는 한자가 적혀 있는데, '소(燒)'는 '불태우다'라는 뜻입니다. 뜨거운 열을 가하는 '증류'를 나타낸 것이죠. 그런데 주가 술 주(酒) 자가 아닙니다. 주(酎)는 '진한 술'을 뜻합니다. 전통 조리서《수운잡방(需雲雜方)》에는 소주(燒酒)라고 기록되어 있으니, 소주(燒酎)는 잘못된 표현입니다. 1916년 일제강점기 주세령(酒稅令)이 시행되며, 증류식 소주의 '주' 자가 일본식 '주(酎)'로 강제 변경됐죠. 안동소주는 적확하지 않은 한자가 브랜드명이 된 것은 아쉬운 일이지만, 증류를 통해 우리 술 문화가 발효주에서 독주의 세계로 전이되었음을 증명하는 사례입니다.

# 충렬왕이 쿠빌라이 칸의 사위가 된 이유

고려는 소주의 전래 과정에서 알 수 있듯 꽤 긴 기간 원나라 지배 아래 있었습니다. 가슴 아픈 역사죠. 고려가 삼별초 항쟁을 비롯하여 몽골에 저항한 기록도 있지만, 고려는 대체로 몽골에 종속되어 왕조를 유지했습니다. 호라즘처럼 지도에서 사라지는 운명은 벗어난 셈이죠. 몽골의 고려 침공은 몽골 사신 저고여 살해 사건을 빌미로 고종 18년(1231년)에 시작되어 30년 가까이 이어집니다. 무신정권은 기나긴 대몽 항쟁 동안 종말을 맞이했고, 합천 해인사에서는 팔만대장경이 만들어졌으며, 최 씨 무신정권을 타도한 삼별초 세력은 진도 용장성을 거점으로 남해안 일대와 제주까지 진출해 대몽 항쟁을 이어 갔습니다.

세계를 누빈 몽골 기마병에게도 치명적인 약점이 있었습니다. 해전에 취약했던 거죠. 무시무시한 공격력에 걸맞지 않게 바다에서의 전투는 약했습니다. 그런 점에서 고려가 강화도로 수도를 옮겨 방어한 점은 군사적 관점에서는 탁월한 전술이었습니다(백성의 고난을 나 몰라라 하며 섬에 틀어박힌 기득권층의 무능은 비판받아 마땅하지만요). 육지와 강화도 사이 해협의 폭은 좁은 곳이 2백 미터, 넓은 곳이 1천 미터밖에 되지 않는 좁은 해로였지만 몽골에게는 난관이었습니다.

남송과 고려는 줄곧 같은 위도 내에서 서진 정책을 추진하던 몽골의 입장에서 정복하기 어려운 나라였습니다. 몽골은 기마병이 전력의 핵심인 나라인데, 초원 지대를 벗어나는 것은 부족한 말먹이 때문에 심각한 전력 손실을 야기했죠. 저위도 남부 지방 특유의 풍토병도 몽골 병사들에게는 치명적이었습니다. 제국의 4대 대칸인 뭉케 칸도 남송을 정복하다 전염병에 걸려 죽었습니다. 고려의 바다도 몽골 병사들에겐 두려움의 대상이었습니다. 《고려사》에는 몽골군이 비바람 치는 날씨에 극심한 공포를 느껴 유리한 전황에도 패퇴했다는 기록이 종종 등장합니다.

최 씨 무신정권을 일으킨 최충헌의 아들 최우는 몽골에 투항하자는 세력을 말살하고, 고종을 끌고 강화도로 갔습니다. 내성과 외성을 쌓고 해전에 약한 몽골 병력에 맞서는 기나긴 대몽 항전이 시작된 것이죠. 최 씨 무신정권은 대를 잇다가, 김준이 그 일족을 몰살하고 새로운 권력자로 등장하며 막을 내립니다. 고종은 몽골의 침공도 두려웠겠지만, 무신들에게 휘둘려 허수아비 왕 노릇 하는 것도 신물 났을 겁니다. 그는 마침내 몽골과 화친을 맺고 개경으로 돌아갈 것을 결심합니다. 1258년, 고종은 그의 나이 66세에 자신의 명이 얼마 남지 않았음을 직감하고는 태자 왕전을 몽골로 보내 양국의 화친을 도모하게 했죠.

태자인 왕전이 직접 입조하는 것은 고려의 완전 투항을 상징하는 외교적 프로토콜이었습니다. 왕전은 1259년 4월에 출발해 요동을 거쳐 중국 대륙에 들어서 대칸의 행방을 수소문했고, 뭉케 칸이 주둔하던 사천성으로 향했습니다. 그런데 북경과 산서성을 지나 섬서성 부근 육반산에 이르렀을 때, 왕전 일행에게 뭉케 칸이 사망했다는 비보가 전해집니다. 왕전은 고려와 몽골 간의 완전한 화친을 위해 대칸을 만나러 천리 길을

유목 민족이 세운 세계 최대 제국

달려왔는데, 이제 어디로 가야 하나 막막했을 겁니다. 이때 왕전 일행 앞에 몽골의 실세이던 쿠빌라이가 나타납니다. 태자 왕전과 쿠빌라이의 조우는 이후 고려 조정의 정세에 큰 영향을 미치게 됩니다.

　당시 몽골 제국의 정치적 지형도를 먼저 살펴볼 필요가 있습니다. 뭉케 대칸의 사후에 쿠빌라이의 권력 기반은 여러모로 취약했습니다. 말자상속 원칙에 따라 권력이 톨루이 가문으로 이동한 후에 장성한 뭉케가 대칸의 자리를 차지했거든요. 뭉케가 집권하는 동안 막내 동생인 아릭 부케는 권력을 차지할 수 있는 나이가 되었죠. 뭉케 칸이 전선에서 죽어갈 때 아릭 부케는 본진을 지키며 차근차근 권력에 다가갔죠. 뭉케의 죽음 이후에 뭉케의 부인을 비롯한 황실은 본진의 수장이자 말자 상속이라는 명분을 쥔 아릭 부케에게 힘을 실어 주었습니다. 수도 카라코룸에서 멀리 떨어진 전장에 주둔하던 쿠빌라이 입장에서는 불리한 상황이었죠. 병력은 쿠빌라이의 편이었지만, 그에게는 명분이 없었습니다. 이대로 남송과 전쟁을 이어 가서 남송을 정벌한들 대칸의 지위는 아릭 부케로 굳어지고, 죽 쒀서 개 주는 꼴이 될 상황이었죠. 남송은 몽골 제국 기마병조차 버거워할 정도로 격렬히 저항했고, 병사들은 낯선 강남의 풍토병에 시달렸으니, 남송 정벌은 몽골의 최대 난제였습니다. 쿠빌라이 본인은 최악의 상황에서 난제를 풀고 있는데, 막내 동생은 본진에서 편히 대권을 거머쥘 상황이었던 거죠.

　다급해진 쿠빌라이는 남송과 화친을 맺습니다. 외부의 적보다 내부 경쟁자와의 권력 투쟁을 해결해야 했으니까요. 이때 쿠빌라이가 장강을 건너 북으로 후퇴하며 고려 태자 왕전과 마주친 겁니다. 《고려사》에 따르면, 쿠빌라이는 고려 태자를 보고 크게 기뻐했다고 합니다. 고려는 만리에 달하는 큰 나라고, 일찍이 당 태종이 친정을 갔지만 끝내 항복을 받아내지 못한 나라의 태자가 스스로 귀부한다고 찾아왔으니 하늘의 뜻으로 여겼다고 해요. 쿠빌라이가 남송을 공격하던 정예 병력을 거머쥐고도 통치권에 대한 명분이 부족하던 차에 고려 태자와의 조우를 확대 해석한 것이죠. 자신이 하늘이 점지한 지도자임을 대내외에 과시하는 일종의 프로파간다였죠.

쿠빌라이와 아릭 부케 사이에 4년간 지난하게 이어지던 전투는 백중세였습니다. 몽골의 내전 상황에서 30년 가까이 저항한 고려의 귀부는 크나큰 명분으로 작용했습니다. 쿠빌라이는 아릭 부케를 무력으로 제압하기 어렵다는 것을 깨닫고, 외교전에 돌입합니다. 러시아·중앙아시아·아라비아 지역에 자리한 킵차크 한국·오고타이 한국·차가타이 한국에게 자신을 지지하면 자치권을 부여하겠다는 당근을 제시했죠. 여러 한국은 쿠빌라이를 따랐고, 아릭 부케는 고립된 신세가 되었습니다.

아릭 부케의 근거지 카라코룸은 명분상 제국의 수도였지만, 불모지에 가까운 땅이었습니다. 불어나는 인구를 먹일 수 있는 식량을 생산할 수 없는 지역이었죠. 중앙아시아·러시아·아라비아와의 교역을 통해 먹고살 수 있었는데, 여러 한국이 교역을 거부하자 카라코룸은 무너질 수밖에 없었습니다. 아릭 부케는 얼마 지나지 않아 쿠빌라이에게 투항했죠.

쿠빌라이는 외교를 앞세워 승리를 거둬 대칸에 오르고, 왕전의 귀국 길에 자기 병사를 내주어 안전히 돌아갈 수 있도록 호위했습니다. 태자 왕전이 쿠빌라이와 화의를 맺고 고려로 돌아와 제24대 왕 원종으로 즉위했습니다. 원종과 쿠빌라이는 불안한 지위에서 만나 각기 자신의 나라에서 권좌에 올랐기 때문인지 돈독한 관계를 유지합니다. 사돈을 맺은 게 대표적이죠. 여전히 고려는 무신정권하에 있었고, 원종은 불안한 왕권을 강화하기 위해 원나라라는 뒷배를 이용하려 합니다.

원종은 훗날 충렬왕이 되는 아들 왕심과 쿠빌라이의 딸 사이에 혼인을 간청합니다. '간청'이라는 표현이 적확한 이유는 한두 가지가 아닙니

유목 민족이 세운 세계 최대 제국

다. 황제국의 공주가 속국의 왕자와 혼례를 치른다는 것이 쿠빌라이 칸 입장에서는 격에 맞지 않는 혼사입니다. 몽골 황족은 황금씨족이라고 하여 칭기즈 칸과 특별한 관계에 있는 가문과 통혼하는 관습이 있었으니, 속국의 왕자는 아무리 생각해도 상대가 되기에 부족했죠. 게다가 당시 왕심은 아내가 있는 유부남이었죠. 그러나 원종이 쿠빌라이의 거절에도 계속 간청하자, 쿠빌라이는 결국 고려 태자와 원나라 공주의 결혼을 승낙합니다. 원종이 귀국해 원나라와 맺은 강화 협상 내용의 조항에도 쿠빌라이 칸의 특별 대우가 잘 나타납니다. 의관은 본국의 풍속을 따르며 고치지 않고, 개경 환도를 재촉하지 않고 고려의 사정에 맞춰 시행하며, 원나라 군대와 다루가치(達魯花赤)를 철수하고, 전쟁 중 투항한 고려인을 돌려보낸다는 내용이었습니다.

고려가 전쟁에서 진 마당에 그런 조항이 뭐 그리 대단하냐고 생각할 수도 있겠지만, 호라즘처럼 아예 지도에서 사라져 버린 나라가 있는가 하면, 고려는 국호를 지키고 풍습도 유지할 수 있었던 것이니 세계 최대 제국을 일으킨 원나라로서는 특별한 대우였습니다. 그리고 몽골 입장에서 강화도를 벗어나 개경으로 환도하는 게 중요한 이유는, 고려가 여차하면 다시 항전할지 모르는 바다를 낀 강화도와 자신들이 손쉽게 점령 가능한 육지인 개경의 전략적 가치가 크게 달랐기 때문입니다. 그런데 수십 년간 바다에 막혀 고려 항전에 속 끓이던 원나라가 개경으로의 환도를 고려의 재량에 맡긴다는 것을 수용한 것이죠. 다음으로 다루가치의 귀환도 중요한 역사적 함의가 있습니다. 다루가치는 '점령하다'라는 의미의 몽골어에서 기원한 것으로, 일종의 식민지 총독입니다. 1231년 살리타이가 이끄는 몽골의 1차 침입 이후, 72명의 다루가치가 파견되어 고려의 내정을 간섭하고 수탈을 이어 갔습니다. 다루가치의 철수는 곧바로 이루어지지는 않았지만, 쿠빌라이 칸의 부마 충렬왕이 등극한 이후에 완전히 돌아갔습니다.

훗날 원나라가 고려를 하나의 성(省)으로 편입해 아예 흡수하려고 할 때, 이제현이 올린 글에도 쿠빌라이 칸과의 특수 관계가 여실히 드러납니다. 이제현은 세조 황제(쿠빌라이 칸)가 강남에서 회군할 때, 충경왕(원종)은 천명이 세조 황제에게 돌아가서 인심을 복속시킬 것을 알고 5천여 리를 거쳐 양초 지방까지 가서 찾아갔고, 충렬왕도 직접 조정에 나아가 인사드리는 일을 조금도 게을리하지 않았다고 적었습니다. 일본을 정벌할 때는 나라의 모든 국력을 기울이고 선봉에 섰으며, 합단을 추격할 때는 원나라 군대를 도와 적의 괴수를 섬멸하였다고 적고 있습니다. 그는 이런 공로를 잊지 않은 세조 황제의 의도를 따라 《중용(中庸)》이 후세에 남긴 교훈을 살려, 나라는 그 나라대로, 사람은 그 사람대로 각자 정치와 재정에 힘쓰게 하여 중국을 지키는 울타리로 삼아 고려 신민의 무궁한 기쁨을 계속 누리게 해 달라고 요청하고 있습니다.

이처럼 원종과 쿠빌라이 칸의 관계를 사골 우려먹듯 외교 자원으로 활용하고 있습니다. 고려는 쿠빌라이 칸과 돈독한 관계인 덕분에 많은 이득을 취할 수 있었습니다. 고려는 서희의 담판 외교로 거란을 물리친 것처럼 유연한 외교로 외세에 맞서 왔습니다. 그렇다면 원종이 태자 왕전이던 때 쿠빌라이와의 만남은 우연의 결과였을까요? 치밀한 분석의 산물이었을까요? 혹자는 장강을 건너 북진하던 쿠빌라이의 병력과 태자 왕전의 일행이 우연히 맞닥뜨렸다고 합니다. 또 다른 누군가는 왕전이 전란 중에도 침착하게 당시 아릭 부케와 쿠빌라이의 전력을 분석하고, 쿠빌라이에게 승산이 있다 판단하여 만남이 이루어졌다고 합니다. 양자 모두 일리 있고 현 시점에서 여러 사료를 살펴봐도 무엇이 정답이라고 단언할 수는 없습니다.

그러나 태자 왕전의 중국 일정을 통해 어느 쪽에 무게가 실리는지 파

유목 민족이 세운 세계 최대 제국

악할 수는 있습니다. 왕전이 강화도를 나선 것이 1259년 4월이었고, 요동에 도착한 게 5월이었고, 6월에 북경을 거쳐 육반산으로 향했죠. 그해 8월에 뭉케 칸이 서거했고, 쿠빌라이는 9월 초순에 이 소식을 접합니다. 그리고 원종과 쿠빌라이의 만남은 그해 11월에 이루어졌죠. 강화도에서 두 달 만에 중국 대륙 깊숙이 들어온 왕전 일행의 이동 속도를 바탕으로 추론해 보면, 복귀 도중 우연히 조우했다고 보기 어렵습니다. 그저 고려로 귀환하려 했다면 11월에는 이미 압록강을 건너 고려 영토에 들어가고도 남았을 겁니다.

이런 상황으로 가늠해 보건대 왕전과 쿠빌라이 칸과의 조우는 중국 전역을 돌며 국제 정세에 적극적으로 대응하려는 왕전의 노력이 빚어낸 결과라고 볼 수 있습니다. 왕전은 당시 몽골의 핵심 권력 구도를 파악하고 쿠빌라이에게 운명을 걸었을 가능성이 큽니다. 태자 왕전의 승부수는 통했습니다. 쿠빌라이 칸은 고려의 기나긴 항전 끝에 이루어진 화의에 고려를 응징하기보다는 결속시키고자 했으니까요. 고려를 초토화시키기보다는 일본 진출을 위한 전초 기지로 활용하려는 속내도 어느 정도 작용했을 겁니다.

고려는 얻은 것도 있지만, 잃은 것도 많습니다. 원종의 아들 25대 충렬왕부터 26대 충선왕, 27대 충숙왕, 28대 충혜왕, 29대 충목왕, 30대 충정왕에 이르기까지 '충(忠)' 자 돌림의 왕이 즉위했습니다. '충성'의 대상은 원나라였죠. 고려는 31대 공민왕에 이르러서야 독자적인 시호를 되찾을 수 있었습니다. 공민왕도 원나라의 노국 공주를 맞이해 왕권을 강화하고 개혁을 이루어 낼 원동력을 얻었지만, 노국 공주와 사별한 후에는 개혁 의지를 잃고 암군으로 전락했죠.

우리 민족은 역사상 외세의 침입에 여러 번 노출되었다고 하지만, 실은 5천 년 역사 가운데 단 두 번의 침략에 무너졌습니다. 그 가운데 하나가 불과 백 년 전의 일제강점기이고, 또 하나는 원나라 간섭기입니다. 강점기와 간섭기는 그 함의가 다릅니다. 원나라 간섭기는 일제강점기처럼 모든 주권을 빼앗긴 상황은 아니었습니다. 그럴 수 있던 것은 원종과 쿠빌라이 칸의 조우 덕분이었을 겁니다.

유목 민족이 세운 세계 최대 제국

# 고려 가요 〈쌍화점〉에 숨겨진 은밀한 코드

만두집에 만두 사러 갔더니만

회회아비 내 손목을 쥐더이다

이 소문이 가게 밖에 나고 들면

다로러거디러 조그마한 새끼 광대 네 말이라 하리라

더러둥성 다리러디러 다리러디러 다로러거디러 다로러

그 잠자리에 나도 자러 가리라

위 위 다로러거디러 다로러

그 잔 데같이 답답한 곳이 없다

삼장사에 불 켜러 갔더니만

그 절 지주 내 손목을 쥐더이다

이 소문이 이 절 밖에 나고 들면

다로러거디러 조그마한 새끼 상좌 네 말이라 하리라

더러둥성 다리러디러 다리러디러 다로러거디러 다로러

그 잠자리에 나도 자러 가리라
위 위 다로러거디러 다로러
그 잔 데같이 답답한 곳이 없다


두레 우물에 물을 길러 갔더니만
우물 용이 내 손목을 쥐더이다
이 소문이 이 우물 밖에 나고 들면
다로러거디러 조그마한 두레박아 네 말이라 하리라
더러둥셩 다리러디러 다리러디러 다로러거디러 다로러
그 잠자리에 나도 자러 가리라
위 위 다로러거디러 다로러
그 잔 데같이 답답한 곳이 없다


술 파는 집에 술을 사러 갔더니만
그 집 아비 내 손목을 쥐더이다
이 소문이 이 집 밖에 나고 들면
다로러거디러 조그마한 시궁 바가지 네 말이라 하리라
더러둥셩 다리러디러 다리러디러 다로러거디러 다로러
그 잠자리에 나도 자러 가리라
위 위 다로러거디러 다로러
그 잔 데같이 답답한 곳이 없다


고려가요 〈쌍화점(雙花店)〉의 첫 번째 연에서 '만두 가게'라고 번역된 부분이 '쌍화점'입니다. '쌍화'는 몽골어로 북방식 만두를 의미하는 '쌍화'의 음차로, 만두를 뜻합니다. 고려가요는 주로 남녀 간의 사랑과 이별의 애절함을 노래하는 장르입니다. 고려속요가 별칭이듯 평민의 진솔한 감정을 가식 없이 내보이는 시가로 우리말의 아름다움이 빼어나게 살아 있죠. 조선 시대에는 남녀상열지사라 폄훼하며 개작하거나 문집에서 삭제하는 경우가 있을 정도로 사랑의 감정이 녹아 있는 노래 장르입니다.

〈쌍화점〉의 노랫말을 보면 만두 가게, 절, 우물, 술집을 중심으로 한 애정 행각이 반복적으로 등장합니다. 만두 가게에서 손목을 쥔 회회아비는 아라비아 상인을 뜻합니다. 이슬람교도를 흔히 회교도라 하는 것처럼, 한자 문화권에서 '회(回)'는 이슬람을 의미합니다. 고려에 아라비아 상인이 들어와 상점을 열 정도로 고려와 아라비아의 교역은 활발했습니다. 개경에서 삼십 리 떨어진 서해안에 위치한 벽란도는 고려 전기 송나라, 요나라, 일본, 아라비아의 사라센 제국과 활발하게 교역했습니다.

벽란도의 원래 이름은 예성항이었는데, 벽란정이라는 정자 이름을 따온 것입니다. 흔히 벽란도의 도를 '섬 도(島)'로 착각하여 섬이라고 여기지만 '건널 도(渡)' 자를 써서 항구나 나루터를 의미합니다. 벽란도는 우리 민족을 세계에 널리 알린 항구입니다. 세계로 통하는 일종의 관문이었습니다. 벽란도를 드나들던 아라비아 상인들은 고려를 '쿠리야'라고 발음했고, 이것이 서양에 전해져 우리의 영어 명칭이 '코리아(Corea)'가 되었다는 설도 있습니다. 아라비아 상인들은 원나라의 고려 정벌 후에도 몽골과 무역하고, 벽란도에 들러 고려와도 다양한 물품을 주고받았습니다. 고려가 개성상인 가문인 왕건이 세운 나라답게 일찍이 해외 무역을 받아들였기 때문입니다. 고려에 드나들던 회회아비는 대부분 상인 조합 오르톡 소속이었습니다. 원나라는 역참을 세우고 상인들의 활동을 적극 지원했습니다. 그리하여 글로벌 네트워크가 탄생했죠. 국가가 자본을 출자해 해외에서 무역을 통해 이득을 얻으면 이를 다시 회수하는 관본선 제도를 운영하기도 했습니다. 오르톡은 반공무원 신분이던 것이죠. 만두

가게에서 고려 여인의 손목을 낚아챈 회회아비는 원나라의 관원이자 상인이었던 겁니다. 원나라의 인종별 계급 구조는 이미 살펴본 바와 같이 회회아비, 즉 색목인의 지위가 몽골인 다음으로 높았습니다. 회회아비가 원의 간섭을 받던 고려에서 어떤 위상이었는지 대략 짐작할 수 있죠.

그렇다면 고려가요 〈쌍화점〉은 위계에 의한 색목인의 인권 유린을 고발하는 내용일까요? 이 노랫말에는 당대 고려인의 성적 욕망과 일부다처제에 대한 호기심이 반영되어 있습니다. 유라시아에 퍼진 칭기즈 칸의 자손이 많은 데서 알 수 있듯, 몽골인은 일부다처제를 당연하게 여겼습니다. 반면 고려의 풍속은 일부일처제였습니다(왕실의 경우는 달랐지만). 고려의 여염집에서는 일부일처제의 원칙이 지켜졌습니다. 첩을 두었다 해도 어디까지나 불법이었고, 공식적으로 인정받지는 못했습니다. 그런데 박유라는 인물이 등장해 돌연 일부다처제를 주창합니다.

《고려사》에 따르면, 박유는 우리나라는 본디 남자가 적고 여자가 많은데도 신분에 상관없이 아내를 한 사람만 두고 있다고 이야기합니다. 그는 원나라에서 온 사람들은 아내의 수에 한도가 없어서 여인과 물산이 모두 그들이 사는 북방으로 흘러갈까 걱정되니 이제부터 대소 신료들이 여러 명의 처를 둘 수 있도록 윤허해 줄 것을 청하고 있습니다. 또한 박유는 첩의 수를 품계에 따라 정하고 평민도 일처일첩을 얻을 수 있게 하고, 본처가 아닌 아내의 자식도 벼슬할 수 있어야 하며, 이렇게 하면 과부와 홀아비가 줄고 인구가 늘어날 것이라고 주장하고 있어요. 박유의 주장은 본처의 권위를 훼손하는 것으로 많은 고려 여인의 공분을 샀습니다. 첩을 두더라도 어디까지나 음지의 영역에서 인정받던 것을 합법의 영역으로 격상시키려는 박유는 비난받았죠. 박유는 불교 국가 고려의 가장 중요한 행사인 연등회에서도 조롱의 대상이었죠. 그는 아내를 여럿 두자고 청한 '늙은 거지'라는 욕을 먹었다고 《고려사》에 기록되어 있습니다.

〈쌍화점〉의 작자는 미상이지만, 노래가 나온 시기는 충렬왕 재위기입니다. 본격적인 '충'자 돌림 왕의 시발점이자 원나라 황제의 부마국으로 첫발을 내디딘 시기죠. 왕실이 강화도에 있었고, 명분상 몽골에 항쟁하던 시기였습니다. 다시 개경으로 돌아온 충렬왕 재위기는 본격적인 원 간섭기로 접어들었을 때죠. 박유는 이른바 '공녀' 이슈를 언급한 것입니다. 공녀는 강대국에 조공처럼 바쳐진 여인을 의미하죠. 충렬왕 재위기인 원 간섭기의 시작과 더불어 시행된 악습이었죠. 원 간섭기 내내 많은 여인이 몽골로 끌려갔습니다. 많은 여염집에서 딸이 공녀가 되지 않도록 뇌물도 쓰고 연줄을 대기도 했지만, 미봉책에 지나지 않았죠. '장가가다'라는 표현 아시죠? 고려 시대에는 남녀가 결혼하면 신랑이 처가에 머물렀습니다. 그만큼 여권이 발달되어 있던 고려 사회에서 딸을 시댁으로 출가시키는 것도 서러운 판에, 저 먼 원나라로 보내는 일은 상상조차 어려운 생이별이었습니다. 충렬왕부터 공민왕에 이르기까지 정사에 나온 기록만 봐도 오십 차례가 넘는 공녀 선발이 있었으니, 딸을 낳은 집안에서는 원나라에서 사신이 온다는 소리만 들어도 경기를 일으킬 지경이었죠. 기황후처럼 공녀로 끌려갔지만 황후의 자리에 오른 예외도 있지만, 궁녀로 평생 독신으로 살거나 유곽에 팔리는 경우도 많았기 때문이죠.

고려속요 〈쌍화점〉을 그저 남녀상열지사로만 이해하는 것은 일차원적인 해석입니다. 〈쌍화점〉 노랫말에는 이런 사회적 분위기가 녹아 있는 것입니다. 회회아비는 공녀 차출을 비롯해 원나라 간섭기의 혼란과 어수선한 사회상을 상징하는 존재입니다. 우물의 용은 임금을 의미하는 시어입니다. 회회아비, 승려, 임금 등 각 연마다 등장하는 남녀상열지사의 주체는 모두 민중을 억압하는 기득권 계층입니다. 그중 회회아비가 첫 에피소드의 주인공으로 등장한다는 점은 원나라의 간섭이 고려 민중에게 끼친 영향이 그만큼 컸다는 걸 방증하는 것입니다.

## 바다 건너 동진을 꿈꾼 제국의 야망

쿠빌라이 칸은 원나라를 중국 대륙에 안착시키는 집권 과정에서 어쩔수 없이 중앙아시아, 러시아, 아라비아 지역을 양보하게 됩니다. 이 시기는 '서진'만 하던 몽골 제국의 역사에서 동쪽을 바라보게 된 때죠. 고려를 느슨한 속국으로 병합하고 나니 바다 건너 일본이 보인 겁니다. 강화도 앞바다도 거대한 장벽으로 여기던 원나라가 과감히 일본 원정을 시도한 것이죠.

원나라가 처음부터 일본 원정을 기획한 것은 아니었습니다. 원나라는 해전에 약한 전력 때문에 일본에 사절을 보내 입조를 권했습니다. 그러나 가마쿠라 막부의 권력자인 호조 도키무네가 이를 거부했죠. 일본은 몽골 기마병이 수전에 취약한 것을 알고 있었습니다. 일본으로서는 출렁이는 파도와 넘실대는 바다가 무기였으니, 두렵지 않았던 거죠. 객관적 전력을 분석하자면 무모한 결정이었지만, 외침을 받아 본 적 없는 일본 입장에서 가능한 결단이었을 겁니다.

쿠빌라이 칸은 1274년과 1281년에 두 번의 일본 원정을 시도합니다.

유목 민족이 세운 세계 최대 제국

고려의 뛰어난 수군도 그의 결정에 영향을 끼쳤습니다. 몽골 기마병만으로는 어려웠을 해전에 믿을 구석이 있던 겁니다. 고려에 정동등처행중서성(征東等處行中書省), 즉 동쪽에 위치한 일본 침공을 위한 기구를 설치합니다. 충렬왕이 즉위한 첫해인 1274년의 원정에는 9백 척의 함선과 4만여 명의 병력으로 이루어진 여몽 연합군이 출격합니다. 연합군은 규수 하카타만에 닻을 내리고 육지로 상륙해 일본군을 섬멸하고 마을을 초토화시켰습니다. 여몽 연합군은 최단 거리의 일본 육지를 탐색하여 하카타를 상륙 지점으로 결정한 겁니다.

하지만 다음 날 새벽 병사들이 복귀해 쉬고 있던 함대에 반격이 가해졌습니다. 일본군의 반격이 아닌 폭풍우의 기습이었습니다. 정박해 있던 함선들은 격렬한 바람에 서로 부딪혀 침몰했고, 연합군은 다급히 철수했습니다. 쿠빌라이 칸은 다시 사신단을 보냈으나 막부는 사신을 처형하는 것으로 응답했고, 쿠빌라이 칸은 사신의 목을 벤 일본을 몽골 제국의 전통대로 궤멸시키려 다시 원정을 기획합니다.

쿠빌라이 칸은 언제 다시 폭풍우가 몰아칠지 모르는 기후 때문에 반대에 부딪혔지만, 병력을 증원하여 2차 원정에 나섭니다. 가마쿠라 막부는 1차 원정의 완패를 거울삼아 하카타 주변에 병력을 집결시키고 만반의 준비를 했죠. 여몽 연합군은 다카시마에 정박하고 공격에 나섰지만, 일본의 매서운 반격에 혼쭐이 나 함대로 후퇴합니다. 이때 다시 태풍이 몰아쳤고, 원정은 실패로 돌아갑니다. 일본에서는 이 두 번의 태풍을 가미카제, 즉 신풍이라 부릅니다. 일본을 지키기 위해 신에 내린 태풍이라는 의미죠.

당시 쿠빌라이 칸이 직면한 중원의 정세는 아직 남송 정벌도 성공하지 못해 온전한 통일 중국을 이뤄 내지 못한 상황이었습니다. 이런 상황에서 쿠빌라이 칸은 왜 그토록 일본 원정에 집착한 걸까요? 그 단서를 마르코 폴로의 《동방견문록》에서 찾아볼 수 있습니다. 마르코 폴로는 일본을 지팡구라며 '황금의 나라'로 묘사했죠. 이 정보를 마르코 폴로가 누구에게 들었을까요? 원나라 사람들에게 들었을 테고, 쿠빌라이 칸도 일본을 보물섬으로 인지하고 있었을 겁니다. 전쟁은 결국 돈으로 하는 거죠. 제국의 기반을 다지기 위해 황금을 캐 오라고 일본 정복을 다그치지 않았을까요?

남송과의 치열한 전투에서 또 다른 단초를 찾을 수 있습니다. 몽골 기마병의 기세는 중앙아시아와 러시아를 거쳐 유럽까지 서진하며 승승장구했지만, 남송을 맞닥뜨리며 한풀 꺾입니다. 스텝 지역을 벗어나면 몽골 전력의 핵심인 말이 먹을 건초가 부족해지고, 남쪽 지방 특유의 전염병이 괴롭혀 대는 이중고에 시달렸기 때문입니다. 중국 역사의 단골 레퍼토리인 수상 전투까지 더해져 어려움은 배가됩니다.

춘추전국 시대부터 초나라나 오나라 혹은 월나라 등을 정복하려면 수군이 강해야 했습니다. 《삼국지연의》의 '적벽대전(赤壁大戰)'을 보면 천하를 집어삼킨 조조의 군대가 오나라의 손권을 치기 위해 장강을 건너야 했고, 수전에 취약한 약점을 보완하려다 도리어 화공으로 전멸하는 상황이 펼쳐집니다. 쿠빌라이 칸도 장강을 건너 남송을 정복하려면 강력한 수군이 필요했고, 일본을 정복하여 그 수군을 활용하려 했다는 설이 있습니다. 호라즘 정복의 경우에서 볼 수 있듯 몽골은 정복지의 병사를 활용해 다음 정복지를 공격하는 경우가 많았기 때문이죠. 순수 몽골 병력이 워낙 소수 정예였기 때문에 이런 전략은 필수적이었습니다.

여몽 연합군은 허울 좋은 명분일 뿐, 고려의 희생으로 이루어진 일본 원정이었습니다. 고려의 배를 징발하고 고려 백성이 함선을 건조하고 고려의 병력이 선봉이 되어 일본에 상륙했으니까요. 쿠빌라이 칸이 늦둥이 딸을 시집보내 고려를 특별 대우한 듯 보이는 양국 관계도 한 꺼풀 뒤집어

유목 민족이 세운 세계 최대 제국

보면 다른 해석이 가능합니다. 대부분의 황제가 그러하듯 여러 자식을 두었던 쿠빌라이 칸은 딸자식 하나 희생하여 고려를 부마국으로 만들고, 나아가 일본 정복의 전초 기지로 삼은 겁니다. 원나라와 고려의 결속이 그저 인심 좋은 황제의 배려가 아니라, 제국의 야망을 실현하려는 노회한 정복 군주의 속셈이었을 수도 있다는 거죠.

# 100년 만에 막을 내린 유라시아 통합

몽골 제국은 세계를 집어삼킬 듯 기세등등했지만, 2백 년도 채우지 못하고 사라졌습니다. 유럽의 젖줄 다뉴브강에서 우리 한민족의 시원 두만강까지 호령하던 세계 최강 제국은 왜 그렇게 단명했을까요?

칭기즈 칸이 제국의 영역을 넓혀 가던 때 몽골 기마병의 용맹함은 공정한 논공행상에서 비롯된 것이었습니다. 누구라도 출신이나 가문에 구속받지 않고 능력만 있으면 천호장이 되고 만호장이 될 수 있었죠. 그리고 전리품을 병사들에게 공평하게 분배했기 때문에 몽골 병사에게 전쟁은 자신의 입신양명을 위한 것이기도 했습니다. 확실한 인센티브가 주어지는 경제 활동이던 거죠.

칭기즈 칸의 정복은 명사가 아닌 동사라고 했죠? 그렇기 때문에 전쟁에 이겨서 재물을 축적하는 것보다 다음 정복지로 출정할 수 있는 병력의 충성심이 중요했습니다. 그래서 병사들이 전쟁에서 피 흘려 얻은 재화는 병사들에게 그대로 돌아갔고, 그 전리품은 역참제를 통해 초원의 가족에게 전달되었죠.

몽골의 침공은 멈추면 쓰러지는 두발자전거처럼 중단 없이 이어져야만 했습니다. 칭기즈 칸은 한 지역을 정복하면 자신의 소수 정예 병력과 그곳에서 투항한 군사들을 합쳐 다음 정복지로 출정했습니다. 병력은 점점 불어나고 분배해야 할 전리품의 양도 늘어 갔습니다. 신규 투자자의 돈을 선행 투자자에게 지급하는 구조였습니다. 피라미드 구조의 폰지 게임처럼 고수익을 내세우지만 비즈니스 모델이라고는 다음 희생자를 끝없이 물색해 아랫돌 빼서 윗돌 괴는 것입니다. 칭기즈 칸 역시 몽골 기마병의 용맹을 사기 위해 일종의 폰지 게임을 활용한 셈이죠. 이 게임이 실패하지 않는 유일한 방법은 끝없이 전진하는 것입니다.

하지만 칭기즈 칸은 신이 아닌 인간이었습니다. 그가 환갑을 조금 넘긴 나이에 사망하자 팍스 몽골리카의 꿈은 사라지고, 남은 파이를 누가 차지할지 혈안이 된 후손들의 권력 쟁탈전이 이어졌죠. 최후의 승자라고 할 수 있는 쿠빌라이 칸도 중앙아시아, 러시아, 아라비아를 경쟁자들에게 내주고 중국 대륙을 차지하는 절충안에 만족해야 했습니다.

불완전한 짜깁기 통일이었고, 온전한 통일 제국의 기틀을 세우지 못한 셈이죠. 똘똘 뭉쳐 외부의 적과 싸워도 모자란 상황에 내부 분열의 씨앗을 잉태한 원나라였습니다. 당연하게도 개국 시점부터 이미 제국의 균열은 시작되었고, 원은 건국된 지 백 년도 지나지 않은 시점에 다시 초원으로 쫓겨나야 했죠.

끝없는 정복 전쟁이 멈춰 선 것이 멸망의 단초라면, 원나라를 파멸로 몰아간 결정타는 인플레이션이었습니다. 원나라는 자본주의의 맹아인 지폐를 본격적으로 활용한 활발한 교역으로 재정을 늘려 갔지만, 아이러니하게도 지폐 때문에 발목이 잡힙니다. 여기에는 한족 억압 정책도 관련됩니다. 원나라는 민족 등급제로 한족을 철저히 억압한 정책 때문에 언제 터질지 모르는 시한폭탄과도 같은 상황이었습니다. 1백만의 몽골인이 1억 가까운 한인을 통제하려니 겁이 났던 모양입니다. 그런 두려움은 한족 문화를 말살하고 관직에 오를 기회도 박탈하는 강경책으로 표출되었습니다. 이 같은 민족 갈등이 분출되던 시기에 결정적인 도화선이 된 것이 경제 파탄입니다. 원나라의 공식 화폐인 교초를 무분별하게 남발하여 유통시킨 게 원인이었습니다.

교초는 쿠빌라이 칸 때부터 은과 연동하여 본원통화로 가치가 유지되었습니다. 하지만 원나라 조정은 일본 원정, 남송 정벌, 대규모 토목 공사 등 때문에 재정 지출 수요가 상승하자 급한 대로 교초를 남발해 재정 위기를 모면했던 거죠. 또한 쿠빌라이 칸의 사후 13년 동안 일곱 명의 황제가 즉위할 정도로 권력 쟁탈전이 심했고, 그 와중에 교초를 마구잡이로 찍어 내는 일이 잦아졌죠.

금태환제를 포기한 달러화가 양적 완화라는 명목 아래 무제한 살포되면서 세계 경제에 악영향을 끼친 것처럼, 은화와 연동되지 않고 무분별하게 제작된 교초는 극심한 인플레이션을 야기했습니다. 경제사적 관점에서 원나라의 교초 남발을 세계 최초의 인플레이션이라고 평가합니다. 원나라와 정치·경제적으로 밀접한 관계를 맺고 있던 고려도 인플레이션에 시달려야 했죠. 일례로 원나라 황실은 1301년(충렬왕 27년)에 고려 왕실에 1만 정의 지원보초를 지급하였는데, 이는 당해 발행액의 2퍼센트에 달하는 수치였습니다.

원나라 경제는 전성기에 비해 물가 상승률이 수백 배에 달해 백성의 원성이 높았습니다. 유목 민족 국가 정체성에 맞춰 원활한 교역을 위해 탄생시킨 지폐가 원나라를 패망의 지름길로 안내한 셈입니다. 엽전, 즉 금속 주화는 휴대하기에 무겁고 제조하기 불편하지만, 통화의 가치가 사라지더라도 제조에 이용된 금속이 남는다는 장점이 있죠. 전근대 사회에서 금속의 가치는 높았으니 통화 자체에 일종의 담보를 설정하고 있는 셈이었습니다. 반면 지폐는 제작하기에도 수월하고 휴대하기에 용이하지만 금태환 혹은 은태환이라는 약속을 폐기하면 국가가 마음대로 발행할 수 있다는 치명적인 약점이 있습니다. 이러한 지폐의 남용으로 발생한 인플레이션 사례는 역사적으로 더 찾아볼 수 있습니다.

독일의 경우는 제1차 세계대전에서 패전하자 무리한 전쟁 배상금을 지불하기 위해 마르크를 찍어 냈습니다. 수레 가득 돈을 싣고 가야 우유 한 병이나 감자 몇 알을 구할 수 있을 정도로 물가가 치솟고 돈의 가치가 하락했죠. 지독한 인플레이션이 나치 독일의 망령을 싹틔우고 전 세계를 피바다로 만들어 버린 것처럼 어느 나라 어느 시기든 하이퍼인플레이션은 필연적으로 전쟁·파괴·분열·광기를 불러일으킵니다.

우리나라에서는 조선의 흥선대원군이 임진왜란 당시 소실된 경복궁을 재건하겠다는 명분으로 당백전(當百錢)을 발행했죠. 흥선대원군은 대규모 토목 공사에 필요한 재정을 마련할 수 없는 상황에서도 경복궁 재건에 집착하여 세금을 거두고 일종의 기부금인 원납전(願納錢)을 통해 자금을 마련했지만, 턱없이 부족했습니다. 그가 마지막으로 꺼내 든 카드가 당백전이었습니다. 기존의 상평통보(常平通寶)에 비해 액면가 1백 배의 통화였지만, 그 실질 가치인 구리 함유량은 겨우 다섯 배에 지나지 않았습니다. 당백전은 20배 부풀려진 통화였던 거죠. 조선의 물가는 춤추기 시작했고 가뜩이나 궁핍한 백성의 살림살이는 더 쪼그라들었죠.

조선, 독일, 원나라는 인플레이션과 그로 인한 민생 파탄으로 망국이라는 비극을 맞닥뜨리게 되었습니다.

이렇게 원나라의 유라시아 대통합은 1백여 년 만에 막을 내리고 중국은 다시금 한족의 나라로 돌아가게 됩니다.

# 명의 시간

남쪽 바다를 누빈
한족의 통일 왕조

# 명

## 유목 민족과 붉은 두건

    중국의 역사는 애오라지 한족만의 역사가 아닙니다. 북방 유목 민족들도 중국 역사에서 중요한 위치를 점하고 있었죠. 중국 최초의 통일 왕조 진나라의 시황제도 흉노가 두려워, 만리장성을 축조합니다. 무리한 축성 작업은 왕조가 15년 만에 단명하는 원인이 되었으니, 그렇게 보면 중국사는 한족과 북방 유목 민족 간의 투쟁사라고 볼 수도 있습니다. 한나라 무제도 흉노족이 두려워, 월지국에 장건을 파견해 동맹을 맺고 대항하려 했죠. 이 외교 활동이 실크로드라는 동서 교역로를 탄생시켰습니다. 이후 위진남북조 시대와 오대십국 시대를 거치면서 수많은 북방 유목 민족 국가가 명멸했습니다.

    그러다 북방 유목 민족이 세운 최초의 통일 왕조인 원나라가 탄생합니다. 원나라 하면 뭐가 먼저 떠오르나요? 초원의 몽골족, 칭기즈 칸, 유럽 대원정, 알렉산더 대왕이 정복한 영토를 능가하는 광활한 영토와 마르코 폴로의《동방견문록》등 다양한 인물과 사건이 연상됩니다. 우리나라와 관련된 것으로 치자면, 삼별초 항쟁이 떠오르네요(중국 대륙의 입장에

남쪽 바다를 누빈 한족의 통일 왕조

서 보자면 처음으로 유목 민족의 통일 국가를 마주한 한족이 상처 난 자존심에 울분을 토하던 시기였습니다).

원나라는 전성기에 세계를 호령한 강국이었습니다. 하지만 쿠빌라이 칸의 치세가 지나고 14세기에 접어들면서, 그 통치력은 급격한 하강 곡선을 그리게 됩니다. 메뚜기로 인한 황해가 거의 매년 일어났고 전염병이 창궐하니 민심은 갈수록 흉흉해졌습니다. 이즈음 중앙아시아 카자흐스탄의 동남부 스텝 지역에서 흑사병이 발생했습니다. 흑사병은 1347년 콘스탄티노플에 당도했고, 이어서 유럽 전역으로 퍼져 나갔죠. 유럽인 세 명 중 한 명이 감염되어 죽었다고 하니, 그 수가 3천5백만 명이 넘습니다. 유라시아 대륙 전체가 전염병과 천재지변에 신음하던 때 중국 대륙에서는 홍건적의 난이 일어납니다.

주원장은 붉은 두건을 쓰고 원나라를 무너뜨린 주인공으로, 역대 통일 왕조의 건국 군주 가운데 가장 가난하고 지위가 낮았던 입지전적인 인물입니다. 진시황은 이미 한 나라의 군왕이었고, 수나라 문제인 양견은 대장군, 당나라 고조인 이연은 태원의 유수, 송나라 태조인 조광윤은 지금으로 치자면 육군참모총장에 수도방위사령관과 청와대 경호실장을 겸하던 인물이었습니다. 한나라 고조인 유방을 흙수저 가운데 흙수저로 치부하지만, 주원장에 비하면 부농에 벼슬살이도 한 인물이었습니다. 유방은 하루가 멀다 하고 무리를 이끌고 다니며 술판을 벌이던 한량이었으니 살 만했던 겁니다.

반면에 주원장은 끼니를 걱정하던 소작농의 아들이었습니다. 흙수저인 유방에 비해서도 한참 부족하니 그야말로 '무수저'라고 보면 되겠네요. 게다가 막내여서 부모를 일찍 여의고 탁발승 노릇을 하며 입에 풀칠했습니다. 그 와중에 흉작이 거듭되어 농민은 기아 선상에 놓이게 되고, 쫓기듯 고향을 떠난 수백만의 유민이 발생합니다. 그리고 배고픈 민중에게 그나마 위안이 되었던 백련교를 원나라 순제가 탄압하기 시작하자, 백련교도는 붉은 두건을 동여매고 반정부 혁명에 나섭니다. 주원장은 이런 정세를 등에 업고 난을 일으킨 겁니다.

주원장은 배짱과 용맹함을 앞세워 홍건 봉기 세력 가운데 두각을 드러냅니다. 그는 일개 병졸로 시작해 장수의 지위에까지 오른 인물로 주위의 시샘을 받게 됩니다. 반군 지도자 대장군 곽자흥이 대표적인 예인데, 주원장은 곽자흥의 딸과 결혼하여 문제를 해결합니다. 주원장은 진우량과 장사성 등 홍건적 내 라이벌들을 차례로 물리치며 마침내 남경에서 명나라를 건국하여 홍무제가 됩니다. 그러나 명나라가 홍무제의 능력만으로 세워진 것은 아닙니다. 명의 건국은 이민족 통치자에 대한 한족의 반감이 극렬했기 때문에 가능했습니다. 홍무제 주원장을 키운 8할이 원에 대한 한족의 저항감이었죠.

홍무제는 황위에 오른 뒤에 피의 숙청을 단행합니다. 스탈린의 숙청과 비견할 정도죠. 주원장은 한 번 옥사를 벌일 때마다 친인척까지 합쳐서 만 명 단위로 몰살했습니다. 공신 호유용 일가를 숙청할 때는 한 번에 무려 3만 명을 주살했습니다. 온갖 잔인한 고문을 가하다가 고통스럽게 죽이곤 했습니다. 물론 숫자만 놓고 보면 스탈린의 숙청에는 미치지 못합니다. 소비에트연합 당국의 공식 집계는 60만 명이지만, 실제로는 1백만 명이 넘을 것이라 추산하니까요. 어쨌든 숙청은 공산당의 스탈린에게나 전근대 왕조의 군주에게나 공히 절대 권력을 선사하여 누구 하나 이견을 달 수 없는 공포 정치를 야기했습니다.

홍무제와 스탈린에게는 자격지심이라는 공통점이 있었습니다. 홍무제는 자신의 비천한 출신 성분이 마음에 걸렸고, 스탈린은 영웅적 면모를 과시하던 트로츠키가 눈엣가시였습니다. 두 지도자는 잔혹한 숙청을 통해 자신이 지닌 약점을 감추고 힘을 과시했던 겁니다.

남쪽 바다를 누빈 한족의 통일 왕조

# 분봉제가 야기한 후계 문제

절대 권력을 틀어쥔 홍무제에게도 걱정이 있었으니, 후계 문제였습니다. 전국을 통일하고 권력을 얻은 진시황이 중앙집권제를 밀어붙여 군현제(郡縣制)를 고집했다면, 홍무제는 여러 왕자에게 분봉(分封)을 실시하는 봉건제를 채택했습니다. 이로 인해 후계 다툼의 씨앗을 남기게 됩니다.

중국 역사상 이상적 국가로 손꼽히는 주나라가 바로 전형적인 봉건제 국가였죠. 황제는 수도만 직할하고 대부분의 토지를 황족들에게 나눠 줍니다. 이민족이 침입하면 어떡하나 싶지만, 분봉 받은 왕들이 병력을 끌고 와 전쟁을 수행합니다. 황제가 땅을 하사하고 왕들은 그 대가로 황제에게 충성을 바치는 전형적인 봉건제입니다. 진시황의 군현제는 주나라의 봉건제에 대한 반발 때문에 시작되었습니다.

명칭이 같은 봉건제도라고 해서 주나라의 봉건제와 중세 서양의 봉건제가 비슷하다고 생각한다면 오산입니다. 중세 서양의 봉건제는 쌍무적 계약 관계입니다. 영화 〈라스트 듀얼: 최후의 결투(The last duel, 2021)〉에는 중세 서양 봉건제가 등장합니다. 국왕에 대한 충성과 기사도로 포장

명

하고 있지만 실은 누와르 영화에서 보던 조직원, 행동 대장, 보스의 모습과 다를 바가 없죠. 행동 대장에게 용돈 좀 달라고 아우성치는 조직원, 나이트클럽 지분을 넘겨 달라고 보스에게 조르는 행동 대장, 라이벌 조직의 두목을 난자하고 돌아오면 떡고물을 떼어 주겠다고 어르는 보스 등.

반면, 주나라의 봉건제에서는 핏줄이 중요합니다. 일부 다른 성씨의 공신들에게 봉토를 나눠 주기도 했지만, 혈연을 바탕으로 한 종법(宗法) 제도가 기본입니다. 그런데 세대를 거듭할수록 핏줄은 옅어집니다. 처음에야 형님의 나라요, 아우의 나라이고, 삼촌의 나라요, 조카의 나라였으니 상호 간 칼날을 들이댈 수 없었겠죠. 그러나 여러 세대가 지나 사돈의 8촌 정도의 관계가 되면 종법 제도의 근간이 무너지게 됩니다. 주나라의 봉건제 붕괴는 춘추전국 시대를 낳았습니다. 그야말로 난장판이 된 것입니다.

주나라의 몰락 과정을 지켜본 진시황은 봉건제 대신 군현제를 채택합니다. 하지만 한나라의 고조 유방은 진시황의 군현제에 질려 버려서 느슨한 형태의 분봉제를 실시합니다. 통치 이념도 백성을 옥죄던 법가를 버리고 황로 사상으로 갈아탑니다. '해 뜨면 일하고 해 지면 들어와 쉬네. 우물을 파 물 마시고 밭 갈아 농사지어 먹으니, 임금의 힘이 내게 무슨 소용 있으랴.'라는 요순(堯舜)시대 〈격양가(擊壤歌)〉의 노랫말처럼 백성에게 왕의 존재가 느껴지지 않는 것이야말로 지고지선의 덕이라 여겼습니다. 최소한의 관여를 통해 무위지치(無爲之治)를 이루려 한 겁니다.

그러나 제국의 틀이 갖춰지고 그 사회가 복잡다단해지면서 청정 무위 사상만으로는 한나라의 미래를 보장할 수 없다는 세력이 등장하게 됩니다. 중앙 정부의 힘이 강성해진 것도 또 하나의 배경이죠. 전한의 6대 황제 경제에 이르러 봉건제에 균열이 일어납니다. 어사대부 조조(《삼국지연의》의 조조와 다른 인물)는 경제에게 황권을 강화하기 위해 제후들의 힘을 빼

남쪽 바다를 누빈 한족의 통일 왕조

놓자고 건의합니다.

봉토가 제후들의 권력 기반이니, 땅을 일부라도 빼앗으면 힘이 빠질 것이니까요. 경제가 제후들의 봉토를 삭감하려 들자 황족의 원로 격인 오왕 유비(《삼국지연의》의 유비와 다른 인물)를 중심으로 반란을 일으킨 게 칠국(七國)의 난입니다. 유비는 경제를 서쪽의 황제라고 하고, 자신을 동쪽의 황제라고 칭하며 한나라를 양분할 정도로 기세를 올렸지만 결국 죽음을 맞게 됩니다.

위진남북조 시대의 서진도 봉건제를 채택했다가 팔왕(八王)의 난으로 멸망의 길을 걷게 됩니다. 후한 말에 삼국을 통일한 위나라로부터 권력을 찬탈한 서진의 황제 사마염은 위나라의 급속한 멸망이 황족을 탄압한데서 비롯된 것이라고 생각합니다. 조비에게는 조식이라는 영특한 동생이 있었는데, 조비에게 강력한 라이벌이었죠. 조조가 가장 신임하는 모사 가후의 지지 덕분에 황제가 된 조비는 조식을 제거하려고 합니다. 조비는 조식의 빼어난 문재를 시기하여, '세상 사람들이 모두 너의 재주를 칭송하더구나. 그러니 지금 내가 일곱 걸음을 걷는 동안 시를 한 편 짓는다면 살려 줄 것이지만, 그렇지 않으면 벌을 내리겠노라.'라는 무리한 요구를 하게 되죠. 이에 조식은 그 짧은 시간 안에 〈칠보시(七步詩)〉라는 시를 지어냅니다.

> 콩대를 태워 콩을 삶으니
> 솥 안의 콩이 울고 있구나
> 본래 한 뿌리에서 났건만
> 어찌 이리 급하게 삶아 대는가

콩과 콩대에 빗대어 한배에서 난 형제끼리 어찌 이리 볶아 대느냐는

명

항변을 멋들어지게 읊으니, 조비조차 감탄하며 조식을 용서할 수밖에 없었습니다. 사마염은 이를 교훈 삼아 황족 종친을 우대하고 봉토를 나눠주었습니다. 27명에 달하는 사마씨 일족을 군과 현 단위의 왕으로 봉하니, 다시 봉건제가 돌아온 겁니다. '단짠단짠'처럼 단 거 먹으면 짠 거 먹고 싶고, 짠 거 먹으면 다시 단 거 먹고 싶은 게 사람의 마음이죠. 분봉은 강력한 중앙 집권을 부르고, 중앙 집권은 다시 분봉을 돌아오게 합니다. 강력한 군주 사마염이 재위할 때는 문제없다가, 290년 백치 사마충이 혜제에 등극하자 골육상잔의 비극인 팔왕의 난이 일어난 겁니다.

그런 까닭에 당나라에서는 한나라의 유씨 왕들이나 서진의 사마씨 왕들처럼 핏줄에게 영지를 나누지 않았습니다. 역사로부터 교훈을 얻은 것이죠. 당은 돌궐·토번·거란 등 이민족의 침탈을 막기 위해 번진(藩鎭) 체제를 운용했습니다. 번진은 여러 군진을 합친 겁니다. 돌궐·거란 등의 군세가 10만 단위 이상으로 강성하다 보니, 하나의 군진으로 이민족의 침입을 막기에는 역부족이었죠. 그래서 여러 군진을 통합 운용하며, 번진의 수장으로 장수를 임명한 게 절도사(節度使)라는 직책입니다.

당나라의 현종(玄宗)은 한때 '개원(開元)의 치'라고 할 정도로 선정을 베풀었지만, 양귀비에 빠져 나라를 파탄에 빠뜨린 인물입니다. 후대의 사가들은 당이 스러져 간 이유로 양귀비와 함께 절도사 제도를 듭니다. 당 몰락의 시발점인 '안사(安史)의 난'을 일으킨 주역 안녹산과 사사명도 절도사였고, 당의 마지막 숨통을 끊은 자도 주전충이라는 절도사입니다. 주전충이란 이름은 '온 충성을 다한다.'라는 의미로, 황제로부터 받은 겁니다. 황제로부터 이름까지 받은 이가 결국 당을 무너뜨리다니 역사의 아이러니죠.

사마천의 《사기》, 반고의 《한서(漢書)》, 사마광(司馬光)의 《자치통감(資治通鑑)》 등 위대한 역사서를 통해 얻은 교훈은 그 어떤 제도도 완벽하지

남쪽 바다를 누빈 한족의 통일 왕조

않다는 겁니다. 중앙 집권제에도 봉건제에도 나름의 문제점이 있죠. 명나라를 세운 홍무제도 불완전한 선택지 가운데 하나를 택하게 되었으니, 그는 다시금 핏줄을 믿습니다. 공신들을 비롯해 자신에게 위협이 되는 세력을 숙청하고 왕자들에게 봉토를 나눠 주었죠.

이민족 황제를 무너뜨리고 건국한 홍무제에게도 북방의 유목 민족이 골칫거리였습니다. 원나라가 멸망했다고 몽골의 세력이 하루아침에 사라진 게 아니죠. 몽골의 군대는 명이 건국되고도 수십 년간 북방의 변경을 시끄럽게 했습니다. 그래서 가장 유능한 왕자 주체를 연왕으로 봉하여 지금의 북경 일대 변방 수비를 맡깁니다.

홍무제의 장남 의문태자 주표가 일찍 죽고 그 아들이 황위에 오르니 명나라의 2대 황제인 건문제입니다. 스물두 살의 건문제는 노련한 숙부들의 견제를 이겨 내기엔 부족한 게 많았습니다. 건문제는 즉위 후에 할아버지 홍무제의 유지에 따라 문상을 금했습니다. 홍무제는 왕자들이 문상을 핑계로 군사를 이끌고 와 건문제를 위협할까 두려웠던 겁니다. 번왕들의 입장에서는 아버지의 문상도 하지 말라니 황당했겠죠. 건문제는 숙부뻘인 번왕들의 세력이 두려워졌습니다. 황권 강화를 위해 세가 약한 번왕들을 차례로 수도 남경으로 불러 폐서인하고 유배를 보내거나 처형했습니다.

또 다른 숙부 연왕 주체의 입장에서는 자신도 머지않아 남경으로 소환당할 것이라 두려웠을 겁니다. 억울하고 황당하기도 했을 겁니다. 자신은 명나라의 최전선 북방에서 혁혁한 전공을 이루어 냈으니까요. 다음에 연왕 주체에 대해 살펴보겠습니다.

## 쿠데타와 정통성 시비

주체는 홍무제 주원장의 4남으로, 중국 역사상 손에 꼽히는 정복 군주입니다. 그의 용맹함은 탁월하여 유독 무용에 관한 기록이 많습니다. 게다가 학문도 뛰어나 한번 배우면 잊지 않고 이른 아침부터 스승을 초빙해 강의를 듣곤 했습니다. 이처럼 뛰어난 역량을 지닌 그는 준비된 황제였지만 4남이라는 이유로 밀려났으니, 자신의 권력욕을 주체하지 못했습니다.

주체는 신들린 무공으로 명나라의 북방을 지켜 냈습니다. 원나라가 멸망했다고는 하나 명나라 초기에 몽골군은 여전히 강력한 군세를 유지했고, 쫓겨 간 만리장성 밖에서 연경(지금의 북경) 방면으로 자주 침략해 와서, 홍무제는 이를 두려워했습니다. 남경에 수도를 정한 이유도 이 때문이었죠.

그런데 4남 주체에게 변방의 수비를 맡겨 놨더니, 연전연승하는 겁니다. 명나라 건국의 일등공신인 서달과 상우춘도 몽골군에게 패한 적이 있는데, 연왕 주체는 다양한 전략 전술을 동원해 몽골군을 섬멸했습니

　　　　　　　　　　　　　남쪽 바다를 누빈 한족의 통일 왕조

다. 홍무제는 '북방에서 연왕이 든든하게 지키고 있으니, 짐이 발 뻗고 편히 잘 수 있다.'라며 그 공을 치하했다고 합니다.

단종과 수양대군의 예에서 알 수 있듯 어린 군주와 장성한 숙부는 언제나 정국을 긴장하게 만듭니다. 특히나 숙부가 영민하고 용맹하다면 더욱 그러하죠. 연왕 주체는 탁월한 전략가이자 야망가로 어린 조카를 몰아내고 황위에 오를 법한 인물이었습니다. 장성한 숙부가 어린 조카의 왕위를 넘보는 것은 부도덕한 일이지만, 인간은 자신의 욕망을 위해 때때로 부도덕하거나 반인륜적인 일을 서슴지 않고 벌이기도 합니다.

연왕 주체와 그 아버지 홍무제 주원장은 유교 윤리의 핵심을 철저히 파괴한 인물이었습니다. 연왕 주체는 조카 건문제가 즉위한 지 1년도 지나지 않은 시점에 독립을 선포하고 수도 남경으로 진격합니다. 3년간 이어진 내전의 시작입니다. 산동성을 중심으로 북방 숙부의 군사와 남방 조카의 세력이 맞붙었습니다. 조카는 숙부 연왕의 강력한 군대를 이겨 내지 못했습니다. 연왕 주체는 남경으로 입성하여 수도를 점령했습니다. 이를 '정난의 변'이라고 합니다.

변란의 와중에 불타 버린 황궁에 들어서자 화려한 장신구를 두른 채 까맣게 그을린 몇 구의 시신이 발견되었습니다. 세인들은 난전 중에 사망한 건문제와 황후의 시신이라 여겼죠. 그 가운데 효민양황후의 시신은 환관에 의해 확인되었지만, 다른 시신은 워낙 심하게 훼손되어 건문제인지 확인할 길이 없었습니다. 연왕 주체는 황궁이 불타 버린 지 나흘 만에 서둘러 황위에 올라 명나라 3대 황제인 영락제가 되었습니다.

영락제는 자신이 홍무제의 뒤를 이은 2대 황제라고 주장했습니다. 조카의 계승자가 아닌, 아버지의 계승자라는 것이었죠. 그는 조카 건문제의 재위 기간 기록을 삭제하라고 지시하여 역사 왜곡을 자행합니다. 1402년 영락제의 재위 원년은 건문 4년이 아니라 홍무 35년이라고 기록했습니다. 주원장은 죽어서도 4년 동안이나 명 제국을 다스린 셈입니다. 이렇게 무리한 지시를 내린 이유는 어린 조카를 몰아내고 쿠데타로 정권을 잡은 상황이 불편했기 때문입니다. 영락제는 자신이 평생 동안 정통성 시비에 시달릴 것을 알고 있던 것이죠.

영락제는 자신의 권좌에 묻은 피를 씻어 내고 정당성을 부여해 줄 구원자를 찾았습니다. 건문제의 스승 방효유가 여러모로 적역이었죠. 방효유는 당대 최고의 유학자로 세인의 존경을 받던 인물입니다. 그는 탁월한 학식 덕분에 홍무제의 신임을 받아 여러 황족을 가르쳤습니다. 그가 가르친 사람 중에는 훗날 건문제가 되는 황태손도 있었습니다. 영락제는 자신의 즉위 조서를 방효유에게 작성할 것을 명했지만, 그는 끝내 명을 거부했습니다. '연적찬위(燕賊纂位: 연경에서 온 도적놈이 황위를 찬탈했도다!)'라는 네 글자만 남겼죠.

영락제는 조카 건문제의 충신을 모두 잡아 처형했지만, 방효유만큼은 회유하려 했습니다. 그러나 회유에 실패하자 영락제는 분노합니다. 흔히 역적은 삼족(三族)을 멸한다고 하죠. 삼족은 친가, 처가, 외가를 뜻합니다. 구족(九族)을 멸한다는 표현도 있는데, 친가 4대, 외가 3대, 처가 2대를 합친 것입니다. 영락제는 방효유에게 구족을 멸하겠다고 으름장을 놓습니다. 이에 방효유는 구족이 아니라 십족(十族)을 멸한들, 어찌 역적과 손잡겠느냐고 대응합니다.

영락제는 방효유의 귀를 자르고 입을 찢어서 죽이고도, 구족을 잡아다 처형했습니다. 방효유의 친구, 제자, 지인 등 조금이라도 친분 있는 사람을 잡아와 '십족'이라 칭하며 목을 베었습니다. 방효유에 연좌되어 죽어 간 사람의 수는 873명에 달합니다. 영락제는 《주례변정(周禮辨正)》, 《송사요언(宋史要言)》 등 방효유의 저서를 불태우기도 했습니다. 참으로 잔혹한 숙청이었죠.

남쪽 바다를 누빈 한족의 통일 왕조

영락제의 치세는 '쿠데타로 정권을 잡은 잔인한 숙부' 이미지를 지우는 작업으로 채워졌습니다. 먼저 수도를 남경에서 자신의 본거지인 북경으로 옮깁니다. 현존하는 중국의 문화유산 가운데 가장 큰 건축물인 자금성도 영락제가 축조한 겁니다. 만리장성을 개축하고, 수나라 양제가 시작한 대운하 공사를 마무리하여 경항대운하를 뚫은 것도 영락제의 위업입니다. 그리고 그는 자신이 집권한 것처럼 다른 번왕들이 반란을 일으킬까 두려워, 하나둘 삭번을 실행하고 황제 직할 체제로 바꿨습니다.

영락제는 피의 숙청을 단행하고 공작 정치와 밀실 정치를 이어 가기 위해 동창(東廠)을 설치했습니다. 동창은 환관으로 이루어진 조직으로, 병력 동원도 가능한 첩보 기관입니다. 동창은 각종 역모에 관한 소문·날씨·시장 물가 등 다양한 정보를 집약하여 영락제에게 보고하는 패관(稗官: 풍설과 소문을 수집하는 관원)의 역할을 담당하기도 했고, 비밀경찰 역할을 담당하기도 했습니다. 무소불위의 권력을 휘두르던 황제의 친위 조직이었죠.

영락제는 환관을 여러 방면에서 중용했습니다. 조금이라도 학식을 갖춘 사대부들은 영락제의 정통성을 인정하려 들지 않았으니 환관을 중용할 수밖에 없었죠. 영락제의 환관 활용에 어두운 면만 있는 것은 아닙니다. 긍정적 의미로 환권을 기용한 사례도 있었습니다. 신밧드의 모델 마삼보를 해외로 파견해 외교정책을 실행한 점입니다. 신밧드 캐릭터의 모델이 중국인 마삼보라니 무슨 말일까요? 이를 설명하기에 앞서 중국과 아라비아 지역의 오랜 교류에 대해 이해할 필요가 있습니다.

# 알라딘은 중국인?

《아라비안나이트(Alf Lailah and Lailha)》를 읽어 본 적 있나요? 책은 모르더라도, 애니메이션 영화 〈알라딘(1992)〉은 보셨을 겁니다. 어린 시절에 요술 램프에서 지니를 불러내고 양탄자에 올라 하늘을 날아다니는 모험에 매혹되었던 경험이 다들 있을 겁니다. 이 영화는 바로 《아라비안나이트》에 나오는 여러 이야기 중 하나를 소재로 한 것입니다. 그런데 이 이야기의 주인공 알라딘(Aladdin: 아라비아어로는 'Ala ad-Din'. 신앙의 고결함이라는 뜻)이 중국인이라는 사실도 알고 있었나요?

알라딘은 애니메이션 영화에서든 동화책의 삽화에서든 구릿빛 피부에 매부리코와 부리부리한 눈의 영락없는 아라비아인으로 묘사되어 있습니다. 디즈니 애니메이션 영화 〈알라딘〉의 주인공도, 2019년 디즈니 실사 영화에 등장하는 알라딘도 그렇습니다. 이처럼 알라딘은 많은 대중에게 아라비아의 핏줄로 인식되었지, 아시아인으로 알려지지는 않았습니다. 하지만 《아라비안나이트》의 알라딘 이야기는 옛날 옛적, 중국의 어느 마을에 알라딘이라는 소년이 살았다는 말로 시작됩니다.

남쪽 바다를 누빈 한족의 통일 왕조

《아라비안나이트》를 《천일야화(千一夜話)》라고도 하는데요. 《천일야화》는 3세기 초에 일어난 사산조 페르시아를 중심으로 이슬람 세계 각지의 이야기를 엮어 만든 설화집입니다. 재상의 딸인 아름답고 현명한 처녀 셰헤라자드가 목숨을 부지하기 위해 1,001일 동안 매일 밤 술탄에게 신기하고 재미난 이야기를 들려주는 액자식 구성으로, 16세기에 이르러 집대성되었죠. 그런데 《천일야화》에 나오는 인물이 중국 소년이라니요? 그게 사실이라면 아라비아 세계가 일찍이 중국의 존재를 알고 있었다는 증거일까요?

기원전 2세기 한나라 장건(張騫)의 여정이 촉발한 실크로드를 통해 중국과 아라비아 문명은 활발히 교류하고 있었습니다. 특히 당나라 장안은 아라비아는 물론 유럽과 교류를 이어 갈 정도로 국제 도시의 위상을 뽐내고 있었습니다. 어쩌면 '신기한 이야기'라는 소설의 본질상 알라딘의 존재가 이국적인 인물로 묘사된 것은 당연한 귀결인지도 모릅니다.

유라시아 대륙에서 한국·중국·일본만 서로 소통했던 게 아니라, 동남아시아·인도·중앙아시아의 여러 국가들도 왕래가 있었습니다. 지구촌 여러 지역 간의 왕래가 어디 무 자르듯 단순하게 구분될 수 있나요? 동아시아·동남아시아·중앙아시아 같은 범주는 그저 머릿속 개념입니다. 유라시아 대륙 전체가 전쟁과 교역을 통해 상호간 치열하게 영향을 주고받았습니다. 이렇듯 그릇된 지리적 관념은 아무래도 유럽의 영향 때문이라고 볼 수 있습니다. 19세기~20세기는 유럽과 그에 파생한 미국의 시대였습니다. 그러한 시기의 유럽 중심주의적인 관점에서 우리나라와 일본은 극동이고, 아라비아는 중동이라고 불리게 되었습니다. 그러한 인위적인 분류 때문에 극동과 중앙아시아 혹은 중동 사이에 거대한 장벽이라도 있는 듯 착각하게 됩니다. 하지만 한(漢) 무제(武帝)의 명으로 장건이 실크로드를 개척한 이래, 유라시아는 늘 통하고 있었습니다. 교역이나 종교,

문화 아니면 총칼을 들이댄 전쟁을 통해서든 말이죠.

이러한 국제 교류가 특히 활발했던 당나라 때는 여러 종교와 문화가 유입되어 이후 중국 역사에 깊은 발자취를 남깁니다. 7세기 초에 네스토리우스파라는 기독교 종파 중 하나가 당나라에 전파되었습니다. 이들은 에베소 공의회에서 이단으로 지목받자 외부로 선교의 눈을 돌렸습니다. 로마를 떠나 페르시아로 망명했지만 조로아스터교의 핍박을 겪으며 점차 중앙아시아와 인도까지 진출했습니다. 마침내 당나라에 이르러 네스토리우스파는 환대를 받게 됩니다. 당나라 태종은 세계의 종교와 문화를 포용하려 노력했기 때문입니다. 당나라의 수도 장안이 로마와 더불어 세계적인 수도가 될 수 있던 배경이죠. 1623년, '대진경교유행중국비(大秦景教流行中國碑)'라는 비석이 발견됩니다. '로마의 태양처럼 빛나는 종교'가 어떻게 중국에 도달하여 유행하게 되었는지 그 경과가 1천8백 자의 한자로 기록되어 있습니다. '대진'은 로마를, '경교'는 기독교 네스토리우스파를 의미합니다. 대진경교유행중국비는 781년 대진사에 세워진 것으로 이집트 로제타 스톤, 이스라엘 메사 비석, 멕시코 태양석과 더불어 세계적으로 유명한 비석 가운데 하나입니다.

세계의 수도라 불리던 장안에 621년 조로아스터교 사원이 지어졌습니다. 사원이 지어졌다는 것은 이미 한참 전부터 조로아스터교가 전파되어 유행했다는 것을 의미합니다. 당나라 장안에는 조로아스터교 외에도 마니교, 기독교, 이슬람교까지 널리 퍼져 있었습니다. 742년 최초의 이슬람 사원 대청진사(大淸眞寺)가 당나라 현종의 허가에 따라 건립됩니다. 대청진사는 중국과 이슬람 건축 양식이 결합된 사찰로, 각종 향신료와 양꼬치 냄새가 코끝을 자극하는 회족 거리에 자리 잡고 있습니다.

비록 대청진사에서 이스탄불의 아야소피아처럼 돔 모양 천장이나 기도 시간을 알리는 첨탑인 미너렛을 볼 수는 없지만, 여느 불교 사원과는 사뭇 다른 모습을 발견할 수 있습니다. 대청진사의 '청(淸)'은 맑음을, '진(眞)'은 진리를 의미합니다. '맑은 진리'는 곧 알라를 뜻합니다. 예배전의 벽을 따라 걷다 보면 나무 벽이 세워져 있고, 벽에는 코란과 한자 번역본이 나란히 새겨져 있죠.

　회족은 중국에 거주하는 무슬림을 뜻합니다. 묘족(苗族)이나 장족(壯族) 등 대부분의 소수 민족이 다른 언어와 문화를 지닌 데 반해, 회족은 한족과 같은 언어와 문화를 공유하고 있습니다. 회족의 가장 큰 특징은 이슬람교에 대한 확고한 믿음입니다. 회족은 중국의 55개 소수 민족(2024년 기준) 중 세 번째로 인구(860만 이상)가 많고, 중국 전역(닝하, 감숙, 신장, 하남, 하북, 산동 등)에 널리 퍼져 살아서 대다수의 소수 민족이 특정 지역에 몰려 사는 것과는 확연한 차이를 보입니다. 회족의 유래에 대해 다양한 설이 있는데, 명확한 문헌이나 증거는 없습니다.

　회족의 유래에 대한 설 중에 당 태종과 관련된 이야기가 있습니다. 태종이 꿈에서 용에게 쫓기다가 잡아먹히려는 절체절명의 순간에 녹색 옷을 입고 머리에 두건을 두른 사람들이 우르르 몰려와서 용을 쫓아내고 태종을 구했다고 합니다. 태종은 꿈에서 자신을 구해 준 존재가 서역의 무함마드라는 해몽을 듣게 되고, 사신을 파견해 아라비아로부터 이슬람교 선교사와 그 호위 무사 3천 명을 당나라에 초대하여 그들의 후손이 회족이 되었다는 설이 있습니다. 회족의 유래에 대한 또 다른 설은 당 현종과 관련됩니다. 현종은 '안녹산의 난'이 일어나자 서역에 원군을 요청했고, 아라비아에서 이슬람 군대를 파견했다고 합니다. 그런데 난이 평정되고도 돌아가지 않은 이슬람 병사들이 회족의 조상이 되었다는 것입니다. 이처럼 회족이 중국으로 유입된 경위와 시기에는 여러 가지 설이 있어 어느 하나로 단정할 수 없지만, 적어도 당나라 때는 중국에 발을 들여놨을 거라는 사실을 확인할 수 있습니다.

## 신밧드의 본명은 마삼보

중국과 무슬림과의 역사가 이렇게 깊다니, 놀랍죠? 그리고 알라딘만 중국인이 아닙니다. 《신밧드의 모험》의 주인공 신밧드도 중국인입니다. 심지어 신밧드의 모델이 된 중국인은 실존했는데, 그의 이름은 마삼보(馬三寶)입니다. '삼보'라는 중국 이름이 당대 '신바오(Sinbao)'로 불리다가 신바드(Sinbad)로 변형되고, 다시 신밧드(Sindbad)가 된 겁니다. 마삼보는 어떤 인물이었을까요? 이 질문에 답하기 위해서는 마삼보를 중용하여 그에게 중국에서부터 아라비아반도까지 대항해를 명한 영락제 시대의 정세에 대해 알아봐야 합니다.

주원장이 명나라를 건국한 지 4년이 지난 1371년에 운남성 곤명에서 '마화'라는 소년이 태어납니다. 원나라가 저물고 명나라가 건국된 시점이었지만, 중국 서남부 오지 운남성은 여전히 쿠빌라이 칸의 손자인 바자르오르미가 다스리고 있었습니다. 홍무제는 사천성까지 함락한 후에 바자르오르미에게 사신을 보내 항복을 권유했으나, 바자르오르미는 끝내 굴복하지 않았습니다. 홍무제는 30만 대군을 휘몰아 공격해 댔고, 바

남쪽 바다를 누빈 한족의 통일 왕조

자르오르미는 결사 항전을 이어 갔습니다. 바자르오르미의 병력은 몽골 군사가 아니라 대부분 회족으로 구성되었습니다.

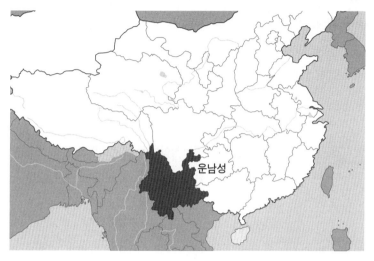

▲ 중국 남서쪽에 자리한 운남성

운남성은 중국 남서쪽 변경이라 회족이 유독 많은 곳입니다. 마화도 회족입니다. 홍무제는 완강한 저항에 분노하여, 성인 남성은 모두 죽이고 어린아이들은 거세하여 노비로 삼고 황족들에게 분배했습니다. 씨를 말려 버린 셈이죠. 마화도 거세당한 채 어느 황족의 집으로 들어가게 되었는데, 그 황족이 연왕 주체였습니다. 마화와 주체의 만남은 그저 노비와 황족의 조우가 아닌 중국 항해사, 나아가 전 세계 항해사에 위대한 족적을 남기게 된 운명적 만남이었습니다. 연왕 주체는 유독 마화를 신임하여 수하 장수로 삼았습니다. 마화는 거세되었다고는 하나, 요즘 드라마에서 흔히 볼 수 있는 가냘픈 내시와는 거리가 멀었습니다. 키는 9척, 허리둘레는 5척이었다고 하니 기골이 장대했죠. 서장훈의 키에 강호동의 몸통을 지녔다고 상상하면 맞을 겁니다. 회족 중에는 우람한 덩치의 인물이 많은데, 대부분 색목인(色目人)이기 때문입니다.

색목인은 주로 아라비아인, 이란인, 터키인을 지칭하는데요. 그들의 피부색이나 눈 색깔이 다르기에 붙여진 이름입니다. 색목인은 중국 한족에 비해 평균적으로 체구가 큰 편입니다. 당, 송, 원대에 중국에 들어온 아라비아인은 대체로 이슬람교도이기 때문에 색목인이 곧 회족이라고 해도 틀린 말은 아닙니다. 하지만 조로아스터교나 마니교 등 다른 종교를 믿는 색목인도 있기에, 두 용어가 정확히 같다고 보기는 어렵습니다.

색목인 중 대표적인 사람이 시선(詩仙) 이백입니다. 이태백이라고도 알려진 시인 이백의 아버지는 중앙아시아에서 교역으로 부를 쌓은 인물입니다. 이백은 사천성에서 태어난 아라비아인 한량이었습니다. 평생 유라시아 전역을 떠돌며 시를 짓던 자유로운 영혼이 세계 제국 당의 궁정 시인이 된 겁니다. 이백을 전형적인 한족으로 묘사하는 초상화는 고증이 잘못된 겁니다. 그는 아마도 부리부리한 눈동자와 오뚝한 코, 비교적 흰 피부를 지녔을 겁니다. 이백은 황제 현종의 총애를 받아 궁정에서 현종과 양귀비의 사랑 놀음을 아름다운 노래로 읊었습니다.

현종과 양귀비 사이에 문제적 남자가 한 명 더 있으니, 그 또한 색목인이었습니다. 당나라는 고조 이연이 618년 건국하여 907년 멸망했다고 알려져 있습니다. 하지만 당의 실질적 멸망 시점은 '안사의 난'이라는 게 후대 사가들의 평가입니다. 안사의 난은 안녹산과 사사명이라는 절도사들의 반란입니다. 《신당서(新唐書)》에 따르면 안녹산은 색목인으로, 현종의 총애를 받기 위해 자신보다 열다섯 살 어린 양귀비를 어머니라고 부르며 온갖 아첨을 다했다고 합니다. 권모술수에 능한 인물이었죠.

하지만 안녹산은 양귀비의 사촌 오라비 양국충과의 권력 다툼에서 패배하자, 15만 대군을 이끌고 난을 일으킵니다. 이것이 안사의 난으로, 전국토가 황폐화되고 수많은 농민이 유민이 되어 떠돌게 됩니다. 이때 시

남쪽 바다를 누빈 한족의 통일 왕조

인 두보는 눈앞에서 자식이 굶어 죽어가는 모습을 본 백성의 궁핍하고 비참한 삶을 노래하고, 기득권층의 사치와 부패를 통렬하게 비판하여 중국문학사에서 시의 성인, 즉 '시성(詩聖)'이라고 불립니다.

이백이나 안녹산은 당나라 이후에 중국에서 회족 혹은 색목인의 존재감이 얼마나 컸는지를 잘 보여 주는 인물들입니다. 더구나 명나라는 세계 제국 원나라의 뒤를 이은 나라이니 색목인의 위세가 얼마나 컸을지 짐작할 수 있죠. 색목인 마화에게는 용맹스러운 장군의 유전자와 동시에 회족의 피가 흐르고 있음을 기억해야 합니다. 그래야 그의 기나긴 대항해 미스터리가 풀립니다.

그리고 마화가 다른 환관들과 달리 학식이 뛰어났던 점도 기억해야 합니다. 홍무제는 후한 십상시의 난이나 당나라의 환관 고력사 혹은 조고와 같은 간신을 보며 교훈을 얻은 것인지 환관에게 글을 배우는 것을 금했습니다. 황제의 지척에 있는 환관이 글을 익혀서 신하들의 상주문까지 읽게 된다면, 무소불위의 권력이 될 것을 경계한 것입니다. 환관의 발호를 예방하기 위한 조치였던 겁니다. 그렇지만 마화는 수도 남경에서 멀리 떨어진 북경 연왕부에서 근무했기 때문에 문맹에서 벗어날 수 있었습니다. 장대한 기골에 학문도 갖춘, 문무에 능한 스펙남이었던 거죠.

연왕 주체는 마화를 깊이 신임하여, 자신이 남경으로 진격해 4년간의 내전으로 북경을 비워야 했을 때 마화를 북경 방어 책임자로 두었습니다. 자신의 본거지를 맡길 정도로 마화의 능력과 충성심을 신뢰한 겁니다. 마화는 연왕의 기대에 부응하여 8만의 병사로 50만 관군을 막아내 북경을 지켜 내는 결정적인 공적을 세웁니다. 마화는 연왕 주체가 영락제에 즉위한 후에 공신에 책봉됩니다.

'말은 황궁에 들어갈 수 없다.'라는 중국 속담이 있습니다. 마화의 성인 마(馬)가 말을 뜻하니, 영락제는 황궁에서 자신을 보좌하라고 그에게 새로운 성을 내립니다. 마화가 50만 대군을 막아내고 승전고를 올린 정촌패라는 지역명에서 따와 '정(鄭)'씨를 사성합니다. 그로부터 마화는 정화가 됩니다.

마화라는 이름의 숨은 의미를 알아챈 눈치 빠른 독자가 계신가요? '마(馬)'라는 성은 이슬람교의 선지자 마호메트를 음차한 것입니다. 마화의 아버지와 할아버지는 모두 메카에 다녀왔을 정도로 신심이 깊었습니다. 독실한 무슬림 집안의 내력이 마화의 이름에 담겨 있는 셈입니다.

마화에게는 또 다른 이름도 있는데요, '삼보'입니다. 삼보는 '세 개의 보물'이라는 의미로, 불교적 취향이 강하게 풍기는 이름입니다. 마화는 다른 종교에 대해서도 관용적이어서 '마삼보'라고 불리는 것도 좋아했다고 합니다. 삼보라는 이름이 'Sinbao'가 되고, 여기서 신밧드가 유래한 겁니다.

남쪽 바다를 누빈 한족의 통일 왕조

# 영락제를 벤치마킹한 세조

정화는 영락제 치하에서 승승장구하여 환관 중에 최고위직인 태감의 자리에 오르죠. 사성을 받을 정도였으니, 얼마나 두터운 신임을 받았을지 짐작됩니다. 황제나 왕이 신하에게 성과 이름을 내린다는 것은 자신의 오른팔임을 만천하에 드러낸다는 의미를 지닙니다.

이렇듯 정화를 총애했던 영락제에게는 어린 조카의 황위를 빼앗은 잔인한 숙부라는 멍에가 씌워져 있었습니다. 그는 조카를 죽이고 왕이 된 숙부라서 왕권의 정통성 논란에 휩싸여 괴로워했습니다. 이런 영락제의 모습을 그대로 닮은 이가 있었으니 바로 조선의 세조였습니다.

1402년 영락제가 즉위하고 51년 뒤인 1453년(단종 1년)에 조선에서 계유정난(癸酉靖難)이 일어납니다. 세종대왕의 뒤를 이어 즉위한 문종이 일찍 서거하자, 단종은 열두 살의 나이에 보위에 오릅니다. 어린 왕의 주변에는 황보인, 김종서 등 고명대신이 포진해 있었습니다. 세종의 둘째 아들 수양대군은 호방한 성격에 용맹함과 정무 감각까지 두루 갖춘 인물로, 태종에서 세종에 이르기까지 정무를 주도하던 왕의 위상이 추락한 모습을 좌시할 수 없었을 겁니다(물론 이는 계유정난을 일으킨 수양대군의 논리일 뿐입니다).

수양대군의 아버지인 세종대왕은 할아버지 태종의 삼남이었죠. 장남 양녕대군은 능력 부족과 도덕적 흠결 때문에 쫓겨나고, 세종대왕의 시대가 열립니다. 수양대군의 할아버지인 태종은 태조 이성계의 다섯 번째 아들로 태어나 두 번에 걸친 왕자의 난을 통해 집권합니다. 이복 형제들은 물론 같은 어머니 소생 형제들까지 차례차례 제거했죠. 수양대군은 이 모든 과정을 알고 있었을 겁니다. 조선에서 왕위 계승은 적장자에게 이어지는 게 아니라, 능력 있는 왕자에게 주어져야 한다고 생각했겠죠. 자신이 왕좌에 오르지 못할 이유가 무엇이냐는 마음과 보위에 오르면 누구보다 선정을 베풀 것이라는 자기 확신에 가득 차 있었을 겁니다.

게다가 수양대군은 명나라 영락제와 그의 집권 과정을 알고 있었습니다. 할아버지 태종과 영락제는 수양의 벤치마킹 대상이자 롤모델이었을 겁니다. 영락제 주체와 태종 이방원은 잠저(潛邸: 정상 법통이 아닌 방법으로 임금에 추대된 사람이 왕위에 오르기 전의 기간 혹은 그 기간에 머문 집) 시절부터 친밀한 교류를 나누었기 때문입니다. 아버지의 건국 과정에서 가장 공이 큰 왕자이지만 결국 권력 승계에서 멀어졌다는 공통점 때문일까요. 둘 사이의 교감은 끈끈했습니다. 이방원이 일으킨 왕자의 난(1차 1398년, 2차 1400년)과 영락제가 일으킨 정난의 변(1398년)은 거의 비슷한 시기에 일어났습니다. 영락제의 묘호가 후에 성조로 추존되어 공식 명칭이 명 성조이지만, 원래 그의 묘호는 태종이었습니다. 태종 이방원과 태종 주체는 묘호까지도 같은 것이죠(영락제라는 이름은 그의 연호인 영락에서 따온 것입니다).

단종이 즉위하자 명나라에 이를 알리고 허락을 받아오는 사신을 보내게 되니, 이를 고명사은사(誥命謝恩使)라고 합니다. 사은사는 보통 외교적 무게감 때문에 삼정승이나 왕족이 맡습니다. 수양대군이 사은사를 자청하자, 조정이 발칵 뒤집힙니다. 단종의 즉위 이후 이미 김종서를 위시한 고명대신과 수양대군 사이에 묘한 긴장감이 흐르고 있었습니다. 이 엄중한 시국에 한양을 비운다는 것은 적에게 뒤통수를 보이는 것이나 다름 없었죠. 실제 수양대군의 측근들도 극렬히 반대했습니다. 하지만 수양대

남쪽 바다를 누빈 한족의 통일 왕조

군은 신숙주와 함께 명나라로 향합니다. 수양대군의 사은사 자청에는 두 가지 정치적 포석이 깔려 있었습니다.

첫째, 한양을 벗어남으로써 팽팽한 정국의 긴장감을 누그러뜨리고 자신은 왕권에 욕심이 없다는 점을 내보이는 겁니다. 두 번째, 신숙주를 서장관으로 지명하여 동행했다는 점을 주목해야 합니다. 신숙주 역시 문종으로부터 어린 단종을 잘 부탁한다는 고명을 들었습니다. 김종서·황보인 등 원로 고명대신이 있다면, 성삼문·박팽년·신숙주 등 집현전 출신의 소장파 고명대신들도 있었죠. 그 가운데 핵심인 신숙주를 자신의 편으로 포섭함으로써 쿠데타의 발판을 마련한 겁니다. 지금이야 비행기로 두어 시간이면 북경에 도달했을 거리지만 당시에는 몇 달에 걸쳤을 여행 동안 수양대군은 자신의 진정성을 토로했을 것이고, 신숙주는 여기에 넘어가게 됩니다. 북경에 도착한 수양대군은 자신의 야심을 감추지 않았습니다. 그는 영락제가 묻힌 장릉을 찾아갑니다. 아마도 장릉에 절을 하며 정난의 변을 성공시킨 기운을 자신에게 내려 달라 기도하지 않았을까요? 자신이 벌인 쿠데타를 계유정난이라고 명명한 것 역시 영락제의 정난에서 따온 것입니다.

계유정난은 엄청난 피바람을 몰고 왔습니다. 살생부(殺生簿)라는 말 들어 보셨죠? 살생부는 수양대군의 장자방이라 불리던 한명회가 작성한 쿠데타 작전 계획입니다. 난을 일으킨 후에 누구를 죽이고 누구를 살릴지 냉철하게 미리 정해 놓은 것이죠. 요즘은 기업 구조조정 뉴스에 자주 쓰이는 표현이죠. 김종서, 황보인, 김승규, 조극관, 민신 등 수많은 대소신료가 역적이라는 오명을 뒤집어쓰고 즉결 처형됩니다. 안평대군 역시 역모로 몰아 강화도로 유배했다가 사약을 내립니다.

난을 진압하여 안정시킨다는 명분으로 정적을 모두 제거한 수양대군이 마침내 왕위에 오르니, 그가 바로 조선의 7대 임금 세조(世祖)입니다.

세조 집권 이후에도 피바람은 멈추지 않았습니다. 성삼문, 하위지, 이개, 박팽년, 유응부, 유성원, 바로 사육신의 죽음이 이어진 겁니다.

세조는 사육신의 복위운동 이후에 극심한 트라우마에 사로잡힙니다. 믿었던 세력으로부터 배신을 당했으니 그럴 수밖에요. 사육신의 국문 과정에서 터져 나온 '수양 나으리'라는 말도 상처였겠지요. 자신을 임금으로 인정하지 않는다는 뜻이니까요. 세조는 자신의 쿠데타가 왕권을 강화하고 종묘사직을 반석에 올리는 일이라고 생각했습니다. 확신범이었던 거죠. 그런데 사육신의 조롱을 통해 그 확신은 오직 자신만의 착각임을 깨달았던 겁니다. 세조가 그 이후에 정통성 콤플렉스에 시달렸다는 기록은 차고 넘칩니다.

세조의 콤플렉스가 일으킨 피바람은 당대에 끝나지 않았습니다. 1498년 연산군 4년에 수백 명의 무고한 목숨을 앗아가 버린 사화의 단초는 한 사관의 손에서 시작됩니다. 사관 김일손은 《성종실록(成宗實錄)》 사초(史草)에 스승 김종직의 '조의제문(弔義帝文)'을 삽입합니다.

조의제문은 의제의 제사를 위한 축문입니다. 의제는 어떤 인물이기에 이런 피바람을 일으킨 걸까요? 때는 바야흐로 중국 최초의 통일 국가 진나라가 멸망하고, 항우와 유방이 천하를 두고 다투던 시기로 돌아갑니다. 진승·오광의 난으로 진나라의 국력이 기울자, 전국 시대 초나라의 맹주 회왕이 '타도 진나라'를 선포합니다. 진나라는 불과 15년 만에 망해 버렸습니다. 수백 년간 이어 온 춘추전국 시대의 지방 권력자와 지배 체제는 지방마다 남아 있었죠. 지금처럼 교통 통신이 발달하지 않았으니 더욱 그럴 수밖에 없었겠죠. 초나라의 회왕이 진나라의 수도 함양을 향해 총진격을 명하니 항우와 유방이 진나라를 공격합니다. 유방이 먼저 함양을 차지했지만 비교할 수 없는 병력 차이로 항우에게 함양을 양보하고 유방은 홍문연에서 달아납니다. 항우는 아방궁을 불태우고, 노략질하고, 진나라의 마지막 황제 자영을 죽이고, 백성을 학살했습니다. 함양에 먼저 입성한 유방과는 정반대의 행보였던 겁니다. 항우는 무력으로 천하를 통일한 후에 자신에게 출정 명령을 내린 초나라 회왕을 의제로 옹립합니다. 그러나 항우는 의제에게 아무런 공도 없고, 자신의 힘으로 천하를 통일한 것이라며 권력욕을 드러냈습니다. 항우는 이에 그치지 않고 결국 허수아비 황제 의제를 주살합니다. 이는 신하가 왕을 죽인 대표적인 패륜으로 기록되었습니다.

김종직이 억울하게 죽은 의제를 위로하는 조문을 짓고, 이를 그의 제자 김일손이 기록으로 남기려고 했습니다. 김종직은 세조를 항우에 빗대고 억울하게 죽은 단종을 의제와 동일시하여, 계유정난을 비판한 셈입니다. 가뜩이나 성종 연간 이후 사림 세력의 등장이 못마땅하던 훈구파는 눈에 불을 켜고 달려듭니다.

실록청 당상관이던 이극돈은 김일손의 작업을 인지하고 유자광에게 알립니다. 유자광은 노사신, 신수근 등 신진 사림들에게 탄핵받던 대신들과 모의해 김일손과 김종직을 역모로 몰아갑니다. 연산군의 할아버지 세조를 왕위를 찬탈한 파렴치범으로 몰았으니, 이것은 곧 연산군의 정통성에 대한 문제 제기라는 논리입니다. 연산군이 이미 죽은 김종직을 부관참시하고 김일손과 신진 사림들을 주살한 게 '무오사화(戊午士禍)'입니다. 무오사화는 조선 시대 사화의 시작점이었습니다. 세조의 정통성 콤플렉스가 부른 피바람은 연산군 시절까지 이어진 겁니다.

세조는 말년에 피부병으로 고생했는데, 종종 자신의 병이 천벌이라고 한탄했답니다. 세조가 불교에 심취한 이유 역시 자신의 피비린내 나는 업보를 씻기 위해서였다고 하는데요. 세조는 자신의 정난이 크게 바른 일을 일으키려는 노력이었지만, 그 과정에서 험한 일을 감당할 수밖에 없었다고 자신을 변호했다고 합니다. 집권 과정에서 생긴 희생을 정당화한 것이죠. 수백 명의 목숨을 앗아간 세조도 이러할진대, 훨씬 더 많은 희생을 치러야 했던 영락제는 어떠했을까요? 이제 다시 영락제에 대해서 살펴보겠습니다.

남쪽 바다를 누빈 한족의 통일 왕조

## 왕권 찬탈과 왕위의 정당성

성조 영락제는 태조 홍무제와 건문제의 뒤를 이어 황위에 오릅니다. 그의 공식 명칭은 명나라 성조이지만, 연호인 영락을 따서 영락제로 불립니다. 영락제는 즉위 직후에 만만찮은 반대 세력을 마주하고, 무력으로 짓눌렀지만 영 불편했습니다.

영락제가 하루는 연왕 시절부터 바둑도 두고 술잔도 기울이던 유경이란 인물을 황궁으로 초대합니다. 그런데 유경이 병에 걸렸다 핑계 대며 입궁을 거부하자, 영락제는 화가 나서 그를 잡아들입니다. 유경은 어찌 황제가 부르는데 오지 않고 버티느냐는 질문에, 건문제께서 붕어하셨는데 대체 어디에 황제가 있다는 것이냐고 답합니다. 그리고 영락제에게 스스로 황제라고 할지 모르지만 훗날 역사에 '찬탈'로 기록될 것이라고 전합니다. 사육신이 수양대군을 수양대군 나으리라고 칭했던 것처럼 유경은 영락제를 폐하가 아닌 전하라고 칭했죠. 황제를 황제라고 하지 않고 왕을 왕이라고 하지 않은 것은 권력을 찬탈한 이를 황제나 왕으로 인정하지 못하겠다는 뜻입니다. 영락제는 유경을 옥에 가두고, 유경은 목을 매 자살합니다.

영락제는 왕권의 정통성에 대해 여러 조치를 단행합니다. 조선의 이성계가 건국 이후 개경에서 한양으로 도읍을 옮겼듯, 그는 남경을 버리고 북경으로 천도합니다. 오늘날 북경의 대표적인 관광지 자금성(紫禁城 명나라와 청나라 5백 년간 24명의 황제가 기거한 황궁)을 지은 것도 영락제죠. 영락제의 북경 천도에는 두 가지 의미가 있었습니다.

천도의 첫째 목적은 자신의 본거지인 북경으로 이동해 정권 교체를 용이하게 하고 남경의 기득권 세력을 무력화시키고자 한 것입니다. 북경은 전통적으로 한족의 수도가 아닌 북방 유목 민족의 수도였습니다(한족의 수도는 주로 장안, 낙양, 개봉, 남경 등이었죠). 영락제는 세계 제국 원나라를 벤치마킹하여 명나라의 정체성을 정립하고자 한 것입니다.

천도의 두 번째 목적은 중화에 머무르기보다 세계로 나아가려는 야심 때문이었습니다. 영락제는 우선 육로로 뻗어 나갑니다. 북으로 몽골과의 전쟁을 통해 국경을 확립하고 남으로는 안남(지금의 베트남)까지 진격하여 영토를 확장합니다. 영락제만큼 적극적인 팽창 정책을 편 황제도 드뭅니다. 황위의 찬탈이라는 내부의 비난을 외부로 돌려 무마하려는 목적이었을 거라고 예상됩니다.

영락제는 재위 기간 동안 다섯 번이나 원 제국 멸망 후에 초원으로 쫓겨난 몽골을 친정(親征)합니다. 수하 장수를 보내도 되지만 손수 전장의 한가운데로 나선 것이죠. 영락제는 고비 사막을 넘어 군사를 몰아 말을 달렸습니다(고비 사막을 넘어 진격한 역대 중국 황제는 북위 태무제와 청나라의 강희제 그리고 영락제 세 명뿐입니다). 영락제가 남과 북으로 영토를 넓히며 외부에 위세를 과시하다가 드디어 바닷길로 조공국을 늘리려 시도한 게 정화의 대항해입니다.

정화를 동남아 일대와 서양(지금의 수마트라섬 서쪽의 인도양의 당시 지명)으

　　　　　　　　남쪽 바다를 누빈 한족의 통일 왕조

로 파견한 영락제에게는 비밀스러운 목적이 따로 있었습니다. 영락제는 정난의 변 당시 남경의 황궁에서 불에 탄 채 발견된 몇 구의 시신 가운데 자신의 조카 건문제의 시신도 있으리라 믿으면서도 한편으로는 의심했습니다. 화재에 훼손되어 건문제라고 확신할 수는 없으니, 건문제가 동남아시아나 서양으로 탈출했을지도 모른다는 한 가닥 두려움이 있었던 거죠.

홍무제의 장자 의문태자 주표가 일찍이 세상을 떠나고 그 아들인 황태손이 제위에 올라 건문제가 됩니다. 홍무제는 어린 나이에 황제가 될 손주를 걱정했습니다. 그가 외세의 침략을 막기 위해 연왕 주체를 비롯한 자신의 여러 아들에게 분봉했기 때문에 강력한 군사력을 보유한 삼촌들이 건재했으니까요. 홍무제는 손자에게 자신이 죽고 난 후에 위기가 닥치면 펼쳐 보라고 커다란 상자를 하나 남깁니다. 상자 안에는 자신이 탁발승 노릇을 할 때 입던 승복과 목탁이 들어 있었습니다. 위기가 닥치면 중으로 변장해 도망치라는 충고도 함께요.

당시 건문제가 태창으로 도망쳤다가 외국으로 탈출했다는 설이 파다했습니다. 누군가 군사를 일으키고 탈출했던 건문제를 데려와 옹립할 수도 있다는 두려움이 영락제를 움직였습니다. 외교적 업무와 더불어 영락제의 내밀한 고민을 함께 처리해 줄 인사는 정화밖에 없었죠. 어린 시절부터 연왕부에 배속되어 모든 비밀을 함께 나눈 환관 정화야말로 최적의 인물이었습니다. 더군다나 정화는 늠름한 체구와 장군의 능력을 겸비했으니까요. 그럼 지금부터 신밧드의 실존 인물 마삼보, 환관 정화의 대항해를 살펴보겠습니다.

# 정화의 대항해와 전설 속의 기린

영락제가 황위에 오른 지 3년째인 1405년 6월 15일, 장강 하류에 자리한 소주 유가항은 인산인해를 이루었습니다. 《명사(明史)》에 따르면 정화의 대항해를 환송하고 구경하러 나온 사람들로 북새통이었다고 하죠. 인파 사이로 북과 징이 울리는 소리가 퍼졌고, 폭죽이 터졌다고 합니다. 선단의 규모가 전례 없이 방대해서 보급품을 싣는 모습도 장관이었다고 하죠.

20여 개의 조공국을 거느렸던 명나라의 외세 확장에 일등공신이었던 정화의 대항해에 대해 본격적으로 알아볼까요? 정화의 선단 규모가 어느 정도였는지 파악하려면 다른 선단과 비교해 보는 게 빠르겠죠? 지난 1천 년간 세계사에서 가장 중요한 사건 몇 가지 중 하나가 크리스토퍼 콜럼버스의 아메리카 대륙 발견이니만큼 콜럼버스의 선단과 정화의 선단을 비교해 볼게요.

정화의 선대에서 가장 중요한 대장선을 보선이라고 합니다. 보물같이 귀한 배란 뜻일까요? 보물을 실어 올 배라는 의미일까요? 실은 황제에

남쪽 바다를 누빈 한족의 통일 왕조

게 바칠 보물을 실어 올 배라고 하여 보선이라고 한 겁니다. 정화의 선대 보선은 길이 44장(140미터)에, 너비 18장(60미터)의 8천 톤급 대형 선박입니다. 정화의 선대에는 보선만 62척이 있었고, 작은 배까지 합친다면 총 208척의 배가 있었습니다. 1492년에 대서양을 건넌 콜럼버스의 선단은 길이 18미터, 250톤 규모의 범선 세 척으로 이루어졌습니다. 정화의 선단을 구성한 2백여 척의 배에는 병사, 항해기술원, 관리 사무원, 통역원, 의사 등 총 2만 7천8백 명이 승선했습니다. 콜럼버스의 산타 마리아호에는 40명의 선원이 탔고, 다른 두 척의 배까지 합쳐 총 1백 명의 승조원으로 신대륙을 발견한 겁니다.

정화는 영락제 재위 기간 동안 외교적 임무로 총 여섯 차례 파견되었습니다. 1405년부터 1407년까지 인도 서남해안까지 이루어진 첫 파견을 시작으로, 이후 다섯 차례(1407-1409, 1409-1411, 1413-1415, 1417-1419, 1421-1422) 파견되었습니다. 그의 항해는 도합 18만 5천 킬로미터에 달하는데, 이는 지구 다섯 바퀴의 거리입니다.

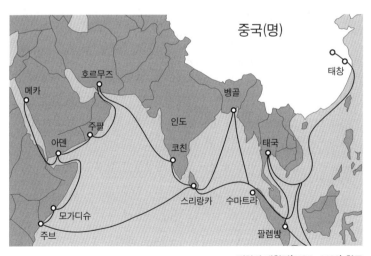

▲ 정화의 대원정(1405~1433) 항로

정화는 지금의 베트남, 말레이시아, 인도, 아라비아반도, 아프리카 소말리아와 케냐, 마다가스카르까지 다녀왔습니다. 정화는 바스코 다 가마보다 90년이나 앞서 인도양을 발견했고, 콜럼버스보다 87년이나 앞서 대항해를 떠난 겁니다. 정화의 항해와 콜럼버스의 항해에는 규모의 차이보다 더 중요한 결정적인 차이가 있었는데, 어떤 차이인지는 차차 이야기하겠습니다.

정화의 선단은 유가항을 떠나 참파(지금의 베트남), 수마트라를 거쳐 인도네시아 팔렘방에 닿고, 여기서 더욱 서진하여 말라카 해협을 지날 때 화교 출신 해적 진조의의 습격을 받습니다. 하지만 정화는 정난의 변 당시 수적 열세에도 연왕을 도와 승리를 쟁취한 장군이었습니다. 그는 해적단을 물리치고 진조의를 생포해 압송합니다. 영락제는 외국의 다양한 문화를 비교적 잘 받아들이는 톨레랑스 기질을 지니고 있었지만, 해금령을 어긴 해적질만큼은 용서할 수 없었습니다. 진조의는 바로 처형되었고, 정화의 선단은 이 사건을 계기로 동남아시아 여러 나라의 분쟁에서 보안관 역할을 담당하게 됩니다.

정화의 선단에는 사라진 건문제의 행방을 찾는다거나 없어진 옥새를 되찾는다는 등 여러 비밀 업무가 더해졌지만, 정화의 공식적인 임무는 조공 무역국을 찾는 것이었습니다. 조공 무역이란 무엇일까요? 무역은 무역이로되 조공을 바치듯 행해지는 방식을 이해하려면, 당대 중국의 물산이 어떠했는지 파악해야 합니다. 중국은 굳이 무역이 필요 없는 나라였습니다. 그 넓은 영토에 나지 않는 생산품이 없었으니 서양과 비교하여 월등한 경제력을 보유하고 있었습니다. 경항대운하 등 영락제가 마무리한 운하 사업은 중국의 혈관이 되어, 필요한 물자의 왕래를 원활하게 하였습니다. 영국의 계량경제학자 앵거스 매디슨에 따르면, 1750년 청나라 시대 중국 경제는 전 세계 GDP의 32퍼센트를 차지할 정도였습

남쪽 바다를 누빈 한족의 통일 왕조

니다. 18세기 말부터 몰아닥친 서구 제국주의의 총칼 아래 아시아는 몰락의 길을 걷게 되지만, 그 이전까지만 해도 중국은 '무역 따위는 개나 줘 버려!'라는 태도의 국정 운영을 이어 갔습니다.

그런 중국은 그나마 조공 무역이란 형태로 주변국에게 위세를 떨치고 근린을 도모했습니다. 정화의 함대는 조공 무역을 위해 금, 비단, 도자기 등을 잔뜩 싣고 출항했습니다. 여러 나라를 돌며 향신료 등의 지역 특산품을 받고, 답례품을 하사했습니다. 정화의 항해 이후 동남아시아의 많은 나라가 기꺼이 조공을 바치러 영락제를 찾아갔습니다. 그도 그럴 것이 명나라의 조공 무역 기조는 '적게 받고 많이 퍼 주기'였기 때문이죠. 조공 무역은 정통성을 의심받는 영락제가 선린 외교를 통해 밖으로부터 자신의 위신을 세우기 위한 권력 강화 작업의 일환이었습니다.

정화가 세계 각국에서 받아 온 공물 가운데 영락제를 특히 기쁘게 한 것은 무엇이었을까요? 동물입니다. 그 동물은 사슴의 몸통에 앞발은 높이가 9척, 뒷발은 높이가 6척에 달했죠. 목의 길이만 해도 6척이었고 머리에는 뿔이 나 있었습니다. 이 기묘하고도 커다란 동물을 관찰하던 사람들은 이 동물이 전설 속의 기린(麒麟)과 비슷하다고 생각했습니다. 게다가 동물의 아라비아어 이름이 기린의 중국어 발음과 비슷했으니, 전설 속 기린이라고 믿었던 겁니다. 한림원 박사 심도는 〈서응기린송(瑞應麒麟頌)〉이라는 노래를 지어 황제의 덕을 칭송했습니다.

중국에서 기린은 봉황과 더불어 상서로운 동물입니다. 《수호지(水滸誌)》에 등장하는 108명의 영웅에게는 별호가 하나씩 있습니다. 양산박의 두령 송강에 이어 두 번째 천강성에 해당하는 노준의는 명문 귀족 출신으로 귀티 나는 인물입니다. 그의 별호가 바로 '옥기린'입니다. 재능이나 재주가 탁월한 인물을 '기린아'라고도 하죠.

기린이 문헌에 처음 등장한 것은 공자와 관련됩니다. 중국 최초의 편

년체 역사서《춘추(春秋)》는 공자가 집필했다는 것이 정설입니다.《춘추》의 마지막 구절 '서수획린(西狩獲麟)'은 서쪽으로 사냥을 나가 기린을 잡았다는 뜻입니다. 노나라의 실권을 쥔 대부 숙손씨가 사냥을 나갔다가 기린을 잡았습니다. 공자는 이 사건을 기록하며 본래 성인이 나타날 때 등장하는 상서로운 짐승 기린이 어찌 지금 나타나서 기린이 뭔지도 모르는 자에게 잡혔고, 이는 하늘의 도가 무너졌다는 증거라고 탄식합니다. 공자는 '획린'이라는 구절을 끝으로《춘추》의 집필을 그만두었습니다(그래서 후대에 획린은 '절필하다'나 '명이 다하다'라는 뜻의 관용구로 쓰이게 됩니다).

영락제는 전설 속의 동물 기린이 나타나자 기뻐했습니다. 기린의 등장이 자신의 황위를 지지하는 상서로운 조짐이라고 해석했던 거죠. 정통성이 도마에 오른 황제에게 이보다 좋은 이벤트는 없었겠죠? 정화가 공수한 기린과 전설 속의 기린이 같은 기린이라고 할 수는 없지만, 중국에는 예로부터 황제의 덕이 높을수록 영물이 자주 등장한다는 믿음이 있었으니 정통성 때문에 고민이 많던 영락제는 억지로라도 의미를 부여할 수밖에 없었을 겁니다.

남쪽 바다를 누빈 한족의 통일 왕조

## 정화의 동상이 동남아시아에 있는 이유

　말레이시아 말라카에 있는 스타더이스 박물관에서 세인트폴 언덕을 오르기 전 생뚱맞은 위치에 커다란 동상이 세워져 있습니다. 선 굵고 늠름한 얼굴에 거대한 풍채를 자랑하는 동상의 주인공은 명나라 제독 정화입니다. 제독 정화에게 대항해의 목적은 조공 무역국을 찾고 사라진 건문제의 행방을 쫓는 것이었습니다. 하지만 인간 정화, 아니 마화의 목표는 조금 다릅니다. 그에게 대원정의 궁극적 목표는 성지 순례였습니다. 정화에게는 그의 할아버지도 아버지도 다녀온 메카를 찾아가리라는 이슬람교도의 마음이 있었습니다.

　'한 손에는 칼, 한 손에는《코란》'이라는 말이 있죠? 이는 이슬람 포교의 역사에서 드러난 호전성을 상징하는 문구인데요. 중동에서 벌어지고 있는 이스라엘과 팔레스타인 사이의 전쟁이나 9·11 테러를 생각하면 저 문구에 고개를 끄덕이게 됩니다. 하지만 이는 유럽인이 팽창하는 이슬람 세력을 견제하기 위해 날조한 것으로 실상과는 차이가 있습니다.

　기독교, 유대교, 이슬람교는 오늘날 전혀 다른 종교로 인식되지만 실은 아라비아의 레반트 지역을 중심으로 발생한 종교들로 그 뿌리가 같습니다. 기독교와 유대교 신자들처럼 무슬림도 이슬람 포교를 사명으로 삼지만《코란》에서 폭력을 수반한 포교가 정당하다는 흔적을 발견할 수 없습니다. 도리어 종교를 강요하지 말라는 문구는 찾아볼 수 있습니다. 실제 이슬람 세력이 북아프리카를 거쳐 이베리아반도까지 그 세를 과시하던 전성기에도 점령지 사람들에게 무슬림으로 개종을 강권하지 않았습니다. 다만 타 종교를 믿으려면 세금을 내야 했습니다. 종교를 선택의 문제로 남겨 둔 것이죠.

정화도 이런 이슬람의 본령을 받든 무슬림이었나 봅니다. 그는 압도적 군사력을 과시하며 찾아간 여러 나라에서 포교를 강요하지 않았습니다. 게다가 조공 무역은 조공국에서는 특산품을 조금 가져가고, 대신 귀한 금·비단·도자기를 사례로 주어 덜 받고 더 주는 방식이었기 때문에 정화의 함대가 거쳐 간 나라의 백성은 모두 정화를 반겨 맞이했죠. 정화의 대항해 과정에서 동남아 군소 국가 간의 다툼도 정의롭게 조정해 주었고요. 이처럼 조공 무역의 외피는 상하 수직적 관계를 전제로 하는 외교 관계이지만, 정화는 수평적 혹은 호혜적 관계를 바탕으로 조공 무역을 실행했습니다.

이러니 정화를 기념하는 동상을 세울 만하죠. 작은 어촌 마을에 불과하던 말라카는 정화의 대원정 이후 명나라의 조공국이 되었고, 명의 보호 아래 국제 무역항으로 성장합니다. 말라카에는 정화의 동상뿐만 아니라, 그를 모시는 사원도 있습니다. '삼포콩'이라 불리는 이 사원의 이름은 원래 '보산정'이었습니다. 이 사원이 '삼포콩'이 된 것은 정화의 별명인 '삼보'와 관련됩니다. 어느 날 말라카 해역을 항해하던 정화의 배에 구멍이 났습니다. 그런데 물고기 한 마리가 (마치 둑을 막은 네덜란드 소년처럼) 자신의 몸으로 구멍을 막아 배가 침몰하는 걸 막아 냈죠. 말라카 주민들은

남쪽 바다를 누빈 한족의 통일 왕조

이 물고기를 신으로 섬기고 정화의 별호를 붙여 '삼보공'이라고 부른 겁니다. 삼보공의 현지 발음대로 '삼포콩'이 사원 이름이 된 것이죠.

지금도 동남아시아 여러 나라에서 많은 화교가 정화를 '신'으로 모십니다. 특히 동남아 화교 사이에서 정화는 재물을 가져다주는 '재물의 신'으로 추앙받습니다. 아이러니하게도 정화는 명나라의 재정 파탄을 야기했지만요. 명나라 조정의 재정은 퍼 주는 조공 무역 때문에 대항해가 거듭될수록 고갈됩니다. 후대에 병부 거마주사 유대하는 '삼보태감이 돈과 곡식을 헛되이 소비했다.'라고 간언하며, 이러한 일이 재발되지 않도록 정화의 항해 기록과 해도 등을 불태워 버렸습니다. 안타깝게도 애써 축적한 선진 항해 기술이 물거품이 되어 버린 겁니다.

스리랑카에는 정화가 세운 비석이 있는데요. 이 비문의 낙관을 보면 영락 7년(1409년) 2월에 세워진 비석으로 보입니다. 이 비석에는 중국어·타밀어·페르시아어 세 가지 언어가 조각되어 있어 '갈레 삼국어 비'라고 합니다. 이 비석에는 타밀어로 바라문교 비시누신을 찬양하는 문구가, 페르시아어로 알라에게 바치는 경의의 문장이 새겨져 있습니다. 우월한 군사력을 갖추고 있음에도 종교를 강요하지 않은 평등과 관용의 정신이 돋보입니다. 이처럼 영락제와 그 뜻을 실천한 정화는 주변 국가들과의 선린 관계를 원했을 뿐, 약탈과 학살은 없었습니다.

《명사》〈정화전〉의 기록에 따르면, 정화의 선단은 영락 6년 9월 다시 석란산(지금의 스리랑카)에 갔습니다. 국왕 아열고내아는 정화를 유인하여 육지로 데려가, 금은을 요구하고 정화의 배를 빼앗으려 했습니다. 정화의 선단에서는 적군 대다수가 항구로 나와서 성안이 비어 있는 것을 알아챘고, 2천여 명의 군사를 이끌고 허를 찔러 성을 격파하여 아열고내아와 그의 처자식을 생포했습니다. 정화의 배를 강탈한 자들이 이를 듣고, 아열고내아를 구하려고 하였으나 명나라의 관군이 다시 크게 무찔렀습니다. 정화는 영락 9년 6월 포로를 조정에 바쳤는데요. 황제는 아열고내 아를 죽이지 않고 죄를 사하여 석방해서 귀국시켰습니다.

제독 정화는 여러 차례 해적이나 적대적 국가의 습격과 맞닥뜨렸지만 그때마다 압도적 군사력과 기민한 판단력으로 적을 섬멸했습니다. 정화의 선단이 기습을 당했던 때는 정보력이 떨어지거나 정세를 오판했기 때문이 아니라, 먼저 손을 내미는 호혜적인 외교 태도 때문이었습니다. 영락제가 조공 외교를 통해 경제적 이득보다는 정권 강화와 정통성을 획득하고자 했고, 무엇보다 무역이 필요 없던 당대 중국의 경제 여건이 합쳐져 정화의 대원정이 이루어진 것입니다. 정화는 명나라의 위엄과 명성을 이역만리까지 전파한 일등공신입니다.

남쪽 바다를 누빈 한족의 통일 왕조

# 정화 VS 콜럼버스, 동서양 문명의 차이

정화는 당대 세계 최고의 조선술과 항해술, 막강한 군사력을 바탕으로 콜럼버스와 비교할 수 없을 만큼 대규모 선단을 꾸려 출항했습니다. 정화의 선단은 압도적인 군사력을 갖췄음에도 약탈을 일삼지 않았습니다. 콜럼버스를 비롯한 서양 신항로 개척 과정이 얼마나 약탈적이었고 악랄했는지 역사는 증언하고 있습니다. 그 가운데 콜럼버스가 악당이라면 피사로와 코르테스는 악마입니다. 그들은 원주민에게 기독교로 개종을 강요하고 방 안 가득 황금을 채우라고 명령하며, 따르지 않으면 대학살을 자행했습니다. 콜럼버스가 아메리카에 발을 디딘 1492년 기준으로, 남북 아메리카에는 수천만 명 이상의 원주민이 살고 있었는데, 그로부터 4백 년 동안 신대륙 발견·대탐험·정복·개간·개척 등의 명분으로 대몰살됩니다. 유럽인의 총과 창칼 아래 피 흘리며 스러져 간 원주민과 천연두 등 아메리카의 청정 지역에는 없던 전염병에 희생된 원주민을 합치면 수천만 명이 넘습니다. 오늘날 살아남은 원주민의 숫자는 1천만 명(2020 미국 센서스 기준)밖에 되지 않습니다.

요즘 미국에서 콜럼버스의 동상을 하나둘씩 무너트린다는 기사를 종종 접합니다. 냉전이 종식되던 80년대 말 레닌의 동상이 무너져 내렸듯, 각지에서 시내 중심에 세워 둔 콜럼버스 동상을 철거하고 있는 겁니다. 세계 위인전을 통해 콜럼버스를 접했던 저 같은 사람에게는 충격적인 일입니다. 하지만 하워드 진의 《미국민중사(A People's History of the United States)》 등 균형 잡힌 시선으로 편찬된 역사서를 접한 독자라면, 콜럼버스의 동상을 가루가 되도록 부숴 버리지 않을까요?

대선단을 꾸려 출항한 정화의 원정에는 왜 약탈이 없었을까요? 정화의 원정과 서양의 약탈적 원정에 어떤 차이가 있을까요? 정화는 선하고, 콜럼버스·피사로·코르테스는 악해서일까요? 아닙니다. 그 차이를 파악하려면 동양 문명과 서양 문명이 근원적으로 어떻게 다른지를 살펴봐야 합니다.

오늘날 전 세계는 서양 문명의 영향 아래 굴러가고 있습니다. 영어를 세계 공용어로 배우고, 양복을 입고, 민주공화국의 일원으로 살아가는 등 일반적인 삶의 양식이 그렇죠. 그러나 영국 대사 조지 매카트니가 1793년 건륭제를 찾아가 개항을 요구하던 시점까지만 해도, 동양은 서양을 압도하고 있었습니다. 서양 문명은 18세기까지만 해도 세계를 주름잡던 중국 혹은 동아시아 문명을 어떻게 앞지르게 되었을까요? 그 분기점은 1492년 콜럼버스의 신대륙 발견일 것입니다. 지중해를 넘나들던 유럽인의 도전 정신과 모험심이 16세기 이후에 싹을 틔우고, 19세기에서 20세기까지 본격적으로 발전되어 오늘날의 세계 지형을 만들어 냈다는 게 일반적인 정설입니다. 대항해 시대의 성과가 서구 문명 중심의 세계를 만들어 냈다는 겁니다.

정화의 선단은 콜럼버스의 선단보다 거의 1백 년 앞서 대항해를 시작했죠. 정화의 함대가 인도양이 아닌 태평양으로 향했다면, 20세기 세계

남쪽 바다를 누빈 한족의 통일 왕조

정세는 바뀌지 않았을까요? 아시아 전역이 서양의 식민지로 전락하는 일은 없지 않았을까요? 도리어 전 세계는 한자 문화권에 편입되어 런던이나 뉴욕의 지하철에서도 한자가 병기된 역명을 흔히 보게 되지 않았을까요? 동서양의 위치가 역전되지 않았을까요?

그런데 콜럼버스의 항해와 정화의 항해는 성격이 다릅니다. 본질이 다르니 일부 조건이 바뀐다 한들 변할 건 없을 겁니다. 정화의 뱃머리가 태평양을 향해 나아갔고, 식량 부족 없이 사이판, 괌, 하와이를 거쳐 미국 본토에 닿았다 한들 오늘날 세계 지형은 바뀌지 않았을 확률이 높다는 겁니다. 그 이유는 다음과 같습니다. 콜럼버스의 항해가 경제라면, 정화의 항해는 정치입니다. 콜럼버스의 항해가 약탈이라면, 정화의 항해는 선린 외교입니다. 콜럼버스의 항해가 피를 말리는 계약이라면, 정화의 항해는 명령입니다. 콜럼버스의 항해가 독선이라면, 정화의 항해는 관용입니다.

하나씩 차근차근 살펴보겠습니다. 영락제의 명을 받고 대항해에 나선 정화의 정체성은 무엇이었을까요? 조카 건문제의 행방에 대한 밀지를 내릴 정도로 영락제가 신임하는 신하, 산전수전 다 겪은 용맹한 장군, 메카 성지 순례를 갈망하는 신심 깊은 무슬림 등 여러 정체성이 있었겠지만 무엇보다 정화는 넓은 세상을 경험하고 싶은 탐험가였습니다. 나침반이나 해도가 주어졌고 보선을 비롯한 대선단이 함께 움직였지만, 여전히 아라비아반도를 지나 아프리카 마다가스카르까지 이어지는 긴 항해는 목숨을 담보로 하는 위험한 일이었습니다. 죽음을 무릅쓰고 무려 일곱 번의 항해(영락제 재위 시 여섯 번)에 나선 정화에게는 탐험가의 피가 흐르지 않았을까요?

반면에 콜럼버스의 본질은 비즈니스맨, 사업가라고 할 수 있겠죠. 그는 탐험·항해·미지의 세계에 대한 동경보다는 마르코 폴로의《동방견문록》을 읽고 심취하여 중국과 인도로 가서 후추·정향·육두구 같은 향신료를 직접 수입할 꿈에 부풀어 항해를 시작한 것이니까요. 아라비아반도 상인의 중간 마진 없이 현지에서 싼 가격에 직수입해 유럽에 풀어 놓을 심산이었죠. 당시 향신료의 값은 같은 무게의 황금과 교환할 정도였으니, 사업가로서는 꽤 영리한 선택이었습니다. 지금 봐도 혁신적인 스타트업이라고 볼 수 있겠습니다.

콜럼버스는 마르코 폴로와 마찬가지로 이탈리아 출신이었는데, 투자자를 찾아 헤매다가 에스파냐에서 임자를 만납니다. 이사벨 1세는 항해를 지원하면 황금과 향신료를 가득 싣고 돌아오겠다는 콜럼버스의 프레젠테이션에 넘어갑니다. 왕실의 재정을 늘리겠다는 일념하에 대항해가 시작된 겁니다.

이사벨 여왕은 번번이 황금을 싣고 돌아오지 못한 콜럼버스를 닦달했지만, 정화는 비단과 금을 퍼 주고 받아 온 토산품을 영락제에게 바치면 됐습니다. 정화의 항해는 부담 없는 황제의 명령이었기 때문입니다. 영락제는 조공국으로부터 받는 존경과 외교사절의 방문만으로도 만족했습니다. 이런 상황에서 콜럼버스는 원주민을 약탈해 이사벨 여왕에게 약탈품을 상납하는 악당이 되었고, 정화는 귀한 하사품을 전달하고 외교관계를 맺는 제독이 된 겁니다.

그렇다면 이러한 차이는 대항해를 바라보는 동서양 통치자의 시각차 때문일까요? 지금부터 동양과 서양의 본질적 차이를 빚어 낸 뿌리를 살펴볼까 합니다. 영화 〈웰컴 투 동막골〉에서 북한군 장교가 신세 지고 있던 산골 마을 이장에게 위대한 영도력의 비밀이 무엇이냐고 묻습니다. 신망 받는 마을의 지도자인 이장은 주민들을 잘 먹여야 한다고 간결하게 답합니다. 위대한 영도력은 마을 주민을 굶기지 않을 때 주어지는 것입니다. 인간에게 중요한 건 단연코 식량입니다. 그리고 식량의 양태는 삶

남쪽 바다를 누빈 한족의 통일 왕조

의 조건을 조율합니다.

동서양 문명의 차이는 결정적으로 먹거리에서 비롯됩니다. 동양은 쌀문화, 서양은 밀 문화에 기반하죠. 식량이 달라지면 생산 과정도 변화합니다. 지금이야 먹을 게 흔하지만, 불과 백 년 전만 해도 식량 생산이 삶의 전부요, 정치의 근간이었습니다. 수만 년 동안 인류의 유전자에 새겨진 식량에 대한 반응이 오늘의 우리를 형성하는 셈이죠.

버지니아대 토마스 탈헬름 교수의 논문에 따르면, 벼농사 지역 사람들은 관계 지향적이고 통합적인 사고를 하고, 밀 농사 지역 사람들은 분석적이고 개인주의적 사고를 한다고 합니다. 독립적인 생산이 가능한 밀 농사와 달리 벼농사는 물을 나눠 써야 하고, 노동 집약적이라서 '나보다는 우리'를 먼저 생각해야 합니다. 예부터 우리나라에 두레·향약·계와 같은 제도가 발달한 이유도 벼농사 지역의 특성에서 찾을 수 있습니다. 모내기부터 추수에 이르기까지 많은 노동력이 필요하고, 특히나 함께 모여 단박에 해치워야 하는 일이 많죠.

토마스 탈헬름은 중국 출신 지인들과 접촉해 본 결과, 지역별로 성격이 판이하게 다르다는 것도 감지했습니다. 남방 출신은 주변 사람들과의 관계를 중시하고 갈등을 회피하며 의존적인 반면, 북방 출신은 독립적이고 타인의 평가 따위에 연연하지 않았죠. 그는 그 이유가 어디에 있는지 가설을 세우고 실험을 통해 검증했습니다. 토마스 탈헬름에 따르면, 같은 중국인이지만 독립적인 성격이면 밀 농사 지역 사람이었고, 관계 지향적인 성격이면 벼농사 지역 사람이었습니다. 지역으로 구분하여 표현하자면, 황하 이북 사람은 독립적이고, 양자강 주변 지역 사람은 관계 지향적이었습니다.

중국은 밀 농사와 벼농사를 병행합니다. 지금도 화북 지방은 빵과 국수가 주식이고 양자강 주변은 쌀이 주식입니다. 그렇다면 동양은 벼농사 문명이고, 서양은 밀 농사 문명이라는 구분은 잘못된 명제일까요? 아닙니다. 중국은 벼와 밀을 병행하지만, 그 문명 발달의 과정에서 벼농사 지역으로 변모하게 됩니다. 그 변곡점이 되는 송나라로 잠시 떠나 보겠습니다.

오대십국의 대혼란기를 거쳐 탄생한 송나라를 한마디로 표현하면 '문약(文弱)'입니다. '진교의 변'이라는 쿠데타를 일으키고 건국 군주가 된 조광윤은 변경의 장수들이 자신처럼 난을 일으킬까 걱정되어 군사력을 약화시켰죠. 그래서 늘 외세의 침입을 받았고, 나라는 병들어 갔습니다. 송나라는 '돈으로 산 평화'라는 굴욕을 감내하며 정권을 이어 가다가 마침내 거란과 여진에게 중원을 빼앗기고 양자강 이남으로 쫓겨납니다. 북송이 멸망하고 남송이 탄생한 겁니다. 남송은 강남에 이주해 농업혁명과 상업혁명을 맞이합니다.

송나라가 강남으로 이주하여 양자강의 풍부한 수자원과 비옥한 토지에 대규모 토목 사업을 시행해 치수가 정교하게 이뤄지면서 이앙법·시비법·객토법 등 첨단 농업 기술이 발달하게 됩니다. 모내기를 통해 벼를 옮겨 심는 이앙법은 병충해에 강한 벼를 만들었고, 잡초 제거에 노동력이 절감되는 벼농사의 혁신을 가져왔습니다. 이 시기 농사에 가축의 배설물과 인분을 사용하게 되며 지력을 빠르게 회복할 수도 있었죠. 저습지대 기름진 진흙을 농토와 섞는 객토법까지 활용하여 강남 농법에 획기적인 생산성 증대를 야기했습니다. 온화한 기후 덕에 벼의 2기작도 가능해졌습니다. 이때를 기점으로 밀이 아닌 쌀이 중국 밥상에 주식으로 등장했습니다.

농업혁명은 인구의 폭발적 증가를 초래했으며, 식량의 잉여는 자연스럽게 상업의 발달을 가져왔습니다. 중국의 도시 인구가 처음으로 1억 명이 넘었던 시기고, 세계 최초의 지폐인 교자가 탄생한 것도 이즈음입니

남쪽 바다를 누빈 한족의 통일 왕조

다. 중국 강남이 풍요의 상징이 된 것이죠. 친구 따라 강남 간다는 속담 아시죠? 그 속담에 등장하는 강남은 양자강 이남을 뜻합니다. 강남은 중국이 본격적으로 벼농사 지역이라는 정체성을 획득하게 해 준 곳입니다.

비슷한 시기 서양의 상황을 비교해 볼까요? 남송보다 불과 2백여 년 전 프랑크 왕국 샤를마뉴 대제 시절의 밀 농사 생산량은 비참할 지경이 었습니다. 파종량의 두세 배를 겨우 수확했으니까요. 이러니 유럽의 농민은 기근에 시달려야 했습니다. 벼는 겉이 무르고 속은 단단한 반면, 밀은 겉이 딱딱하고 속은 부드럽습니다. 쌀은 그대로 밥으로 조리할 수 있는 반면, 밀은 제분 과정을 거쳐야 빵으로 만들어지니 노동력이 더 필요합니다. 쌀은 열전도율이 높은 물로 짓는 반면, 빵은 공기를 데워서 밀가루를 구워야 하니 땔감이 귀하던 그 시절에 비효율적이죠. 그러니 중국에서는 논 1천2백 평만 있으면 한 가족이 먹고 살 수 있었지만 유럽에서는 그 스무 배인 2만4천 평의 밭이 있어야 배를 곯지 않았어요. 당대 동아시아의 인구가 훨씬 많았고 GDP가 높았던 이유는 정교한 벼농사 재배 기술 덕분이었습니다. 이처럼 18세기 이전 동양의 우월함을 이해하려면 동아시아의 농경 산업 생산성이 유럽보다 훨씬 높았다는 데 주목해야 합니다.

동양과 서양은 농경을 대하는 기본적인 태도에도 차이가 있습니다. 동아시아의 군주들은 농자천하지대본(農者天下之大本: 농사는 천하의 근본)을 신념처럼 받들었습니다. 사극에서 흔히 신하들이 임금에게 "전하! 종묘 사직을 생각하시어 뜻을 거두어 주소서!"라고 하죠? 종묘는 역대 임금들의 신주를 모신 사당이요, 사직은 농사의 번창을 기원하며 제사 지내는 장소입니다. 임금에게 왕조의 정통성만큼 농사가 중요했음을 뜻하는 표현입니다. 전한의 성군 문제(文帝)는 관리들에게 백성이 농사 시기를 놓치지 않게 지도하라고 명했으며, 백성에게 파종을 위한 씨앗을 빌려주었습니다. 황제가 손수 밭을 갈아 농사를 지어서, 자신이 재배한 농산물로 하늘에 제사를 지내기도 했습니다. 동양에서 황제는 천자라고 합니다. 천자는 하늘의 아들로, 하늘과 백성의 가교라는 의미를 지니고 있죠. 하늘의 뜻을 어기면 가뭄이나 홍수와 같은 대재앙이 닥친다고 믿었습니다. 중국 왕조사를 보면 대개 가뭄이나 홍수, 병충해로 기근이 발생할 때 왕조가 뒤바뀌는 것을 확인할 수 있습니다.

반면 서양에서는 농업을 백안시했죠. 서양사를 이해하려면 성경을 읽어 봐야 합니다. 구약 창세기 3장 17절에 '네가 네 아내의 말을 듣고 내가 네게 먹지 말라 한 나무의 열매를 먹었도다. 그러므로 땅은 너로 말미암아 저주를 받았고, 너는 네 평생 수고하여야 그 소산을 먹으리라.'라고 이르고 있죠. 아담과 하와가 '에덴동산'이라는 낙원에서 행복하게 지내다가 금단의 열매를 먹고 쫓겨나는 장면입니다. 낙원에서 노력 없이 얻어지는 먹거리는 수렵 채취의 생활 방식을 상징합니다. 성경은 수렵 채취의 삶에서 농경의 생활로 변모하는 과정을 '저주'로 묘사하고 있습니다. 너는 내 말을 어겼기 때문에, 평생 땀 흘려야 생존할 수 있다는 무시무시한 구절입니다. 성경에서 농사는 비극적 사건이었죠, 동아시아에서 농업을 하늘이 내려 준 축복으로 여긴 것과 대비됩니다.

서양 문명의 시발점인 이집트, 그리스, 로마로 시선을 돌려 보겠습니다. 나일강에서 해마다 일어나는 범람 덕분에 이집트는 나일강의 기적이라 불리는 비옥한 토지를 확보할 수 있었죠. 그렇게 재배된 밀을 주식으로 삼았던 이집트의 빵 문명은 그리스와 로마에 전파됩니다. 그리스인과 로마인은 지중해를 항해하며 식민지를 개척하고 노예를 부려 농사를 짓고 도시를 건설했습니다. 밀과 노예와 물건이 지중해를 오가며 문명을 꽃피웠습니다. 지중해를 중심으로 한 지역에서 교역은 생존의 필수 요건이었지 선택 사항이 아니었습니다. 자경과 자급자족이 동아시아의 미덕이라면, 서양에서는 이민족을 노예로 만들어 경작하는 문명이 발달했습니다. 호메로스의 영웅 서사시《오디세이아(Odysseia)》에서 볼 수 있듯 서양 문명의 뿌리는 항해·교역·약탈에 닿아 있습니다.

이제 정화와 콜럼버스의 차이가 어디에서 비롯되었는지 이해되죠? 문명의 태동부터 서양과 동양은 먹거리가 달랐고, 그로 인해 농경을 대하는 태도가 달랐습니다. 정화와 콜럼버스가 각각 외국으로 향하는 항해의 성격에 차이가 있던 이유입니다. 바다의 문명이자 수렵 채집의 문명인 서양과 대지의 문명이자 농경의 문명인 동양은 수천 년 전부터 그렇게 다른 길을 걸어온 것입니다.

명

# 동양 문명과 기술이 견인한 서양 문명의 발전

정화와 콜럼버스가 대항해에 사용한 나침반은 한나라 때 발명되었습니다. 송나라에 이르러 더욱 정교하게 다듬어진 나침반은 십자군 전쟁을 통해 유럽에 전파되었죠. 후한의 사상가 왕충이 저술한 《논형(論衡)》에는 나침반으로 추정되는 물건에 대한 묘사가 있습니다. '남쪽을 지시하는 숟가락을 땅 위에 놓으면 남향을 가리킨다.'라고 재미있게 표현된 부분입니다. 송나라의 병법서 《무경총요(武經總要)》에는 '남향을 가리키는 물고기'가 등장합니다. 군대가 방향을 찾고 현 위치를 파악하기 위해서는 남향을 가리키는 물고기를 만들어 사용해야 한다고 주장하고 있습니다. 특히나 '그릇에 물을 담고 그 위에 물고기를 띄우면 남쪽 방향을 가리킨다.'라는 표현이 흥미롭습니다.

나침반과 종이·인쇄술·화약을 중국의 4대 발명품으로 꼽습니다. 본래 거북이 등딱지·짐승의 뼈·돌·금속에 새기던 문자는 점차 비단이나 죽간으로 옮겨 갑니다. 죽간이나 비단에 기록하던 글자는 언제부터 종이에 쓰이게 되었을까요? 환관 채륜이 종이를 발명한 후한 시대부터입니다.

남쪽 바다를 누빈 한족의 통일 왕조

비단은 글씨를 쓰기에는 더할 나위 없이 좋지만 너무 비싸서 사용하기가 어려웠고, 비교적 저렴한 죽간은 부피가 크고 무거워 휴대하기 어려웠습니다. 어느 날 채륜은 궁녀들의 방직 작업에서 힌트를 얻어 나무껍질, 톱밥, 마 등을 섞어 종이를 발명해 냅니다. 105년 후한의 황제에게 종이를 바치니 채륜의 노고를 치하했고, 사람들은 그를 기려 '채후지(蔡侯紙)'라고 불렀습니다. 751년 서방으로 팽창하려는 당나라와 이슬람 압바스 제국 간에 탈라스 전투가 벌어지며 종이가 서양으로 전파됩니다.

탈라스 전투사에는 고구려 유민 출신의 고선지 장군이 등장합니다. 그는 당나라의 장군이 되어 서역에서 연전연승하며 공을 세웁니다. 그러다 딱 한 번 큰 패배를 당한 게 탈라스 전투에서였습니다. 고선지의 패배 덕분에 압바스 제국은 제지 기술을 지닌 포로를 잡게 되었고, 종이는 서양으로 전파될 수 있었습니다.

중국의 4대 발명품 중에는 인쇄술도 있죠. 흔히 인쇄술이라면 구텐베르크를 먼저 떠올릴 테지만, 그것은 금속 활자 인쇄술입니다. 그 이전 동아시아에는 목판 인쇄술이 발달하여 서양보다 책에 대한 접근성이 높았습니다. 현존하는 가장 오래된 목판 인쇄물은 경주 불국사 석가탑에서 발견된 신라 시대 유물인 〈무구정광대다라니경(無垢淨光大陀羅尼經)〉입니다. 중국에서 현존하는 가장 오래된 조판(組版) 인쇄본은 868년 당나라에서 만들어진 〈금강반야바라밀경(金剛般若波羅蜜經)〉입니다. 국보 126호인 〈무구정광대다라니경〉이 701년에서 751년 사이 제작된 것으로 추정되니 우리의 목판 인쇄 기술이 1백 년 이상 중국에 앞선 것이죠.

중국의 인쇄술은 우리 역사보다 뒤처졌음에도, 왜 인쇄술이 중국 4대 발명에 드는 걸까요? 조판 인쇄본의 '조판'에 주목해야 합니다. 조판이란 활자를 새겨서 인쇄하기 위해 판을 만드는 작업입니다. 우리 문화의 정수인 〈팔만대장경(八萬大藏經)〉도 조판 인쇄술로 만들어진 것입니다. 조판은 하나의 거대한 판으로 만들어져 있기 때문에, 새롭게 책을 제작하려면 처음부터 다시 조판을 만들어야 했습니다. 또한 조판을 만들다가 한 글자라도 실수하게 되면, 폐기하고 처음부터 다시 글자를 새겨야 했죠. 중국이 조판 인쇄술에서는 신라에게 1백 년이나 뒤졌지만, 인쇄술 발명국인 이유는 목판 활자 인쇄술을 개발했기 때문입니다. 송나라 시대 필승이란 인물의 발명품입니다. 활자를 하나하나 새겨 두었다가 붙였다 떼었다 하며 판을 만들어 내니, 인쇄의 혁명이었습니다. 목판 활자 인쇄술은 우리나라를 비롯해 일본과 동남아시아 등에 전해지고 실크로드를 통해 유럽까지 전파됩니다.

유럽에서 종이와 인쇄술의 결합은 지식 혁명을 야기합니다. 종교가 권력의 중심이던 중세 시대에 사제의 권력은 성경에서 나왔습니다. 인쇄술이 발달하지 않은 유럽에서 당시 필사본 성경 한 권의 가격은 송아지 한 마리와 맞먹었어요. 엄청나게 비쌌죠? 그러니 성경은 사제의 전유물이었고 가난한 농민은 사제의 말을 믿을 수밖에 없었죠.

1500년대에 접어들면서 누구나 인쇄물을 값싸게 접할 수 있게 되자, 마르틴 루터는 각자 성경을 읽고 오직 성경의 가르침에 따르자는 종교 개혁을 주도할 수 있었습니다. 종교 개혁의 불꽃은 영국에 전해지고 청교도 혁명이라는 또 다른 결과물을 낳았습니다. 청교도들이 메이플라워호에 올라 1620년 뉴잉글랜드에 처음으로 식민지를 만든 게 미국의 시작입니다. 동양의 종이와 인쇄술이 나비효과를 일으켜 오늘날 서양 문명이 발전되었다는 게 아이러니합니다.

이렇듯 대항해 시대 이전까지만 해도 중국 혹은 동아시아 문명이 전 세계의 선두 위치에서 서양 문명의 발전에 막대한 영향을 주었습니다. 하지만 정화와 콜럼버스가 각각 다른 방향으로 대항해를 했던 이 시대를 분기점으로 세계 문명의 헤게모니는 이동하게 됩니다.

**남쪽 바다를 누빈 한족의 통일 왕조**

## 욕망의 차이가 낳은 세계 지형

명나라에서는 정화 이후로 대항해 시대의 막을 내렸지만, 서양에서는 콜럼버스 이후로 본격적인 대항해 시대가 열립니다. 대항해 시대의 선구자인 포르투갈 엔리케 왕자에 이어서 스페인과 영국이 바다의 주도권을 쥐고 세계를 흔들어 놓았습니다. 그 흔적은 포르투갈어를 사용하는 브라질, 스페인어를 사용하는 대다수 남미 국가와 멕시코, 영어를 사용하는 미국과 캐나다에 남아 있습니다. 그런데 포르투갈, 스페인, 영국이 차례로 대항해 시대의 주인공으로 등장하던 그 시절 짧게나마 전성기를 누린 나라가 있었습니다. 어느 나라일까요?

'난학'이란 용어를 아시나요? '난'은 네덜란드를 뜻하며 '난학'은 일본의 에도 시대에 네덜란드를 통해 들어온 유럽의 문물을 가리킵니다.

일본은 서양의 문물을 일찍이 받아들였습니다. 1543년 명나라로 향하던 포르투갈 선단이 표류하여 가고시마에 닿았습니다. 일본과 서양의 첫 만남이었죠. 일본은 포르투갈 상인들로부터 조총을 받아들여 임진왜란을 일으켰습니다. 당시 막부는 포르투갈 선교사를 통해 그리스도교를 선선히 받아들였습니다.

임진왜란을 묘사하는 사극을 보면 일본군이 여러 갈래로 진격해 오는데, 장수마다 각자의 깃발을 앞세우고 진격합니다. 그 깃발 가운데 십자가 모양이 보입니다. 고증이 정확하게 된 사극이라면 그 십자가 부대는 고니시 유키나가의 병사들일 겁니다. 유키나가는 히데요시가 가장 신임했던 선봉장으로, 아버지 대부터 가톨릭 신자였기 때문에 십자가 문양 깃발을 앞세운 것입니다. 당시 일본에는 서양의 문물이나 종교가 도움된다면 얼마든지 받아들일 수 있다는 실용주의가 득세했죠.

그러나 막부는 임진왜란을 비롯한 전국 시대의 수많은 전쟁이 끝나고 평화기에 접어들자 서양과의 교류를 금지합니다. 강력한 쇄국정책을 펼쳐 나가사키에서 네덜란드와의 교류만을 허락합니다. 네덜란드 상인들은 기독교 포교를 강요하지 않았기에, 유독 일본 정부의 환대를 받았습니다. 일본은 나가사키의 네덜란드 상인을 통해 발달한 서양 과학과 의학을 받아들이게 되고, 이를 난학(네덜란드 학문)이라고 하게 된 것입니다. 이 시기가 네덜란드의 동인도주식회사 설립 시기인 17세기 초반과 겹칩니다(동인도회사는 인도에 있지 않았습니다. 네덜란드에 있었죠).

에스파냐의 무적함대가 영국에게 일격을 당한 후에 세계로 뻗어 나가는 해상무역의 주도권이 바뀌었습니다. 그간 제해권을 틀어쥐고 있던 에스파냐는 몰락하게 되었고, 그 틈을 타 무주공산을 점령한 것은 겨우 인구 1백5십만의 작은 나라 네덜란드였습니다. 당시 네덜란드의 교역량은 전 세계의 절반을 차지할 정도로 압도적이었습니다. 세계의 자본이 네덜란드로 몰려들고 있었죠. 네덜란드의 암스테르담에 세계 최초의 증권거래소가 세워질 정도로, 네덜란드는 대항해 시대 자본주의의 꽃을 피워내고 있었어요. 자본주의의 꽃이 피어났다는 표현은 은유만은 아닙니다. 문자 그대로 튤립 폭동이 일어난 시기도 이 즈음입니다.

남쪽 바다를 누빈 한족의 통일 왕조

1602년에 연합체 성격의 동인도주식회사가 설립되었고, 여러 단계를 거치다 1657년 영구적인 주식회사가 됩니다. 튤립 뿌리 가격이 하늘을 찌르던 시기는 1637년 즈음입니다. 당시 가장 비싸게 거래된 '황제'라는 튤립의 알뿌리는 2천5백 길더였습니다. 2천5백 길더는 황소 4마리, 돼지 8마리, 양 12마리, 밀 24톤, 맥주 6백 리터, 와인 3백 리터, 치즈 4백5십 킬로그램, 옷감 1백 킬로그램, 침대 세트와 은으로 만든 식기를 사고도 남을 돈이었습니다. 튤립 파동이 얼마나 무시무시했는지 짐작됩니다.

상업의 나라 네덜란드가 성장하는 과정에서 중요한 역할을 수행한 게 동인도주식회사입니다. 동인도주식회사는 영리를 추구하는 사기업이자, 정부로부터 독점적 권한을 위임받은 특수 기업이었습니다. 동인도주식회사의 주목적은 식민지를 개척하고 그곳을 최대한 쥐어짜 큰 이익을 만들어 내는 것이었죠. 악덕 자본주의 경영의 '끝판왕'이었던 거죠.

'동인도'라는 사명은 콜럼버스의 실수 때문에 지어진 것입니다. 콜럼버스는 아메리카 대륙을 발견하고 죽는 날까지 자신이 인도에 도착했다고 믿었습니다. 이사벨 여왕을 비롯한 대부분의 유럽인도 그렇게 착각했죠. 유럽인은 훗날 그곳이 인도가 아님을 깨닫고, 아메리카 대륙은 서인도라고 하고, 진짜 인도는 동인도라고 불렀습니다. 네덜란드는 주로 남부 인도를 상대로 향료를 사들였고 면직물이나 염료 등을 수출했기 때문에 동인도주식회사라는 이름을 붙인 겁니다. 동인도주식회사는 인도와의 교역으로 성장하여 그 진출 범위가 점점 넓어져, 페르시아만· 동남아시아·동아시아까지 진출했습니다.

그런데 동인도주식회사의 사훈이 눈에 띄네요. '전투 없이 거래 없다.' 그저 수완 좋은 상인으로 알았는데 알고 보니 주먹을 휘두르는 깡패였던 겁니다. 군대와 법률 체계까지 갖춘 동인도주식회사의 선단은 말이 상선이지 실은 전함이었습니다. 인도·페르시아만·동남아시아를 돌며 여러 나라와 무역하되, 수틀리면 바로 총칼을 들이밀며 피를 보았습니다. '싸게 사서 비싸게 판다.'라는 신조에 따라 무역이라기보다는 수탈에 가까운 만행을 저질렀죠.

전성기였던 1670년대에는 1백5십 척의 상선, 40척의 군함, 5만 명의 직원과 1만 명이 넘는 군대를 거느린 그야말로 하나의 국가였습니다. 정화의 덕행을 기려 동상까지 세운 말라카에서 네덜란드는 총과 대포를 쏘아 댔습니다. 승리를 거두기도 하고 수적 열세에 밀려 패배하기도 했지만, 동인도주식회사는 동남아시아 향신료 무역의 중심지 말라카에서 줄곧 전투를 벌인 겁니다.

오늘날 동서양이 처한 위상은 바로 저 뻔뻔함과 그릇된 욕망의 차이 때문이 아닐까요? 정화에게는 없었고 동인도주식회사에겐 있던 것, 동양에는 없었고 서양에는 있던 것은 발견하는 새로운 나라마다 어떻게든 식민지로 만들고, 그 지역 주민을 쥐어짜 수탈하고, 피를 보는 한이 있어도 내 뱃속만큼은 알뜰살뜰 채우겠다는 극단적 자본주의의 민낯이 아닐까요?

네덜란드의 짧은 전성기는 막을 내리고 영국이 그 자리를 대신합니다. 대항해 시대 마지막 주인공의 등장입니다. 영국은 한층 뻔뻔하게 욕망을 드러냅니다. 해적 프란시스 드레이크에게 작위를 내릴 수 있는 나라였으니, 엘리자베스 여왕의 마음에는 국익밖에는 없던 거 같습니다. 해적이건 해군이건 다른 나라의 상선을 털어 영국의 국고를 든든히 채우기만 하면 그만이었습니다. 전투 없이 무역 없다는 동인도주식회사의 사훈에, 말라카에 세워진 정화의 동상이 겹쳐 보이네요.

남쪽 바다를 누빈 한족의 통일 왕조

# 장기 집권 황제의 정무 파업

'한족이 되찾은 중국'이던 명나라는 만력제의 수렁에 빠져 휘청거립니다. 세상에는 많고 많은 암군이 있지만, 재위 기간 중 아예 파업에 들어간 중국 황제가 있었으니, 바로 명나라의 13대 황제 만력제입니다. 만력제는 놀랍게도 1572년 황위에 올라 1620년 죽을 때까지 48년 동안이나 황제의 자리에 있었습니다. 이는 명나라 황제 가운데 최장인 건 물론이고 중국사 전체에서도 손에 꼽을 정도로 긴 재위 기간입니다.

만력제가 처음부터 암군이던 건 아닙니다. 그는 열 살의 어린 나이로 즉위한 후에 장거정의 도움을 받아 명군의 자질을 뽐냅니다. 행동하는 지식인이자 관료이며 의병장으로도 유명한 조헌도 명나라에 사신으로 가서 만력제를 보고는 훌륭한 군주의 자질이 보인다며 상찬하는 기록을 남겼습니다.

좋은 군주의 덕목은 한마디로 '백성이 잘 먹고 잘살 수 있게' 하는 겁니다. 당대 최고의 산업은 농업이니 치수가 중요했겠죠. 만력제는 먼저 황하 하류 치수 사업으로 홍수와 가뭄을 막았습니다. 농업을 천하의 근본으로 여기는 중국의 전통에서 물길을 다스리는 것은 백성에게 꼭 필요한 일이었습니다.

만력제는 내치뿐 아니라 외치에도 역량을 발휘했습니다. 그는 척계광 장군에게 명하여 왜구를 물리쳤습니다. 척계광이 원앙진을 개발하여 명나라 해안에 들이닥치는 수천 명의 왜구를 죽이고 수십여 개의 진지를 초토화시켰죠.

전국 시대 전투가 일상이었던 왜구의 검 앞에 명나라 병사들은 추풍낙엽처럼 스러져 갔는데, 이에 척계광은 왜구의 검법을 연구하여 '12인 1조의 분업형 소대'를 전투에 도입했어요. 누군가는 방패로 방어만 하고, 누구는 창을 들고 공격하는 시간차 전투 모델을 확립한 것이죠. 덕분에 명나라 군대는 왜군에 승리할 수 있었습니다.

만력제가 실시한 내치와 외치, 양 방면의 개혁을 통해 명나라 재정은 극적으로 호전되었습니다. 《명사》에 따르면 만력제의 국고에는 10년 치 식량과 은화 4백만 냥이 쌓여 있었다고 합니다.

전쟁은 예나 지금이나 돈으로 하는 겁니다. 전쟁에서 보급이 중요한 것은 만고의 진리입니다. 명나라는 재정이 넉넉한 덕분에, 조선에 원병과 식량을 보낼 수 있었습니다. 전란으로 조선의 백성이 굶어 죽고 있다는 소식에 산동성의 미곡 백만 석을 구해 보냈는데, 그 가치가 은화 1백만 냥이 넘었습니다.

만력제는 개혁을 통해 국가 재정을 반석에 올렸지만, 자신의 멘토 장거정이 사망하자 정무를 게을리하여 30년 동안이나 조정에 나오지 않았고, 나라는 극심한 혼란에 빠지게 되었죠.

한 나라의 황제가 30년 동안 집무실에 등장하지 않는 것만으로도 특이한 일이지만, 그의 기행은 여기에 그치지 않았습니다. 자금성 구중궁궐에 틀어박혀 술과 여색을 탐닉했고 나비와 반딧불 놀이를 즐겨 했습니

남쪽 바다를 누빈 한족의 통일 왕조

다. 정력에 좋다면 뭐든 구해 먹었는데, 잉어의 눈물도 마셔 댔습니다(커다란 잉어를 잡아와 죽지 않을 만큼 두드려 패면 잉어가 눈물을 흘리는데, 이걸 모아서 마셨다고 하니 참으로 특이한 기행입니다).

만력제의 기나긴 파업을 끝낸 것은 뜻밖에도 임진왜란 소식 때문이었습니다. 만력제는 다시 조정에 나와 적극적으로 파병을 논의합니다. 순망치한의 원리로 조선이 멸망하면, 명나라가 위태로울 것을 알았던 것입니다.

도요토미 히데요시의 야심은 명나라를 정조준하고 있었습니다. 당시 왜군의 전력은 전국 시대 많은 전투를 통해 명나라와 대적할 수준이었고, 나눠 줄 봉토가 부족한 게 도요토미 히데요시를 불안하게 했어요. 부하 장수들은 논공행상에 만족하지 못하면, 언제 자신에게 칼을 겨눌지 모른다는 걸 알았으니까요. 이에 만력제의 전략적 판단은 그의 조서에 잘 나와 있습니다.

"짐이 생각건대 '조선은 대대로 공순하다고 일컬어졌는데 마침 곤란을 당했으니 어찌 좌시만 할 것인가. 만약 약자를 부축하지 않으면 누가 은덕을 품을 것이며, 강자를 벌주지 않으면 누가 위엄을 두려워하겠는가. 더구나 동방은 바로 팔다리와 같은 번방이다. 그렇다면 이 적은 바로 집 뜰에 들어온 도적인 것이니, 그를 저지하고 죄를 주는 것은 나 한 사람에게 달려 있다.'라고 여겨 일부 군대에게 간단히 명하여 조금 정벌하게 하였다."라고 《조선왕조실록》 〈선조실록〉 32년 5월 20일 자에 기록되어 있습니다.

명나라의 조선 파병에는 재미난 이야기가 전해집니다. 만력제는 파병을 만류하는 신하들에게 꿈 이야기를 하며 설득했습니다. 꿈에 관운장이 나와 말하기를, 만력제가 전생에 유비였고 조선의 선조는 장비였다고 말했다죠. 형님이 아우 장비를 어찌 돕지 않느냐고 운장이 보채었다는 이

명

야기도 곁들였습니다. 황제의 직무를 방기하던 만력제는 임진왜란 소식에 정무를 보러 나와, 사흘 만에 파병을 결정합니다.

서울 종로에 동묘라는 사당이 하나 있습니다. 동묘는 동관왕묘의 약자로 동쪽에 자리한 관왕의 묘라는 뜻입니다. 이곳은《삼국지연의》의 주인공이자 중국인이 가장 사랑하는 재물의 신, 관우를 모신 곳이죠. 중국에서는 식당이나 호텔 등에서 관우의 초상화나 조각상을 흔히 찾아볼 수 있습니다. 후베이성 징저우시는 57미터의 청동 관우상을 세웠는데, 건축비가 무려 2백5십억 원이 넘는다고 합니다.

그만큼 관우는 중국 국민의 최애 인물입니다. 그런데 중국에 가면 곳곳에 관우를 모시는 사당이 즐비합니다만, 우리나라에 관우 사당이 있는데 의문이 들었는데, 만력제의 파병과 얽힌 황제의 꿈 이야기를 들으니 이해가 되네요. 보물 142호로 지정되기까지 한 동묘는 선조 32년에 공사를 시작해, 1601년(선조 34년)에 완공되었습니다. 이에 만력제는 친필 현판을 내리고 공사비까지 지원했으니, 꿈에 정말 관운장이 나오긴 했나 봅니다.

만력제는 스스로《삼국지연의》의 주인공 유비라고 여기며, 과잉된 자의식의 발로로 조선 파병을 결정하고 마침내 명나라 왕조를 패망의 길로 접어들게 한 인물입니다. 만력제가 수십 년간 정무를 돌보지 않고 온갖 기행을 벌이며 암군의 모습을 보였지만, 그럼에도 조선 파병을 결행할 수 있었던 이유는 집권 초기 장거정이 실행한 일조편법(一條鞭法) 덕분이었습니다.

동서고금을 막론하고 세금 징수의 본질은 공평함에 달려 있습니다. 공평하다 여기지 않으면, 누구도 기꺼이 세금을 내려 들지 않았겠죠. 일조편법은 불공평한 세액을 정비하고, 부역이나 현물 등 다양한 징세 방식을 은으로 통일하여 백성의 편의를 도모했습니다. 토지와 인구수라는

남쪽 바다를 누빈 한족의 통일 왕조

통일된 징세 기준을 확고히 한 점 역시, 조세 회피와 관리들의 부정부패를 예방한 '신의 한 수'가 되었습니다.

## 한족이 한족에게서 돌아선 이유

명나라는 일조편법으로 흥했지만, 일조편법으로 망하기도 했습니다. 일조편법은 '인두세' 성격이 강합니다. 그러다 보니 백성은 슬금슬금 출생 신고를 꺼리게 되었습니다. 아이의 출생을 숨기기도 하고 그조차 어려워지면 고향을 떠나 유민이 되곤 했습니다. 아이를 낳고도 호적에 올리지 않고 키우다 보니, 세수는 적어지고 병사로 징발할 수 있는 장정의 수도 줄었습니다. 재정적 혼란에 징병의 어려움이 더해진 것이죠. 재정과 국방이라는 나라의 큰 기둥 둘이 흔들린 셈입니다.

중국은 고대부터 중농 억상 정책을 고수해 왔습니다. 지리적 환경과 기후 요소가 중국을 농경 국가로 만들었고, 식량의 생산은 국가의 가장 중요한 기능이었습니다. 많은 백성이 무역에 종사하게 되면 식량의 감산이 일어나고 이것은 곧 정권의 안위를 위협하는 문제가 되곤 했기 때문입니다. 그런데 장거정의 세금 개혁은 실물세를 화폐세로 전환한 것이니, 백성의 입장에서는 이제 더 이상 농사에 매달릴 필요가 없어진 겁니다. 장사든 무역이든, 뭐든 해서 은을 벌어들이면 그만이니까요. 게다가

남쪽 바다를 누빈 한족의 통일 왕조

농사를 지어 수확하는 시기는 대개 엇비슷합니다. 그러니 농작물을 내다 팔아 은을 확보하고 세금을 내는 시기에는 농작물이 헐값에 팔리기 일 쑤였죠. 장거정의 개혁은 그 뜻은 좋았지만 결과적으로 명나라의 멸망을 초래했습니다.

왕조 교체기에는 흉년과 기아가 약방의 감초처럼 끼어들기 마련입니다. 명나라 말기에도 예외가 아니었습니다. 당시 소빙하기가 이어져 기후가 말썽을 부렸고, 농사가 망해 곳곳에서 굶어 죽는 백성이 넘쳐 났습니다. 당연한 귀결로 난이 발생했고, 그 가운데 이자성의 난이 카운터펀치를 날렸습니다.

이자성은 섬서 출신 인물입니다. 그의 아버지 이수충은 세금 징수원이었죠. 이수충은 부족한 세수를 메우다가 패가망신하고 맙니다. 유민과 호적에 등재하지 않은 아이가 늘수록 세금 징수는 어려워졌습니다. 하지만 중앙 정부는 할당량을 정하고 징수원을 마른 오징어에서 물기 짜내듯 쥐어짰습니다. 풍비박산한 집안 사정 때문에 이자성은 역관에 들어가 역부로 일하게 됩니다. 하지만 조정에서 재정난을 이유로 역관마저 폐쇄하니, 하루아침에 실업자로 전락하죠. 이자성은 조정의 가혹한 세금을 억지로 맞추려다 집안이 망하고, 자신은 재정난에 직업마저 잃으니 분노했습니다.

악에 받친 이자성은 마침내 반란을 일으킵니다. 난을 일으키려면 군사가 필요합니다. 기근으로 떠돌던 수백만 유민 가운데 장정을 모집하니, 세력이 불붙듯 일어났습니다. 이자성은 화북 지방을 점령하고 내친 김에 수도 북경까지 진격하여 명의 마지막 황제 숭정제를 끌어내립니다. 숭정제는 반군이 진격하자 대소신료를 소집했습니다. 하지만 아무도 오지 않자 황궁 근처 만세산에 올라 나무에 목을 매고 자결했습니다. 제국이 하루아침에 허무하게 멸망했죠.

이자성은 장안을 기반으로 대순이라는 나라를 건국하고 왕위에 오릅니다. 그러나 이자성이 세운 순나라는 불과 1년 만에 몰락합니다. 명나라의 최전방 요새 산해관을 지키던 오삼계와 청나라 연합군에게 패배했기 때문이죠. 이자성은 중국 역사상 한족 농민 출신 영웅으로 추앙받았는데, 왜 같은 한족 오삼계의 손에 스러져 갔던 걸까요?

누르하치는 명나라 말기에 여진족 세력을 통합하여 1616년 후금을 세웠습니다. 여진의 군사력은 사경을 헤매고 있던 명나라로서는 감당하기 힘들었습니다. 그런데 여진의 군대는 승승장구하다가 만리장성의 동쪽 끝 전략적 요충지 산해관에 이르러 멈출 수밖에 없었습니다. 맹장 오삼계가 산해관을 지키고 있었기 때문이죠. 이제 대륙을 아우르는 전력은 셋으로 나뉘어 팽팽한 긴장의 끈을 늦출 수 없었습니다.

북에서 밀려오는 후금이라는 외세, 명나라의 마지막 보루 산해관을 지키는 오삼계, 그리고 명나라를 멸망시킨 이자성의 세력, 이렇게 셋이 호시탐탐 서로 노리고 있었죠. 오삼계는 양쪽에서 러브콜을 받았습니다. 후금은 명나라의 장수들을 후대했고, 투항한 장수들을 보내 오삼계를 설득했죠. 이자성은 이자성대로 같은 한족끼리 힘을 합쳐 여진족을 몰아내자고 오삼계를 구슬리려고 했어요. 게다가 이자성이 점령한 북경에는 오삼계의 아버지 오양을 비롯한 식솔이 모두 살고 있었습니다.

오삼계는 갈등했습니다. 명나라 장수로서 외세인 여진족에게도 적대감이 일었고, 명나라를 무너뜨린 반란군 이자성에게도 반감이 생겼죠. 오삼계는 이런 딜레마 상황에서 핏줄을 선택했습니다. 그런데 오삼계가 같은 한족 이자성과 손을 잡으려는 순간에 북경에서 비보가 전해집니다. 이자성의 반군이 북경에 진입하여 대부분의 반란군이 그러하듯 잔혹한 약탈을 시작했는데, 이때 오삼계의 부친 오양이 고문을 당하고 가문이 풍비박산되었다는 첩보를 접한 오삼계는 바로 후금에 투항합니다. 산해

남쪽 바다를 누빈 한족의 통일 왕조

관이 열리자, 여진 병사들이 물밀듯 몰려와 이자성을 몰아냈죠. 명이 무너지고 청이 시작되는 결정적 순간입니다. 이런 이유로 오삼계는 한족의 관점에서 역사상 최악의 매국노로 손꼽힙니다.

오삼계가 사실은 여인 때문에 나라를 팔아먹었다는 설도 있습니다. 오삼계에게 진원원이라는 애첩이 있었는데, 진원원은 북경에 자신의 가족과 함께 머물고 있었어요. 그런데 이자성의 반군이 북경에 입성해 백성을 유린할 때 이자성의 수하 장수 유종민이 진원원을 겁탈했고, 이 소식이 오삼계에게 전해졌죠. 이에 오삼계가 분노하여 후금에 투항하였다고 합니다.

오삼계가 열어젖힌 산해관은 천하제일관이라 불리며 북경을 북방 유목 민족으로부터 지켜 내는 마지막 보루이자 난공불락의 요새였죠. 누르하치가 여러 차례 공략했지만, 명장 원숭환이 네덜란드에서 도입한 홍이포로 거센 공격을 막아 낸 곳입니다. 이때 누르하치의 아들 홍타이지가 이간계를 써서, 원숭환 장군이 모반을 계획한다는 소문을 퍼뜨렸어요. 어리석은 숭정제는 얼토당토않은 루머에 혹하여 원숭환을 소환해 처형하였고, 그 뒤를 이어 산해관을 지킨 인물이 바로 오삼계인 것이죠.

하지만 오삼계를 둘러싼 매국노 프레임은 청나라의 간교한 전략이었다고 합니다. 청나라 입장에서는 결국 '한족은 한족 때문에 망했다.'라는 프레임을 덧씌우고 싶었겠죠. 아무튼 그 전략은 완벽히 성공해, 오삼계는 매국노의 대명사로 오늘날까지 기억되고 있습니다.

## 청의 시간

**3**

만주족이 일으킨
중국의 마지막 통일 왕조

청

## 청나라 건국의 씨앗이 된 임진왜란

청나라를 건국한 여진족은 유목 민족이지만, 후금을 세우고 그 여세를 몰아 청을 건국하던 시점에는 이미 유목민의 특성을 잃어버린 지 오래였습니다. 당시 여진족은 유목민이라기보다는 상인이라고 하는 게 맞습니다. 여진족은 만주 지역을 주름잡고 무역을 통해 부를 축적했어요.

여진족은 원나라를 세운 몽골족과 비교하면, 정주민이 아닌 것은 마찬가지지만 생업 방식이 달랐습니다. 몽골족은 가축을 통해 젖과 고기, 가죽을 얻어 생활한 반면, 여진족은 인삼·모피·진주 등 값비싼 물건을 명나라와 교역하며 막대한 수익을 챙겼습니다.

누르하치의 후금 건국은 여러모로 우리 역사와 관련됩니다. 여진족은 오늘날 기준으로 동북삼성 지역에서 러시아 연해주를 잇는 광활한 지역에서 살아가던 부족입니다. 몽골 제국의 멸망 이후에도 독립 국가를 이루지 못하고 명나라의 지배하에 놓여 있었습니다. 조선에게도 꼼짝 못하던 만만한 부족이었어요. 김종서 장군이 세종의 명을 받고 두만강 유역의 여진족을 진압하고 세운 게 육진입니다.

중국 한자에서 '여(女)'는 대체로 부정적인 의미를 지니고 있습니다. 전근대 이전 여성을 폄훼하는 어리석은 시선 때문입니다. 오락(娛樂)의 오(娛), 간음(姦淫)의 간(姦), 방해(妨害)의 방(妨) 등 부정적인 의미로 '여' 자가 쓰인 게 한두 사례가 아니죠. 그러니 여진(女眞)이라는 부족 이름에서 그 부족을 얼마나 부정적으로 깔보는 시선이 있었는지 알 수 있죠.

여진족은 명과 조선 사이에 찌그러져 있다가 누르하치라는 영웅을 통해 일어서기 시작합니다. 당시 여진족은 건주여진, 해서여진, 야인여진으로 나뉘어 있었습니다. 누르하치는 명과 조선의 느슨한 지배하에 있다가, 칭기즈 칸과 마찬가지로 부족의 통합을 이루기 시작합니다. 그는 1583년 거병하여 5년 후 건주여진을 통일하고, 마침내 1616년 금나라를 수립합니다. 아골타가 1115년 세운 금나라와 구분하기 위해 후세의 사가들은 누르하치의 금을 '후금'이라고 칭합니다. 누르하치는 그의 후계자 홍타이지 대에 이르러 족명을 만주족으로 바꿉니다. 오늘날의 만주라는 지역의 이름은 만주족이라는 족명에서 유래한 겁니다. 만주족은 여진인, 몽골인, 한인을 병합하여 다민족 국가로 거듭나게 됩니다.

누르하치는 본래 대표적인 친명파 인사였습니다. 명나라 말기에 명의 조정에서는 요동 지방을 다스리기 위해 총병관으로 이성량을 파견합니다. 이성량의 6대조 할아버지는 고려 원종 시기 전객부령 벼슬을 지낸 이천년이니, 그에게는 고려인의 피가 흐른다고 볼 수 있습니다. 이성량은 요동총병관의 임무인 여진족 방어에 힘쓰는 한편, 자기 힘을 키우는 데도 집중했습니다. 야망이 있던 거죠. 그는 요동의 인삼, 모피 교역을 장악하여 부를 쌓았고, 축적된 자금력을 이용해 사병을 양성했습니다. 명나라 관료이자 일종의 군벌로 성장한 겁니다.

이성량은 여진족을 토벌의 대상으로만 여기지 않았습니다. 그는 여진족을 자신의 군벌 세력 확장에 파트너로 대우했습니다. 이용했다는 표현이 더 적확할 겁니다. 이성량은 건주여진·해서여진·야인여진 사이를 이간질하며 자신의 영향력을 극대화시켰어요. 그러던 어느 날 명나라 군대와 여진족 건주우위 수장 왕고의 아들 아타이 세력의 교전 가운데 엉뚱하게 누르하치의 가족이 희생당하는 비극이 벌어집니다. 누르하치의 아버지가 건주우위에 시집간 딸을 찾아오기 위해 아타이의 진영을 찾았다가 전란 중 죽음을 당한 것입니다.

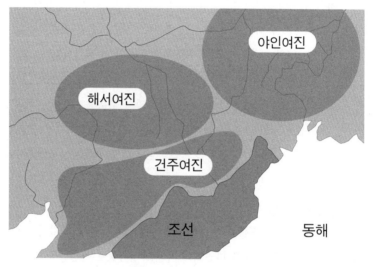

▲ 여진족 지도

누르하치의 아버지가 건주좌위의 수장으로서 전쟁을 중재하기 위해 찾아갔다가 적군으로 오인한 명나라 병사의 손에 죽었다는 설도 있습니다. 아무튼 친명파 건주좌위의 수장이 허무하게 명과 건주우위 사이에서 희생당하게 되니, 그 아들 누르하치의 분노는 하늘을 찌를 듯했습니다. 친명파인 자신의 아버지가 어이없게도 명나라의 창칼 아래 죽음을 당한 겁니다. 누르하치는 이즈음 무슨 수를 써서라도 명나라를 멸망시키리라고 다짐했을 겁니다.

만주족이 일으킨 중국의 마지막 통일 왕조

총병관 이성량은 아무래도 미안했던지, 누르하치에게 말과 토지를 내리고 지원을 아끼지 않습니다.《명사》에 따르면, 이성량은 용맹하며 영웅적 풍모를 자랑하던 무관이었습니다. 그는 당대 변경의 이민족을 물리쳐 큰 공을 세운 장수였지만, 아이러니하게도 명나라의 멸망을 불러온 인물이라 평가됩니다. 이성량이 물심양면으로 지원한 누르하치가 후금을 세워 명을 무너뜨리고 청나라를 건국했으니까요.

누르하치가 힘을 키우고, 그 아들 홍타이지가 막강한 군사력을 갖출 수 있었던 결정적 이유는 조선에서 벌어진 임진왜란 때문이었습니다. 만력제가 조선 파병을 명하는 순간, 명나라는 요동에 대한 지배력을 상실할 수밖에 없었습니다. 병력이 부족해 조선과 요동, 두 곳을 모두 제어할 수는 없는 상황이었죠.

임진왜란 당시 조선에 파병된 장수 중에 이여송이 있습니다. 이여송은 고니시 유키나가가 점령한 평양성을 신식 화포로 깨뜨리고 진격하다, 벽제에서 두드려 맞습니다. 그는 벽제에서 왜군에게 된통 당한 후에 겁을 집어먹고는 평양성에 웅크리고 앉아 그저 조선과 왜군의 화친을 기다리며 허송세월하다 회군했습니다. 이여송은 바로 이성량의 아들입니다. 아버지는 청나라 건국의 씨앗을 심고, 아들은 그 씨앗이 무럭무럭 자라나게 시간을 벌어 줬으니, 이성량과 이여송 부자가 사이좋게 명나라를 망하게 한 셈이네요.

# 누르하치가 시행한 '신의 한수'

누르하치가 속한 아이신 기오로 씨족은 엄밀히 보면 유목을 하지 않았습니다. 다른 여진족과 마찬가지로 말을 타고 벌판을 달렸지만 가축을 통해서 젖과 고기, 가죽을 얻지는 않았거든요. 아이신 기오로 씨족은 고기나 가죽보다는 무역이 돈이 된다는 것을 알았습니다. 16세기 후반부터 요하 유역에서는 농경과 수렵이 발전하기 시작했고, 무엇보다 모피를 중심으로 대규모 교역이 펼쳐졌습니다.

지금이야 정치적 올바름을 이유로 모피 사용을 거부하기도 하고, 난방 기구가 워낙 잘 되어 있어 모피를 실용적인 목적으로 입는 사람이 드물지만 전근대 사회에서 모피는 엄청난 부가가치를 낳는 재화였습니다. 특히나 기후가 혹독한 고위도 지방에서 모피는 겨울을 나는 데 필수품이었어요. 오죽하면 북아메리카 역사에 '비버 전쟁'이라는 기록이 남아 있을까요?

아메리카 대륙에 들어선 프랑스인은 주로 지금의 캐나다와 미국 북방 지역에서 모피를 구해 본국으로 실어 날랐습니다. 모피를 둘러싼 욕망은

만주족이 일으킨 중국의 마지막 통일 왕조

결국 북아메리카에서 벌어진 잔혹한 전쟁을 잉태합니다. 이로쿼이족과 여타 부족 혹은 이로쿼이족과 프랑스 사이에 벌어진 수많은 전투에서 대량 학살이 일어났습니다. 피로 물든 강과 산은 비버의 모피를 차지하려는 탐욕의 결과였죠. 비버 전쟁의 잔혹성은 모피가 얼마나 귀중한 물품이었는지를 보여 주고 있습니다.

아이신 기오로 씨족도 모피에서 '돈 냄새'를 기가 막히게 맡았던 겁니다. 여기에 더해 조선의 인삼을 명나라에 수출하는 독점 판매권까지 손에 쥐게 됩니다. 조선과 명나라의 교역은 오늘날 동북삼성 지방을 지나갈 수밖에 없었고, 길목에 자리한 아이신 기오로 씨족이 이를 놓치지 않았죠. 당시 인삼은 명나라에서는 최고의 명약이었습니다.

조선 말기에 최고의 부를 이룬 인물로 유명한 임상옥의 이야기는 조선 인삼이 얼마나 인기였는지 보여 줍니다. 그는 뇌물을 주고 인삼 전매권을 얻었죠. 당시 인삼 한 근은 은 한 근 혹은 같은 무게의 금과 맞바꿀 정도였어요. 사실상 독과점 지위의 임상옥이 인삼을 잔뜩 짊어지고 사신단과 함께 북경에 도착했습니다. 북경의 상인들은 임상옥이 부른 가격이 비싸다며, 일정 가격 이하로만 구매하겠다고 담합합니다.

모피나 향신료와 달리, 인삼은 유통기한이 짧죠. 얼마 지나지 않아 썩어 버릴 것이니, 임상옥이 버티지 못하고 헐값에 팔 것이라 예상한 겁니다. 하지만 임상옥은 북경 한복판에 장작더미를 가져다 놓고는 인삼을 태우기 시작했습니다. 적자를 보며 파느니 차라리 다 태워 없애고 귀국할 거라 말하면서요. 북경 상인들은 앞다투어 만류하며 자신에게 팔라고 했지만, 임상옥은 눈 하나 깜짝하지 않고 계속 삼을 불구덩이에 집어넣었어요. 결국 상인들은 원래 가격의 곱절을 치르고 태운 인삼 값까지 물어가며 인삼을 사 갔습니다.

이와 같이 모피와 인삼은 부가가치가 매우 높은 교역품이었고, 누르하치는 모피와 인삼 교역을 통해 어마어마한 부를 축적합니다. 얼마나 부자가 되었는지 단박에 알려 주는 지표가 있죠. 17세기 초 유럽과 신대륙에서 들여온 명나라의 은 25퍼센트가 아이신 기오로 씨족에게 유입되었습니다. 그저 북방 유목민 가운데 하나의 씨족에게 흘러 들어가기에는 믿기 어려운 금액이지요.

누르하치는 은화를 바탕으로 군대를 양성합니다. 복수의 칼날을 다듬으며 맹훈련을 통해 정예병을 양성했습니다. 또한 군대에 재정이 풍족하니, 화기를 비롯해 첨단 무기를 사들이기 시작합니다. 용맹한 병사들과 최첨단 화기로 무장한 군대가 탄생했으니, 이 부대가 바로 '팔기군(八旗軍: 여덟 개의 깃발로 구분되는 군대)'의 효시입니다.

팔기군의 여덟 가지 깃발은 남색·황색·백색·적색으로만 이루어진 정람기·정황기·정백기·정홍기에 테두리를 더한 양람기·양황기·양백기·양홍기로 이루어집니다. 처음에는 4개의 정기만 있다가 후에 양기가 추가되어 팔기 체제가 완성되었습니다. 각각의 기는 군부대의 단위만은 아닙니다. 거주지와 행정, 재산 소유 구조 및 병사의 가족까지 아우르는 체제입니다. 전투력을 극대화하기 위한 병민 일치 시스템인 것이죠.

'기' 제도의 창설은 대제국으로 뻗어 나가기 위해 누르하치가 시행한 신의 한 수였습니다. 그래서 단순히 팔기군이 아니라, 팔기제로 불러야 한다는 학설도 있습니다. 병영 제도를 넘어선 국가 근간 정책 가운데 하나라는 평가죠. 누르하치의 후금과 이어지는 청나라를 이해하기 위해서는 '기' 제도를 온전히 파악해야 합니다.

1688년, 강희 27년에는 이런 일도 벌어졌어요. 팔기 한군 정람기에 속한 장수 동국강은 자신의 출신이 한족이 아니라 만주족이라고 주장하며, 강희제에게 상소를 올렸습니다. 신라의 골품제처럼, 청나라에서는 한족 신분으로는 올라갈 수 없는 유리천장이 있던 거죠. 그러니 자신은

만주족이 일으킨 중국의 마지막 통일 왕조

만주족인데 서류가 잘못된 것이라 청원한 겁니다. 동국강은 그의 종조부 동복년이 1580년 요동에서 출생하였음을 증명하여 한족에서 만주족이 되는 데 성공합니다. 팔기제는 군부대 편성 체계이자, 행정 단위이자, 재산 소유 등기부이자, 신분 제도였던 겁니다.

누르하치가 시행한 또 다른 신의 한 수는 문자를 만든 겁니다. 칭기즈 칸과 비슷한 행보죠. 1599년 몽골 문자를 차용해 여진어를 표기하도록 명하여 만주 문자가 탄생한 것입니다.

누르하치가 문자 창제를 명한 기조와 친명파로서 명의 신하 노릇을 하며 자신의 세력을 키운 성향에서 알 수 있듯이, 그는 한족 엘리트를 흡수하고 유가적 윤리 강령을 도입하여 제국의 기틀을 다지려 노력했습니다. 몽골의 원나라보다 여진의 청나라가 중원 한족의 문화를 더 많이 흡수했고, 그 덕분에 왕조의 생존 기간이 극명히 갈렸습니다. 누르하치는 몽골 제국의 전철을 거울삼아 좀 더 진화한 유목 민족의 통일 왕조를 세운 겁니다.

# 청나라 태종 홍타이지의 남한산성 친정

1637년 2월 24일, 인조는 남한산성에서 살을 에는 칼바람을 맞으며 삼궤구고두(三跪九叩頭)로 항복의 예를 표합니다. 청 태종 홍타이지를 향해 세 번 머리를 땅바닥에 찧으며 절하고 아홉 번 머리를 조아린, 이루 더할 수 없이 극진한 예법입니다. 이를 삼전도의 굴욕이라 하고, 병자호란은 이토록 슬프고도 허무하게 마무리됩니다.

잠실 석촌 호수 근방에 커다란 비석이 서 있습니다. 치욕의 역사를 상징하는 삼전도비(三田渡碑)입니다. 거북이 석상 위에 비석이 있는 형태로 너비가 1.5미터, 높이가 4미터에 육박하는 거대한 비석이에요. 정식 명칭은 대청황제공덕비(大淸皇帝功德碑)입니다. 그 내용은 '청 태종 홍타이지가 직접 대군을 몰고 내려와 남한산성에 항전 중인 인조를 공격해 마침내 항복을 받아 내고 돌아갔다.'라는 사실과 '조선을 어여삐 여겨 아량을 베풀어 주신 태종 황제의 공덕'을 억지로 찬양하는 문구로 이루어져 있습니다.

'나라가 이미 망하였으나 다시 존속하게 하셨다. 종묘의 제사가 이미

만주족이 일으킨 중국의 마지막 통일 왕조

끊어졌으나 다시 이어지게 하셨다. 동쪽 땅 주위 수천 리가 모두 살아나는 은택을 입었도다. 이는 실로 옛날 서책에서도 보기 드문 것이다. 아아, 훌륭하도다!'라는 민망한 문구로 마무리되는 비문을 보고 있노라면 절로 쓴웃음이 나옵니다. 서로 칼을 겨누며 전투를 치른 적국을 만고의 사대 국가로 떠받드는 문구가 가관입니다.

이는 청나라 측의 강요로 세워진 비석으로, 민족의 자긍심을 훼손하는 내용이니 당시 누구도 비문을 작성하려 들지 않았습니다. 서로 미루기 바빴죠. 하지만 청나라 사신은 조선으로 내려와, '비석은 언제 세우냐? 내용은 어떻게 하냐? 크기는 얼마나 웅장하게 짓느냐?'라며 닦달하기 시작했습니다. 누군가는 비문을 써야만 했고 임금은 장유, 이경석, 이경전, 조희일 네 신하에게 비문을 작성할 것을 명합니다. 그러나 비문에 자신의 글이 남게 되면 역사에 남을 망신이니 누가 제대로 써서 올렸을까요? 이경전은 병을 핑계로 글을 올리지 않았고, 글 쓰는 법을 잊었다는 얼토당토않는 상소를 올리기도 합니다. 그러다 일부러 엉망진창 문법도 틀리게 써서 제출합니다. 청나라 대신들은 이경석의 글이 그나마 낫다고 채택하여 그의 이름은 삼전도비문과 함께 남게 되었습니다. 그는 지인에게 보내는 편지에 글을 배운 게 후회된다고 심경을 남겼습니다.

삼전도비는 독특하게도 앞면에는 만주어와 몽골어로 쓰여 있고, 뒷면에는 한자로 표기되어 있습니다. 똑같은 내용을 여러 언어로 병기한 것이라서 17세기 몽골어와 만주어를 연구할 수 있는 언어학 자료입니다. 그런데 만주족의 황제가 자신의 공적을 적은 비석에 몽골어는 왜 병기했을까요? 그리고 그가 파견한 용골대가 충분히 조선을 제압할 수 있었음에도 굳이 남한산성까지 친정을 온 이유가 무엇일까요? 지금부터 그 이유를 차근차근 풀어 보겠습니다.

칭기즈 칸이 기틀을 세우고 쿠빌라이 칸이 제국을 완성했듯, 누르하치가 세운 초석 위에 그의 아들 홍타이지가 청 제국을 건국합니다. 홍타이지는 누르하치의 여덟 번째 아들입니다. 아버지를 따라 전장을 누비며 여러 차례 큰 공을 세웠죠. 그는 누르하치의 사망 이후에 집권하여 만주족이라는 부족 이름을 새로이 사용하고, 금나라에서 청나라로 국호를 변경합니다. 스스로 황제라 일컫고 독자적인 연호를 사용하여 칭제건원을 이루었지만, 여전히 북경을 점령하지는 못한 상황이었습니다.

홍타이지는 북경 점령을 나무를 베는 데 비유했습니다. 밑동이 두터운 나무를 쓰러뜨리려면, 양쪽에서 도끼질을 해 대어 스스로 쓰러지게 만든다는 전략입니다. 여기서 도끼질을 해 대는 양쪽이 바로 몽골과 조선이었습니다. 한마디로 홍타이지는 명나라를 쓰러뜨리기 위해서는 몽골과 조선을 먼저 제압해야 한다고 전략적으로 판단한 겁니다.

홍타이지는 몽골을 먼저 공격합니다. 청의 전신인 후금, 그 후금의 전신인 아골타의 금나라가 누구에게 멸망했습니까? 바로 몽골 제국입니다. 만주와 몽골 초원에 이르는 광활한 유목 지대에서 가장 강력한 라이벌 부족은 몽골족과 여진족이었습니다. 두 부족 모두 말을 잘 타고 용맹하였고, 병민 일치 시스템을 통해 막강한 군사력을 뽐냈죠.

몽골이 금나라를 멸망시킨 해는 1234년입니다. 그로부터 정확히 4백 년 후인 1634년에는 여진족의 청나라가 몽골을 사실상 평정하게 됩니다. 그 이듬해 몽골의 유력한 왕족인 마지막 칸, 릭단 칸의 아들이 청나라에 귀순하며 귀한 물건 하나를 홍타이지에게 바칩니다. 그건 바로 원나라의 옥새였습니다.

전근대 시대에 옥새의 위력은 어마어마합니다. 《삼국지연의》에는 유명한 전국옥새에 대한 이야기가 나옵니다. 동탁이 불태운 낙양의 황궁에서 장사 태수 손견이 우연히 옥새를 발견합니다. 비교적 병력이 적었던 손견조차 옥새를 손에 쥐자 황제가 될 수 있다는 허황된 꿈을 꾸었고, 손견의 아들 손책으로부터 옥새를 받은 원술 역시 황제를 참칭하게 됩니다. 도장 하나만으로 황위에 오를 수 있다고 착각하게 되는 겁니다. 홍타이지가 얻은 옥새는 이미 원나라가 망할 때, 유실되었다고 기록되어 있습니다. 그것을 다시 찾아왔다는 것인데, 사실이든 아니든 힘은 갖췄지만 황위에 오를 명분이 없는 상황이던 홍타이지 입장에서는 반겼겠죠.

옥새는 홍타이지에게 완벽한 명분이 되어 주었습니다. 원나라를 무너뜨린 건 명나라입니다. 그 명나라를 멸망시키고 원나라의 적통을 이어 청을 건국하겠다는 것이 홍타이지의 대의명분인데, 원의 옥새는 그 명분을 완성시켜 주는 마지막 퍼즐이었습니다. 삼전도비에 만주어와 더불어 굳이 몽골어를 병기한 이유가 드러나죠. 청나라가 원 제국의 적통을 이어받아 세계 제국으로 성장하겠다는 의지의 표명인 것입니다.

그렇다면 두 번째 미스터리, 홍타이지가 굳이 조선 땅까지 친정을 온 이유는 무엇일까요? 《인조실록(仁祖實錄)》은 청나라 병력을 30만 대군으로 기록하는데요. 조선 입장에서는 청나라 병력이 많을수록 조선의 국력으로는 대항할 수 없는 수준의 대군이었다고 자위할 수 있는 상황이 되어 굴욕감이 조금이나마 줄어들죠. 하지만 이는 과장된 수치이고, 가장 널리 알려진 기록은 12만 8천 명입니다. 이 수치도 신뢰하기는 어려운데요. 당시 만주족 인구를 고려하면 홍타이지의 병력은 만주군 2만 2천, 몽골군 1만 2천, 몇천 명의 한족 병사로 구성되었을 거라고 추정됩니다. 몽골인과 한족의 비율이 전체 병력의 절반 가까이 되는 셈이죠.

홍타이지는 용골대에게 조선의 왕이 남한산성에 갇혀 엄동설한에 언제 식량이 떨어질지 모르는 곤궁한 처지이니 머지않아 남한산성은 청군의 수중에 떨어질 것이라고 보고받았을 겁니다. 가만히 앉아 기다리면 그만이었겠죠. 그럼에도 홍타이지는 남한산성까지 내려와 조선 임금이 행하는 삼궤구고두의 예를 받았습니다. 만주족 병사와 몽골인, 한족에게 자신의 위상을 과시하고 싶었던 겁니다.

　조선 임금에게 삼궤구고두의 예를 받은 것은, 1636년 이미 이루어진 황제 즉위식의 마지막 퍼즐을 꿰맞춘 장면이라고 할 수 있습니다. 황제 즉위식에 찾아온 만주인, 몽골인, 한인 모두 새로운 황제에게 삼궤구고두의 예를 다하고 만세를 불렀습니다. 하지만 유독 조선의 사신단 이확과 나덕헌만은 이를 끝내 거부했고, 이에 청나라의 대신들은 격분했습니다. 청나라 대신들이 이확과 나덕헌을 잡아 죽이자고 했으나, 홍타이지는 하찮은 분노를 풀자고 조선에 명분을 줄 수 없다며 매질하고 쫓아 버리는 정도로 마무리합니다. 홍타이지는 그만큼 용의주도하고 냉정한 인물입니다. 조선에게 '형제의 예'가 아닌 '군신의 예'를 다하라고 주문하고 이를 거부하자, 마침내 병자호란을 일으켰습니다. 그리고 이내 친정을 와서 그동안 미완결이던 즉위식을 완성해낸 겁니다. 명나라에 사대하던 조선이 청나라에게 무릎을 꿇은 것이니, 이것이야말로 청나라 태종의 황제 등극을 상징하는 것이죠. 조선까지 직접 말을 달려 친정할 만한 일이죠. 모든 지도자가 강렬히 원하는 것이 정통성의 획득이니까요.

　홍타이지에게는 남한산성 친정을 통해 조선을 확실한 동맹으로 만들려는 목표도 있었을 겁니다. 병자호란이 일어난 시기는 후금이 청으로 국호를 바꾸고 명나라를 정조준하던 무렵이니까요. 조선 정벌로 모든 준비를 갖춘 청나라는 드디어 명나라와 격돌하기 시작하였습니다. 다만 1644년 산해관을 깨뜨리고 자금성에 들어간 청나라 지도자는 홍타이지가 아니라, 그의 동생 도르곤이었어요. 홍타이지가 죽고 난 후에 그의 어린 아들이 황위에 오르자, 삼촌 도르곤이 섭정했습니다. 명나라의 마지막 숨통을 끊어 버린 것은 도르곤입니다. 홍타이지의 조선 친정은 밑동이 어마어마하게 큰 나무에 대한 도끼질이었고, 그 과실은 그의 아들 순치제와 동생 도르곤의 몫이 되었습니다.

　　　　　　　만주족이 일으킨 중국의 마지막 통일 왕조

# 병자호란의 대가와 화냥년이라는 욕

병자호란의 대가는 너무도 참혹했습니다. 청나라 병사들은 조선의 백성을 무자비하게 약탈하고 유린했습니다. 잘못은 인조가 저질렀는데, 그 대가는 백성이 치렀던 거죠. 인조가 반정을 일으켜 몰아낸 임금 광해군에 대한 평가는 관점에 따라 다르지만, 그는 적어도 국방·외교 면에서는 인조보다 훨씬 탁월한 인물이었습니다.

시간을 거슬러, 누르하치가 후금을 세우고 명나라와 한참 각을 세우던 1618년(광해군 10년)에 명나라 조정은 조선에 파병을 요청합니다. 명나라가 임진왜란 때 조선을 도왔으니 이제 조선이 명을 도와야 하고, 함께 힘을 합쳐 누르하치를 쳐부수자고 한 것이죠. 하지만 광해군과 비변사는 냉정하게 판단합니다.

명나라에 대한 사대도 좋고 은혜를 갚는 것도 좋지만, 나라의 존망을 그런 것에 걸 수는 없다고 판단했습니다. 광해군은 여진족 병사는 만 명이 넘으면 대적할 자가 없다는 송나라의 기록을 들어 누르하치의 전력을 높이 평가했습니다. 당시 조선은 누르하치의 침공과 명의 패망이 기정사실이라고 판단했어요. 하지만 그렇다고 명의 파병 요청을 단칼에 거부할 수는 없었습니다. 조정에도 명에 대한 사대를 목숨보다 중히 여기는 대신이 여전히 많았거든요.

일설에 따르면 광해군은 묘책을 내놓습니다. 파병하되, 시늉만 하자는 것이었죠. 광해군은 명나라의 파병 요청을 거부할 수 없어 1만 2천 명의 정예병을 출병시켰지만, 총사령관 강홍립 장군에게 출병 직전 무작정 참전하지 말고 상황을 예의주시하라고 밀지를 내립니다. 명나라 장수의 명령을 무조건 따르지 말고, 신중하게 거병하며, 기세가 조금이라도 누르하치 쪽으로 기울면 명을 도와 싸우지 말고 투항하여 조선의 군사를 희생시키지 말고 지키라고 한 것이죠.

도원수 강홍립은 조명 연합군의 자격으로 청나라와 대치하게 됩니다. 이미 명나라의 무순성을 공격하여 점령한 후금은 기세가 오를 대로 올라 있었죠. 조명 연합군은 누르하치 기병의 공격을 감당하지 못했고, 전세는 점점 기울었어요. 그러자 강홍립은 광해군의 밀지에 따라 후금에 투항하고, 조선의 파병은 명의 강압으로 어찌할 수 없었다고 강변했습니다. 한편 투항 소식이 전해지자, 조선의 조정은 강홍립의 가족을 잡아 죽이자며 발칵 뒤집혔습니다. 비록 강홍립의 희생이 있었으나, 광해군의 중립 외교가 빛을 발해 그의 재위 시절에는 후금과의 마찰이 없었다는 게 그간 알려진 광해군 최고의 치적입니다.

그러나 이는 사실이 아닙니다. 우리 외교사에 빛나는 광해군의 중립 외교는 유효했고, 그로 인해 임진왜란의 상흔으로 여전히 허덕이던 백성을 전란에서 구했습니다. 다만, 강홍립에게 밀지를 내리고 그에 따라 칼 한 번 휘두르지 않고 후금에 투항했다는 점은 사실이 아닙니다. 1980년대까지만 우리 역사학계에서 강홍립 밀지설이 정설이었습니다.

하지만 최근 연구에 따르면, '강홍립 밀지 사건'은 광해군을 몰아내고

만주족이 일으킨 중국의 마지막 통일 왕조

인조반정(仁祖反正)을 일으킨 서인 세력이 만들어 낸 '가짜 뉴스'입니다. 서인 세력은 명나라에 대한 사대와 의리만을 강조했어요. '재조지은(再造之恩)'이란 표현이 있는데, 임진왜란으로 망해 가는 조선을 다시 탄생시킨 건 명나라의 은혜라는 뜻을 지닌 표현입니다. 의병들의 피와 땀을 무시하고, 명나라의 파병만이 국란을 극복한 원동력이었다고 평가하는 편협한 시선의 표현이죠. 그들의 명분에 따르면 명을 돕지 않은 광해군의 행동은 큰 죄입니다. 강홍립에게 밀지를 내려 처음부터 청나라에 투항하려 했다는 프레임을 뒤집어씌운 것이죠.

밀지의 진위 여부는 누구도 증명하지 못하지만, 밀지가 존재했다고 보기 어려운 정황이 다수 있습니다. 사르후 전투가 근거입니다. 1618년 누르하치가 이른바 '칠대한(七大恨)'을 기치로 내걸고 요동의 무순성을 공략합니다. 명나라에 대한 일곱 가지 원한이 개전의 명분이었는데, 그중에서 첫째 명분이 '내 아버지와 할아버지는 한족의 땅에서 풀 한 포기 뽑지 않았는데 무고하게 죽임을 당했다.'라는 누르하치의 원한입니다. 명나라는 무순성이 함락당하자 급히 누르하치와 적대적 관계이던 해서여진과 조선에 원병을 청하죠.

이에 명나라의 운명을 가르는 혈전이자 동아시아 역사의 전환점이 되는 중요한 사르후 전투가 시작되는데, 사르후 전투에 강홍립의 부대가 참전합니다. 그 전황을 살펴보면 밀지의 존재에 의문이 듭니다. 사르후 전투에서 강홍립은 1만 2천 명의 병사 가운데 무려 9천 명 이상의 병력을 잃고서야 투항했습니다. 흉노와 대적했던 이릉 장군처럼 결사항전하다 부하들의 목숨을 살리기 위해 항복한 겁니다. 광해군의 밀지가 있었다면 발생할 수 없는 사상자 수입니다. 반정 세력인 서인의 무고가 대중에게는 광해군 최고의 치적으로 평가받는 아이러니를 낳았네요. 물론 광해군이 당대 중국의 상황을 예리하게 분석하고 냉철하게 판단해 최선의 외교력을 발휘한 것은 주지의 사실입니다.

《광해군일기(光海君日記)》에 따르면, 광해군은 적병의 세력이 너무도 강대해 함부로 싸우기보다는 적의 예봉을 피하는 것도 하나의 방책이라는 실용적인 제안을 했습니다. 또한 실속도 없이 그저 입으로만 결사항전을 외치는 신하들을 질책하고, 고려의 실리 외교 전술을 본받아야 한다고 강조하고 있죠.

광해군은 《고려사》를 통해서 서희의 담판 외교를 공부했을 겁니다. 대륙 북방 민족의 침입을 우리 민족의 군사력만으로 막아낼 수 없는 경우가 많았습니다. 광해군은 역사의 교훈을 통해 막강한 병력과 실전 경험으로 무장한 세력에 맞서 싸우는 것만이 능사가 아님을 인지하고 있었습니다.

그러나 불행히도 인조반정으로 정권을 잡은 세력은 무모하게 청나라에 대항하다가 패배했고, 그 여파는 실로 참혹했습니다. 영화 〈남한산성〉에서 끝까지 버티고 싸우자는 김상헌(김윤석 분)에 맞서서 화친을 주도하던 최명길(이병헌 분)을 기억하나요? 최명길은 주화파의 상징적인 인물로, 그의 시문집인 《지천집(遲川集)》에 따르면 무려 50만 백성이 청나라에 잡혀갔다고 합니다. 최근 연구 결과에 따르면 당대 청나라 인구를 고려하면 부풀려진 숫자라는 설도 있습니다. 240만 인구의 청나라가 50만 명의 조선 백성을 잡아갈 수는 없기 때문입니다.

홍타이지가 심양으로 돌아가고 수많은 백성이 끌려가는 비극이 벌어진 후에 삼전도비문을 쓰라고 하명받은 네 명의 대신 가운데 하나인 장유가 상소를 올려 조정이 발칵 뒤집혔습니다. 장유는 인조반정에 가담해 대사간·대사헌·이조판서 등 요직을 역임한 대신인데, 그가 조선 조정에 파란을 일으킨 것은 학식이나 업적 때문이 아니라 병자호란의 비극인 환향녀(還鄕女)와 관련된 상소 때문입니다.

만주족이 일으킨 중국의 마지막 통일 왕조

장유는 나라에 난이 발생할 때마다 목숨을 걸고 인조의 어가를 호종했습니다. 남한산성에서는 척화파의 반대를 무릅쓰고 최명길과 더불어 주화를 강력히 주장했고, 그 때문에 화친 당시 예조판서의 임무를 억지로 떠맡기도 했습니다. 화친 문서는 외교 주무 부서인 예조의 판서 이름으로 작성되는 게 일반적이었으니 당시 사대부에게는 굴욕이었어요. 장유는 충심으로 그런 굴욕까지 감내한 인물입니다. 그런데 병자호란 몇 년 후에 장유는, 병자호란 당시 청나라에 잡혀간 며느리가 속환되어 돌아왔는데 아들과의 이혼을 윤허해 달라는 내용의 상소를 올립니다.

청나라에 잡혀갔다 돌아온 여인들을 일컬어, '고향으로 돌아온 여인', 즉 환향녀라고 불렀습니다. 조선 시대는 사대부의 이혼이 엄격히 금지된 때였습니다. 그런데 장유는 환향녀인 며느리를 용납할 수 없어서 임금에게 주청을 올려서라도 이혼을 허락받고자 했던 것입니다. 백성의 안위를 위해 예조판서직의 굴욕도 마다하지 않았던 장유였지만, 자식의 일에 대해서는 그릇된 판단으로 조정에 평지풍파를 일으킨 것이죠.

환향녀 이슈는 임진왜란 이후에 일본에서 속환된 포로 문제로 들끓던 백성의 불만에 기름을 부었습니다. 최명길은 임진왜란 직후에 정절을 잃은 부녀자의 문제를 처리하는 과정에서 선조가 이혼을 명백히 금지했다는 사실을 강조했습니다. 같은 논리로 청나라에서 속환되어 돌아온 여인들의 이혼을 금해야 한다고 주장했습니다. 인조는 최명길의 의견을 받아들여 장유가 주청한 이혼을 불허했습니다.

하지만 결국 장유의 아들은 이혼했습니다.《조선왕조실록》에 따르면 그 뒤로 사대부집 자제는 다른 여인에게 장가들고, 속환녀와 합하는 자가 없었다고 합니다. 화냥년이란 욕설이 떠돌기 시작한 게 이 시점이 아니었을까요? 환향녀에게는 아무 잘못 없지만 당시 기득권층과 남성은 정조를 이유로 그들을 비난했습니다. 환향녀가 화냥녀로, 어느덧 화냥년이라는 욕으로 바뀌었고, 의미도 모른 채 많은 장삼이사가 그 욕을 입에 올렸습니다. 하지만 역사를 아는 이라면 화냥년이란 욕은 사용하면 안 된다는 데 동의할 겁니다. 아무 잘못도 없이 심양으로 끌려갔다 돌아온 수많은 여인을 욕되게 하는 것이니까요.

# 석연치 않은 소현세자의 죽음

현대 중국의 표준어를 '보통화'라고 합니다. 중국은 워낙 땅덩어리가 크다 보니 지역별로 방언이 있습니다. 그리고 중국어에는 성조라는 게 있어서 각 음절마다 소리의 고저(高低)가 다릅니다. 보통화가 4성(네 개의 성조)으로 이루어져 있다면, 방언에 따라 5성·7성·9성까지 존재합니다. 워낙 방언의 격차가 크다 보니, 보통화를 한다고 '광둥어'를 알아들을 수는 없습니다.

영어에서도 이 두 언어를 만다린(Mandarine)과 캔터니즈(Cantonese)로 구분합니다. 사실상 다른 언어로 보는 거죠. 보통화와 광둥어의 차이가 스페인어와 포르투갈어의 격차보다 크다는 게 정설입니다. 1980년대 국내에 수입되어 인기를 끈 홍콩 영화에 등장한 언어는 대부분 광둥어입니다. 그러니 보통화를 배웠더라도 홍콩 영화를 자막 없이 감상하기는 어려운 거죠.

북경은 보통화를 배우러 어학연수하기에 최적의 장소일 겁니다. 여러 가지 사정으로 북경이 여의치 않다면, 흑룡강성·요녕성·길림성의 이른바 동북삼성 지역이 적합할 겁니다. 어학연수를 권하는 유학원마다 보통화 발음이 깨끗하게 살아 있는 동북삼성 지역이야말로 최적의 장소임을 강조합니다. 그렇다면 동북삼성 지역의 언어는 어째서 북경 표준어와 가장 비슷한 걸까요? 중화인민공화국 이전에 마지막 전근대 왕조가 청나라이기 때문입니다.

지금의 동북삼성 지역은 명대에 이어 북경을 수도로 삼았던 청나라의 근원지입니다. 수도 북경이 가장 번화한 도시였지만, 후금 시절부터 번창한 심양도 북경 못지않은 위세였습니다. 심양뿐 아니라 동북삼성 지역 대부분이 활기를 띠고 있었어요. 동북삼성 지역은 자연스레 수도 북경과 인적·물적 교류가 빈번하여 언어에 동질성을 지니고 있는 것이라고 추측됩니다.

심양은 누르하치가 여진족을 통일하고 수도로 삼은 곳이니, 청나라의 뿌리라고 할 수 있습니다. 심양의 고궁은 자금성과 더불어 가장 완벽하게 보존된 고궁으로 손꼽히며 세계문화유산으로도 등재되었습니다. 당시 심양은 사통팔달 교통의 요지였습니다. 명나라·몽골·조선 등 주변국들과 무역을 하기에도 가깝고, 전쟁을 벌이기에도 멀지 않은 위치였죠. 지금도 인구 907만의 대도시지만, 청대에 국제 도시로 위세를 떨쳤죠. 이곳은 본래 고구려의 땅이었다가 당나라 때 중국의 영토가 되었습니다. 거란족의 요나라나 여진족 아골타가 세운 금나라 시절에는 중원의 한족과 무역을 담당하는 교역 중심 도시였습니다.

이처럼 번화한 국제 도시에 볼모로 잡혀 온 왕자가 소현세자입니다. 인조는 남한산성에 있다가 청나라에 항복하고, 아들인 소현세자를 볼모로 보냅니다. 소현세자는 청나라 수도 심양에 인질로 잡혀 지낸 지 8년이 지나서야 귀국길에 올라, 1645년 2월 한양에 도착하여 그해 4월에 서른네 살의 나이로 세상을 떠났습니다. 심양에서 볼모로 지낸 기간도

만주족이 일으킨 중국의 마지막 통일 왕조

잘 이겨 낸 세자가 한양으로 돌아오자마자 죽음을 맞이한 게 선뜻 이해되지 않죠? 이를 풀기 위해 잠시 《조선왕조실록》을 살펴볼게요.

소현세자의 졸곡제(卒哭祭)를 행하였다. …중략… 그런데 인조의 행희(幸姬) 조소용(趙昭容)은 전일부터 세자 및 세자빈과 본디 서로 좋지 않았던 터라, 밤낮으로 인조 앞에서 참소하여 세자 내외에게 죄악을 얽어 만들어서, 저주를 했다느니 대역부도의 행위를 했다느니 하는 말로 빈궁을 모함하였다. 세자는 본국에 돌아온 지 얼마 안 되어 병을 얻었고 병이 난 지 수일 만에 죽었는데, 온몸이 전부 검은빛이었고 이목구비의 일곱 구멍에서는 모두 선혈(鮮血)이 흘러나오므로, 검은 천으로 그 얼굴 반쪽만 덮어 놓았으나, 곁에 있는 사람도 그 얼굴빛을 분변할 수 없어서 마치 약물(藥物)에 중독되어 죽은 사람과 같았다. 그런데 이 사실을 외인들은 아는 자가 없었고, 상도 알지 못하였다.

당시 종친 이세완의 부인이 세자의 염습(斂襲)에 참여했다가, 이상한 것을 보고 나와서 사람들에게 전한 것을 《조선왕조실록》에 기록한 것입니다. 온몸이 검은색이고 눈과 귀와 코에서 선혈이 낭자했다는 기록은 독살을 의미합니다. 실록의 기록이 이러할진대 민간의 소문은 어떠했을지 짐작됩니다. 자식을 후계자가 아닌 정적으로 여긴 인조의 옹졸함이 결국 소현세자를 죽음으로 내몰았다는 것이죠.

소현세자의 공식적인 사인은 학질(지금의 말라리아)이었습니다만, 그의 죽음에는 석연치 않은 점이 있습니다. 소현세자의 병세는 실록의 기록처럼 이형익이라는 어의가 침을 놓고 나서 급속히 악화됩니다. 이형익은 인조의 후궁 조소용의 사가에 출입하던 의관입니다. 결정적으로 소현세자의 사망 이후에 대신들이 이형익을 벌해야 한다고 주장했지만, 인조는 이형익의 죄를 묻지 않았습니다. 일국의 세자가 갑자기 죽었는데, 그의 아버지인 왕이 애석해하지 않는 모양새가 수상합니다. 왕은 소현세자의 염습에 빈궁전의 인물이 참여하는 것도 반대하고 서둘러 사대부의 예에 따라 3일장을 치릅니다.

소현세자의 죽음 이후에 벌어진 일련의 사건도 그의 독살설을 뒷받침합니다. 왕조사에서 아들을 정치적 라이벌로 여겨 제거하는 경우는 있더라도, 그 며느리와 손주까지 해치는 것은 일반적이지 않습니다(영조의 경우에 사도세자를 뒤주에 가두어 죽였지만 사도세자의 아들 정조를 보위에 올렸습니다. 며느리 혜경궁 홍씨도 천수를 누렸습니다). 반면 인조는 소현세자의 부인 강씨에게 사약을 내렸고, 손주들은 제주에 유폐시켰습니다. 손주 중 둘이 제주에서 죽음을 맞았으니 인조는 자식에 이어 며느리와 손주들까지 죽음으로 내몰았네요.

인조는 왜 이토록 소현세자를 미워했던 것일까요? 남한산성에 갇혀한 치 앞을 알 수 없던 곤궁한 시절에도 기꺼이 볼모가 되겠다고 나선 세자인데요. 1637년 1월 22일, 남한산성에 있던 소현세자가 인질을 자청하며 협상은 수월하게 진행됐습니다. 여드레 뒤에 인조가 삼전도에서 항복했고, 소현세자는 아버지 인조와 조선을 위해 머나먼 심양으로 끌려갑니다.

소현세자는 장수 용골대의 노골적인 겁박에도 의연히 대처합니다. 일국의 세자이지만 볼모로 잡혀 온 신세라 살림이 넉넉하지 않았습니다. 소현세자는 심양에서 토지를 구입하고 농장을 운영하였는데 조선에서 잡혀 온 백성이 노예로 거래되는 걸 보고는 그들의 몸값을 지불하고 농장으로 데려왔습니다. 소현세자는 외롭고 쓸쓸한 땅, 심양에서 나름대로 '작은 조선'을 만들어 유지하며 살았던 것입니다. 그리고 심양에서 일종의 '청나라 주재 조선 외교관' 역할을 수행합니다. 그는 훗날 청나라를 사실상 이끌게 되는 예친왕 도르곤과 친교를 맺기도 했어요.

만주족이 일으킨 중국의 마지막 통일 왕조

볼모 신세인 소현세자의 처지는 딱했습니다. 청나라로부터는 '조선의 입장만 내세우고 배려를 모른다. 군대를 더 파병하고 청나라 황제에게 더욱 충성하라.' 등의 요구를 들어야 했습니다. 조선으로부터는 '청나라의 요구를 쉽사리 받아들이느냐. 조선의 왕자인데 어찌 심양에 살고 있다고 청나라 역성을 드느냐. 성리학 공부를 게을리하지 마라.' 등의 소리에 시달렸습니다. 이처럼 소현세자에게는 경계인의 고충이 있었습니다. 소현세자가 당면한 이슈들은 군량미 징발, 징병 요구, 공물의 종류와 물량 등 어느 하나 쉽지 않고 까다로웠습니다.

청나라 조정에서 임금인 인조를 볼모로 삼고, 세자를 조선으로 돌려보내려고 했습니다. 청나라의 입장에서는 아무래도 청나라의 문물을 익힌 세자가 왕으로 등극한다면, 여러모로 든든하다고 판단했을 겁니다. 인조에게 강력한 왕권 도전자가 등장한 셈이죠. 인조는 자신이 볼모로 끌려갈까 봐 아프다는 핑계를 전했습니다. 효성이 지극한 소현세자는 인조를 보기 위해 청나라 황제에게 귀국을 요청합니다. 돌아오는 왕세자를 맞이하려고 예조와 간관들은 환영 행사를 하자고 상소를 올립니다만, 인조는 단호히 거부합니다. 그는 세자의 귀환도 싫었고, 세자를 반기는 백성의 모습도 보기 싫었던 거죠.

소현세자의 심양 생활을 기록한《심양일기(瀋陽日記)》등 다양한 기록을 통해 소현세자가 인조의 미움을 살 만한 행동을 하지 않았던 것을 확인할 수 있습니다. 그런데도 자식을 미워하고, 자식을 권력 다툼의 라이벌로 치부한 아버지 인조의 광기와 집착은 무시무시했습니다.

소현세자는 속환 시장에서 조선의 포로들이 울부짖는 모습을 보고 안타까워했습니다. 속환 시장이란 조선인 포로들을 노예처럼 팔아 버리는 곳입니다. 조선의 가족이 자신의 부모나 형제자매를 찾아 돈을 내고 고향으로 함께 돌아가는 일이 종종 벌어졌습니다. 소현세자는 조선 포로들의 고통에 공감하고 백성을 속환하기 위해 노력했습니다. 백성을 구하려면 돈이 필요합니다. 소현세자는 농장을 경영하고 무역을 통해 부를 축적했습니다. 부인 강빈이 여성 경영인으로 탁월한 능력을 보여 줍니다. 청나라 정부는 1641년 대기근이 닥치자 소현세자에게 보내던 지원을 끊어 버립니다. 대신 땅을 나눠 주고 자급자족하라고 명합니다. 소현세자는 대국이 할 짓이 아니라고 항변했지만, 결국 세자 부부는 속환해 온 조선인을 고용해 농장을 경영하게 됩니다. 노동력의 확보와 조선 백성의 구출이라는 일석이조의 효과를 거둔 것이죠.

하지만 《조선왕조실록》에 따르면, 인조는 이런 세자 부부를 탐탁지 않게 여겼죠. 성리학의 나라 조선의 세자가 장사치가 되었다고 비난했습니다. 남의 나라에 볼모로 잡혀 와 생활비도 없으니, 농장이라도 운영하고 무역이라도 해서 먹고살아야 하는 것 아니겠습니까? 심양관은 오늘날 심양시 아동도서관 자리에 있었을 것이라 추정되는 그리 넓지 않은 장소입니다. 세자 부부는 이 작은 공관에 갇혀 수백 명 식솔을 먹여 살려야 했으니, 발 벗고 나서 농장을 운영하고 무역을 중개한 것입니다. 그런데도 소현세자는 아버지 인조로부터 친청파라는 명예를 썼던 것이죠.

그러나 소현세자는 친청파가 아니었습니다. 그는 파병이나 군량미 등 조선에 부담을 줄 수 있는 부분은 늘 끝까지 저항하며 그 수를 줄이려고 노력했습니다. 세자의 똑 부러진 항변을 청나라 황제나 대신들이 거북스럽게 여겼죠. 또한 청나라 황제가 사냥이나 연회에 같이 나가자고 청할 때마다 비용이 없다는 핑계로 거절하기 일쑤였습니다. 아버지의 왕좌를 탐내는 친청파의 모습이라고 볼 수 없는 행동입니다. 부왕의 자리를 탐했다면 빚을 내서라도 청나라 황제의 연회에 참석하고 사냥에 동행하여 눈에 들고자 노력했을 겁니다.

그러나 인조의 의심은 날이 갈수록 깊어져 인조 21년 10월 11일의

만주족이 일으킨 중국의 마지막 통일 왕조

실록에는 인조가 '전일에는 세자에 대한 대우를 지나치게 박하게 하다가, 이제는 지나치게 후하게 한다 하니, 의심하지 않을 수 없다.'라며 신하들에게 소현세자와 청나라 사이를 의심하는 말을 합니다.

《조야첨재(朝野僉載)》라는 야사에서는 소현세자의 죽음을 '소현세자가 심양에서 가져왔다고 귀한 벼루를 인조에게 바치자, 인조가 청나라 물건을 가져왔다고 화를 내며 벼루로 세자를 내리쳐 즉사하였다.'라고 묘사합니다. 아버지가 자식을 독살했다는 것을 넘어서, 때려죽였다는 주장입니다. 야사를 다 믿을 수는 없겠지만, 야사는 당대 민중의 집단무의식을 반영합니다. 당대 백성이 인조의 광기나 집착을 인지하고 있었다는 걸 보여 주는 것이죠.

## 중국 최장 집권 황제와 강건성세

권력은 소금물과 같아서 마실수록 더 탐하게 되니 많은 절대 권력자가 죽는 순간까지 자신의 힘을 내려놓지 않았습니다. 권력자에게 유일한 방해는 누구도 피할 수 없는 생물학적인 죽음뿐이었습니다.

오랫동안 집권한 황제에게는 필연적으로 몇 가지 조건이 충족되어야 합니다. '누구도 넘볼 수 없는 절대 권력을 유지할 것. 장수 유전자와 건전한 생활 습관을 통해 장수할 것. 어린 나이에 권좌에 오를 것.' 아무리 장수한들 영국의 찰스 왕처럼 72세에 즉위하면 최장 집권의 기록을 세우기는 어려우니까요(오죽하면 엘리자베스 여왕에 이어 즉위한 찰스 왕을 두고 '찰스 윈저는 직업이 왕세자.'라는 농담이 있었을까요?).

우리 역사에도 이런 조건을 충족한 지도자가 있었으니, 이름부터 정체성을 확고히 드러내는 장수왕입니다. 장수왕은 광개토대왕의 아들로 태어나 열여덟 나이에 즉위하여 97세까지 집권했습니다. 그의 재위 기간은 무려 79년입니다. 의학이 발달된 21세기에도 쉽지 않은 97세 장수가 5세기에 어떻게 가능했는지 의문도 들지만, 중국 역사와 우리 역사를

　　　　　만주족이 일으킨 중국의 마지막 통일 왕조

교차 검증한 실증적 사료 기록이 증거입니다. 장수왕은 기나긴 재위 기간 동안 고구려 최전성기를 이끌었습니다. 전근대에 왕의 장기 집권은 국가의 번영으로 이어지는 경우가 많았습니다. 안정된 왕권이 장기 집권에 기반이 되어 주었기 때문이죠.

중국 역사상 최장기 집권 황제인 강희제도 영토를 확장하여 청나라 최고 전성기를 이룹니다. 강희제는 8살 어린 나이에 4대 황제에 등극하여 69살에 죽었으니, 그의 재위 기간은 62년으로 3백 년이 못 되는 청나라 역사의 20퍼센트를 강희제가 담당한 것이죠. 시황제 원년으로부터 약 2천 년 사이에 중국에는 211명의 황제가 있었는데, 그중 강희제의 재위 기간이 가장 깁니다. 그러나 재위 기간만 긴 것이라면, 그가 청나라의 전성기를 이룰 수는 없었을 겁니다. 강희제는 한나라 문제나 당나라 태종에 비견될 정도로 성군의 덕목을 갖추었기 때문에, 그의 재위 기간이 전성기로 칭송받는 것입니다.

앞서 등장했던 오삼계는 명나라 최후의 보루 산해관을 청나라에 고스란히 바친 한족 장수죠. 그는 청나라에서도 '삼번의 난'이라는 반란을 일으킵니다. 만주족은 여러 한족 군벌의 도움으로 명나라를 쓰러뜨렸습니다. 당연하게도 청의 건국 이후에 논공행상이 있었죠. 특히 오삼계, 상가희, 경중명 세 사람이 큰 공을 세워 각기 운남의 평서왕, 광동의 평남왕, 복건의 정남왕에 봉해졌습니다. 그들은 각기 번부를 설치하여 군사와 재정을 독립적으로 운영했습니다. 당나라 말기 안녹산이나 사사명 같은 무소불위 절도사의 지위를 부여받은 셈이죠.

강희제는 이들 삼번 세력을 두려워했습니다. 그들이 여차하면 말머리를 자신에게 향할 수 있다는 것을 알고 있었죠. 황제는 권력 기반을 공고히 한 후에 번의 해체를 요구했습니다. 오삼계는 군사권과 재정권을 내놓으라는 걸 받아들일 수 없었습니다. '누구 덕에 너희가 산해관을 넘어 자금성에 들어왔는데 이제 와서 나를 무시해?'라고 생각했겠죠? 오삼계는 군사를 일으켰고, 뒤이어 다른 번도 동조했습니다. 난의 초기에는 백전노장들로 뭉친 삼번 세력에 천하의 강희제도 쩔쩔맸지만, 강희제는 오삼계를 메인 타깃으로 삼고 다른 두 번을 회유하는 '이이제이' 전법으로 오삼계를 고립·패퇴시켰습니다. 탁월한 군사 지휘관, 강희제의 면모가 돋보이는 대목입니다.

강희제는 행정 개혁가의 모습도 갖추어, 3백 년 후에 장쩌민 주석과 후진타오 주석이 강희제를 본받을 것을 강조하기도 했죠. 지금의 중국은 봉건제를 타파하고 이룩한 공산주의 국가입니다. 전근대 황제를 본받는다는 것은 꺼내기 어려운 이야기인데도 주룽지 총리는 강희제의 통치 철학과 수신제가의 지혜가 중국사의 황금기를 열었다고 극찬했습니다. 얼마나 대단한 황제였기에 봉건주의를 극도로 혐오하는 공산당의 지도자들이 칭찬하는 걸까요?

강희제는 명석한 사고력과 지적 호기심을 지닌 인물로 타고난 성군입니다. 서양에서 온 예수회 선교사들과 여러 사상가의 토론을 끝까지 경청할 정도였죠. 누군가 떠오르죠? 강희제는 마치 칭기즈 칸처럼 선입견 없이 다양한 사상을 받아들였습니다. 수학과 과학에 관한 강연회를 개최하기도 했고, 서양의 약학과 의학·해부학을 인정했습니다. 방대한 문집을 집대성하게 명했고, 표준 사전의 편찬을 지시하니 그 결과물이《강희자전(康熙字典)》입니다.

《강희자전》은 후한 시대 만들어진《설문해자(說文解字)》이후에 역대 사전들을 참조해 집대성해 낸 중국 최고의 사전입니다. 19세기 이전 만들어진 사전 가운데 으뜸으로 꼽히죠. 흔히 한자 사전이라는 의미로 사용하는 단어로 '옥편'과 '자전'이 있습니다. 자전이라는 용어가 바로《강희자전》에서 유래한 것이니, 그 분량이나 질적 측면에서 단연 최고의 사전임을 증명하는 것입니다.

청나라의 4대 황제인 강희제의 치세는 이후 '5대 옹정제'와 '6대 건륭제'까지 태평성대로 이어져, 후세 사가들에게 '강건성세(康乾盛世)'로 불립니다. 강건성세는 강희제에서 시작해서 건륭제까지 이어지는 태평성대라는 의미입니다. 중국사에서 '요순시대, 한나라 문제와 경제의 문경지치'와 더불어 태평성대 3대장으로 꼽힙니다.

강건성세는 그 기간 때문에 더 특별합니다. 흔히 서양사에서 태평성대로 '로마의 오현제' 시대를 꼽습니다. 오현제 시대는 네르바에서 시작해서 마르쿠스 아우렐리우스로 이어지는 다섯 황제의 통치 기간으로, 혈통이 아닌 선위(禪位: 왕이 재위 중 다른 사람에게 왕위를 물려주는 것)로 탄생한 태평성대입니다. 그런데 오현제의 재위 기간은 합쳐 봐야 50년이 채 되지 않는데 반해, 강건성세는 130년 동안 지속되었다는 점이 돋보입니다.

강건성세의 위대함은 영토에서도 드러납니다. 청나라는 명의 패망 이후 150년 만에 제국의 영토를 두 배로 늘렸습니다. 오늘날의 중화인민공화국 영토가 이때 확정된 겁니다. 토지는 넓고 물산은 풍부하며 전 세계 은이 중국으로 흘러드니, 부족한 게 없었습니다. 당시 중국은 군사적으로나 재정적으로나 세계 최강대국이었습니다.

강건성세의 기틀을 다진 강희제는 죽음을 사유하고 자식을 양육하며 희로애락을 곱씹었고, 백성의 먹고사는 문제에 관심이 많았습니다. 철학하는 황제, 즉 철인황제라고 불린 마르쿠스 아우렐리우스와 비슷하죠. 마르쿠스 아우렐리우스가 《명상록(瞑想錄)》을 쓴 것처럼, 강희제도 죽기 5년 전에 〈고별상유(告別上諭)〉를 남깁니다. 〈고별상유〉는 '미리 쓰는 유서'라고 할 수 있습니다. 철학이란 죽음의 연습이라는 소크라테스의 말처럼, 강희제도 유서를 통해 자신의 철학을 갈고닦았나 봅니다.

강희제가 청나라의 전성기를 이룰 수 있던 데는 여러 요인이 있겠지만, 그 가운데 유가 통치 이념을 빼놓을 수 없습니다. 당시 인구 구조는 청나라를 세운 만주족이 고작 1백만 명이었고, 한족의 인구는 1억 명을 훌쩍 넘겼습니다. 그야말로 일당백으로 상대해야 하는 상황입니다. 막강한 군사력을 보유하고 있다 해도, '쪽수가 딸려도 너무 딸리니' 중원을 통치하는 게 여간 어렵지 않았습니다.

강희제의 아버지 순치제가 북경에 입성하며 내세운 논리는 반역자 이자성이 죽음으로 내몬 명의 마지막 황제 숭정제의 원수를 갚아 주겠다는 것이었지만 한족은 얼토당토않은 사이비 논리에 넘어가지 않았습니다. 이자성에게 타격받은 명나라의 숨통을 끊어 버린 것이 만주족인데, 엉뚱한 대의명분을 앞세워 민심을 호도하려는 시도를 민중도 알아챘어요.

만주족에 대한 반감의 가장 큰 원인은 유교 통치 이념을 따르지 않는다는 것이었습니다. 많은 한족이 유교 사상에 입각해 충절을 지킨다는 명분으로 숭정제를 따라 자결했습니다. 목숨을 버리지 못한 한족 지식인은 청나라 조정을 위해서 일할 수 없다며 은둔을 자처했습니다. 강희제는 고명대신을 제거하고 친정한 후에, 한족 가정교사를 고용해 사서오경(유교의 근간을 이루는 논어·맹자·대학·중용의 사서와 시경·서경·역경·춘추·예기의 오경)을 배우기 시작합니다. 강희제는 자신이 유학에 빠져 '열공'하고 있음을 조정에 은근히 퍼뜨립니다.

그리고 1667년에 이르면 전국적으로 〈성유십육조(聖諭十六條)〉를 반포합니다. 고려 태조 왕건이 남긴 〈훈요십조(訓要十條)〉가 그렇듯 제왕이 백성에게 반포하는 공식 조문에는 국가 통치 이념이 담겨 있습니다. 〈훈요십조〉의 첫 조문이 불교를 국교로 삼으라는 것이듯, 〈성유십육조〉는 유교에서 가장 중시하는 효를 강조합니다. 인륜을 중시하여 부모에게 효도하고 형제간에 우애 있게 지내라는 것으로 첫머리를 열었죠. '이웃 간에 화목해라. 농업에 힘써라. 선비로서 바른 행동을 하고 학교를 번창하

만주족이 일으킨 중국의 마지막 통일 왕조

게 하라.' 등 기존 한족 국가의 통치 이념과 같습니다. 알맹이만 본다면, 이게 한족 명나라의 것인지 만주족 청나라의 것인지 알 수 없을 정도입니다. 강희제가 주도한 청나라의 전성기는 유교 통치 이념을 반포한 데 그치지 않고, 이를 실천했기에 가능했습니다. 〈성유십육조〉 중 제5조는 낭비를 막기 위해 절약하고 검소하게 하라는 것을 강조합니다. 강희제는 황궁의 재정을 아끼기 위해 환관과 궁녀의 수를 4백 명으로 줄입니다. 명나라 때는 무려 10만 명의 환관과 궁녀가 있었으니 0.4퍼센트로 구조조정 한 겁니다. 궁중 비용도 명나라의 0.25퍼센트만 사용합니다. 강희제는 옷이 낡으면 기워 입기까지 했죠. 이처럼 강희제는 유교 통치 이념을 실천한 군주였기에 민중의 사랑을 받은 겁니다.

## '하나의 중국' 원칙의 시발점

  강희제는 황궁을 검소하게 운영한 데 그치지 않고, 유교 통치 이념의 근간인 '백성이 잘 먹고 잘사는' 정책을 연달아 펼칩니다. 그는 황궁의 재정을 아껴 농민에게 토지를 분배하고 백성의 세금을 깎아 주었습니다. 팔기군의 보급을 위해 사용하던 둔전을 농민에게 돌리고, 흉년이 들면 세금을 탕감했습니다. 성인의 인두세를 동결하고 인두세 대상자의 수를 2,450만으로 고정하여, 백성은 세금의 공포에서 벗어날 수 있었습니다. 그 덕에 기근과 전쟁으로 줄어든 인구가 증가하고, 한족은 강희제를 통치자로 인정하게 됩니다. 강희제의 많은 업적 중 하나만 꼽는다면 영토 확장일 것입니다. 위대한 통치자들이 그러했듯 국가의 영토를 넓혔다는 것은 정치를 올바로 수행하고, 군사력을 키우고, 국가 재정을 풍족하게 만들어 백성을 편안케 했다는 것을 전제합니다. 오늘날 중국 영토를 확정한 강희제가 북방과 남방에 걸쳐 영토를 확장한 바를 살펴보겠습니다.
  우선 북방을 살펴보면, 청나라가 외국을 조공국이 아닌 대등한 입장의 국가로 인정한 첫 번째 조약을 네르친스크 조약이라고 합니다. 이 조

만주족이 일으킨 중국의 마지막 통일 왕조

약은 청나라와 러시아 사이에 맺은 조약입니다. 시베리아는 워낙 광활해서 블라디보스토크에서 출발해 모스크바까지 지금도 열차로 7박 8일은 걸립니다. 그러니 17세기에는 그 길이 얼마나 멀고 험난했을까요? 하지만 가난에 신물이 난 러시아 농민과 모험가·범죄자가 시베리아를 횡단해 조금씩 동진합니다. 여름에는 동서로 흐르는 강을 배로 이동하고, 겨울에 강이 얼면 그 얼음 위를 썰매를 타고 움직였죠. 춥디추워 농사도 짓기 어렵고 무역할 수도 없는 얼음덩어리 땅인 시베리아 벌판에 그토록 많은 러시아인이 몰려든 이유가 무엇일까요? 담비·밍크·수달의 모피를 구하기 위해서였습니다.

시베리아가 무주공산일 때는 중국과 러시아 사이가 문제없었어요. 국경 사이 쓸모없는 땅이 우리나라 DMZ처럼 완충 지대 역할을 해 줬으니까요. 하지만 러시아는 17세기 중엽 어느덧 아무르강까지 진출하여 네르친스크과 알바진 등에 요새를 짓고 군사적 요충지로 만들어 버립니다. 아무르강의 다른 이름이 흑룡강입니다. 흑룡강은 만주족의 근거지죠. 청나라 입장에서는 어느새 러시아가 앞마당까지 들이닥친 셈이었죠. 이 시기는 순치제의 재위 기간인데, 아직 중원의 평정이 이루어지지 않았어요. 남방에는 삼번이 버티고 있었고, 남경에 자리한 명나라의 잔존 세력도 위협적인 상황이었습니다.

청나라는 애꿎은 조선에 파병을 명령합니다. 당시 조선의 임금은 효종이었습니다. 효종은 소현세자의 동생 봉림대군으로 역시나 심양에서 볼모 생활을 겪은 인물입니다. 효종은 소현세자의 죽음 이후에 세자에 책봉되어 왕위에 올라 장자 계승이 아닌 탓에 사림 세력의 견제를 받아야 했죠. 이를 타개하기 위해 효종이 꺼내든 히든 카드가 북벌입니다. 그는 명나라의 복수라는 명분과 내부의 분란을 외부로 돌려 해결한다는 정치 원리에 따라 북벌을 주창합니다. 효종은 왜란과 호란으로 얻은 교훈을 바탕으로, 조총 부대를 집중 양성합니다. 신무기에 밀려 두 번의 난을 겪었다고 판단한 것이죠. 그런데 아이러니하게도 효종이 청나라를 치겠다고 양성한 조총부대가 청의 요청에 따라 러시아 정벌을 위해 파견되었으니, 이를 나선 정벌이라고 합니다. '나선'은 러시아의 음차입니다.

조선의 조총부대는 흑룡강 유역까지 진출하여 러시아를 제압하고 승리를 거둡니다. 청나라는 순치제 시절에 이렇게 병력이 모자라 조선에 파병을 요청한 미봉책으로 견뎠지만, 강희제에 이르러서 대응 방식을 바꿉니다. 중원을 진압한 강희제는 러시아의 움직임을 더는 좌시하지 않았던 거죠. 강희제는 삼번의 난을 진압한 이듬해인 1682년에 친히 심양으로 진출해 러시아의 동태를 주도면밀하게 관찰합니다. 1685년 마침내 마스터 전략을 수립한 청나라가 알바진을 공략합니다. 청나라가 1만 5천 명의 정예병으로 알바진을 포위하자, 러시아군 사령관 토르푸친은 백기를 들고 항복했어요. 강희제는 포로로 잡은 러시아 군사를 모두 석방하고 다시는 침략하지 않도록 엄히 타이르고 본국으로 송환했습니다. 대략 이쯤에서 영토를 확정하면 된다고 판단한 겁니다.

하지만 토르푸친은 청나라 병력이 알바진에서 철수하자, 곧바로 돌아와 진지를 다시 구축합니다. 양아치 같지만 그게 바로 전쟁의 속성입니다. 영토를 둘러싼 다툼에 양심이나 염치가 어디 있을까요? 강희제는 먼저 손을 내밀었다가 뒤통수를 맞은 데 격노하며 뿌리를 뽑아야겠다고 판단합니다. 청나라는 1686년 2월 대군을 이끌고 재차 알바진을 공략합니다. 러시아는 청나라의 포격에 막대한 손실을 입게 되었고, 군량이 바닥난 150여 명의 병사가 진퇴양난의 어려움에 처합니다. 이에 러시아 황제 이반 5세는 동방 진출을 포기하고 강화 조약을 맺고자 청나라에 국서를 보냅니다.

청나라의 입장에서는 러시아도 오랑캐에 지나지 않으니 북경에서 조약을 맺자고 제안했지만 러시아의 반대로 접경 지역에서 조약을 맺기로 합니다. 청나라가 공식적으로 다른 나라를 일개 오랑캐가 아닌 동등한 황제국으로 인정한 것입니다. 강희제 입장에서도 러시아와 군이 각을 세우지 않는 게 유리하다고 판단했던 건 몽골의 후예 오라이트가 여전히 건재했기 때문입니다. 강희제는 러시아와 작은 영토를 다투다가, 호시탐탐 재기를 노리는 오라이트에게 호되게 당할 것을 염려하여 서둘러 조약을 맺습니다.

네르친스크 조약문은 만주어로 쓰였을까요? 러시아어로 작성되었을까요? 군사적 우세를 보이던 청나라의 만주어일까요? 놀랍게도 라틴어로 작성되었습니다. 만주어·러시아어·라틴어가 병기되었지만, 사실상 라틴어로 이루어진 외교 문서라고 볼 수 있는 건 날인을 라틴어 문서에 했기 때문입니다. 청과 러시아 사이의 팽팽한 줄다리기가 이어지다가 결국 중립적인 언어로 가자는 의견으로 수렴되어 당시 청나라에 있던 선교사들이 중재했습니다. 이로써 강희제는 제정 러시아의 남하 정책을 막고, 현재 흑룡강과 외흥안령으로 이루어진 북방 경계를 확정 지어 오늘날의 중국 지도를 완성합니다.

이번에는 남으로 가 볼게요. 강희제가 구축한 남방 경계를 이야기하려면 정성공이라는 인물을 알아야 합니다. 정성공은 무역상으로 시작해 해적왕이 된 아버지 정지룡과 일본인 어머니 사이에서 태어났습니다. 명나라 말기 왜구가 중국 동남부 해안에 심각한 타격을 입혔던 것을 기억하죠? 명나라 조정의 힘이 빠지면서 해안가에는 왜구가 들끓고, 이를 막아 내는 해상 군벌들이 등장합니다.

정지룡은 1백여 척의 배를 이끌고 나가사키, 마카오, 마닐라 등을 오가며 장거리 무역을 통해 해상의 패권을 잡았습니다. 해적이던 드레이크가 영국의 엘리자베스 여왕으로부터 작위를 받았듯, 정지룡은 명나라 조정으로부터 제독 지위를 부여받습니다. 동서양을 막론하고 제해권을 틀어쥔 세력은 중앙 정부에서 어르고 달래 제도권에 편입시킵니다. 정부의 군사력이 강해도 바다를 정복하는 일은 또 다른 문제이기 때문이죠. 정부의 정규군은 대체로 지상군 위주로 발달할 수밖에 없죠. 육지에 발붙이고 사는 최고 권력자의 입장에서 거센 풍랑에 언제든 난파당하고 침몰할지 모르는 험한 바다는 언제나 후순위였고 부차적 자산이었죠. 드레이크나 장보고의 예에서 볼 수 있듯, 동서고금을 막론하고 해양 세력은 주류 권력에서 벗어난 변방의 권력자들이었습니다.

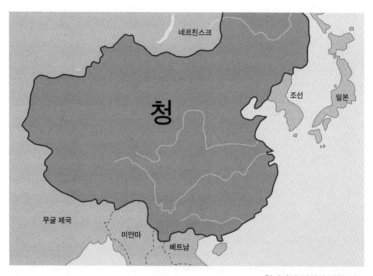

▲ 청나라와 러시아 제국 지도

정지룡이 나가사키 히라도번에서 해상무역을 하는 사무라이의 딸과 혼인하여 정성공이 태어납니다. 정성공은 일본에서 어린 시절을 보내다가 아버지 정지룡이 중국에 기반을 잡자 중국으로 오게 됩니다. 이런 정성공의 정체성은 중요합니다. 그의 정체성이 대만과 일본의 관계를 독특하게 만든 원인이 되기 때문이죠. 정지룡 자신은 거친 삶을 살았지만, 자

만주족이 일으킨 중국의 마지막 통일 왕조

식만큼은 제대로 교육하고자 한 덕분에 정성공은 어린 시절부터 유학을 배웠어요. 해적왕의 아들이지만 어떻게든 제도권에 진입하려고 한 것이죠. 이처럼 정지룡과 정성공 부자는 유학의 충의 사상을 받들었기에 명청 교체기에 명나라에 충성을 바쳐야 한다고 생각한 거죠.

교과서에 나오는 역사 연대표는 칼로 벤 듯 직선으로 떨어지지만, 실제 역사는 그렇지 않습니다. 명나라는 이자성의 북경 함락과 숭정제의 자살로 1664년 멸망했지만, 그 우호 세력이 모두 사라진 것은 아니었습니다. 명나라의 잔존 세력이 여전히 청에 저항했고, 남경을 중심으로 새로운 황실을 옹립한 것을 남명이라고 합니다. 망명 정권 남명의 2대 황제인 융무제가 의지했던 군벌이 정성공입니다. 융무제는 정성공에게 어영중군도독이라는 벼슬을 내리고, 황실의 성씨인 '주'씨 성도 하사했습니다. '성공'이란 이름도 황제가 내린 겁니다. 당시 정성공의 별명은 국성야였는데 이는 '황제의 성을 받은 어르신'이라는 뜻입니다.

남명 정부는 중국 동남 해안을 주름잡던 해적 말고는 청나라의 침공을 막아 줄 병력이 없었기에 정성공에게 기댈 수밖에 없었죠. 만주족에게 쫓겨 내려온 황제가 얼마나 기댈 곳 없이 곤궁했는지 단적으로 보여주죠. 원나라와 남송의 관계에서도 보듯, 이는 명분 싸움만이 아니라 북방 육지 세력과 남방 해양 세력의 충돌로 이해할 수 있습니다.

세계 최강 몽골의 공격을 강화도에서 수십 년간 막아 낸 고려의 예에서 알 수 있듯, 대륙의 막강한 군사력도 수전만큼은 피하고 싶었을 겁니다. 청나라 조정도 정지룡, 정성공 부자의 해군을 두려워했습니다. 정씨 부자의 병력만 제거된다면, 허수아비 같은 남명 조정은 스르르 무너져 내릴 것이라고도 판단했겠죠. 아버지 정지룡은 근본 없는 흙수저 해적으로 청나라의 기세를 당할 수 없다고 대세를 판단하고 청나라 조정의 회유에 넘어가 투항하지만, 아들 정성공은 굴복하지 않아요. 반청복명(反

清復明), 즉 청나라를 멸망시키고 명나라를 다시 부흥시킨다는 기치로 결사항전을 합니다. 정성공은 어릴 적부터 유학을 공부한 엘리트였습니다. 그는 아버지가 잡혀 있음에도 청나라를 공격합니다.

정성공의 공세에 수전이 약한 유목 민족의 나라인 청은 이곳저곳에서 패배합니다. 청나라 조정도 정성공에게 복건·절강·광주 세 곳의 도독으로 임명할 터이니 화친하자고 제안합니다. 느슨한 연방의 형태로 들어오되 군사권과 징세권을 유지시켜 주고 자치를 인정한다는 의미의 제안이었지만, 정성공은 타협을 거부하고 결사항전을 이어 갑니다. 정성공은 강남의 여러 거점을 점령하고, 마침내 장강을 타고 올라가 남경을 포위하고 맹공을 퍼붓습니다.

정성공은 당시 중국·일본·조선·동남아시아 등 동아시아 국가들의 해상 무역을 장악하고 있었습니다. 청나라에 항전하는 동안에도 무역은 꾸준히 이뤄졌고, 그는 제해권을 쥐고 무역에 세금을 매겨 막대한 재원을 마련했습니다. 전쟁의 승패는 보급에 달려 있습니다. 정성공이 연전연승할 수 있던 배경에는 활발한 동아시아 해상 무역이 있었던 거죠. 그는 백성에게 피해를 입히는 군인은 사형시키는 등 군대의 기강을 세워 민심도 얻었습니다. 이렇게 군대가 민가에 폐를 끼치지 못하게 명령할 수 있던 것도 원활한 보급 때문이었죠. 해상 세력은 필연적으로 활발한 무역을 반석으로 일어납니다. 정성공은 거친 바다에서 이리저리 배를 타며 제해권을 확보했기에 중앙 정부의 간섭에서도 비교적 자유로웠습니다.

대표적인 우리 해상 세력으로 누가 떠오르나요? 장보고도 청해진을 세우고 당나라와 통일신라, 일본 간의 무역을 틀어쥔 해상왕이었습니다. 그는 신라의 해안에 출몰하는 해적을 소탕하고, 해상 무역에 눈을 떠 청해진을 당대 최고의 무역 허브로 만들었죠. 당나라의 비단이나 도자기를 일본에 팔았고, 이슬람 상인에게는 신라와 일본의 특산품을 수출하여 중

만주족이 일으킨 중국의 마지막 통일 왕조

계 무역으로 동아시아 최고의 거상이 됩니다. 《삼국사기(三國史記)》에 따르면 장보고가 청해진에서 군사 1만 명을 지휘했다고 하니, 그 위세가 어느 정도였는지 가늠됩니다. 당나라의 유명한 시인 두목도 《번천문집(樊川文集)》에서 장보고는 인의를 갖추고 동시에 뛰어난 통찰력을 지닌 인물이라고 평했습니다. 일본의 고승, 엔닌의 저서 《입당구법순례행기(入唐求法巡禮行記)》에도 그를 찬양하는 내용이 있습니다. 이처럼 장보고는 한중일 삼국 정사에 모두 기록된 몇 안 되는 인물이고, 어찌 보면 우리나라보다 외국에서 더 큰 존경과 사랑을 받은 국제적인 인물이기도 하죠.

청나라 순치제 통치기에 정성공의 병력은 20만이 넘었습니다. 장보고가 해상왕이라면, 정성공은 '바다의 황제'라고 불려도 손색이 없겠네요. 청나라 조정에는 중국 동남부 바닷가와 섬들을 중심으로 활약하던 정성공을 물리칠 묘안이 없었습니다. 청나라 조정은 맞붙어서는 승산이 없다고 판단하고 극단적인 책략을 짜냅니다. 싸워 이길 수 없다면, 정성공의 보급로가 되어 주는 해상무역을 말살시켜 버리는 전략을 택한 것입니다. 이른바 청야 작전(전투 지역 전반에 걸쳐 적군이 사용할 만한 식량이나 보급품을 없애 버려, 지치게 만드는 작전)이 펼쳐집니다.

나폴레옹의 군대를 상대로 러시아가 펼쳤던 청야 작전이 유명합니다. 러시아는 천하무적 나폴레옹 병사들을 상대할 수 없으니, 모든 식량과 군수물자를 태우며 후퇴했습니다. 러시아의 연이은 후퇴로 깊숙이 들어온 나폴레옹군은 길어진 보급로 때문에 현지에서 식량을 조달하려 했지만 실패하고, 낯선 추위와 기아에 지쳐서 패퇴하죠. 청나라는 이보다 더 심한 청야 작전을 감행합니다. 바닷가 마을이 정성공 세력의 무역 거점이자 보급 기지임을 알아채고는 연안 마을을 모두 내륙으로 이동시켜 버립니다. 남경 수복에 실패한 정성공은 청야 전술로 원활한 보급마저 차단되자 마침내 힘을 잃게 됩니다. 그가 청나라와의 항전이 더는 어렵다고 판단하고 새로운 해상 기지를 찾아 나선 게 오늘날의 대만입니다.

대만과 중국 본토 사이의 거리는 불과 160킬로미터 밖에 되지 않습니다. 대만은 중국에서 이토록 가까운 섬이지만, 중국 역사에 본격적으로 등장한 것은 명말청초 정성공과 함께입니다. 그 이전에도 복건이나 광동에서 한족이 몇몇 넘어가서 살기도 했지만, 주로 선주민이 장악한 섬이었습니다. 선주민의 인종도 중국과는 거리가 멀고, 동남아시아나 태평양 계통에 가까워 자연사적 관점에서 대만은 중국이 아니었죠.

대만은 중국에서 지척인 섬인데, 어떻게 17세기까지 중국의 손길이 닿지 않았던 걸까요? 중국사는 대륙의 역사입니다. 해양의 역사가 아니죠. 명나라는 해금령까지 내리며 해양 진출을 억제했죠. 세계적인 도시 상하이를 살펴볼까요? 지금 상하이는 컨테이너 물동량 세계 1위, 인구수 2위의 도시지만, 불과 백여 년 전만 해도 작은 어촌 마을이었답니다. 역사적으로 춘추전국 시대부터 초나라·오나라·월나라 지역은 변방 취급을 당했죠. 지금이야 각광받는 동남 해안가 도시들이지만 당시에는 오랑캐나 사는 격오지던 거죠. 장안·낙양·개봉 등 황하 유역의 내륙 도시들을 중심으로 발전해 온 중원 입장에서 대만은 안중에 없었을 겁니다.

정성공은 패장이었지만, 그에게는 3만의 병력과 수백 척의 함선이 남아 있었습니다. 정성공은 네덜란드가 점령하고 있던 대만으로 진군합니다. 대만에 처음 진출한 서양 세력은 포르투갈입니다. 대만 해협을 포르모사 해협이라고도 하는데요, 포르모사는 '아름다운 섬'을 뜻하는 포르투갈어 '일랴 포르모사(Ilha Formosa)'에서 유래한 명칭입니다. 포르투갈이 먼저 대만을 중국·일본·동남아 등을 연결하는 무역 거점으로 삼았다가 국력이 쇠퇴하며 네덜란드에게 빼앗긴 것이죠.

네덜란드는 당시 강력한 화포를 바탕으로 정성공의 침공에 대항했으나 중과부적이었어요. 정성공은 네덜란드 요새를 차례로 격파하고 동인도회사의 원군까지 패퇴시켰습니다. 정성공은 본디 우리나라의 영토이므로 돌려줄 것을 선포했고, 선주민과 한족의 지원까지 받아 대만에 정씨 왕국을 세우게 됩니다. 이로써 대만은 본격적으로 중국사에 편입되었고, 후대 사가들은 정성공을 대만의 아버지라고 합니다. 그런데 정성공을 기리는 동상은 대만에도, 중국 본토에도, 심지어 일본에도 있습니다. 모두 정성공을 자국의 역사적 위인으로 기리는 것이죠. 대만에 그의 동상이 있는 것이야 당연하겠지만, 본토에는 그의 동상이 왜 있는 것일까요? 사상과 체제가 다르고, 역사와 문화가 상이한 두 세력이 같은 인물을 기리는 경우는 드뭅니다. 정성공이 병사하고 그 아들 정경이 2대 군주에 오릅니다. 정경은 오삼계의 난이 일어났을 때, 삼번과 함께 군사를 일으켰지만 경정충 세력과의 내분으로 결국 청나라에 쫓겨서 대만으로 회군합니다. 강희 20년에 정경이 죽자 후계 다툼이 내분으로 번집니다. 강희제가 이런 기회를 놓칠 리 없죠. 그는 바로 대만 정벌에 나서 성공합니다. 대만부를 설치하고 복건성의 행정 아래 놓으니, 대만이 중국 역사상 처음으로 중국 본토에 귀속됩니다. 강희제가 중국인에게 존경받는 이유 중 하나죠(대만 독립을 강경하게 주장하고 있는 민진당의 입장은 다르겠지만요).

이런 역사적 배경에서 오늘날 중국은 '하나의 중국' 정책을 밀어붙이며 대만을 호시탐탐 노리고 있기에 자국에 정성공 동상을 세웠습니다. 그럼 일본에는 대체 왜 정성공의 동상이 세워진 것일까요? 일본 입장에서 중국인 정지룡과 일본인 다가오 마츠의 아들 정성공을 일본의 아들로, 다가와 마츠가 해상무역을 하던 집안의 딸이었으니, 대만을 해양 국가 일본으로 인해 탄생한 국가로 여기고 싶은 거죠. 그런 까닭에 일본이 대만을 식민지로 삼은 시기에는 정성공이 처음으로 대만을 정복한 일본인이라는 프로파간다를 퍼뜨리기도 했죠. 원래 대만은 일본 땅이라는 논리를 주입하고자 한 겁니다. 대만은 무려 50년이나 일제 치하에 있었습니다. 하지만 대만 국민은 우리나라보다 일본에 대한 반감이 좀 덜하다는 게 많은 학자의 견해입니다. 단순히 대만의 아버지인 정성공의 어머니가 일본인이어서 그런 것은 아닙니다. 여기에는 역사적 배경과 정치적 역학 관계가 작용하고 있습니다. 후에 장제스의 대만 점령을 다루는 부분에서 그 이유를 살펴볼게요.

만주족이 일으킨 중국의 마지막 통일 왕조

# 피서 때문에 베스트셀러가 된 《열하일기》

건륭제는 강건성세의 피날레를 장식하였고, 죽기 전에 자의로 황위에서 내려옵니다. 건륭제는 1795년 즉위 60년 만에 상황으로 퇴위하고, 그의 뒤를 이어 가경제가 새로운 황제로 등극합니다. 청나라에서는 유일하게 양위한 경우인데, 할아버지 강희제의 기록을 깨뜨리지 않기 위해서 그랬죠. 황위에 얼마나 오래 머무느냐가 곧 황제의 능력을 의미하는 것은 아니지만, 재위 기간은 권력자의 권위를 상징하는 기준이 됩니다. 손자의 입장에서 할아버지의 기록을 경신하는 일이 부담스럽게 느껴졌을 겁니다. 그래서 건륭제는 황위에서 내려와 상황(上皇)으로 실질적인 통치를 이어 갔습니다. 건륭제는 할아버지 강희제처럼 오랜 기간 재위했고, 할아버지 강희제를 존경했습니다. 이 시기 중국의 국력은 세계 최강이었고, 영토는 중국 역사상 최대였습니다(이는 강희제와 옹정제의 업적이 꽃을 피워 낸 것이지 건륭제만의 업적은 아니지만요).

건륭제도 강희제처럼 여러 업적을 남겼지만, 할아버지의 검소한 생활을 본받지는 못했습니다. 그는 제국 곳곳을 돌아다니는 걸 좋아했어요.

지금의 여행 마니아와 비슷하죠. 건륭제는 특히 강남에 자주 갔습니다. 황제가 지방을 방문하는 걸 '순수(巡狩)'라고 합니다(북한산 비봉에 우뚝 서 있는 비석이 진흥왕순수비입니다. 신라의 진흥왕이 경주에서 한강이 흐르는 이곳까지 방문했다는 것을 기려서 세운 겁니다). 건륭제는 특히나 남방 지역을 좋아해, 그의 순수를 보통 '남순'이라고 합니다. 건륭제의 남순은 일견 백성의 삶을 살펴보는 긍정적 의미의 통치 행위로 평가할 수 있습니다. 그런데 세계 최강 제국 황제인 건륭제가 한 번 남순을 떠나면 천문학적 재원이 소모되었습니다. 왕자와 공주, 대신과 환관, 호위 병사, 요리사, 시녀 등 3천여 명이 함께 이동했으니까요. 그는 강남의 명승고적을 유람하며, 시인과 화가를 초청해 풍류를 즐겼고, 민가를 돌며 암행하길 좋아했습니다.

특히 건륭제는 맛난 음식을 좋아해서 다양한 요리를 탄생시켰어요. 지금도 중국 식당에는 그와 관련된 요리가 많은데요, 대표적인 게 '거지닭'입니다. 거지닭은 '소흥주'라는 명주로 유명한 강남 소흥 지방 요리예요. 레시피는 이렇습니다. 거지들이 닭을 여러 마리 서리하면 한꺼번에 먹지 못하니 보관해야 하는데, 진흙을 발라 땅에 묻으면 상하지 않고 여러 날 후에 먹을 수 있었습니다. 조리 도구가 딱히 없으니 닭을 연잎으로 감싸고 진흙을 발라 모닥불 아래 파묻어 익혀 먹었습니다. 요즘 인기 있는 진흙구이처럼 얼마나 담백하고 맛있었을까요?

어느 날 건륭제가 심복들과 밤늦도록 암행하다가 숙소를 구하지 못해 그만 노숙하게 되었습니다. 추위를 달래기 위해 모닥불을 피우고 잠을 청하는데 어디서 고소한 냄새가 풍겨 오는 겁니다. 건륭제가 배가 고프던 차에 냄새의 진원지를 찾아보니 모닥불 아래에서 고기 익는 냄새가 진동하는 겁니다. 그곳을 파헤쳐 보니 진흙 바른 닭이 노릇하게 익혀져 있는 게 아닙니까. 건륭제 일행은 김이 모락모락 나는 닭고기로 그날 밤 포식하고 잠들었죠. 건륭제는 황궁으로 복귀한 후에도 종종 거지닭을 찾왔다고 전해집니다.

음식 얘기가 나온 김에 '만한전석(滿漢全席)'의 유래도 알려드릴게요. 만한전석은 '만주족과 한족의 온갖 음식을 가득 차린 잔치'라는 의미입니다. 사실상 청나라의 창업 군주인 강희제에게는 만주족과 한족의 융화가 고민이었습니다. 고작 1백만 명의 만주족으로 1억 명의 한족을 통제하기 어려웠으니까요. 강압 통치만으로는 해법을 찾기 어려웠고, 유화책도 필요했죠. 그래서 강희제가 잔칫상 차림에서도 만주족과 한족의 음식 문화를 모두 존경하고 함께 어울리고 싶다는 의지를 만한전석으로 표출한 거죠. 이두의《양주서방록(楊州書肪錄)》에 따르면 만한전석에는 108가지 요리가 나오는데, 그 재료가 휘황찬란합니다. 제비집, 곰 발바닥, 상어 지느러미 등 독특한 재료들로 만든 산해진미가 차려지는 것이죠.

강희제의 손자인 건륭제도 사치스럽기로 유명하여 그의 칠순 잔치는 성대했어요. 청나라 최전성기 황제의 칠순 잔치니 주변 여러 나라에서 축하 사절을 보냈습니다. 조선도 예외가 아니었죠. 당시 연암 박지원은 벼슬도 없는 선비에 불과했습니다만, 청나라를 찾는 조선의 사절단 정사 박명원과 사촌지간이라서 따라갈 수 있도록 그에게 조릅니다. 건륭제의 칠순 잔치가 얼마나 화려하고 뻑적지근했던지 오늘날 알 수 있는 이유는 박지원이 사절단을 따라 청나라에 다녀온 생생한 기록을 기행문《열하일기(熱河日記)》로 남긴 덕분입니다.

북경은 지금이야 국내에서 비행기로 한 시간이면 가지만, 당시 사절단은 사정이 달랐습니다.《열하일기》곳곳에 한양에서 출발해서 신산한 고생을 하며 북경에 도착하는 일정이 담겨 있죠. 그런데 북경에 있어야 할 황제가 더위를 피해 피서산장으로 갔다고 하니, 조선의 사절단은 황망했고, 칠순 잔치 날짜를 지키기 위해 서둘러 북경에서 피서산장으로 갑니다. 그곳 지명이 '열하'입니다. 열하는 오늘날의 허베이성 청더시에 해당합니다. 박지원의 기술에 따르면 북경에서 동북쪽으로 420리, 만리장성 밖으로 2백 리가 떨어진 지역입니다. 열하는 예부터 기후가 좋고 풍광이 수려해, 황제들이 자주 머물며 요양·휴식하던 지역입니다. 그러나 황제가 여름마다 더위를 식히고자 피서산장에 머문 것은 표면상의 명분이고(사실 열하의 한여름 기온은 북경보다 무덥습니다), 실은 중차대한 목적이 숨겨져 있어 황제는 매년 열하에 거르지 않고 왔습니다.

중국의 마지막 통일 왕조인 청나라를 건국한 만주족에게 가장 큰 골칫거리는 몽골이었습니다. 썩어도 준치라고 원나라 패망 이후에 몽골의 군사력은 여전히 가공할 만한 수준이어서, 청나라 조정도 무시할 수 없던 거죠. 그래서 청 태조 누르하치는 몽골족 여인을 황후로 맞이했는데, 순전히 정치·군사적 이유 때문이었습니다. 청나라 황제들은 해마다 더위를 식힌다는 핑계로 열하에 머물며, 사냥으로 가장한 군사 훈련을 실시했습니다. 이를 통해 청나라의 강성한 국방력을 몽골에 과시한 겁니다. 다른 한편으론 몽골족을 초대해 성찬을 대접하며, 청나라 황실이 몽골을 얼마나 대우하는지 과시했습니다. 열하는 정치·국방·외교의 중심 도시였으며, 북경에 버금가는 청나라 제2의 수도였던 셈입니다.

아무튼 청나라를 찾은 조선의 사절단 일행은 겨우 건륭제의 칠순 잔치 일정에 맞춰 열하에 도착했습니다. 그 생동감 넘치는 고생담이《열하일기》의 백미죠. 박지원은 당대 최고의 선진 문명을 구가하는 청나라로부터 정치·경제·사회·문화·철학 등 다양한 방면에서 새로운 기운을 받아들이려고 노력했습니다. 그 흔적이《열하일기》곳곳에 남아 있죠.

만주족이 일으킨 중국의 마지막 통일 왕조

# 문화전제와 문자옥

《열하일기》는 당대 최고의 인기를 누린 동시에 비판의 대상이 되기도 했습니다. 생동감 넘치는 묘사와 역동적인 기행의 기록은 시중에 풀리자 마자 상종가를 쳐 정조가 읽었다고 할 정도입니다. 그런데 정조는 박지 원의 글이 당대 지식인 사회에서 유행하자, 이를 경계합니다. 이른바 문 체반정(文體反正)의 시작입니다. 문체반정이란 조선 후기 명말청초에 나 온 문집과 패관소설 등이 사대부 사이에서 관심을 받자, 이를 금지하고 옛 문체를 부흥시키려 한 문풍 정화 정책입니다.

'패관(稗官)'이란 군주가 민간의 풍속과 정서를 살필 수 있도록 거리의 소문 등을 기록하는 직책입니다. 따라서 패관문학은 본질적으로 백성의 민의를 반영합니다. 조선 후기 민심에 귀를 기울인 대표적인 인물로 박 지원이나 박제가가 있습니다.

박지원의 소설 가운데 대표작인 《호질(虎叱)》이나 《허생전(許生傳)》에 는 혁명적 사상까지 녹아 있으니, 정조에게는 왕조를 전복하려는 시도로 읽혔을 수도 있습니다. 박지원도 이런 시선이 부담스러웠는지 《호질》을 자신의 순수 창작이 아닌 누군가의 글을 필사해 온 것으로 묘사했죠.

《열하일기》에는 심유붕이라는 소주 사람을 만나 벽에 걸린 기이한 문장을 보고 누가 지었는지 묻는 장면이 그려집니다. 치밀한 액자식 구성을 통해 하고 싶은 이야기는 신랄하게 전하되, 슬쩍 면피하는 영리한 전략입니다. 북곽 선생이라는 유학자의 위선을 통렬히 비판하여, 당대 계급 사회와 성리학의 모순을 예리하게 드러내고 있죠.

《허생전》은 어떤가요? 《허생전》은 《열하일기》가 단순한 기행문이 아니라 연암의 실학 사상을 집대성한 깊이 있는 저술임을 증명하는 소설입니다. 주인공 허생을 통해 성리학에 파묻힌 조선이 얼마나 무기력한지 보여 줍니다. 허생은 변씨 부자에게 돈을 빌려 장사하여 어마어마한 부를 쌓죠. 자본주의의 맹아와 근대라는 정체성을 과감히 선보이는 선동적인 이야기입니다.

허생은 이완 장군과의 대담에서 삼전도의 굴욕을 씻기 위해 실용적 인재 발탁과 기용이 필요하다고 주장하지만, 무슨 귀신 씻나락 까먹는 소리냐는 취급을 당합니다. 그러자 허생은 칼을 들어 이완을 죽이려 하고, 이완은 혼비백산 달아납니다. 이완은 며칠 후 허생의 집을 다시 찾았지만, 허생이 온데간데없이 사라진 것으로 소설은 마무리됩니다. 박지원이 실학 사상을 과감하고 여과 없이 드러내되, 이를 쉽사리 실행할 수 없는 현실을 반영한 셈이죠.

정조는 박지원의 사상을 접하고 그 뜻은 높이 평가하되, 자신의 집권을 뒤흔들 정도의 파괴력을 지녔다고 판단했을 겁니다. 정조가 개혁 군주라는 이미지와 달리 문체반정을 주도한 이유도 여기에 있지 않을까요? 당시 군주가 북학파, 즉 세계 최강 대국 청나라의 문물을 배우자는 움직임을 조금만 더 적극적으로 수용했다면 어땠을까 하는 아쉬움이 남는 대목입니다.

만주족이 일으킨 중국의 마지막 통일 왕조

사상이란 물의 흐름과 같아서 자연스레 두어야지 억지로 틀어 봐야 다시 제 갈 길로 돌아와 결국은 그 길을 가게 마련이지만, 조선의 정조가 그러했듯 강건성세 내내 이 흐름을 인위적으로 뒤틀어 보려는 시도가 빈번했습니다. 이른바 '문자옥(文字獄)'이라는 필화 사건이 청나라 최전성기에 여러 차례 일어났죠. 대규모 스케일의 필화 사건인 진시황의 '분서갱유(焚書坑儒)'도 일종의 문자옥입니다.

청나라 황제 입장에게 강남 향신층은 껄끄럽고 탐탁지 않은 존재였습니다. 장강 이남에 자리 잡은 사대부 계층이 주로 청나라 조정에 반감을 가지고 있었기 때문입니다. 그래서 청나라의 황제들은 향신층의 움직임에 예민하게 반응하곤 했죠. 문자옥은 이런 맥락에서 시행된 숙청 방법 중 하나입니다. 황제가 체제 비판적인 인사를 처단하기 위해 그들의 글을 뒤져 꼬투리를 찾아내고 이를 빌미로 처형하던 것이죠. 옹정제 재위 기간에 발생한 여유량 사건이 대표적입니다. 여유량은 명나라가 멸망하자 고향인 절강성에 은둔합니다. 강희제 연간에 명나라 유민을 포섭하기 위해 한족 지식인 특별 채용이 있었습니다. 그러나 여유량은 오히려 머리를 깎고 승려가 되어 절개를 지켰죠.

옹정 연간 여유량의 제자 증정이 반청 세력을 규합하려다 발각되었습니다. 청나라 조정은 증정의 스승인 여유량의 저술에서 '중원은 한족의 영토이지, 오랑캐의 땅이 아니다.'라는 글귀를 발견하고는 이미 사망한 그를 부관참시(剖棺斬屍) 하였습니다. 그뿐만 아니라 그의 사상을 추종하는 세력과 여유량 일족을 극형에 처했죠.

옹정 연간에는 과거 시험 문제를 출제한 문인 사사정이 봉변을 당합니다. 그가 《시경(詩經)》의 한 구절인 '유민소지(維民所止)'라는 문장을 인용해 문제를 출제합니다. 그런데 '유(維)'자와 '지(止)'자가 '옹(雍)'자와 '정(正)'자에서 윗변을 떼어낸 것이니, 이는 옹정제의 머리를 베어 낸 것이나 다름없다고 트집 잡힌 것이죠. 사사정과 그 일족은 무엄하게 황제의 참수를 암시하는 글을 썼다며 참형되었습니다. 얼마나 해괴한 일이고, 부조리한 숙청입니까? 문자옥이 황제의 변덕에 따라 자의적이고 무분별하게 자행된 필화 사건임을 보여 주는 일화입니다.

요즘도 '문화 권력'이라는 표현을 심심찮게 듣지만, 전근대 시대에도 문화의 힘은 군사력과 더불어 국가 정치 권력을 지탱하는 기둥이었습니다. 만주족 청나라 정권은 백분의 일도 안 되는 인구로 한족을 지배해야 하는 상황에서 한족 지식인을 포섭하고자 온갖 노력을 기울였어요. 벼슬을 내려 회유하기도 하고, 극형에 처한다며 협박하기도 했습니다.

건륭제가 편찬한 《사고전서(四庫全書)》는 제국의 모든 책을 20년에 걸쳐 집대성한 총서입니다. 경전·역사서·철학서·문학서를 경·사·자·집으로 나누어 3천5백여 종, 8만 권에 이르는 책으로 엮어 냈습니다. 건륭제 이전의 중국 문화를 집대성한 것이라고 할 만한 기념비적 사업이었습니다. 동아시아 정신 문화의 정수라고 추앙받기도 했죠. 하지만 가혹한 사상 탄압의 결과물이라는 냉정한 평가도 있습니다. 본래 만여 종의 책으로 정리하기 시작해 그 가운데 2천4백 종은 폐기하고, 5백여 종은 황제의 의견에 따라 개정되었기 때문입니다. 건륭제 입맛에 맞는 사상을 담은 책들만 사고전서로 살아남은 거죠.

만주족은 결국 한족을 온전히 끌어안지 못했습니다. 어쩌면 사고전서는 중국의 정수를 완벽하게 소화하지 못한 청나라의 모습을 상징하는 것일지도 모릅니다. 표면상 위대한 치적이지만, 그 이면에는 제대로 융화되지 못한 설익은 미봉책을 그대로 노출시키고 있기 때문입니다.

# 유비가 차를 사러 낙양으로 간 이유

《삼국지연의》는 지금은 다양한 번역본으로 볼 수 있지만, 1980년대만 해도 번역본이 몇 없었고, 해적본이 대부분이었습니다. 이 근본 없는 해적본들의 문제점은 모종강본이 아닌 요시카와 에이지의 일어판《삼국지》를 번역했다는 것입니다. 모종강본과 요시카와 에이지 판본의 가장 큰 차이는 도입부입니다. 일어판 번역본은 '천하대세(天下大勢) 분구필합(分久必合) 합구필분(合久必分)', 즉 '천하의 대세는 나누어진 지 오래면 다시 합쳐지고 합친 지 오래면 반드시 나누어지는 법'이라는 나관중의 첫 문장으로 시작하지 않습니다. '후한 건녕 원년 즈음, 지금으로부터 약 1780년 전 일이다.'로 시작합니다.

도원결의를 구성하는 방식도 다릅니다. 모종강본은 황건적을 타도하기 위해 의병을 모집한다는 방을 보다가 유비, 관우, 장비가 의기투합하는 장면으로 시작합니다. 반면 요시카와 에이지 판본은 유비가 어머니에게 드리려고 낙양에서 차를 사 가지고 오다 황건적을 만나 고초를 겪는 장면이 나옵니다. 장비가 유비를 구해 주자, 유비는 보답으로 가보인 보검을 선물합니다. 이에 유비의 어머니는 이깟 차가 뭐라고 집안 대대로 물려받은 보검을 남에게 주었냐며 나무라다가 차를 통째로 강물에 던져 버립니다. 유비 모친의 결기를 보여 주는 장면입니다.

그런데 이 장면이《삼국지연의》의 도입부에서 강렬한 인상을 주기 위해 설계되었다면, 차는 반드시 귀하고 소중한 기호품이어야 합니다. 그래야 전란의 와중에도 어머니를 위해 멀리 낙양까지 가서 차를 구해 오는 플롯과 자식의 창창한 미래를 걱정하며 차를 내동댕이치는 전개가 힘을 받으니까요. 요시카와 에이지의 상상이 정사《삼국지》와 일치하지 않을 수도 있습니다. 그저 막연한 작가의 상상력일 수 있죠. 하지만 확실한 건《삼국지》가 시작되는 후한 말엽 중국에서 차는 귀중한 물품이었다는 겁니다.

중국에서 차의 역사는 기원전 2700년까지 거슬러 올라갑니다. 춘추전국 시대의 백과사전에 해당하는《회남자(淮南子)》에도 차에 대한 언급이 있습니다. 농사의 신인 신농씨가 인류의 먹거리를 찾기 위해 온갖 풀을 시험 삼아 먹어 보다가 중독되었는데, 이를 고친 것이 바로 차라는 내용이 등장합니다. 중국은 지리적으로 수질이 좋지 않아서 물을 주로 끓여 먹었습니다. 여기에 찻잎을 띄워 먹으면 한결 향도 효능도 좋아지니 차 문화가 발달할 수밖에 없었죠.

건륭제도 차를 좋아하고 즐겼습니다. 건륭제가 어느 날 강남에서 암행하던 중 차가 마시고 싶어 한 찻집에 들어갔습니다. 건륭제는 일행에게 차를 따라 주었고, 일행은 황궁이었다면 황제께 무릎을 꿇고 공손히 찻잔을 받아야 했지만, 암행을 들킬 수 없어 손가락 검지와 중지를 탁자에 부딪쳐 예를 표했습니다. 손가락으로 무릎 꿇는 시늉을 한 거죠. 이 손짓은 여전히 중국에서 차나 술을 따를 때 사용되고 있습니다.

중국의 차 소비량은 예나 지금이나 전 세계적으로 압도적입니다. 전

만주족이 일으킨 중국의 마지막 통일 왕조

세계 43퍼센트의 차 생산량을 중국에서 담당하고 있으니 수출량도 만만치 않죠. 차 수출의 역사도 유구합니다. '차마고도(茶馬古道)'라고 들어 보셨죠? 동명의 타이틀로 제작된 다큐멘터리가 많은 시청자의 사랑을 받았는데요. 차마고도는 '차와 말의 옛길'이라는 뜻으로, 일찍이 중국의 차와 티베트의 말을 교환하기 위해 만들어진 교역로입니다. 장건이 개척한 실크로드보다 2백 년이나 앞선 고대 무역로인 것이죠. 차마고도는 다큐멘터리에 나온 것처럼 해발 4천 미터 이상의 험준한 산악로와 협곡으로 이루어져 보기만 해도 아찔한 길이에요. 당시 상인들은 중국의 차를 얻기 위해 목숨을 걸고 차마고도를 오갔던 겁니다. 차는 그런 위험을 감수할 만큼 부가가치 높은 중국의 핵심 수출품이었던 거죠.

중국의 차는 중국은 물론 티베트·인도·네팔에서도 인기였고, 대항해시대 이후에 중국의 차를 접한 유럽인도 차의 매력에 흠뻑 빠져들었습니다. 19세기 영국의 사회상을 예리하게 포착한 작가 찰스 디킨스는 어지러운 머릿속을 정리해 줄 차 한 잔을 준다면 이를 건네주는 이의 사정을 더 잘 이해할 것이라고 차를 예찬했죠. 차는 영국에서도 최고의 기호 식품이었고, 어느덧 생필품의 지위를 넘보게 되었습니다. 지금부터 중국의 차를 너무나 사랑했던 영국의 사정을 한 번 들여다볼게요.

## 포르투갈 공주의 혼수품이 불러온 나비효과

오늘날 세계 공용어는 영어입니다. 영국의 언어를 왜 지구 반대편 아시아에서까지 배워야 할까요? 그 이유를 역사적으로 거슬러 보면 '산업혁명' 때문이겠죠. 영국은 명예혁명을 통해 다른 나라들보다 먼저 근대 시민 사회로 첫발을 내딛습니다. 영국에서는 개인의 권리가 존중받았고, 자유로운 경제 활동을 영위할 수 있었죠. 그 결과 영국에서 과학혁명과 산업혁명이 일어나게 됩니다.

1760년부터 50여 년에 걸쳐 기술 혁신과 새로운 제조 공정이 이루어집니다. 1760년 당시 청나라는 건륭제가 즉위한 지 25년쯤 지난 때였습니다. 건륭제가 장강 이남에서 거지닭을 뜯어먹고 찻집에서 차를 마시는 동안, 영국에서는 제임스 와트가 증기 기관을 발명했고, 방적기가 만들어져 면직물이 생산된 것입니다.

17세기 이전 영국에서는 양털 옷을 입었어요. 그러다 인도에서 생산한 면직물을 입어 보니 신세계인 겁니다. 세탁도 편하고, 감촉도 부드럽고, 여름에도 시원하게 입을 수 있으니 양모 옷과는 비교 불가였어요. 인

만주족이 일으킨 중국의 마지막 통일 왕조

도의 면직물 수입이 늘어나 부담스러워질 정도로 영국의 의류 업계는 '메이드 인 인디아' 판이 되어 버렸습니다. 그러자 영국은 원재료인 목화를 수입해 면직물을 생산하고, 기술혁명으로 방적기를 만들어 대량 생산에 박차를 가합니다.

방적기로 면직물을 생산하니 생산량이 혁명적으로 늘어났습니다. 영국은 남아도는 면직물을 인도에 역수출하게 되었고, 인도에 호시탐탐 눈독을 들이다 아예 식민지로 만들어 버립니다. 인도의 면직물 생산 시설을 파괴하고 산업 기반까지 무너뜨려 버리니, 인도는 영국 방적기의 혁명적 생산을 받아 내는 소비 시장으로 전락해 버립니다.

산업혁명으로 영국의 밤은 뜨겁게 달아오릅니다. 노동자가 기계와 호흡을 맞춰야 하니 여간 피곤한 게 아니었고, 이때 필요했던 게 '차'입니다. 홍차죠. 대부분의 차에는 카페인이 많이 들어 있습니다. 한 잔 마시면 기운이 벌떡 났죠. 그런데 하필 커피가 아닌 홍차가 영국인의 입맛을 사로잡은 이유가 뭘까요?

1662년 영국 찰스 2세에게 포르투갈 공주가 시집옵니다. 캐서린 브라간자는 대항해 시대 전성기를 맞이한 포르투갈의 공주답게 동양의 신문물을 일찌감치 맛보고 있었고, 시집올 때 평소 즐기던 차를 가져왔죠. 외국에서 공주가 와 왕비가 되었으니 그 주위에 상류층 귀족 부인이 모였죠. 그들은 공주를 통해 자연스레 홍차를 접하고 그 맛에 푹 빠집니다.

당시 영국 남성은 커피하우스에서 사교 활동을 했는데, 여성은 티하우스에서 홍차를 마시며 사교 모임을 하게 된 것이죠. 그러자 영국은 어느덧 홍차의 나라로 탈바꿈되었습니다. 향기로운 차 한 잔이 고급스러운 사교의 장을 연 것입니다. 홍차가 영국에서 남녀노소 지위 고하를 막론하고 사랑받는 '국민 식품'이 된 거죠. 당시 영국 국민은 월수입의 5퍼센트를 홍차 구입에 사용했다고 합니다.

요즘 고급 호텔에서 비싼 가격에도 인기 있는 '애프터눈 티' 문화도 이때 시작된 겁니다. 19세기 초 영국 귀족과 상류층은 식사를 하루에 두 번 했어요. 오전 10시에 느지막이 아침 식사를 하고, 오후 3시쯤 저녁 식사를 했으니 어스름한 저녁이 되면 배가 고팠겠죠? 그래서 저녁 7시경에 차와 간식을 먹는 '애프터 디너 티'라는 문화가 생깁니다. 영국은 포르투갈 공주의 혼수품 덕분에 온 나라가 홍차 맛에 푹 빠진 거죠.

'찻잔 속 태풍(A storm in a teacup)'이라는 영어 속담이 있는데요, 영국은 이 속담처럼 홍차로 직격탄을 맞게 됩니다. 1773년 12월 보스턴 항구에 정박한 배에 아메리카 선주민이 들이닥쳐 차 상자를 바다에 버리는 사건이 벌어집니다. 당시 미국에서 발행하는 모든 문서마다 인지를 붙여야 한다고 강요하는 인지세 문제로 여론이 들끓고 있었어요. 매일 마셔야 하는 생필품인 홍차에 세금을 부과하니 분노가 폭발한 겁니다.

이때 새뮤얼 애덤스(보스턴 특산 맥주 이름으로 유명하죠)가 '자유의 아들들'이라는 집단을 이끌고 행동에 나섭니다. 그는 모호크족으로 위장한 채 영국 상선에 올라타 차 상자를 바다에 던져 버려, 보스턴 앞바다를 거대한 찻잔으로 만들어 버렸어요. 이때 버려진 차는 청나라로부터 수입한 무이암차(무이암차는 사시사철 온화한 기후의 복건성 무이산에서 재배된 것으로 오늘날 흔히 접하는 우롱차의 원류입니다)였죠. '보스턴 티 파티'를 흔히 '보스턴 차 사건'으로 번역하지만, 직역하자면 '보스턴 다과회' 정도가 될 겁니다. 그 이름과는 달리 그날 밤 '찻잔 속 폭풍'은 거대한 용광로로 변해 미국 전역으로 퍼져 나갔습니다. 마침내 1775년 미국 독립전쟁이 시작되었고, 영국은 18세기 후반을 온통 미국과의 전쟁에 몰두할 수밖에 없었죠.

산업혁명기 영국에서 차의 가치는 어땠을까요? 유비가 차를 구하던 시절만큼은 아니지만 멀리 중국으로부터 수입하는 운송비까지 감안하면 꽤나 비싼 수입품이었습니다. 당시 서양에서는 중국 비단이나 도자기

만주족이 일으킨 중국의 마지막 통일 왕조

가 인기라 많이 수입했는데 여기에 차라는 수입 품목이 더해진 겁니다. 중세 유럽에서는 후추 1그램이 곧 황금 1그램이었어요. 문자 그대로 금 값이던 그 시절의 향신료는 대항해 시대의 강력한 추동력이 되었습니다. 향신료를 찾아 목숨을 걸고 큰 바다로 나갔던 것이죠.

차는 향신료만큼은 아니었지만, 영국에 재정적 부담을 크게 지웠습니다. 당시 수입품의 대금은 주로 은으로 지급했습니다. 얼마나 많은 은이 청나라로 흘러갔는지 보면, 1760년대에 3백만 냥으로 시작해 1770년대에는 750만 냥, 1780년대에는 1천6백만 냥까지 솟아올랐어요. 중국으로 들어오는 은의 양이 20년 만에 다섯 배나 늘어난 것이죠. 그러니 건륭제 재위 기간에 청나라는 세계 GDP의 35퍼센트를 차지할 정도로 번성했습니다. 게다가 중국은 영토가 넓고 여러 위도에 걸쳐 있어서 기후가 다양하고 물산이 풍족했습니다. 자급자족이 가능한 국가였던 거죠.

1793년 영국의 대사 조지 매카트니가 건륭제에게 '중국과 영국, 양국 간의 무역을 자유롭게 실시하고 북경에 영국 대사가 상주하는 것'에 대해 허락을 구합니다. 그는 또한 영국 상인들의 거주 지역을 지정해 주고 광저우의 관세를 인하해 줄 것도 요청하죠. 이와 같은 본격적인 무역을 원하는 영국의 요청에 건륭제의 대답은 "지대물박(地大物博)"이었습니다. 이를 직역하자면 '땅은 넓고 물산은 풍부하다.'라는 뜻입니다. '청나라는 하늘 아래 모든 것을 다 가지고 있는 나라이니, 무역이란 것을 할 필요가 없다. 너희 서양 오랑캐들이 우리나라로부터 비단, 도자기, 차를 수입하는 것에 감사하지 않고, 이렇게 무리한 요구를 하니 괘씸하다.'라는 의미였죠. 이러한 에피소드는 영국 정부가 홍차 수입으로 발생한 재정 적자를 만회하기 위해 얼마나 발버둥 쳤는지 여실히 보여 주고 있습니다. 영국의 필사적인 노력에 대해 청나라는 완전한 무시로 대응했죠.

영국의 정치풍자화가 제임스 길레이는 건륭제와 외교사절단 매카트니와의 만남을 만화로 그렸죠. 중국 황제가 '팍스 만츄리아'에 갇혀 글로벌 정세를 제대로 파악하지 못하는 것을 풍자한 것으로 유명한 그림에서 건륭제의 표정은 탐욕스럽고 거만하게 묘사되었죠. 영국의 국왕인 조지 3세는 건륭제의 80세 생일 축하를 빌미로 아시아 외교의 달인이던 매카트니를 보낸 것인데 실패한 것이죠. 건륭제는 영국과의 교역을 허락하기는커녕 영국을 한낱 조공국으로 여겨 무시하여 매카트니에게 삼궤구고두의 예를 갖추라 하고, 상대는 이를 못한다며 옥신각신하다 무릎을 꿇는 것으로 타협했습니다. 청나라는 산업혁명과 과학혁명을 통해 영국이 얼마나 발전했는지, 그 결과 최신식 화기로 무장한 병력이 얼마나 강했는지 몰랐던 겁니다.

134년 강희제가 강건성세의 시작부터 첫 단추를 잘못 꿴 것일 수도 있습니다. 강희제는 정성공이 대만을 차지하고 자리 잡자, 그를 경계하여 천계령(遷界令)을 내립니다. 천계령은 산동성에서 광동성에 이르는 남동 해안의 주민을 모두 소개(疏開)한 제도입니다. 해안에서 30리 안쪽의 마을까지 내륙으로 강제 이주시킨 거죠. 해안 마을이야말로 정성공이 해상 무역을 통해 재화를 획득하는 기회의 장이었으니, 그가 주특기를 발휘할 수 있는 무대를 제거해 버린 겁니다.

천계령은 정성공 문제를 해결하고도 20년이 지나 해제되었으니, 중국 동남 해안은 사실상 황폐화되었고, 해상 무역의 씨는 말라 버렸습니다. 청나라는 해양 국가의 위상을 스스로 포기한 셈이죠. 어쩌면 중국의 몰락은 천계령으로부터 시작된 것이지도 모릅니다. 거친 바다로 나간 해양 세력이 20세기에 21세기까지 전 세계를 주무르고 있는 작금의 상황을 고려하자면, 문을 걸어 잠그고 해양 진출을 백안시한 청나라의 정책은 근대 아시아 운명을 결정지은 실수일 겁니다.

# 아편이라는 비윤리성

영국은 1793년 매카트니 특사의 임무 실패에 난감한 상황이었습니다. 홍차로 인한 무역 수지 적자는 쌓이는데, 청나라 조정이 무역항의 확대도 반대하니 수출길이 제대로 막혀 버린 거죠. 게다가 면직물·가죽·시계·기계제품 등 영국의 효자 수출품이 청나라에서는 맥을 못 추고 팔리지 않았습니다. 이처럼 영국은 통상 확대에 실패하자 아편을 생산해 중국에 수출하기 시작합니다.

아편은 양귀비꽃의 덜 익은 열매에 상처를 내어 즙을 받아 내고 굳혀서 만든 마약입니다. 강한 마취 진통 작용이 있어서 고대 수메르에서도 사용된 기록이 있죠. 하지만 다른 마약과 마찬가지로 금단 현상이 극심하고, 복용 용량이 올라가면 사람을 죽일 수 있는 독약이 됩니다.

아편은 중국에 수입될 때 앵속(罌粟)이라는 이름의 진통제로 사용되었습니다. 강희제 재위 시기에 포르투갈 상인들이 해마다 수백 상자의 아편을 중국으로 들여왔을 때만 해도 고가의 진통 약제로 부유층에서만 유통되었습니다. 19세기에 코카인을 와인에 타서 마시던 유럽 귀족과 비숫하죠(코카인을 일종의 약으로 취급하여 사회 저명인사나 왕족, 교황까지 마셨다는 기록이 있습니다. 쥘 베른이나 에밀 졸라도 코카인을 애용했다고 하죠). 그러나 18세기인 청나라 때 중국 내 아편 수입량이 급증하여 많은 중독자가 발생됩니다. 1800년도 즈음 약 30만 톤의 아편이 중국으로 흘러들었고, 1830년대에는 2만 상자(약 120만 톤)의 아편이 중국인에게 팔렸습니다. 120만 톤의 아편이면 1백만 명의 아편 중독자에게 공급할 수 있는 막대한 분량입니다. 19세기 초중반 청나라의 아편 중독자는 최소 1백만 명을 넘었으리라고 추산됩니다. 그 많은 아편은 어디서 나온 걸까요?

영국이 조직적으로 아편을 대량 생산하여 유통시킨 것은 인도의 점령 시기와 맞물려 있습니다. 영국이 동인도주식회사의 주도 아래 캘커타에서 봄베이에 이르는 인도 북부 대부분을 차지하고 환금작물을 찾고자 고심 끝에 돈 되는 짭짤한 품목을 고른 게 바로 아편입니다. 인도는 양귀비가 재배되는 기후에 노동력이 풍부해 아편을 위한 천혜의 환경이었죠. 동인도주식회사는 돈이 된다면 뭐든 했는데도, 아편 거래는 양심에 걸렸나 보죠? '국상'이라고 하는 상인들에게 아편 무역 면허를 팔아서 이익을 챙겼습니다. 하청을 한 단계 두어서 나라에서 아편을 만들어 판매한다는 비난에서 벗어나고자 한 것이죠. 아편은 중국에서 날개 돋친 듯 팔렸고 그 대금으로 비윤리적인 은 덩어리가 영국으로 흘러들게 되었어요.

당시 청나라의 조세 제도는 지정은제(地丁銀制)였습니다. 지정은제는 인두세와 지세를 통합해 은으로 납부하게 하는 세제입니다. 실물 경제에서 백성은 주로 동전을 사용했고, 이 동전을 모아 은을 구입해 세금으로 바쳤습니다. 1800년부터 1839년까지 밀수 아편으로 유출된 은의 양은 6억 냥 정도로 추정됩니다. 수요와 공급의 법칙에 따라 중국 시장 내에서 유통되는 은의 절대량이 줄어드니 그 가치가 오를 수밖에 없죠. 건륭제 재위 기간에는 은 1냥을 사기 위해 동전 1천 개가 필요했다면, 그 다음 황제인 가경제 대에 이르러서는 1천5백 개를 줘야 했죠. 그다음 황제인 도광제 대에는 2천7백 개의 동전으로 은 1냥을 교환했으니, 무시무시한 인플레이션이었습니다. 돈 값어치가 3분의 1로 줄고, 백성의 세금 부담은 세 배가 되었으니까요.

경제적 악영향만이 아니었습니다. 마약 중독이 사회 전반에 확산되어 나라의 근간이 흔들렸어요. 아편 중독자라면 건달이나 부랑자가 먼저 떠오르죠? 하지만 당시 청나라에서는 관리·상인·학생·노동자·부녀자·궁궐의 환관 할 것 없이 아편에 손을 댔으니 온 나라가 마약에 미쳐 돌아가는 형국이었죠. 아편이 얼마나 심각한 사회적 문제로 대두되었으면, '아편 자유화'라는 주장을 펼친 인물도 등장했습니다. 시정잡배가 아닌 관료가 저런 어처구니없는 아이디어를 냈다는 게 놀라운 일이죠. 허내제라는 인물이 내놓은 이금론(弛禁論) 정책은 어차피 아편은 막을 수가 없고, 많은 백성이 중독되었으니 차라리 양성화시켜 세금이라도 걷자는 것이었죠. 일국의 관료가 주창한 정책이라기에는 너무 황당했고 당연하게도 받아들여지지 않았어요.

도광제는 이 난국을 타개하기 위해 허내제와 정반대 입장을 고수한 인물인 흠차대신(欽差大臣: 중국 청나라 때 황제가 중요한 사안을 처리하기 위하여 둔 임시 관직) 임칙서를 전격 기용합니다. 임칙서는 중국사의 대표적 충신으로, 복건성에 '임문충공사'라는 기념관이 있어 많은 이들이 찾을 만큼 사랑받고 있습니다. 그는 어려서부터 총기가 있어 향시와 전시에 잇달아 합격하여 황제에 자문하는 기관이자 문서의 초안을 잡는 한림원에 들어갑니다. '아편 자유화'라는 얼토당토않는 정책이 대두되자, 극렬히 반대하는 상소를 올려 도광제의 신임을 얻습니다. 도광제는 임칙서를 흠차대신으로 임명하여 광동 지방으로 파견합니다. 흠차대신은 황제의 명을 받아 특정 사안을 처리하되, 그 전권을 부여받은 막강한 직책입니다.

임칙서는 섬서안찰사, 호광총독, 강소순무 등의 지방관을 역임하며 '임청천'이란 별명을 얻습니다. 송나라 명판관 '포청천' 아시죠? 그에 빗대 임청천이라 불렸으니 얼마나 청렴결백하고 대쪽 같은 관리였는지 알 수 있죠. 그는 1839년에 서양과 교역이 허가된 유일한 항구 광주에 부임하자마자 아편 밀수범을 색출·체포합니다. 청나라에서 아편을 근절하겠다는 신념 하나로 정책을 수행하여 아편 중독자에게는 3개월의 시한을 주고 아편 반납을 명합니다. 다섯 명 단위로 짝을 이뤄 아편을 피우지 않도록 연대책임을 지우기도 해요. 1839년 5월에 이르면 1천6백여 명이 아편 흡연 혐의로 체포되었고, 15톤의 아편이 압수되었습니다.

임칙서는 이에 그치지 않고 근본적으로 아편 공급망을 차단하고자 했죠. 서양 상인과의 합법적 무역을 허가받은 공행들을 단속해 아편을 모두 압수하고 아편 무역을 하지 않겠다는 각서를 받아내려 했어요. 하지만 서양 상인들도 밥줄이 걸린 일인지라 만만찮게 저항합니다. 임칙서는 영국 아편 상인 랜슬롯 덴트를 체포하려 했고 서양 상인 연합이 인도를 거부하자 서양과의 모든 무역을 봉쇄합니다. 임칙서의 강경 대응에 상인들은 아편을 포기하고 추방당합니다.

임칙서가 몰수한 아편의 양은 1천3백 톤에 달해 당시 1백억 원이 넘는 것으로, 현재 가치로는 3천억 원 이상의 규모로 추정됩니다. 어마어마한 양의 아편을 폐기하는 것도 문제였죠. 임칙서는 해변에 깊이 2미터, 둘레 45미터에 달하는 거대한 구덩이 세 개를 파고, 여기에 아편을 쏟아부었습니다. 물과 소금, 석회가루를 아편에 섞어서 바다로 흘려보내며 이 광경을 백성이 지켜보게 했습니다. 아편 근절을 위해 무엇이든 할 수 있다는 단호함을 대내외에 과시한 겁니다. 청백리 임칙서는 어린 시절 배운 성리학 가르침을 체화한 인물로 도덕성이 높은 관리였습니다. 그는 아편 무역이 얼마나 비윤리적인지 영국 왕에게 공개편지를 보내 호소하기도 했습니다. 편지의 수신인은 해가 지지 않는 대영 제국을 확립한 빅토리아 여왕이었고, 이 편지는 당시 신문 〈더 타임스〉에 실려 영국인들이 아편 무역의 실상을 알게 되었죠. 하지만 국제 정치와 외교는 돈의 논리로 흘러가고, 그 논리를 힘으로 지지하는 '더러운 전쟁'이 지배하고 있습니다. 임칙서의 항변은 씨알도 먹히지 않았죠. 영국 정부는 아편 덕분에 술술 들어오던 은화에 취하여 부도덕한 전쟁을 벌이게 됩니다. 아편이 동아시아 국제 질서를 바꾸고 세계사의 거대한 물줄기를 틀어 놓게 된 것이죠.

## 부도덕한 전쟁의 시작

　1840년 4월 10일, 영국 하원에서 예산안 표결이 이뤄졌고, 271 대 262로 겨우 9표 차이로 가결되었죠. 아슬아슬하게 통과한 예산안은 청나라와의 전쟁 비용에 대한 것이었습니다. 외국에 마약을 팔다 저지당했는데 가만히 있을 수 없으니 전쟁이라도 벌여서 다시 아편을 팔아먹자는 파렴치한 예산안이 국회를 통과한 겁니다. 영국 상인들이 아편 밀매가 저지당하자 로비를 통해 의회를 움직인 거죠.

　영국 전 총리이자 노회한 정치인 아서 웰즐리는 영국 국민은 패배와 굴욕을 모르는 나라의 국민이며, 자국민을 위협하는 세력에게는 귀를 의심할 정도의 배상금을 받아 온 국가의 국민이라고 주장했어요. 청나라에게 제대로 배상을 받아 내자는 선동이었죠.

　영국 의원이 모두 파렴치한 것은 아니었습니다. 윌리엄 이워트 글래드스턴은 표결에 앞서 의원들에게 청나라에는 아편을 금지시킬 권리가 있는데, 영국 외무상은 청나라의 정당한 권리마저 짓밟으며 부정한 무역을 정당화하고 있다고 호소합니다.

　　　　　　　　　만주족이 일으킨 중국의 마지막 통일 왕조

영국은 1840년 6월 4천 명의 병력을 이끌고 광동 앞바다로 진격해 중국에 선전 포고합니다. 조지 엘리엇 함장의 지휘에 따라 5백여 문의 대포로 무장한 수십 척의 함대가 광주를 공격했습니다. 하지만 임칙서도 후폭풍을 예견한 터였습니다. 그는 광주 항구로 들어오는 수로에 대포를 설치하고 요새화 작업을 진행했습니다. 엘리엇은 이를 목격하고 공격이 여의치 않을 것을 예상하고 뱃길을 돌려 북진하여 장강 하구와 주산 열도를 손쉽게 점령하고 천진으로 향해요.

천진은 북경의 관문입니다. 천진이 함락당하면 수도가 위험해지는 상황이었죠. 우리나라로 말하자면, 강화도와 연안 부두에서 영국군의 화포가 펑펑 터지는 상황입니다. 청나라 조정은 영국의 화력을 보고받고 당황하여 직예총독 기선을 보내 교섭을 시도합니다. 적의 급소를 노린 엘리엇의 작전이 주효했던 겁니다. 황제가 서둘러 서양 오랑캐의 침공을 처리하려는 조바심 때문이었을까요? 기선은 천비에서 영국의 무리한 요구를 받아들이고 가조약을 맺습니다. 조약 내용은 '청나라 조정에서 불법 압수한 아편은 은 6백만 냥으로 갚는다.', '청나라의 핵심 5개 항구를 개항하고, 홍콩을 영국에 할양한다.', '차후 영국 시민은 청나라 황제와 동등한 지위를 보장받는다.', '광동 지역에서 벌어지는 무역을 전쟁 이전으로 원상 복구하고, 비용은 청나라가 부담한다.' 등이었습니다.

도광제는 화친을 독촉했지만, 이 가조약을 인준할 수는 없었습니다. 홍콩 할양 조약 때문이었죠. 평화를 돈으로 사는 것까지는 허락하더라도, 영토를 내준다는 것은 수용할 수 없는 일이죠. 황제는 어디서 이런 얼토당토않는 조약을 맺었냐며 기선을 유배 보냈고, 전황은 다시금 대결 국면으로 치닫습니다. 하지만 영국 함대는 네메시스호를 비롯한 압도적인 전력을 갖추고 있었어요. 네메시스호는 철갑 증기선의 위력을 과시하며 가는 곳마다 승전보를 높였습니다. 청나라의 대포는 네메시스호의 철갑을 뚫지 못했으니, 맨주먹으로 탱크와 마주한 형국이었죠.

1만 명의 영국군은 청나라 동남부 도시들을 초토화시켜 버렸고, 진강을 공격하여 치열한 전투 끝에 차지하게 되었죠. 진강 함락은 전략적으로 중요한 의미가 있습니다. 진강은 남경의 관문이자 동시에 경항대운하의 핵심 기지입니다. 이곳을 빼앗긴다는 것은 장강 이남의 자산이 북으로 흘러 들어가지 못하게 되는 것을 의미합니다. 청나라 입장에서는 뼈아픈 패배였죠.

경항대운하는 명나라에 이르러 완성된 운하로, 중국 남북을 잇는 젖줄 같은 수로입니다. 수나라의 운하와 경항대운하, 그리고 황하와 장강을 살펴보면 대륙을 씨줄과 날줄로 감싸며 중원의 물류를 완성시킵니다. 중국 곳곳을 혈관처럼 감싸며 퍼져 있죠. 그런데 아이러니하게도 중국은 이 훌륭한 경항대운하의 완공 때문에 동남 해안권의 제해권을 하찮게 여기게 되었어요. 송나라 강남 개발 이후 풍족해진 장강 이남의 물산이 안전하고 신속 정확하게 북경과 화북 지방까지 배송되니 군이 바닷길에 신경 쓸 필요가 없었죠. 이를 틈타 왜구는 명나라의 동남 해안을 잠식해 들어갔고, 영국 해군은 청나라 해안을 쉽게 침공한 겁니다.

진강을 빼앗겼다는 것은 청나라의 혈관을 초장부터 봉쇄해 버린 것이니, 도광제는 더 이상 버틸 수 없었습니다. 진강의 중요성을 아는 청나라 병사들도 결사항전의 자세로 전쟁에 임했지만 중과부적이었죠. 지휘관 해령은 자결했고, 4천 명의 청나라 병사가 전사했습니다.

도광제는 진강 함락 이후에 남경이 영국군 수중에 떨어질 위기에 봉착하자, 무릎을 꿇습니다. 지지부진한 협상 끝에 남경 조약을 맺게 됩니다. 청나라는 1842년 8월 29일에 맺어진 이 불평등 조약으로 광주·하문·복주·영파·상해를 개항하게 됩니다. 천문학적 배상금과 함께 홍콩섬을 영국에 내주게 되었습니다. 남경 조약은 150여 년 후에 중국에 홍콩

민주화운동이라는 파란을 불러옵니다.

　남경 조약은 수천 년 중국사의 대사건이었습니다. 수출입 관세를 협의하에 결정하고, 공행을 폐지하여 영국과의 무역 길을 활짝 열게 되었죠. 외국인이 개항장에 집을 짓고 거주할 수 있게 되어 향후 조계지의 기반이 되기도 했습니다. 조계지는 중국의 행정 사법권이 미치지 않는 곳으로 영사 재판권까지 허용되니 사실상 중국의 거대한 영토 일부가 식민지가 된 셈이었습니다. 이처럼 아시아 개항의 나쁜 선례가 만들어졌으니, 중국의 몰락만으로 볼 게 아니었습니다.

　한편 국난의 와중에 임칙서는 파면됩니다. 그는 청렴결백한 도덕주의자이자 능력 있는 관료로 기울어 가는 청나라를 일으켜 세우기 위해 아편을 근절하려다 도리어 화를 입습니다. 임칙서는 일찌감치 유럽의 군사력을 경계해 대포와 함선을 사들이며 광주를 방비했지만, 영국군이 방비가 허술한 북경으로 진격했기 때문에 그의 병력은 제대로 힘을 쓰지 못했어요. 임칙서는 파직당해서도 신강에서 러시아 제국의 남하를 경계하였고, 이는 훗날 좌종당에게 영향을 끼쳤습니다. 황제는 태평천국의 난이 발발하자 다시금 임칙서를 중용하여 흠차대신으로 삼아 파견했지만, 그는 임지로 부임하던 중 병사했습니다. 혼란의 시기에 임칙서 같은 인물이 더욱 중용되었다면 청나라의 운명은 어땠을까요?

# 청나라가 국제 호구가 된 까닭

영국에서 아편은 그 위험성에도 약으로 사용되었습니다. 어린아이에게 먹일 정도로 보편적으로 사용된 의약품이었습니다. 영국에서는 경구약으로 복용된 아편을 청나라에서는 담뱃대에 넣어 피웠죠. 이게 촉매가되어 아편의 마약성이 증폭되었고, 수많은 중독자를 양산했습니다.

청나라는 영국의 집요한 공격에 홍콩을 할양하며 본격적인 개항을 수용합니다. 그러나 영국은 어떻게든 무역수지 흑자를 내겠다는 야심을 이루지 못합니다. 중국에 아편을 대놓고 수출하면 큰돈을 벌 줄 알았지만 시장 상황은 만만치 않았어요. 영국에서 생산한 면직물은 청나라에서 인기가 없었거든요. 게다가 어느새 청나라에서 아편을 자체 생산하기 시작했습니다. 영국은 전쟁까지 일으켜 청나라를 무릎 꿇렸지만, 더 깊은 탐욕 속으로 돌진합니다. 한 번 더 시비를 걸어 청나라 시장을 더욱 노골적으로 지배하고 싶던 거죠. 그리고 공교롭게도 이즈음 애로호 사건이 일어납니다. 광주 앞바다에 영국 깃발을 단 상선 하나가 검문받았습니다. 청나라 수군이 상선에 올라타 아편 밀수와 해적질을 단속하기 위해 승조원을 체포합니다. 그런데 상선은 영국 국적이었지만, 실소유주는 청나라 사람이었고, 대부분의 승조원도 중국인이었습니다. 당시 중국인 선주가 영국인 선장을 고용해 홍콩에 선박을 등록하는 꼼수가 유행이었습니다. 광동 항구의 청나라 범죄자들이 남경 조약의 허점을 이용해 영국 깃발을 달아 청나라 관리가 함부로 검문하지 못하게 하려는 수작이었죠.

　그러나 영국은 자국의 국기가 훼손되었다는 사실에 초점을 맞춥니다. 영국의 위세를 등에 업고 단속을 피하려다가, 강제로 영국 국기를 내린 것뿐이니 국기 훼손이라고 보기에 과하죠. 선원들 증언에 따르면, 실제로 영국 국기가 내려졌는지도 의문입니다. 하지만 영국은 가뜩이나 중국에 뭔가 건수를 잡으려던 터라 '국기 문란'의 대사건으로 다룹니다. 이에 영국이 다시 중국에 함선을 파병한 게 제2차 아편 전쟁입니다. 제2차 아편 전쟁에는 또 하나 국제적 변수가 작동합니다. 러시아의 팽창 정책이 크림 전쟁의 패배로 저지되었고, 러시아가 유럽으로 영토를 확장하려던 게 좌절되었으니 이제 중국 방면으로 진출할지 모른다는 게 영국을 자극했고, 프랑스와 공조했다는 점이 변수로 작용했죠.

　1793년 조지 매카트니 특사가 중국에 다녀간 후에 40여 년이 지나서야 아편 전쟁이 발발한 이유가 뭘까요? 그 사이 영국의 야욕이 갑자기 줄었던 것일까요? 그럴 리 없죠. 영국은 제 앞가림에 버거워, 청나라에 발톱을 들이밀 여유가 없던 겁니다. 1789년에 인류 역사의 분기점인 프랑스 대혁명이 일어났던 거죠. 프랑스 대혁명으로 전제 정치의 상징이던 바스티유 감옥이 무너지고, 들라크루아의 그림 〈민중을 이끄는 자유의 여신(La Liberté guidant le peuple, 1830)〉이 보여 주듯 남녀노소 가릴 것 없이 삼색기 아래 일어났어요. 하지만 혁명의 기운은 어이없게도 나폴레옹의 황제 등극으로 이어졌고, 유럽은 전쟁의 불바다에 빠지게 됩니다. 영국도 이 혼란에서 자유로울 수 없었죠. 영국은 넬슨 제독이 트라팔가르 전투에서 목숨을 바쳐 국토를 지켜 낸 덕분에 프랑스의 침공을 막을 순 있었지만, 청나라에 다시 기웃거릴 여유는 없었습니다. 영국은 미국 독립 전쟁과 나폴레옹의 침공을 겪고 나서야, 비로소 아시아로 다시 눈을 돌려 아편 전쟁을 일으킨 겁니다.

청나라는 종이호랑이에 불과하다는 인식이 제1차 아편 전쟁의 결과 유럽에 퍼졌고, 남경 조약은 '국제 호구' 청나라를 탄생시켰습니다. 동아시아 국제 질서의 핵심이 붕괴된 것이죠. 이는 중국 외에도 우리나라와 일본, 베트남 등 아시아 전반에 악영향을 끼쳤습니다. 남경 조약을 계기로 아시아를 먹잇감으로 삼은 유럽의 침공이 노골화되기 시작한 겁니다.

이와 같은 국제 정세는 1896년 7월 26일 자, 〈르 프티 주르날(Le Petie Journal)〉에 실린 삽화에 잘 드러납니다. 〈르 프티 주르날〉은 1863년부터 1944년까지 발간된 프랑스 신문으로, 삽화 한 장에 촌철살인 풍자를 담아내곤 했습니다. 그림의 제목은 '중국에서: 왕과…황제들의 파이'로 영국, 프랑스, 독일, 일본도 한구석에 자리 잡은 모습을 그린 것입니다. 영국 빅토리아 여왕이 칼을 들고 눈을 부라리고 있고, 독일 빌헬름 2세는 중국이라는 파이에 칼을 꽂아 넣고 있고, 러시아 니콜라이 2세 역시 지지 않겠다는 듯 칼을 쥐고 한 쪽 베어 내기 위해 호시탐탐 노리고 있습니다. 프랑스 여인과 일본의 사무라이는 칼을 쥐지는 않았지만, 내 몫을 찾겠다는 결연한 의지를 보이고 있는 모습입니다. 삽화 중심에는 두 손을 치켜들고 눈을 부릅뜬 중국인이 보입니다. 누굴까요? 이홍장입니다. 이처럼 영국, 프랑스, 독일, 러시아, 일본까지 '한때 용맹했으나 이제 이빨 빠진 호랑이' 신세가 되어 버린 청나라를 야금야금 침탈하기 시작했습니다. 국제 무대에서 한번 호구가 된 후에 연달아 펀치를 맞는 중국의 모습과 19세기 말 아시아를 둘러싼 제국주의 국가들의 역학 관계를 드러내고 있는 모습입니다.

만주족이 일으킨 중국의 마지막 통일 왕조

## 부정부패의 화신

청나라는 두 번의 아편 전쟁을 겪으며 서구 열강의 먹잇감으로 전락합니다. 아시아, 나아가서는 세계사의 커다란 변곡점이 된 아편 전쟁은 그저 영국의 야욕과 침공으로 벌어진 것일까요? 아닙니다. 세상사 모든 사건은 결정적 계기로 폭발을 일으키지만, 그 환경적 배경 역시 만만치 않게 중요합니다. 영국이 아무리 호시탐탐 야욕을 부리며 다가왔어도, 청나라의 국력이 탄탄하고 조정의 기민한 대처가 있었다면 아편 전쟁은 그저 소소한 국지전으로 역사에 기록되었을 겁니다. 무능한 황제와 제한 몸만 사리는 신하들, 그리고 피폐한 경제 상황이 맞물려 청나라의 비극적 몰락이 초래된 것이죠.

청나라의 위기는 강건성세 말기부터 시작됐습니다. 황제는 중국 역사상 최대로 불어난 영토를 온전히 총괄하고 조정하지 못했습니다. 비대한 몸집 때문에 미세 혈관까지 피가 돌지 못하게 되었습니다. 중앙 정부의 통치력과 세심한 배려가 백성에게까지 가닿지 못했다는 것이죠. 청나라 조정이 본디 유목민적 특성인 효율성과 기동성이 거세된 채, 중원에 자리 잡은 여느 왕조와 다를 것 없이 비슷해지자, 관료제의 폐단이 곳곳에서 일어났습니다. 강희제나 옹정제는 이러한 관료제의 폐단을 방지하기 위해 노력을 게을리하지 않았습니다. 112책에 달하는 《옹정주비유지(雍正朱批諭旨)》는 옹정제의 진면목이 드러난 책으로, '붉은색으로 쓴 상소에 대한 비답'이라는 의미입니다. 옹정제와 지방 관리들 사이에 주고받은 상소와 답변인 서간문을 정리한 모음집이라고 할 수 있습니다. 강희제가 처음 시작한 '주비 제도'는 옹정제에 이르러 꽃을 피웠습니다.

옹정제는 강희제의 기나긴 재위 기간 동안 겨우 후계 자리에 올랐습니다. 강희제의 소생인 여러 황자와 치열한 경쟁을 해야 했기 때문이죠. 부황(父皇)의 마음에 들기란 어려운 일이었어요. 압도적인 업적을 남긴 천하의 강희제도 후계 문제에서는 혼란을 겪습니다. 옹정제는 강희제의 네 번째 황자입니다. 그런데 강희제가 남긴 친서에는 원래 '십사(十四) 황자', 즉 열네 번째 아들에게 황위를 물려준다고 썼는데, 이를 옹정제가 '제사(第四) 황자'로 가필하여 황위를 물려받았다는 음모론이 퍼진 거죠.

옹정제는 이 혼란을 거울삼아 태자밀건법(太子密建法)을 실시합니다. 내무부에 맡긴 후계에 대한 밀지와 자금성 건청궁에 있는 '정대광명(正大光明)'이라는 편액 뒤에 숨긴 친서를 비교하여, 다음 황제를 결정하는 겁니다. 요즘 유산 상속을 확실하게 하기 위해 변호사 입회 아래 공증하는 것과 같은 절차라고 할 수 있겠죠. 옹정제는 황위의 정통성에 대한 자격지심에서 벗어나기 위한 방편으로 다음 황위에 대한 밀지를 교차 검증하게 한 겁니다. 옹정제는 아버지인 강희제의 재위 60여 년간 이어진 선정을 보고 자라서인지, 정무에 진심이었습니다. 그는 조정 신료들의 보고는 다듬고 깎인 것이라 여겨서 정제되지 않은 지방관들의 생생한 목소리를 듣고 싶어 했죠. 옹정제는 무엇보다 백성의 안위·치안·경제 여건 등을 보고받고 싶어 했어요. 그래서 그는 매해 여름의 강우량, 겨울의 적설

만주족이 일으킨 중국의 마지막 통일 왕조

량, 누에 작황, 쌀 수확량과 가격 등을 지방관에게 조사해 보고하도록 명했습니다.

옹정제는 밤낮을 가리지 않고 아침 7시부터 정무를 보기 시작해, 밤이면 최소 서른 통 이상의 상소를 읽고 주비유지를 써서 보냈다고 합니다. 옹정제는 지방관이 검은 글씨로 보고서를 올리면 여기에 황제만이 사용할 수 있는 붉은 먹물로 글을 더해서 보냈습니다. '빨간펜 선생님'의 원조가 옹정제인 셈이죠. 황제가 거처하는 양심전(养心殿)의 기둥에 '원이일인치천하 불이천하봉일인(原以一人治天下 不以天下奉一人: 천하가 제대로 다스려지는 것은 모두 나 하나의 책임이요, 천하가 오직 한 사람만을 받들도록 하지는 않겠다)' 문구를 써 놓고는 스스로 다독였다죠. 주비유지를 통해 황제의 주된 관심사가 어디에 있었는지 알 수 있고, 그의 열정과 패기를 느낄 수 있고, 옹정제가 얼마나 실용주의적인 인물인지도 알 수 있으며, 신하들에게 욕설을 내뱉는 황제의 민낯까지 목도할 수 있습니다.

청나라는 옹정제의 이러한 노력 덕분에 강희제 재위기를 이어서 점점 부강해졌습니다. 옹정제는 워커홀릭에 가까울 정도로 정무에 전념했지만, 여가를 보낼 때면 부황 강희제가 선물한 원명원(圓明園)을 즐겨 찾았습니다. 원명원은 중국 원림 예술사의 만원지원(모든 정원 가운데 최고의 정원)으로 여겨지는 곳이죠. 이곳에는 '서양루'라는 바로크 양식의 석재 건축물까지 지어졌고, 중국의 베르사유라고 이름이 높았죠. 원명원은 강희제 때 준공된 이후에 옹정·건륭·가경에 이르기까지 증축되어 더 넓어지고 화려해집니다. 그 아름다움과 웅장함에 작가 빅토르 위고가 서양 교회의 보물을 다 가져다 놓아도 원명원을 이길 수 없다고 했다죠.

하지만 원명원은 제2차 아편 전쟁 때 영국과 프랑스 군사들에게 약탈당했고 불태워져 소실됩니다. 목조 건물은 완전히 멸실되었고, 서양식 석조 건물이 그나마 남았죠. 증언에 따르면, 영국군과 프랑스군은 장교,

사병 가릴 것 없이 도자기, 모피, 시계 등 화려한 유물에 눈이 멀어 이리 뛰고 저리 뛰며 원명원의 보물을 약탈했다고 합니다. 전리품을 챙기는 것은 물론 닥치는 대로 부수고 장난삼아 촛대를 총으로 쏘며 파괴한 후에 불을 질러, 원명원이 사흘이나 불타올랐다고 합니다. 3백여 명의 궁인과 내시가 미처 피하지 못하고 불타 죽기도 했죠. 빅토르 위고는 이 야만적인 폭거를 듣고 자신의 친구이자 영국군 대위였던 윌리엄 프란시스 버틀러에게 편지를 보냈습니다. 위고의 편지에는 원명원을 바라보는 그의 경외심과 이를 파괴하고 약탈한 프랑스 정부에 대한 분노가 담겨 있습니다. 조선에도 병인양요 때 프랑스 군대가 강화도에 상륙해 외규장각(外奎章閣)을 약탈하고 파괴한 아픈 과거가 있죠. 5천여 권의 귀중한 책이 소실되고, 의궤를 비롯한 수백 권의 도서가 약탈당했습니다. 그 참상을 떠올리면 영국군과 프랑스군의 원명원 파괴가 어땠을지 이해가 쉬울 겁니다.

원명원 파괴로 상징되는 청 제국의 몰락은 어디서부터 시작된 것일까요? 건륭제 집권기는 중국 역사상 실질적 의미의 최장기 집권과 최대 영토 확보를 이루어 낸 때였으나, 그로 인한 그림자도 드리워지기 시작했습니다. 청 제국은 은을 축적하여, 막대한 재화를 바탕으로 정복 전쟁을 일으켜 현재의 중국 영토보다 넓은 지역을 복속시켰습니다. 명나라의 영토와는 비교가 되지 않을 정도였죠.

지금도 그렇지만 전근대 왕조에서 인구는 곧 국력이었습니다. 인구가 늘었다는 것은 이를 부양할 수 있는 식량이 생산된다는 뜻이니까요. 건륭제 집권 초기에 1억 4천만이던 인구는 건륭 55년에는 3억에 달합니다. 웃자란 생물이 허약한 것처럼 내실을 다지지 않고 성장 일변도로 달린 국가는 부실해질 수 있죠.

건륭제는 '십전 노인(열 군데 전장에서 모두 승리한 노인)'으로 불리는 것을 좋아했지만, 그의 친정이 모두 승리로 끝난 것도 아닙니다. 때로는 패배

만주족이 일으킨 중국의 마지막 통일 왕조

나 억지 춘향 격의 승리도 있었으니, 덩치는 커졌지만 부실한 우량아가 된 청 제국의 단면을 보여 주는 셈이었습니다. 이에 더해 치명적인 관료제의 부작용이 드러납니다. 국가가 팽창한 데 맞춰 정부 조직도 성장하지만, 그 조직을 이룬 관료들이 국가에 충성하기보다 자기 이익을 앞세우며 부정부패가 만연해진 것이죠.

중국 지도를 보면 우리나라를 향해 톡 튀어나온 반도가 보입니다. 인천에서 직선거리로 제주도보다 가까운 산동성입니다. 산동성의 동쪽 끝 바닷가에 있는 위해시에 성산두라는 유명한 관광지가 있고, 성산두에는 중국사 최악의 간신 열두 명을 전시한 간신경시관이 있습니다. 진나라의 조고, 남송의 진회, 당나라의 내준신 등의 중국 간신이 즐비한 가운데 건륭제의 신하도 한자리 차지하고 있습니다. 그의 이름은 화신입니다.

화신은 중국의 내로라하는 간신이자 어마어마한 부를 축적했던 인물입니다. 물론 다 뇌물이겠죠. 화신은 만주 팔기군 귀족의 아들로 태어났고, 어려서부터 총명하여 만주어·한어·몽골어·티베트어와 사서삼경(四書三經) 등의 유교 경전까지 통달했습니다. 그는 건륭제의 경호원으로 입궁하여 자신의 총명함을 건륭제에게 어필하여 신임을 얻은 덕분에 승승장구했습니다. 건륭제가 《논어(論語)》〈계씨편〉의 한 구절을 들어 질문하자 그 핵심을 정확히 파악하여 대답하였다죠. 또한 건륭제가 《맹자(孟子)》를 읽다가 날이 어두워져 불을 밝히려 하자 어디까지 읽었는지 묻고는 그 뒷부분을 토씨 하나 틀리지 않고 그대로 읊었다고 합니다.

화신은 1780년 운귀총독 이시요의 비리를 척결하다가 재물에 눈을 뜹니다. 괴물을 잡으려다 괴물이 된 것이죠. 그는 이시요의 횡령 재물과 황제의 하사금까지 챙기며 거부가 됩니다. 오늘날의 기획재정부 장관에 해당하는 호부상서에 올라 자신의 권력을 이용해 뇌물을 긁어모으고, 재산을 강탈하고, 장사 수완까지 보이며 자산을 증식했어요. 전당포를 운영하고 돈놀이를 해서 이자를 챙겼으며 밀무역에까지 손을 뻗쳤죠.

건륭제의 총애를 받던 화신은 그의 죽음과 함께 몰락합니다. 건륭제 사후에 아들인 가경제가 등극했고, 그는 화신의 국정 농단을 주시하고 있던 터라 즉위하자마자 곧바로 화신을 처단합니다. 그리고 그의 막대한 재산을 몰수하니, 그 재산 규모가 당시 청나라 재정 수입의 열다섯 배에 이르렀다고 전해집니다. 당시 세계적인 경제 대국 청나라 세수의 15년 치라니 오늘날 화폐가치로 최소 1300억 달러 이상, 우리 돈 174조 원으로 추정됩니다. 당대 이렇게 부정부패를 일삼은 간신이 화신뿐이었을까요? 수없이 많았겠죠. 화신을 비롯한 간신배들의 부정부패는 청 제국의 붕괴를 야기했습니다. 그런 와중에도 임칙서처럼 올곧은 충신은 계속해서 등장합니다. 이런 충신들의 등용문은 대부분 과거 시험이었습니다. 당시 과거 시험에 매진하던 한 청년이 있었으니, 홍수전입니다.

# 예수의 동생으로 자칭한 객가인

홍수전은 1814년 광동성 '객가(客家)' 집안에서 태어납니다. 객가인(客家人)은 전란 때문에 남방으로 이주한 한족의 후예로 각 지역에 퍼져 그들만의 폐쇄적인 문화와 정체성을 유지하며 살아갔습니다. 객가인은 '중국의 유대인'이라는 별명처럼 적은 수에도 성공한 인물을 여럿 배출하였죠. 위진남북조 시절 영가의 난을 피해 객가의 삶이 시작되었다는 게 정설이니 그 역사도 꽤나 길죠.

객가인 거주지는 독특한 구조와 모양을 이루었습니다. '토루(土樓)'라는 원형의 건축물이 모인 게 객가인의 거주지인데요. 도넛 모양 네 채와 사각형 한 채가 하나의 세트로 '4채 1탕', 즉 네 개의 반찬과 한 그릇의 국이라는 의미입니다. 그 독특한 모양 때문에 중국과 미국의 수교(1979년) 당시, CIA가 미사일 기지로 오해했다는 이야기도 전해집니다.

객가인은 주거지의 독특한 건축물에서도 볼 수 있듯 다른 중국인과는 유리된 정체성을 유지합니다. 그 핵심은 '디아스포라'에 있죠. 여기저기 손님으로 떠도는 것이 그들의 삶입니다. 한족이라는 자긍심까지 더해져

'우리가 지금은 이렇게 쫓겨 다니며 비주류에 머물고 있지만 중국 대륙의 주인은 우리다.'라는 묘한 자부심이 그들 삶을 지배하고 있습니다.

떠돌이의 숙명으로 토지가 부족하니 상업이나 금융업에 종사하거나 지적 능력이 뛰어나 선생을 업으로 삼는 경우가 많았어요. 유대인이 신으로부터 선택받은 민족이라는 시오니즘에 근거한 것과 객가인이 한족 전통성에 대한 자긍심으로 무장한 태도는 그 양태가 비슷해 보입니다. 인구수에 비해 뛰어난 인물을 많이 배출한 점까지 닮은 모습입니다.

아시아 최초의 공화국인 중화민국을 세운 손문, 싱가포르 초대 총리인 이광요, 대만의 7·8·9대 총통 이등휘, 중국의 개혁개방을 이끈 등소평, 중화인민공화국 정부를 세우고 문화대혁명을 일으킨 모택동, 이들의 공통점은 무엇일까요? 모두 객가인이라는 점입니다. 그리고 중국 역사를 통틀어 최대 규모 반란인 태평천국운동을 일으킨 홍수전도 객가인입니다. 홍수전은 중농 집안 인물이었지만 총명하여 과거 공부에 전폭적인 집안의 지원을 받았습니다. 그는 임칙서처럼 과거에 합격하여 입신양명하는 것을 꿈꿨지만 과거에 여러 번 낙방합니다. 홍수전은 10여 년의 과거 시도에 실패하자 과거를 단념하고 선생 노릇을 하며 지냈습니다.

그러다 두 번째 과거 시험을 보러 가다가 접했던《권세양언(勸世良言)》을 떠올리며 이에 심취합니다.《권세양언》은 '세상에 훌륭한 말씀을 권한다.'라는 의미를 담은 성경 요약본 혹은 기독교 복음서 팸플릿으로 볼 수 있습니다.《권세양언》이 요약본이라는 점을 인지해야 홍수전의 성경 오독을 이해할 수 있습니다. 홍수전은《권세양언》을 읽고 자신을 야훼의 아들이자 예수의 동생으로 칭하며 '배상제회(拜上帝會: 하나님을 섬기는 조직)'를 만듭니다.

홍수전은 선무당이 사람 잡는다고, 스스로 예수의 동생이라 칭하며 배상제회 활동을 시작할 때까지 성경을 제대로 읽어 본 적도 없었다고

만주족이 일으킨 중국의 마지막 통일 왕조

합니다. 기독교에서 용은 마귀나 악마를 상징하는 동물이지만, 홍수전은 난을 일으키고 용이 수놓아진 황제의 곤룡포를 입고 금룡전이라는 궁전을 짓죠. 그는 누군가 이런 모순을 지적하자, 용의 눈에 화살을 박아 넣으면 괜찮다는 논리를 들이댑니다. 홍수전이 기독교 교리를 제대로 이해하지 못했다는 것을 보여 주는 것이죠. 많은 백성이 사이비 교주 같은 홍수전에게 현혹되어 동족상잔의 비극을 겪게 된 이유는 무엇일까요? 어설픈 배상제회가 강렬한 반란으로 이어질 수 있던 이유는 무엇일까요? 당대 청나라 백성은 무엇이든 믿고, 의지하고, 따르고 싶었던 겁니다. 현실이 지옥이니 지푸라기라도 잡고 싶었겠죠. 건륭제 말기부터 과도한 대외원정으로 농촌의 붕괴가 야기되었습니다. 먹고살기 어려워진 백성에게 기독교든 이슬람교든 종교 아닌 무엇이든 의지할 게 필요했겠죠.

게다가 청나라 백성은 먹고살기 힘든 때에 제1차 아편 전쟁과 굴욕적인 남경 조약까지 더해지니 청나라 조정에 대한 반감이 커져 갔습니다. 아편 전쟁 이후에 엄청난 양의 은이 영국으로 흘러가니, 청나라에서 은의 가치는 점점 상승했는데 당시 세금 제도인 지정은제는 은을 구입하여 세금을 납부하는 방식이었습니다. 나라에서 배정한 은의 양은 정해져 있는데, 은값이 오르니 백성의 부담은 점점 늘어났죠.

건륭제 시기에 폭등한 인구도 문제를 일으킵니다. 인두세를 완화하여 징수하니 기층 민중도 부담 없이 아이를 가질 수 있었고, 청나라의 인구는 국가 부흥기에 발맞춰 폭발적으로 증가합니다. 인구 증가는 곧 국력의 신장이지만, 청나라의 인구 증가는 지나쳤던 거죠. 입에 풀칠할 수 없을 지경이었으니까요. 맬서스의 《인구론(An Essay on the Principle of Population)》에 등장한 대로 인구는 기하급수적으로 늘어나는데, 식량 생산은 산술급수적으로 느니 감당할 수 없는 지경에 이르게 된 것입니다.

청나라에서도 《인구론》과 비슷한 이론이 꿈틀거렸습니다. 홍양길이라는 학자가 《의언(意言)》〈치평(治平)〉과 〈생계(生計)〉 편에서, 인구와 재화 및 토지와의 관계를 면밀히 분석하고 있습니다. 사학자들에 따르면, 건륭 원년에 1억 4천만이던 인구가 건륭 57년인 1792년에 이르면 3억 7천만 이상이 됩니다. 이런 상황이 홍양길의 문제의식을 자극했겠죠. 그는 호구 증가에 대해 1백 년간 평화가 지속되면 호구는 20배 또는 그 이상으로 증가한다고 보았습니다. 그리고 한 집을 사례로 증조부 시절 땅 1경과 방 10간이 있었다고 가정하면 두 사람에게는 풍족한 자산인데 증조부 내외가 아들 셋, 딸 셋을 낳아 딸은 시집보내고 아들을 결혼시키면 총 8명이 되고, 이들이 다시 아들과 손자를 낳아서 며느리와 손부를 받아들이면 20~30여 명이 되니. 3~4대를 거치며 처음 한 호이던 게 10여 호 이상이 된다고 보았습니다. 집과 토지는 그대로인데, 호구는 부단히 증가한다는 계산이었죠(박상태, 〈동아시아의 인구사상〉, 한국 인구학, 제27권 제1호, 2004. 참고). 홍양길은 맬서스보다 스무 해나 먼저 태어났고, 맬서스의 《인구론》이 발표되기 전인 1793년에 그의 사상이 담긴 저술 《의언》이 세상에 나왔습니다. 《인구론》이 화제가 되어서 2판이 나왔을 때, 홍양길은 이미 세상을 떠났습니다. 비슷한 시기 동양과 서양에서 동일한 사회 문제를 보는 시각을 공유했던 거죠.

이처럼 청나라는 19세기 접어들며 먹고살기 어려운 국가로 전락했고, 배상제회는 3천 명으로 시작하여 2만여 명의 대규모 병력으로 성장합니다. 청나라 조정은 배상제회를 견제하기 위해 홍수전의 추종 세력을 체포하는데, 이를 기점으로 배상제회는 종교 단체에서 혁명의 주체로 변모합니다. 홍수전은 도광제가 죽고 함풍제가 즉위한 이듬해(1851년) 1월, 마침내 태평천국을 건국하고 스스로 천왕이라 칭합니다. 태평천국 세력은 광서성 금전촌에서 불붙어서 파죽지세로 무창에 이어 남경까지 함락시켜 버립니다. 강남 일대 무려 16개의 성(省)과 6천여 개의 성(城)을 점령했으니 사실상 장강 이남은 홍수전의 세력 아래 놓이게 된 것이죠.

홍수전은 모든 사람이 평등하다는 교리와 금욕을 앞세워 빈곤에 내몰린 기층 민중에게 파고들었어요. 그는 무능한 청나라 조정과 외세에 저항하며 반봉건·반외세의 기치를 높였습니다. 배급제·사유 재산 금지·남녀평등과 같은, 당시로서는 급진적 시스템을 제안하여 핍박받던 백성으로부터 열광적인 지지와 호응을 이끌어 내기도 했죠.

특히 홍수전이 반포했던 천조전무제도(天朝田畝制度: 모든 토지를 국유화하여 아홉 개로 나누어 경작하게 하는 제도)라는 정책 강령은 끝내 실천하지는 못했지만 중국 지식인의 영원한 이상향인 주나라의 토지 제도(정전제)를 벤치마킹한 겁니다. 태평천국운동은 프롤레타리아 혁명의 대명사격인 볼셰비키 혁명(1917년)보다 60여 년 앞서 사회주의 혹은 공산주의 사회 개혁을 주창한 것에서 그 의미를 찾을 수 있습니다.

## 태평천국운동과 청나라의 몰락

청나라 조정은 태평천국운동에 기존 병력으로 대응하기 어려워지자, 지방의 군사 자치권을 허용합니다. 최악의 수였죠. 언 발에 오줌 누기요, 목마르다고 바닷물을 퍼먹는 것과 같았습니다. 군사 자치권 허용은 팔기군이 사실상 무력화된 상황에서, 홍수전의 군대를 제압하기 위한 고육지책이었습니다. 조정은 경제력과 실력을 겸비한 각 지방의 실세들에게 자체적인 군사 조직을 양성하라고 허락했고, 이를 통해 태평천국군에 대응하라고 명한 것입니다. 이 결정은 결국 군벌의 발호를 불러왔고, 청나라 멸망의 중요한 단초가 됩니다.

증국번의 상군과 이홍장의 회군은 태평천국 세력과의 전투에서 가장 큰 공을 세운 군대였습니다. 명장 밑에 약졸 없다는 말이 있죠. 남송의 충신 악비 장군의 악가군이 강력했던 것처럼, 증국번과 이홍장은 역량이 뛰어났기 때문에 상군과 회군의 전력은 출중했습니다.

증국번은 호남성에서 부농의 아들로 태어나 어려서부터 학문에 매진해 과거에 합격했습니다. 그는 병부시랑, 이부시랑, 예부시랑 등 주요 직

만주족이 일으킨 중국의 마지막 통일 왕조

책을 두루 거치며 관료로 성장했고 성리학 공부에 힘썼어요. 증국번의 정체성은 농업 중심 성리학이 근간이 되는 전통 관료로 알려져 있지만, 그는 훗날 양무운동에 앞장서서 개혁을 위해 노력한 인물이기도 합니다. 이것이 증국번이 중국의 봉건사회 말기 마지막 정신적 지주이자, 근대 중국 사회의 대표적 인물로 추앙받는 이유죠.

증국번은 어머니의 삼년상을 치르던 중 함풍제의 명을 받아 지방 지주 계급의 무장 조직화를 이끌어 홍수전의 태평군에게 저항합니다. 증국번의 군대는 그의 고향 호남성의 옛 이름인 '상(湘)'에서 따와, '상군'이라 불립니다. 상군의 위력이 얼마나 대단했으면, 증국번에게 '증 씨 이발사'라는 별명이 붙었을까요? 이는 이발사가 머리카락을 숭덩숭덩 자르듯 태평군을 손쉽게 제압해서 얻게 된 별호입니다. 증국번은 성리학을 깊이 배운 만큼 '서생이 살인을 좋아하게 된 것은 시대가 나를 이렇게 만들었기 때문이다.'라고 자위했다고 합니다.

증국번은 자신의 제자 이홍장에게 고향 안휘성에서 군대를 조직하라 명했습니다. 안휘성을 관통하는 회수의 '회(淮)'에서 이름을 따온 회군도 태평군을 맞아 용맹하게 싸운 대표적인 부대입니다. 동아시아 국제 질서를 뒤흔든 시모노세키 조약의 주역인 이홍장이 이때 역사의 무대에 화려하게 등장한 것이죠.

증국번은 재야에 머물던 좌종당을 기용해 지휘관으로 삼고, 태평군에게 막대한 타격을 입히기도 합니다. 송나라 소동파에게서 동파육이란 음식이 유래했듯, 좌종당은 그의 이름을 딴 요리가 있을 정도로 청나라 말기 명신으로 유명합니다(좌종당의 이름을 딴 '좌종당계'는 닭고기에 녹말을 입혀 튀긴 후에 간장, 굴 소스, 고추, 마늘 등을 넣고 볶아 낸 깐풍기와 비슷한 닭튀김 요리입니다).

좌종당의 최대 업적은 현재 중국의 서북 경계를 확정 지었다는 점이에요. 어린 시절부터 병서(兵書)를 즐겨 읽었던 좌종당은 태평군을 진압하고 중국의 체제에 서양 신기술을 접목하자는 양무운동에 적극적으로 가담하는 인물로 성장합니다. 그는 특히 서양의 군사 기술을 적극적으로 배우려 했습니다. 양무운동으로 19세기 중후반부터 청나라에도 서양식 무기 공장이 들어서기 시작했죠.

태평천국운동으로 한족이 들고일어나자, 감숙성과 섬서성 지역에 살고 있던 회족도 무기를 마련해 봉기했습니다. 좌종당은 섬서와 감숙의 총독으로 임명받아 반란을 진압했으니, 이 지역은 오늘날의 영하회족자치구입니다. 신강위구르자치구 역시 좌종당의 활약이 돋보이던 지역입니다. 신강위구르자치구는 건륭제가 열 번의 전투를 치른 장소 중 하나로, 치열한 공방 끝에 청나라에 귀속되었습니다. '마지막 몽골 제국'이라고도 불리는 '준가르'가 그 상대였습니다.

준가르는 명나라 시절 친정을 나온 정통제를 포로로 사로잡을 정도로 그 위세가 막강했습니다. 정통제가 몽골 부족 오이라트와의 사이에 벌어진 전투에서 포로가 된 것을 '토목의 변'이라고 합니다. 송나라가 여진족의 금나라에게 패퇴하여 수도 개봉이 함락되고 휘종이 포로가 된 사건인 '정강의 변'과 더불어 한족의 대표적인 치욕으로 기록된 사건입니다. 건륭제는 준가르를 멸족시켜 얻어낸 영토를 '새로운 경계'라는 의미의 '신강(新疆)'으로 명명했습니다. 강희제와 옹정제 때부터 청나라 최대 위협 세력이던 준가르 정복이야말로, 건륭제의 가장 큰 업적입니다. 이에 더해 네팔과 티베트까지 정벌하여 중국의 서부 국경을 확정 지은 것도 건륭제가 이룬 성과입니다.

청나라 말기에 신강 지역에서 중앙아시아 출신 야쿱 벡이 반란을 일으키자 좌종당은 흠차대신으로 임명되어 출정했습니다. 좌종당은 워낙 땅덩어리가 넓어 중원으로부터 군비를 보급받지 못했는데도 둔전을 실시하여 자체적인 병참을 확보해 냈습니다. 좌종당은 치열한 훈련을 통해

만주족이 일으킨 중국의 마지막 통일 왕조

기강을 바로잡은 덕분에 반란을 진압하고 신강 지역을 확보하였고, 당시 야쿱 벡에게 등을 돌린 투르크계 주민까지 포섭하였습니다. 신강위구르 자치구는 좌종당 덕분에 오늘날 중국의 영토에 포함된 겁니다. 중국 영 토의 6분의 1에 해당하는 신강위구르자치구의 영토를 생각한다면, 좌종 당을 발탁한 증국번의 안목이 탁월했던 거죠.

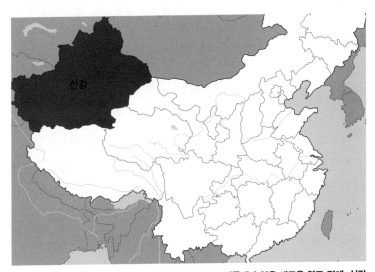

▲ 건륭제가 얻은 새로운 영토 경계, 신강

    태평군 이야기로 돌아가서, 태평군은 기독교 교리를 받아들여 태평천 국을 꿈꾸었지만 서구 열강의 공격으로 무너집니다. 기독교를 신봉한 군 대가 기독교의 군대에게 섬멸당한 아이러니한 상황이었죠. 상군이나 회 군의 활약도 두드러졌지만, 무엇보다 서양의 병력과 신무기가 태평군에 게 결정타를 날렸습니다. 태평군의 주적은 서양 용병들이었습니다.

    태평천국 봉기의 중요한 원인 중 하나인 가혹한 세금 수탈도 따지고 보면 서양 외세가 한몫했습니다. 청나라 조정은 남경 조약으로 천문학적 규모의 배상금을 물어내게 되자, 결국 백성을 쥐어짭니다. 이에 악에 받쳐 일어선 태평천국의 민중은 기독교를 기치로 내걸었기에 초반에는 서양 외세의 지지를 받았습니다만 이내 내쳐집니다. 영국과 프랑스는 겉으로 종교의 자유를 지지하는 듯했지만, 결국 속내는 이권이었기 때문이죠. 영국과 프랑스는 봉건에 찌든 중국을 개혁하여 백성에게 땅을 나눠 주려는 공산주의 세력보다 백성이야 죽어 나가든 말든 아랑곳하지 않고 제 배만 채우는 썩어 문드러진 청나라 황실을 상대하는 편이 훨씬 함함했겠죠.

태평천국운동 초기에 서양 외세는 허약한 청나라 조정을 쥐어짜 내 이권을 최대치로 끌어올리려고, 청나라 조정에 신무기와 용병을 지원합니다. 외세도 대놓고 태평군을 공격할 수는 없었나 봅니다. 그러다가 서양 세력이 태평군과 일전을 시작하게 된 시발점은 상해입니다. 태평군이 일찍이 작은 어촌 마을에서 벗어나 거상들의 본거지가 된 상해로 진격하자, 서양 상인들이 자신의 재산을 지키기 위해 서양 용병을 고용한 것이 양창대(洋槍隊: 서양 군대)입니다. 프레드릭 워드라는 미국인이 초빙되어 양창대의 지휘를 맡았어요. 중국 병사 5천 명을 서양 장교 1백여 명이 지휘했고, 근대식 무기로 무장한 게 양창대입니다. 청나라 조정은 상해 방어에 성공한 양창대에게 '언제나 승리하는 부대'라는 뜻의 '상승군(常勝軍)'이라는 이름을 하사합니다. 반란군 제압조차 외세에 빌붙은 주제에 참 물색없는 행태네요.

찰스 고든 조지는 청나라 때 서양 용병 세력 가운데 특히 주목해야 할 인물입니다. 찰스 고든 조지는 육사 출신 정통 엘리트 군인으로, 프레드릭 워드의 죽음 이후에 상승군을 지휘한 영국 장교입니다. 그는 백의의 천사 나이팅게일이 여러 생명을 구한 것으로 유명한 크림 전쟁에서 실전 경험을 쌓고 중국으로 파견되었습니다. 그는 서태후의 닦달에도 섣불리 참전하지 않고, 군사를 훈련하며 때를 기다렸습니다. 찰스 고든 조지는

만주족이 일으킨 중국의 마지막 통일 왕조

몰래 술을 마시고 일탈한 병사를 사형에 처하는 등 용병의 규율을 엄히 세우고, 대포를 비롯한 신식 화기로 중무장하여 전력을 극대화했죠. 이것이 그가 태평군을 맞닥뜨리는 족족 승리할 수 있던 원동력이죠.

서태후는 찰스 조지에게 태평군의 진압 이후에 1만 냥의 상금을 내렸지만 그는 거절했고, 상해 상인들도 그에게 거금을 모아서 주려고 했지만 끝내 고사했죠. 상승군의 활약이 조금은 과장됐다고 평가하는 사가들도 있지만, 태평군 진압에 결정적인 역할을 한 것은 사실입니다. 기독교를 기치로 내건 태평천국운동이 서양 용병의 대포에 무너졌다는 사실이 아이러니하죠. 프란시스코 피사로가 잉카 제국 황제가 성경을 팽개쳤다는 평계로 황금을 끌어모은 것처럼 서양 외세의 포교는 대항해 시대 내내 허울뿐인 거짓 명분이었습니다. 실은 제국주의 세력의 십자가는 피에 물들어 있던 겁니다.

2천만 명의 사상자를 낳은 내란이 마침내 막을 내렸습니다(사가에 따라 사상자의 수는 3천만 명에서 7천만 명까지 늘어납니다). 이 참혹한 내전의 승자는 청나라 조정이 아니었어요. 태평군 혹은 태평천국운동을 지지했던 백성의 것도 아니었습니다. 서양 제국주의 세력이 태평천국운동의 승전으로 얻은 이익을 독차지했습니다.

중국 최초의 공산주의자 홍수전의 죽음과 더불어 태평천국운동의 불씨는 사그라졌지만, 청나라는 이 시기부터 본격적인 망국의 길로 접어듭니다. 지방 군벌들이 난립했고, 서구 열강은 종이호랑이 청나라의 실체를 명확하게 파악했으며, 백성은 더 이상 청조에 희망이 남지 않았음을 태평천국운동을 계기로 깨닫게 되었습니다. 세계의 중심이라고 자부하던 청나라의 처절한 몰락이 시작된 겁니다.

# 태평천국운동과 닮은 동학농민운동

새야 새야 파랑새야
녹두밭에 앉지 마라
녹두꽃이 떨어지면
청포장수 울고 간다

이는 동학농민운동의 실패를 안타까워하는 민중의 정서가 눅진하게
녹아든 참요입니다. 참요는 시대의 변천상이나 정치적 조짐을 예언하는
노래로, 대개 세상이 어지러울 때 등장합니다. '파랑새'는 일본 군대의 파
란색 군복을 상징하고, '녹두꽃'은 녹두장군 전봉준을 의미합니다. 서럽
게 우는 청포장수는 백성을 뜻하죠. 어쩌면 우리 민족의 역사를 통째로
뒤바꿨을지 모를 동학농민운동은 외세의 총칼에 처절한 실패로 마무리
됩니다. 동아시아 국제 정치 질서의 핵심이던 청나라의 비극적 말로와
조선의 역사는 쌍둥이처럼 닮아 있습니다. 1895년 3월 25일 법무아문
(法務衙門: 구한말의 행정 관청) **산하 권설재판소**(權設裁判所: 개혁의 기치 아래 종전

만주족이 일으킨 중국의 마지막 통일 왕조

의 의금부를 대신하여 재판 업무를 관장하던 곳)의 구성법이 공포되었고, 그로부터 불과 나흘 뒤 전봉준을 필두로 손화중, 김덕명, 최경선 등 동학농민운동의 지도자들이 사형을 선고받습니다. 근대 사법 제도 출범 이후의 첫 사형선고를 받은 인물이 전봉준이었다는 사실은 조선 말 근대화의 정체성이 어떠했는지를 단적으로 보여 줍니다. 전봉준은 한양으로 압송되어 모진 고문을 당했고 일본 영사로부터 심문을 받습니다. 태평천국운동의 승자가 청나라 조정이 아니듯, 동학농민운동을 주저앉힌 주체는 조선 조정이 아닌 일본이었습니다. 청나라와 조선의 조정은 자국 백성이 일으킨 개혁운동을 외세의 도움으로 좌절시킨 모습이 똑 닮았습니다.

〈전봉준공초(全琫準供草)〉는 전봉준이 체포된 뒤에 다섯 차례에 걸쳐 기록된 법정 심문과 답변을 모은 것으로, 당시 전라도 최고의 곡창 지대인 고부(古阜)에서 어떤 비극이 벌어졌는지를 파악하게 해 줍니다. 동학농민운동은 4·19혁명과 함께 인류공동유산으로 국제적 공인을 받았습니다. 2023년 5월 프랑스 파리에서 열린 유네스코 집행이사회는 4·19혁명 기록물과 동학농민운동 기록물을 세계기록유산으로 등재한다고 결정했죠. 그만큼 우리 역사에서만이 아니라 세계사적으로도 중요한 사건이라는 것을 방증하는 거겠죠. 〈전봉준공초〉에는 심리 나흘 만에 종결된 드레퓌스의 막장 재판처럼, 전봉준의 판결 과정이 얼마나 불합리한지 세세히 기록되어 있어 그의 혁명 정신과 동학농민운동의 지향점까지 파악할 수 있는 귀중한 사료입니다.

동학농민운동은 우리 근세사의 핵심인 3·1운동의 뿌리에도 맞닿아 있습니다. 동학농민운동은 〈전봉준공초〉에서 드러나듯 반봉건·반외세·반제국주의·민족주의·민주주의 정신을 강력하게 담고 있습니다. 동학농민운동으로 축적된 민족의 역량이 3·1운동에 이르러 폭발했고, 독립운동가 박은식이 《한국독립운동지혈사(韓國獨立運動之血史)》에서 표현한 대로 '그들의 힘은 양반의 압제와 관리의 탐학에 대해 격분하여 나온 것으로 우리나라의 평민 혁명의 시작'이었습니다.

동학농민군은 각 고을에 집강소(執綱所)를 설치하여 관민의 협력을 유도했습니다. 동학농민운동은 필연적으로 물리적 충돌을 야기했고, 이로 인해 파괴된 지방 행정력을 보충하는 동시에 민의를 수렴하기 위해 설치된 기관이 바로 집강소입니다. 집강소는 임시방편으로 탄생한 한시적 기구였지만, 민의를 수렴하여 행정에 반영한다는 정신을 높이 평가할 만합니다. 19세기에 민관 통합을 바탕으로 행정과 치안을 담당했다는 점에서 의미가 있죠. 동학농민군이 집강소를 통해 펼치려던 폐정개혁안도 혁신적인 사상을 보여 줍니다. '2조. 탐관오리를 엄히 처벌할 것, 5조. 노비 문서는 태워 버릴 것, 7조. 과부의 개가를 허락할 것, 8조. 무명잡세를 거두지 말 것, 10조. 왜와 간통하는 자는 엄징할 것, 12조. 토지는 균등하게 나눠 경작하게 할 것' 등 신분제 폐지, 남녀평등, 토지 균분 소유, 외세 배척 등을 담고 있기 때문이죠. 폐정개혁안에서 기시감이 들죠? 태평천국운동과 여러모로 닮은 꼴입니다. '사람이 곧 하늘'이라는 '인내천 사상'을 바탕으로 한 동학을 이념적 기둥으로 삼았느냐, 아니면 서학을 원동력으로 개혁운동을 벌였느냐는 차이가 있을 뿐이죠.

동학농민운동과 태평천국운동은 안타깝게도 비참한 말로마저 닮아 있어요. 동학농민군은 호미와 곰방메를 들고 밭고랑에서 분연히 일어나 조선 관군과 일본군을 상대로 1년 가까이 투쟁을 이어 갔습니다. 미국 남북 전쟁에서 쓰인 개틀링 기관총과 화포로 무장한 관군을 상대로 크나큰 승리를 여러 차례 거두었으니, 전술도 전술이겠지만 아무리 열심히 농사를 지어도 입에 풀칠도 못하는 부조리한 사회 구조에 대한 분노가 폭발했던 게 그 동력이었던 거죠.

전봉준의 봉기는 탐관오리의 대명사인 조병학이 고부 군수로 취임하

만주족이 일으킨 중국의 마지막 통일 왕조

며 꿈틀대기 시작합니다. 전봉준이 재판관에게 진술한 공초의 내용 중에 '아비의 공적비를 세운다.'라는 명분으로 백성을 수탈했다는 탐관오리가 조병학입니다. 핏줄은 못 속인다고 전봉준의 아버지도 의로운 인물이었나 봅니다. 조병학이 부친의 송덕비를 세워야 한다며 세금을 무자비하게 걷자, 전봉준의 아버지는 마을 대표 자격으로 군수를 찾아갔습니다.

당시 조병갑의 만행은 이미 많은 고부 군민의 원성을 사고 있었습니다. 농사를 지을 때 반드시 필요한 게 '보(洑)'입니다. 보는 하천에서 농업 용수를 수로에 끌어들이려고 수위를 높이는 역할을 하는 수리구조물입니다. 고부에는 보가 있어서 관개에 어려움이 없었음에도, 조병갑은 만석보라는 큰 저수지를 만들었습니다. 그는 만석보를 만드는 데 백성에게 노임을 지급하지 않았고, 만석보가 완성된 이후에는 관개용수 사용료를 수탈했습니다.

흔히 나라에서 궁궐을 짓거나 다리나 저수지와 같은 대규모 역사를 벌일 때 백성을 공짜로 부려 먹었을까요? 아닙니다. 조선 전기에는 세금을 대신해 부역을 부과했기 때문에 백성이 돈 한 푼 받지 못하고 노역을 제공해야 했지만, 후기로 갈수록 공짜 부역은 점점 사라져 갔습니다. 정조의 화성 축조가 대표적입니다. 정조는 수원으로 도읍을 옮길 목적으로 화성을 건설합니다. 정약용의 거중기가 등장하는 등 기술 발전이 이루어졌지만 여전히 백성의 노역이 필요했습니다. 정조는 인부들에게 일한 만큼 수당을 지급했습니다. 백성에게 소를 나눠 주어 둔전에 농사를 짓게도 했죠. 이는 수원을 새로운 도읍으로 발전시키기 위해 경제 발전을 유도한 정책입니다. 당시 소의 가치를 생각한다면 파격적 조치였습니다. 그 덕분에 전국 3대 우시장이 수원에 들어서게 되었고, 수원 왕갈비가 탄생한 배경이 되었죠.

그런데 조병갑은 백성에게 품삯을 지급하지 않고자 했습니다. 노동에 대한 정당한 대가를 지불하기는커녕, 도리어 얼토당토않은 죄목(부모에게 효도하지 않는다는 불효죄, 형제간에 우애 있게 지내지 않는다는 불목죄 등)을 옭아매어 백성을 수탈했습니다. 받아야 할 임금은 받지 못한 채, 짓지도 않은 죄 때문에 세금을 가져다 바쳐야 하는 백성의 고충이 큰 상황이었죠. 전봉준의 아버지 전창혁은 가혹한 세금을 감면해 달라고 조병갑을 만나러 가서 무자비한 매질을 당하고 돌아와 세상을 떠나게 됩니다. 전봉준이 이러한 탐관오리의 학정에 분노하여 1894년 마침내 봉기를 일으킨 게 동학농민운동의 시작입니다.

전봉준은 일찍이 동학의 접주로 활약하며 동학의 조직된 힘을 활용한 농민 봉기를 계획합니다. 스무 명의 동학교도가 모여 농민 기의의 명분과 행동 강령을 사발통문에 적으며 결의를 다졌습니다. 사발통문은 사발을 엎어 놓고 빙 둘러 원형으로 서명하여, 누가 주모자인지 가늠할 수 없게 만든 겁니다. 일렬로 서명하면 아무래도 주동자가 드러나고 정부의 탄압이 집중되어 봉기에 타격을 입히게 되겠죠?

농민운동의 불꽃은 고부에서 시작하여 전국으로 들불처럼 퍼져 나갑니다. 동학농민군은 죽창으로 개틀링 기관총에 맞서는 형국이었지만, 농민의 한과 분노가 뭉쳐진 황토현 전투를 시작으로 연전연승을 거둡니다. 전주성에 무혈입성할 정도로 농민군의 기세는 하늘을 찌릅니다. 이에 조선 조정에서는 대책이랍시고 청나라에 파병을 요청했습니다. 탐관오리의 학정을 못 이겨 봉기한 자국의 농민에 대응하고자 외세를 끌어들인 무능한 정부라니 얼마나 한심한가요? 청나라에 파병 요청을 결정한 순간, 조선왕조는 사실상 붕괴했다고 보는 게 맞을 겁니다. 청나라 군대의 파병은 일본군의 개입을 초래했고, 결국 우리 민족은 일본 제국주의의 칼날 아래에서 반세기 가까이 굴욕을 견뎌야 했습니다.

만주족이 일으킨 중국의 마지막 통일 왕조

## 청일 전쟁의 발발

조선 조정이 동학농민운동을 진압하려고 청나라에 파병을 요청했고, 이러한 조치가 일본의 자동 개입으로 이어진 이유를 알아보려면 그 이전의 상황을 살펴봐야 합니다. 흥선대원군이 마침내 자신의 아들을 왕좌에 올려 고종이 됩니다. 고종의 즉위 이후에 흥선대원군의 강력한 섭정이 이루어지다가 고종이 성년에 되면서 부자간에 갈등이 점점 심화되어 '집안싸움'에 불이 붙습니다.

당시 왕의 아내와 왕의 아버지 사이에 벌어진 권력 투쟁에 새우등 터지는 것은 백성이었습니다. 조병갑이 그토록 모지락스럽게 세금을 수탈한 이유가 뭘까요? 본전 생각이 났기 때문입니다. 조병갑 자신도 조정에 7만 냥의 거금을 바치고 부임했으니, 백성에게서 그 이상 뽑아내야 한다는 생각이었겠죠. 고부와 같은 곡창 지대는 특히 부임 단가가 비쌌습니다. 매관매직이 당연시되던 시대적 풍경입니다. 조병갑 같은 탐관오리가 지방관으로만 배출되었을까요? 아니죠. 중앙에도 부정부패는 만연해 있었습니다. 그리고 그 결과로 임오군란이라는 커다란 사건이 터집니다.

흥선대원군이 실각한 지 10년 가까운 세월이 지난 1882년 당시 조선의 군대 체제는 크게 둘로 양분되어 있었습니다. 근대식 무기로 훈련받는 별기군과 기존 구식 병장기로 무장한 부대가 있었죠. 고종의 주도하에 개혁을 준비하던 조정에서는 별기군을 중시했습니다. 모든 보급을 별기군에게 집중하고 기존 병력에는 군료(병사들의 월급)도 제때 지급하지 않았습니다. 군료는 쌀로 지급했는데, 월급으로 먹고사는 직업군인에게 열세 달이나 군료가 지급되지 않았으니 군인들의 불만이 쌓여 갔습니다.

　　조선의 구식 군대 군인들은 급료가 열세 달이나 지급되지 않던 어느날, 마침내 대동미를 관리하는 선혜청(宣惠廳)으로부터 겨우 한 달 치 급료를 지급받습니다. 하지만 군인들이 받은 쌀가마에는 겨와 모래가 섞여 있었고, 상당량의 쌀이 썩어 있었습니다. 선혜청의 탐관오리들이 쌀을 뒤로 빼돌리고, 그 대신 겨와 모래를 섞어 지급한 겁니다. 이에 병사들이 격노하여 난을 일으킨 게 임오군란(壬午軍亂)으로, 조선 역사의 물줄기를 뒤흔든 대사건입니다. 성난 병사들은 무기고를 부수고 일반 백성까지 무장시킨 후에 별기군의 교관이던 일본 장교를 죽이고 선혜청 도감이자 왕후의 척족 가운데 핵심 인사인 민겸호, 민태호 등의 집을 습격했습니다.

　　군란은 여기서 그치지 않았습니다. 구식 군대 군인들은 흥선대원군의 실각 후에 자신들이 겪고 있는 부조리의 원흉은 권력을 잡고 있던 왕비의 척족 세력이라고 판단했습니다. 임오군란의 주축 세력은 흥선대원군을 등에 업고 왕비의 세력을 처단하기 위해 궁으로 쳐들어갑니다. 우리역사에서 자국의 군대와 백성이 군주가 머물고 있는 궁궐로 쳐들어간 것은 임오군란이 처음이자 마지막이었습니다. 군인들은 이 사달의 원흉인 민겸호를 붙잡아 살해했습니다. 이에 왕비도 자신의 안위를 장담할 수 없는 상황에서 상궁으로 변장해 가까스로 궁을 벗어날 수 있었습니다.

　　고종은 임오군란의 주축 세력에 흥선대원군이 옹립되어 다시금 섭정하게 되자 극약 처방을 내립니다. 청나라에 병력을 요청한 겁니다. 기시감이 들죠? 동학농민운동을 진압하기 위해 갑오년에 청나라 병력을 불러들였던 고종은 그보다 앞선 12년 전, 임오군란 때 이미 같은 행태를 보인 전력이 있었네요.

청나라 병력은 조선에 들어와 흥선대원군을 천진으로 납치했고, 고종과 왕비 세력은 다시 정권을 되찾게 됩니다. 청나라 군대가 한양에 진입한 것은 병자호란 이후에는 없던 일입니다. 중국을 종주국으로 대우하고 사대의 예를 다하긴 했지만, 어찌 되었든 조선은 내정과 외교를 독립적으로 유지하고 있었습니다. 하지만 청나라는 임오군란 당시 파병을 기점으로 조선의 내정에 깊숙이 개입하게 됩니다. 그 주역은 훗날 중국사를 뒤흔드는 인물로 성장하는 스물세 살의 청년, 위안스카이(袁世凱)입니다.

위안스카이는 제2차 아편 전쟁이 한창이던 1859년에 태어나, 이홍장의 참모 오장경이 지휘하는 부대를 따라 조선에 들어오게 됩니다. 그는 1882년부터 조선에 머무르며 짧은 기간에 굵직굵직한 역사의 변곡점마다 자신의 인장을 남깁니다. 위안스카이는 임오군란 당시 흥선대원군을 천진에 압송했고, 1884년 갑신정변(甲申政變: 1884년 김옥균을 비롯한 급진 개화파가 청나라의 내정 간접에서 자유로운 정치외교권 확보와 조선의 서구식 근대화를 목표로 일으킨 쿠데타) 발발 시 김옥균 세력을 진압했으며, 1885년 청나라에 잡혀간 흥선대원군을 데리고 다시 나타났고, 고종이 러시아와 밀약을 맺으려 하자 폐위를 시도합니다.

위안스카이는 청나라 조정에 군함 십수 척과 수천 명의 병력을 조선에 주둔시켜야 한다고 보고했습니다. 그의 정식 직함은 주찰조선총리교섭통상사의(조선에 머물며 외교와 통상을 총괄하는 직함)였습니다. 위안스카이는 입궐할 때 가마를 타고 들어가는 등 식민지 총독이라도 되는 양 행동했습니다. 그는 조선이 국제법상 청나라의 속국임을 끊임없이 강조하며 대내외에 과시했습니다.

임오군란의 발발과 청의 개입, 톈진 조약으로 일본의 파병이 연달아 이어지니, 민심은 갈수록 흉흉해졌습니다. 한쪽에선 일본 군대가 총을 메고 발을 맞춰 저잣거리를 돌아다니고, 다른 한편에는 청나라 군대가 궁궐 앞을 휘젓고 다니니 여간 불안한 형국이 아니었죠. 아니나 다를까 고종이 동학농민운동을 진압하기 위해 청나라에 파병을 요청하면서 조선을 둘러싼 두 나라의 헤게모니 다툼이 격화됩니다.

전봉준은 외세의 개입을 무엇보다 두려워했습니다. 그래서 그는 고종이 외국에 파병을 요청하려 하자, 농민군의 전세가 유리했는데도 자진 해산을 결행했습니다. 하지만 고종은 끝내 청과 일본의 병사들을 끌어들였고, 전봉준의 농민군은 우금치에서 기관총 등 중화기로 무장한 일본 병력에 대패하게 됩니다. 동학농민군이 외세의 총칼 아래 스러져 가면서, 청과 일본 양국 간에 조선을 두고 벌어진 쟁탈전이 전쟁으로 비화된 것이 청일 전쟁입니다. 나치 독일과 소련 사이에 벌어진 독소 전쟁은 독일의 점령지와 소련 영토에서 벌어졌습니다. 미국과 베트남 사이에 벌어진 베트남 전쟁은 베트남 영토에서 벌어졌고요. 러시아와 우크라이나 사이의 전쟁은 우크라이나 땅에서 벌어지고 있습니다. 이처럼 전쟁 당사자인 나라들의 영토에서 전쟁이 치러지는 게 당연하겠죠? 그런데 청일 전쟁은 중국과 일본의 전쟁이었지만 청나라 땅도 일본 땅도 아닌 조선 영토에서 벌어졌습니다.

청나라는 아편 전쟁의 거듭된 패배로 열패감에 빠져 양무운동을 통해 근대화에 박차를 가하고, 영국이 자국을 수탈했듯 수탈할 수 있는 먹잇감을 호시탐탐 찾았으니, 불행하게도 그 첫 줄에 조선이 있었습니다. 청나라는 임오군란의 제압 이후에 조선의 내정 간섭과 통상 영향력을 강화하는 와중이었고, 일본은 사이고 다카모리와 같은 과격한 정한론자(征韓

論者: 한반도를 정벌해야 한다는 이론을 주장하는 사람)와 추종 세력이 조선을 통한 대륙 진출을 노리고 있었습니다.

일본군은 '동학농민군이 해산했으니 귀국의 군대도 철수하시오.'라는 조선 조정의 요청을 무시하고, 제물포에 4천 명의 병력을 상륙시켜 한양으로 진군합니다. 일본군은 이내 경복궁을 점령하고, 고종의 신병을 확보한 후에 김홍집 친일 내각 구성을 강요합니다. 청나라로부터의 독립을 선언하라고도 요구하는데요. 이는 조선을 위해서가 아니라, 조선이 청의 속방(屬邦)에서 벗어나 독립국의 지위를 유지해야 일본이 홀라당 삼켜 버릴 수 있기 때문입니다.

청나라가 조선의 급진적 현상 변경을 시도하는 일본의 움직임에 가만히 있었을까요? 청은 바로 군함을 출격시켜 일본과 한바탕 전투를 벌이게 됩니다. 아산만 인근의 풍도, 평양성, 압록강 인근 서해에서 전투를 이어 갑니다. 남의 나라 땅을 쑥대밭으로 만들며 치열한 전투를 벌였으니, 조선 입장에서 원통하고 어이없는 일입니다. 특히 동학농민군은 썩어 빠진 나라를 개혁하고자 봉기했다가 외세의 침입을 걱정하여 자진 해산한 것인데, 이런 상황이 되었으니 얼마나 억울하고 분했을까요?

# 양무운동의 실패와
# 메이지 유신의 성공

청일 전쟁은 청나라의 패배로 끝납니다. 수성전은 수성전대로 패하고, 해전은 해전대로 함선이 격침되는 피해를 입으며 패전합니다. 기동력을 갖춘 일본 함대의 명중률 높은 속사포에 당해 낼 재간이 없던 거죠. 청나라가 전쟁 발발 3개월 전에 자국 입장에서 올바른 판단을 했다면 그렇게 허무하게 패퇴하지는 않았을 겁니다.

영국은 청일 전쟁이 일어나기 3개월 전에 청나라에 순양함 두 척을 구입할 것을 권했지만, 청나라 조정은 서태후의 생일 잔치 비용을 감당하느라 함선을 구입하지 못합니다. 두 척의 순양함은 어디로 갔을까요? 바로 일본이 구입했죠. 순양함 두 척은 일본의 전력으로 투입되어 청나라 북양함대를 혼쭐내는 데 이용됩니다. 북양함대의 총사령관 이홍장은 일본 함대에 비참하게 패배합니다. 증국번·이홍장·좌종당이 양무운동으로 제아무리 국력을 키우려 해도, 서태후와 같은 어리석은 권력자가 있는 한 성공할 수 없던 겁니다.

반면 일본의 메이지 유신은 어떻게 성공할 수 있었을까요? 메이지 유신의 성공 요인은 세 가지로 분석해 볼 수 있습니다. 첫 번째 요인으로 존왕양이를 내세우며 천황 중심으로 유신을 시도했지만, 어디까지나 천황은 상징적 존재에 그쳤다는 점에 주목해야 합니다. 막부의 실정을 비판하고 일어나 유신의 실권을 쥐고 있던 다이묘나 번의 핵심 세력은 유능하고 청렴했습니다. 천황의 권력에 정책이 좌지우지되지 않았고, 조슈번(지금의 야마구치현)의 요시다 쇼인과 같은 사상가의 목소리가 유신의 동력으로 작용했다는 게 중요합니다.

　　메이지 유신이 성공한 두 번째 요인은 일본이 섬나라라는 지정학적 요소에서 찾아볼 수 있습니다. 이는 영국이 유럽의 촌뜨기에서 세계 최강의 국가로 도약할 수 있던 이유와도 연결됩니다. 영국의 성장에는 1689년 영국 의회가 승인한 권리장전이 근간을 이루고 있음을 부인할 수 없습니다. 영국 국민은 명예혁명으로 절대왕정의 폭압으로부터 자신을 보호할 수 있는 최소한의 갑옷을 손에 쥐었습니다. 영국은 전 세계가 절대군주의 폭정에 신음하던 17세기 말에 이미 한발 앞서 나가 있던 거죠. 영국의 명예혁명이 성공할 수 있던 이유 중 하나는 고립된 섬나라라는 지정학적 이점이 있었죠. 메이지 유신기의 일본도 영국처럼 지정학적 이점을 누린 거죠. 일본의 쇄국을 부숴 버린 미국을 비롯해 영국·프랑스·러시아 등 서구 열강은 일본을 수탈의 대상으로 정조준하지 않았습니다. 뜯어먹을 땅덩어리가 큰 청나라나, 지정학적으로 중국과 러시아 등의 강대국에 둘러싸인 조선이야말로 달콤한 먹잇감이었겠죠. 덕분에 일본은 자국의 유신을 묵묵히 완성할 수 있었습니다.

　　메이지 유신이 성공한 세 번째 요인이 가장 핵심적 요소입니다. 일본의 메이지 유신은 성공하고 청나라의 개혁이 실패한 원인은 동양과 서양의 사회 시스템이 본질적으로 다르기 때문입니다. 동양은 서양에 비해 일찌감치 중앙집권적 정치 체제를 구축하여 견고히 유지했습니다. 천하를 통일한 진시황 이래 중국의 집권자들은 통일을 기본값으로 여기며 국가를 통치했습니다. 위진남북조 시대나 오대십국 시대처럼 한족과 다수의 유목 민족이 다양한 왕조를 세워 서로 힘을 겨루던 때도 있었지만, 중국사에서는 통일 왕조 시기가 훨씬 장기간 지속되었죠. 통일 제국 진나라 이후에는 나라의 분열을 통합하려는 의지가 강했죠. 그럼 동양의 중앙집권적 통치 체제는 어떻게 가능했을까요?

중국을 최초로 통일한 진시황은 순수를 돌다 과로로 50세에 사망했습니다. 순수는 왕이 자신의 점령 지역을 직접 방문하는 통치 행위입니다. 지금이야 대통령의 말이 생중계되는 세상이지만, 불과 백 년 전까지만 해도 일반 국민이 최고 권력자의 육성이나 얼굴을 접하는 건 드문 일이었죠. 진시황처럼 순수를 다니다 과로사한 경우는 후대사에서 찾아보기 힘듭니다. 왕은 왕궁에서 지시를 내릴 뿐이고 지방관을 파견하는데, 백성은 그들의 통치 권리를 선선히 인정했습니다. 이 놀라운 작동 원리는 통치자의 권위에 정치적 권능만이 아니라, 종교적 배경도 있었기 때문에 가능했습니다. 동양 문명에서 최고 통치자는 천자(天子: 하늘의 아들)입니다. 천자는 잘나거나 백성이 지지해서 권위를 갖게 되는 게 아니라 하늘의 아들로서 그 이치를 따르기 때문에 지배자의 정통성을 부여받는 것이라 여겨졌죠.

고대 중국 세 나라 가운데 하나라와 상나라는 대놓고 제정일치 국가였고, 그 이후 본격적인 중국의 시작을 알린 주나라부터는 정치와 종교가 분리된 듯 보였습니다. 하지만 주나라의 통치 이데올로기에는 이미 하늘의 뜻으로 군주가 결정된다는 종교적 권위가 내재되어 있었습니다. 사마천의 《사기》를 살펴보면, 주나라의 시조 무왕이 '천명(天命)'을 자주 언급한다는 걸 알 수 있습니다. 주지육림(酒池肉林: 술로 된 연못과 고기로 된

만주족이 일으킨 중국의 마지막 통일 왕조

숲, 부귀영화를 뜻함)이라는 고사성어를 탄생케 한 은나라의 마지막 패악군주 주왕이 하늘의 명을 어기고 백성을 보살피지 않았기 때문에, 무왕 자신이 분연히 일어나 주왕을 폐하고 주나라를 건국했다는 정당성을 반복하여 강조합니다.

유가는 춘추전국 시대 제가백가 사상 가운데 '천명 사상'을 계승·발전시켜, 통치자의 권위를 이론적으로 뒷받침합니다. 진시황이 죽고 뒤이어 들어선 사실상 중국의 첫 통일 왕조인 한나라의 무제는 유가 사상에 만족하지 못하고 아예 유교라는 종교의 경지로 격상하고자 했습니다. 종교적 권위를 통해 자신의 통치 정당성을 공고히 하고 싶었던 거죠.

진시황의 죽음 이후에 진승·오광의 난을 비롯한 많은 반란이 일어났습니다. 서로 황제가 되겠다고 나선 가운데 결국 무제의 할아버지이자 하급 관리 출신 유방이 황위에 오르게 되죠. 무제는 진승·오광처럼 '왕후장상의 씨가 따로 있냐!'고 외치며 누가 언제 또다시 반란을 일으킬지 모르는 상황에서 황제가 왜 황제여야만 하는지 구구절절 읊고 싶었겠죠. 무제는 동중서에게 명해 유교 이념을 확립하고, 이를 널리 퍼뜨리고자 유교 경전에 통달한 인재를 적극적으로 등용했습니다. 관리가 되기 위해서 온 나라의 인재가 유교 경전을 연구했죠.

중국은 동중서 이후에 다시 한번 견고한 중앙집권적 통치 체제를 확립합니다. 백성은 교통과 통신의 미비로 평생 한 번도 보지 못한 군주라도, 그의 통치 권위는 하늘이 내린 것이니 믿고 따를 수밖에 없는 것이죠. 천명으로 황위에 오른 통치자가 보낸 지방관이니 역시나 그 명을 받들 수밖에 없죠. 진시황처럼 순수를 무리하게 다니지 않아도 중국의 황제들은 이렇게 종교적 권위를 통해 통치 정당성을 확보하고, 강력한 중앙집권제를 이어 갈 수 있었습니다. 그 덕분에 동양 문명은 산업혁명이 일어나기 전까지 서구 문명을 압도할 수 있었습니다. 2022년 기준으로 세계

청

최강 대국 미국은 전 세계 GDP의 약 25퍼센트를 차지하는데, 청나라는 당시 세계 GDP의 약 33퍼센트를 감당한 수준이었습니다. 동양 문명이 정치·경제·사회·문화 등 많은 영역에서 서구 문명을 얼마나 큰 차이로 압도하고 있었는지 알 수 있는 대목입니다.

동양이 중앙집권으로 안정된 통치와 사회 체제를 구축하고 있을 때, 서양 문명에는 절대적 권력자가 없었습니다. 영화 〈라스트 듀얼: 최후의 결투(2021)〉와 같은 중세 시대를 다룬 작품을 보면, 왕과 영주의 관계나 영주와 기사의 관계가 철저히 계약에 기반해서 작동한다는 것을 알 수 있습니다. 무조건적인 충성 따위는 개나 줘 버리고 '당신이 나에게 토지나 돈을 주면 전쟁이 터졌을 때 당신을 위해 싸울 거야.'라는 태도로 줄 것을 주고, 받을 것을 받는 쌍무적 계약 관계였죠.

서양 문명이 절대왕권의 일사불란 대신에 얻은 자유분방함은 두 가지 긍정적 열매를 맺게 됩니다. 하나의 열매는 대항해 시대를 연 것이고, 다른 하나는 혁명을 받아들인 겁니다. 수천 년 동안 이어온 불리함을 고작 수백 년 만에 역전시킬 수 있던 가장 큰 원동력은 아메리카 대륙이었습니다. 크리스토퍼 콜럼버스처럼 조국 이탈리아도 아닌 남의 나라 스페인 여왕에게 찾아가 '믿고 맡겨 주면, 황금을 안겨 주겠다.'라는 허풍을 시전하고 남의 돈(스페인 여왕이 지원한 자금)으로 신대륙을 발견한 인물은 절대왕권이 통치하는 안정적 사회에서는 탄생하기 어렵겠죠. 영국의 명예혁명이나 프랑스 대혁명도 절대적 충성과 복종을 강요하는 동양 문명에서는 성공하지 못했을 겁니다.

일본은 메이지 유신이 일어나던 당시에 어떤 상황이었을까요? 일본은 중국과 같은 동아시아 문명권이지만 강력한 중앙집권 체제를 이룩하지 못한 상황이었습니다. 여러 섬으로 이루어져 있고 산악 지대가 많다는 지리적 요소 때문이었을 겁니다. 천황이라는 명분상 최고 권력자가 존재했지만, 실질적 권력은 칼(막부와 막부의 실권자인 쇼군)에서 나왔습니다. 일본은 전국 시대를 끝내고 통일을 이루었지만, 동양보다 서양의 질서와 맞닿아 있던 것이죠. 19세기 일본 열도의 상황은 각 지방 세력이 각자 총칼을 준비하고 언제라도 휘두를 준비를 하고 있었죠. 서양의 중세 봉건 시대와 일본의 사회 체제가 유사했던 겁니다. 그런 까닭에 일본은 대격변의 시기에 메이지 유신을 성공할 수 있었습니다.

그 사이 임오군란, 갑신정변, 동학농민운동, 태평천국운동, 양무운동, 변법자강운동은 그렇게 청나라와 조선에서 스러져 갔습니다. 청나라와 조선은 내내 일본에 앞서다가 17세기 이후 잠시 역전한 서양의 문물을 받아들이지 못한 탓에 19세기 말부터 20세기 중반에 이르는 1백여 년의 시간 동안 서구와 일본 제국주의의 살상과 착취를 감내해야만 했습니다.

# 변발의 정치학과 만주의 함의

〈맨츄리안 켄디데이트(Manchurian candidate, 2005)〉라는 영화를 아시나요? 이 영화의 원작은 리처드 콘돈의 정치 스릴러 소설(1959)로, 당시의 매카시 광풍을 풍자하고 있습니다. 이미 1962년에 영화로 제작되었고, 조나단 드미 감독이 리메이크했죠. 영화 제목을 직역하자면 '만주의 입후보자'이고, 의역하면 '세뇌당한 꼭두각시'라는 의미죠.

만주는 언제부터 그리고 왜 부정적인 의미를 지니게 되었을까요? 만주는 중국의 마지막 왕조 청나라의 시원이자, 마지막 괴뢰 정부가 세워진 독특한 성격의 장소입니다. 중국·일본·러시아가 세력 다툼을 벌이던 요충지이자, 우리나라 독립운동의 터전이기도 합니다. 이와 같은 만주의 기묘한 정체성을 파악한다면, 청나라의 마지막 모습을 정확히 파악할 수 있을 겁니다.

청나라나 그 뿌리인 만주를 생각하면, '변발'의 이미지가 떠오릅니다. 변발은 머리의 가장자리를 깎고 정수리 부분의 머리털만 길게 남기는 독특한 헤어스타일이죠. 청나라를 건국한 만주족은 이 머리 모양을 꽤 중시하여 만주족 정체성의 핵심이라고 여겼죠. 한족 오삼계의 투항 덕분에 명이 멸망하고 청이 건국되었다고 했죠? 청나라 조정의 실세인 도르곤이 투항한 장수 오삼계에게 가장 먼저 요구한 것이 변발입니다. 헤어스타일 변경을 이름을 바꾸거나 재산을 헌납하라는 것보다 최우선적으로 요구했다는 점에 주목해야 합니다. 두발 정리야말로 한족에서 만주족으로의 진정한 투항을 의미한 것이었어요.

도르곤은 한족에게 변발을 강요했고, 따르지 않으면 잔인하게 처형했습니다. 강홍립 장군도 청나라에 사로잡혀 변발을 강요당했지만 끝내 거부했죠. 강홍립은 광해군의 총애를 받은 신하였기 때문에, 대신들은 인조반정 후에 그의 투항을 죄목으로 참수를 건의했습니다. 인조는 감정이 좋을 리 없었겠지만, 강홍립이 변발하지 않았다는 이유로 감형하여 삭탈관직을 명하는 선에서 마무리 지었습니다. 그만큼 동아시아 문화권에서 머리칼은 단순한 터럭이 아닌 정체성을 담보하는 중요한 표식입니다. 그래서 중국 마지막 황제 푸이의 헤어스타일 변화에는 중요한 의미가 있습니다. 그가 만주국 황제 시절에 변발이 아닌 서양식 머리를 한 것은 청나라가 주권을 잃고 경제성마저 잃어버렸음을 상징하는 것이죠.

푸이는 세 살의 어린 나이에 서태후에 의해 즉위하게 됩니다. 자신의 권력을 쥐고 흔들려는 서태후에게, 세 살배기 꼭두각시 황제야말로 안성맞춤이었겠죠. 권력의 화신 서태후의 존재도 청나라 멸망에 중요한 요소였습니다. 중국 3대 악녀로 꼽히는 서태후는 함풍제의 후궁으로 들어가 궁중 암투 끝에 태후 자리에 올랐습니다. 서태후는 9대 함풍제의 황후이자, 10대 동치제의 친모이고, 11대 광서제의 큰어머니이자, 12대 선통제의 큰할머니입니다. 서태후에게서 청나라 말기 모든 권력이 나왔으니 그야말로 '대섭정의 시대'였죠.

서태후가 아들과 며느리를 죽이고 동태후, 공친왕 등 권력 투쟁의 경쟁자들을 제거한 것은 악독하다는 비판을 피할 수 없을 겁니다. 그러나 서태후의 최대 악행은 청나라에 개혁의 움직임이 있을 때마다 걸림돌이 되었다는 것입니다. 청일 전쟁의 패배가 대표적이죠. 이는 청나라 조정에 큰 충격이었습니다. 청나라가 서구 열강에게 당한 게 아니라, 동아시아권 작은 섬나라로부터 겪은 일격이었으니까요.

광서제는 이 충격을 이겨 내기 위해 1898년 절치부심하며 근대화 개혁에 나섭니다. 이때 캉유웨이(康有爲)와 량치차오(梁啓超) 등 변법파가 등장하여 변법자강운동을 벌입니다. 청나라에 치욕을 안긴 일본의 메이지 유신을 롤모델 삼아 강력한 개혁 드라이브를 펼치고자 시도했죠. 캉유웨이는 10여 년 간 꾸준히 상소를 올렸습니다. 서양의 군사 기술뿐만 아니라 사회 제도 자체를 변혁해야 한다는 주장이었고, 이는 19세기가 종언을 고하는 시점에 마침내 황제에게 받아들여졌습니다.

변법자강운동의 주요 내용은 다음과 같습니다. 일하지 않는 관료를 정리하여 행정을 간소화할 것, 과거제도를 폐지하고 신학문을 배우는 근대식 학교를 수립할 것, 상공업과 조선업을 진흥하며 철도를 부설하고 화폐를 통일할 것, 여성의 전족을 금할 것, 한족과 만주족의 차별을 없앨 것, 신문과 잡지를 발행할 것, 역서국(譯書局)을 신설해 서양의 다양한 서적을 번역하여 배포할 것 등입니다.

광서제는 명정국시(明定國是)라는 조서를 내려 1백여 가지의 개혁안을 추진합니다. 제대로 실행되었다면 청나라의 재건도 가능했을 터지만 서태후와 위안스카이라는, 청나라를 시원하게 말아먹은 최강 빌런들이 등장하며 개혁의 물줄기는 사라집니다.

캉유웨이는 개혁에 걸림돌이 되는 수구파 대신들을 숙청하려고 했고, 예부상서를 비롯한 고위 관료들이 서태후의 재가 없이 파직되었죠. 이에 서태후와 수구대신들은 위기감을 느끼고 북양육군을 장악해 쿠데타를

만주족이 일으킨 중국의 마지막 통일 왕조

모의합니다. 광서제에게 쿠데타에 대한 첩보가 전해졌고, 광서제는 선수를 치기 위해 신흥 육군의 창설자인 위안스카이에게 서태후를 공격할 것을 명하지만 이 조치는 고양이에게 생선을 맡긴 셈이 되었습니다. 위안스카이는 도리어 서태후 측근에 이 사실을 밀고하였죠. 그는 총부리를 돌려 개혁파를 몰아냅니다.

개혁파 광서제는 연금되고 캉유웨이와 량치차오는 겨우 일본으로 피신한 것이 무술정변(戊戌政變)입니다. 청나라의 변법자강운동은 석 달 만에 막을 내려, 삼일천하로 끝난 조선의 갑신정변과 닮아 있습니다. 조선과 청나라 모두 위안스카이의 총칼 아래 개혁의 기치가 꺾인 점도 같습니다.

서태후는 개혁 세력을 몰아내고 다시 실권을 쥐자, 뭐 대단한 일이라도 했을까요? 그녀는 여전히 사치에 몰두하였고, 자신의 권력 강화에만 촉을 세웠죠. 서태후의 사치와 기행은 파란만장한 중국사에서도 선두에 명함을 내밀 만큼 압도적입니다.

자신의 젊음과 미모를 유지하고자 진주나 새똥으로 만든 화장품을 사용했고, 산모들의 모유를 직접 빨아먹기도 했다죠. 황궁의 별장 이화원이 전쟁으로 파괴되자 국가 예산의 1할을 사용해 복구하기도 했습니다. 이화원은 지금은 북경의 관광지로 꼽히는 문화 자산이지만, 당시 이화원 복구비를 군비로 사용했다면 청나라의 역사는 바뀌지 않았을까요? 식사는 상어 지느러미나 제비집 등 귀한 요리 120여 가지를 한 끼에 즐겼는데, 이는 당시 평민의 1년 치 식비에 해당하는 규모입니다. 나라가 전쟁을 치르는 와중에도 자신의 환갑연을 열었고, 그 비용 때문에 전함을 구입하지 못해 청일 전쟁에 패배에 원인을 제공했죠.

청나라의 비극적 멸망에는 또 하나의 중요한 요소가 작동하는데, 하필 유목 민족의 왕조였다는 점입니다. 한족과 유목 민족은 중국사에서 번갈아 왕조를 유지했다고 볼 수 있죠. 그런데 하필 서구 열강이 도끼눈을 뜨고 집어삼킬 것을 찾아 중국으로 쳐들어올 당시 유목 민족인 만주족 왕조였다는 게 중요합니다. 원나라의 경우에서 보듯, 한족 왕조가 기본값이라고 여기는 풍조가 청나라 조정을 향한 압력으로 작용한 거죠.

한족은 중국 역사 내내 압도적으로 주류를 차지한 민족입니다. 태평천국운동으로 촉발된 반봉건의 압력, 중국 대륙의 영원한 주류인 한족의 반발, 서태후를 비롯한 수구 대신들의 부패와 무능력이라는 삼박자가 갖추어진 상황이었습니다. 이에 더해 영국·프랑스·독일 등의 서구 열강과 러시아·일본까지 달려드니 청나라는 붕괴할 수밖에 없었습니다.

푸이는 세 살의 나이에 중국 봉건 왕조의 마지막 황제인 선통제로 즉위했다가 3년 만에 황위에서 억지로 끌어내려졌고, 다시 일제가 세운 괴뢰국인 만주국의 황제 강덕제로 오른 비운의 인물입니다. 산전수전과 파란만장의 아이콘이죠. 그의 헤어스타일은 만주족의 상징인 변발에서 서양식 머리로 바뀌는데, 이는 그가 허울뿐인 만주국의 황제이자 일본제국주의의 꼭두각시가 되었다는 걸 적확하게 상징하는 것입니다.

'괴뢰국'은 꼭두각시의 나라라는 의미입니다. 공식적으로 독립국을 표방하나 실질적으로는 특정 국가의 지시대로 움직이는 나라인 거죠. '괴뢰'는 우리나라 40대 이상 중장년층에게 북한 정권을 의미할 정도로 반공 교육에 필수로 등장하던 어휘입니다. 북한 정권의 실체를 인정하지 않고, 북한은 그저 소련이나 중국의 꼭두각시 정권이라고 여기는 것을 의미하는 표현이죠. 그래서 괴뢰라고 하면 공산주의나 빨갱이 이미지가 먼저 떠오르지만, 괴뢰는 그렇게 좁은 의미로 한정 지을 수 없는 개념입니다. 1940년대, 나치 독일의 사주로 세워진 '비시 프랑스'도 전형적인 괴뢰국의 사례입니다.

괴뢰국이 세워지는 이유는 실질적으로 그 나라를 조종하는 국가에 다

만주족이 일으킨 중국의 마지막 통일 왕조

른 꿍꿍이가 있기 때문입니다. 만주국이 세워진 배경을 살펴보기 위해서 괴뢰국이라는 극약 처방이 나올 수밖에 없던 당시 일본의 정치적 상황을 분석해야 합니다.

영국·프랑스·벨기에·스페인·포르투갈 등의 해양 국가들은 대항해 시대를 거치며 여러 대륙에 걸쳐 식민지를 통해 수탈과 착취를 자행하고 있었습니다. 뒤늦게 민족국가로 통일된 독일은 지정학적 특성상 해양 진출이 용이하지 않아 식민지 확보에 뒤처졌죠. 식민지는 자원 조달처이자 자본주의를 실현할 수 있는 시장의 기능을 동시에 담당했어요. 제1차 세계대전은 늦깎이 강대국으로 성장한 독일과 기존 열강 사이의 이권 다툼에서 촉발되었습니다. 그저 사라예보에서 울린 총성 때문만은 아니었죠.

일본은 제1차 세계대전 당시 영국·프랑스·러시아 세 나라와 손을 잡았죠. 승전국의 편에 선 일본은 독일이 중국에서 차지하고 있던 칭다오(청도)를 날름 집어삼킵니다. 영국이나 프랑스는 일본이 유럽의 전장에 참전하기를 원했지만, 일본은 독일에 선전포고를 하고 중국을 비롯한 아시아 전역에 영향력을 확대시켰죠. 이때까지만 해도 일본 국내 상황은 축제 분위기였어요. 여러 식민지를 착취해서 얻어 낸 천연자원과 식민지를 시장화하여 얻은 이윤 덕분에 윤택한 상황이었으니까요.

그런데 1929년 10월 24일, 검은 목요일을 시작으로 미국 월가에 주가 폭락이 몰아닥칩니다. 이후 전 세계 경제가 극심하게 침체되며 대공황이 시작되었죠. 일본도 대공황의 여파에서 자유로울 수 없었습니다. 전쟁은 돈을 확보하기 위해 벌어지는 게 대부분이지만, 한편으로는 돈이 있어야 전쟁을 수행할 수 있습니다. 제1차 세계대전은 '현대전은 소모전으로 시작해 보급전으로 끝난다.'라는 사실을 여실히 보여 줬습니다.

일본은 만주 대륙을 비롯해 조선, 대만, 태평양의 여러 섬나라에서 동시다발적으로 전쟁을 치러야 하는 입장이었는데, 치명적인 재정난에 봉착하게 된 거죠. 경제가 어려워지고 사회 분위기가 흉흉해지면 극단적 세력이 득세하기 마련이죠. 일본 내에서 극우 강경파의 목소리가 커지기 시작했습니다. 이시와라 간지는 일본 극우파의 대표적인 인물이죠. 그는 관동군의 브레인이자 일본 내 만주파의 수장으로, 만주사변(滿洲事變: 일본 관동군이 만주를 병참 기지화 하고자 류탸오거우에서 선로를 폭파하고, 중국측 소행으로 몰아간 자작극. 일본 본국 승인 없이 일으킨 침략 전쟁)을 일으켜 동북삼성을 비롯한 만주 일대를 장악했습니다.

제1차 세계대전 이후에 미국이 주도한 1930년 런던 군축 회담을 통해 제국주의 국가들의 군비 감축이 시작됐습니다. 일본도 미국의 입김을 이기지 못하고 순양함과 잠수함 등을 줄여 갔죠. 이에 일본 강경 군부 세력은 일본 정부와 민간 관료들의 나약함을 비난하며 불만을 노골적으로 드러내기 시작합니다. 일본 민간 관료들의 식민지 건설과 수탈 야욕, 군사적 야망도 만만치 않게 지독했지만, 이시와라 간지와 같은 강경 군부에게는 유약하게 비친 것이죠. 일본은 대공황의 여파로 실업이 증가하고 임금이 하락하여 노동자의 불만이 폭발 직전인 상황이었습니다. 게다가 미쓰비시나 미쓰이와 같은 기업들은 새로운 투자처와 원료 공급지를 간절히 원했죠. 군부 강경파는 자국 내의 이와 같은 강렬한 수요를 등에 업고 만주사변을 일으킵니다. 이 자작극은 동북삼성을 비롯한 만주 일대에 지정학적 격변을 일으키게 됩니다.

'복어 작전'은 당시 일본 내 새로운 식민지에 대한 야욕이 얼마나 컸는지를 잘 보여 줍니다. 황홀한 맛의 복어회 뒤에 독이 숨겨져 있는 것처럼 큰 이익을 기대하는 반면에 엄청난 위험을 감수해야 하는 작전이라는 의미죠. 복어 작전으로 만주에 이스라엘이 탄생할 뻔했다면, 믿으시겠어요? 일본은 페리 제독의 개항으로 메이지 유신이 단행되고 근대 국가로 변모된 나라답게 19세기 이후에 미국을 주시하고 있었습니다. 일본은

만주족이 일으킨 중국의 마지막 통일 왕조

미국의 정치·경제·사회·문화를 주시하다가 '보이지 않는 손'이 작동하고 있다는 걸 알아챕니다. 보이지 않는 손의 정체는 유대인입니다.

유대인은 월스트리트를 중심으로 한 금융계와 언론계를 장악하고 있었고, 돈과 언론의 힘으로 미국 정치권에도 영향력을 행사하고 있었죠. 일본 군부는 막대한 자금력의 유대인에게 만주의 드넓은 토지를 무상으로 제공하고, 그 대가로 천문학적 규모의 유대계 미국 자본이 투자되길 기대했습니다. 하지만 만주로 찾아온 대다수의 유대인은 난민이었고, 미국의 유대 자본도 들어오지 않았습니다. 게다가 일본이 1940년대 접어들어 독일과 이탈리아와 삼국 군사동맹을 체결하게 되니, 나치의 눈엣가시인 유대인을 더 이상 품을 수 없었습니다. 결론적으로 만주에 세워질 뻔했던 이스라엘은 물거품이 되었습니다만, 이러한 상황은 대공황 이후 일본의 경제 사정이 얼마나 절박했는지 보여 줍니다.

다시 만주국으로 돌아가서, 일본 군부 세력은 국제연맹 등 세계 여러 나라의 시선이 두려워서 청나라의 마지막 황제 푸이를 꼭두각시 통치자로 내세웁니다. 푸이의 사진 속 짧게 자른 머리카락이 보여 주듯 그에게 더 이상 만주족의 청나라 정체성은 찾아볼 수 없었습니다. 당시 만주국의 실권은 차관급의 일본인에게 집중되어 있었습니다. 만주족은 대외용 장식품에 불과했고, 일본 관동군이 만주의 자원과 시장을 모두 차지했습니다.

러일 전쟁의 승리로 차지한 남만주철도는 혈관과 같이 관동군의 만주 통치를 지원했어요. 만주국은 괴뢰국으로 탄생하여, 악랄한 관동군의 손아귀에서 마지막 한 방울까지 착즙되고 버려졌습니다. '만주'라는 단어가 우리나라에서나 미국에서나 부정적 함의로 가득한 이유를 13년 동안 존속하다 일제의 패망과 더불어 사라진 만주국의 사례에서 엿볼 수 있습니다.

## 중국 근현대의 시간

1912년 위안스카이 대총통 즉위

1919년 5 · 4운동

1921년 중국 공산당 창립

1925년 쑨원 사망, 장제스 집권

1927년 국공 내전, 난창 봉기 발발

1931년 만주사변 발발

1932년 만주 괴뢰국 건국

1934년 마오쩌둥 대장정 시작

1936년 시안사변 발발, 2차 국공합작 개시

1937년 노구교 사건 발생, 중일전쟁 발발, 난징 대학살

1945년 공산당 국공 내전 승리

1949년 마오쩌둥 중화인민공화국 건국, 장제스 대만으로 패퇴

1958년 대약진운동

1966년 문화대혁명

1976년 마오쩌둥 사망

1978년 덩샤오핑 집권

아시아 최초 공화제 국가와
일국양제 구도

# 근현대

## <u>양안에서 존경받는 쑨원</u>

　2024년 4월 뉴스를 통해 존 아퀼리노 미국 인도·태평양 사령관이 '중국이 2027년까지 대만을 침공할 수 있는 전력을 갖출 것'이라고 했다는 게 전해졌습니다. 중국의 경제 성장 둔화 속에 대만 침공의 가능성이 점점 커지고 있음을 시사하는 바입니다. 시진핑은 영구 집권을 눈앞에 둔 상황에서, 왜 조그마한 섬인 대만에 눈독을 들이는 것일까요? 중국과 대만을 흔히 '양안'이라고 합니다. 대륙 쪽 해안과 대만섬의 해안을 일컬어 두 개의 해안(양안)이라고 하는 것이죠. 2024년 5월 미국이 항공모함 조지워싱턴호를 일본에 배치하는 등 양안 간 갈등이 최고조에 이르고 있습니다. '시진핑 영구 집권을 공식화하는 시점에 공격을 퍼붓는다.', '아니다. 이제 곧 중국의 대만 침공이 시작된다.' 등의 뉴스가 2024년 5월 현재까지도 쏟아지고 있습니다. 다양한 전문가들의 의견이 갈리고 있지만, 시진핑이 우크라이나를 공격한 푸틴처럼 대만을 얼마든지 공격할 수 있다는 견해가 세계 유수 언론이 내놓는 공통된 논조입니다.

　대만은 신장위구르자치구의 2퍼센트 남짓한 작은 면적의 섬입니다.

　　아시아 최초 공화제 국가와 일국양제 구도

반도체가 세계적 수준이지만, 그 외에 대단한 자원이 있는 것도 아니고, 인구가 엄청나게 많은 것도 아닙니다. 그런데도 인구 14억의 중화인민공화국 주석인 시진핑은 왜 이토록 인구 2천3백만의 섬나라 대만에 집착할까요?

우선 중국 공산당의 해방 이데올로기를 실천한다는 데 이유가 있습니다. 장제스를 비롯해 대만으로 건너간 중화 민족주의자들을 소탕해야 프롤레타리아 혁명을 완수할 수 있다는 명분이 있는 것이죠. 몇 년 전 일어났던 홍콩 민주화 시위 때문이라는 분석도 있습니다. 대만과 홍콩은 지난 100년간 전혀 다른 정치 시스템으로 운영되었지만, 두 곳 모두 중국의 디아스포라 중 자유민주주의 색채가 강렬하게 묻어나는 동시에 지정학적으로 본토에 맞닿아 있다는 정체성을 지닌 곳입니다. 홍콩과 대만이 본토의 견제 없이 자유와 민주를 구가하며 경제적으로 성장하는 모습은 중국 당국에게 치명타가 될 수 있습니다.

또 다른 중요한 이유는 '하나의 중국' 정책을 군사 외교적으로 관철하기 위한 선전포고입니다. 중화인민공화국의 영토 가운데 신장위구르자치구, 네이멍구자치구, 시짱자치구, 꽝시장족자치구, 닝샤후이족자치구를 빼면 거의 절반 남짓 남습니다. 그 거대한 영토가 쪼그라드는 셈이죠. 중국이 대만을 자꾸 두들기는 이유에는 진짜 대만을 침공하려는 목적도 있지만, 여러 자치구의 독립 의지를 꺾어 버리기 위한 기선 제압용 제스처이기도 합니다.

중국 대륙과 대만 사이에는 이렇게 살벌한 분위기가 감도는데, 놀랍게도 중국 대륙과 대만 양안에서 모두 존경받는 인물이 있습니다. 그 인물은 쑨원입니다. 쑨원은 중국 광저우와 대만 타이베이에 모두 국립기념관이 세워져 있고, 거대한 동상으로 참배객을 맞이하고 있습니다. 쑨원은 양안에서 다투어 자국의 국부라고 칭하는 인물입니다. 양안을 비롯해 홍콩, 싱가포르 등 동남아 화교권에서조차 존경받는 인물이죠. 쑨원은 삼민주의(민족주의·민권주의·민생주의)를 주창하며 중국을 근대 국가로 탈바꿈시키기 위해 부단히 노력한 인물이죠.

쑨원을 통해 당시 시대를 살펴볼 수 있을 정도로, 그는 중국 근대사의 질곡을 한 몸에 지닌 인물입니다. 그는 광둥성 광저우 근교 빈농의 자식으로 태어나, 가난에 못 이겨 하와이로 이주한 큰형의 초청으로 미국 생활을 시작합니다. 광저우는 19세기 내내 쇄국정책을 펼치던 청나라가 유일하게 열어 놓은 항구입니다. 그래서인지 광저우 출신 중 많은 사람이 해외에 나가 돈을 벌고 있었죠. 쑨원에게는 객가인이라는 출신 배경에 광저우의 지리적 특성까지 합쳐져 어려서부터 세계 시민의 피가 흐르고 있었습니다. 그는 서구 문명에 대한 동경을 학구열로 승화시켜, 하와이 이올라니 학교를 차석으로 졸업했습니다. 쑨원은 중국으로 돌아와 홍콩과 광저우 등에서 의술을 배워 의사가 되었고, 의술을 펼치는 한편 혁명 사상을 차근차근 숙성시켜 나갑니다.

쑨원은 하와이에서 흥중회를 결성하고 청 왕조를 타도하는 공화혁명을 기획했습니다. 1895년 홍콩을 거점으로 봉기를 시도했다가 발각되어 망명길에 오릅니다. 쑨원은 주 런던 청나라 공사관에 구금되기도 했는데요, 오히려 이 사건으로 국제적 명성을 얻습니다. 그는 이후 일본·하와이·베트남·싱가포르·태국 등을 순회하며 화교와 유학생에게 혁명 사상을 고취시키고 자금을 모았습니다.

당시 청나라 민중은 청일 전쟁의 패배로, 일본의 메이지 유신과 같은 혁명을 이루어 내지 못할 것이라는 열패감에 사로잡혀 있었습니다. 이 절망감은 퇴행적 민족운동으로 나아갑니다. '신이 가호를 베푸니, 무술을 연마하면 총알과 대포도 우리를 범하지 못하리라!' 백련교의 한 지파인 팔괘교에서 시작한 이 운동은 산둥성·허난성·장쑤성 등에서 은밀히

아시아 최초 공화제 국가와 일국양제 구도

포교를 시작합니다. 제단을 쌓아 놓고 권법을 연마하였는데 그 구성원은 대부분 농민이었습니다. 권법과 봉술을 연마해 총을 든 서양 병사들을 제압할 수 있다고 주장하는 이 단체는 의화단입니다.

아편 전쟁과 청일 전쟁의 패배로 피폐해진 농촌에서 굶주림에 지친 농민들은 의화단에 가입했습니다. 의화단은 반청복명의 기치를 내걸고 부청멸양을 주창하며 서양의 것이라면 사람이든, 종교든, 시설이든 닥치는 대로 파괴했습니다. 그들은 기층 민중이 겪는 고통의 원인을 서구 열강의 침탈 때문으로 파악하고, 교회를 가장 큰 눈엣가시로 여겼기 때문이죠.

아편 전쟁 이후 우후죽순 중국 전역에 퍼져 있던 교회와 서양 선교사들은 서구 열강이 중국을 침탈하는 데 문화 첨병 역할을 담당했습니다. 프란시스코 피사로가 성경 모독을 전쟁의 명분으로 삼은 것처럼, 영국이나 프랑스의 교회 조직은 경작지를 강점했고 불법 군대를 조직했으며 지역의 깡패나 죄인을 매수해 신도로 삼았습니다. 유부녀를 겁탈하는 비윤리적 범죄도 왕왕 벌어졌습니다. 게다가 교회와 중국 농민 간의 소송을 일으킨 후, 이를 명분으로 지방정부로부터 거액의 배상금을 뜯어냈습니다. 정부는 배상금을 다시 해당 주민에게 분담시켰으니 결국 서양 교회가 청나라 농민을 갈취한 셈입니다. 그러니 농민이 분노했던 거죠.

의화단은 서양인이라면 선교사든 상인이든 불문곡직 때려죽였습니다. 또한 철도를 파괴하고 서양에서 온 물건을 소지하거나 기독교를 믿는 청나라 사람이 발각되면 살해했습니다. 서양 여성을 윤간하고 음부를 도려냈고, 남성은 성기를 자르고 불에 태워 고문하거나 물에 삶아 죽이는 등 차마 글로 옮기기 어려운 잔혹한 만행을 이어 갔어요. 의화단 입장에서는 당한 대로 갚아 준다는 태도였지만, 서양 언론을 통해 의화단의 잔혹성과 야만적인 이미지는 널리 퍼지게 되었죠. 특히 의화단이 기차나 전선 같은 근대 문명의 이기를 서양 문물이라고 백안시하고 파괴한 점을 부각시켜 반외세운동의 정체성에 야만적 반달리즘의 외피를 덧씌웠습니다. 영화 〈황비홍(黃飛鴻, 1991)〉의 시대적 배경이 의화단이 활개 치던 시기입니다.

의화단은 1900년 기세가 올라, 베이징으로 진격해 외국 공관을 공격합니다. 서태후를 비롯한 청나라 수구 세력은 의화단을 등에 업고 서구 열강에 맞서고자 합니다. 외세를 몰아내겠다는 의도야 좋지만, 맨주먹으로 대포와 총알을 부숴 버리겠다는 의화단과 손을 잡았던 게 과연 현명한 판단이었을까요? 베이징 주재 공관이 공격당하자, 영국·러시아·일본·독일·미국·이탈리아 등 8개국은 연합하여 반격에 나섭니다. 전황이 어떻게 돌아갔을지는 불 보듯 뻔합니다. 의화단은 열강의 최신식 무기 앞에 스러져 갑니다. 이 와중에 서태후는 전황이 불리해지자 의화단을 제거하라는 명령을 내립니다.

서태후는 도망가 있던 시안에서 서구 열강과의 화의에 열을 올렸고, 자신의 안위가 보장되자 배상 조약에 도장을 찍습니다. 염치라고는 찾아볼 수 없는 통치자의 모습입니다. 더욱 가관인 점은 서양과 무모하게 일전을 불사하다 다시 막대한 배상금을 물어서 재정이 궁핍해진 조정은 다시금 전쟁을 일으켰다가 또다시 굴욕을 당하는 어리석음을 반복합니다. 서태후는 심지어 배상금을 갚겠다고 백성에게 높은 세금을 붙여 아편을 팔았습니다. 애초에 영국과 전쟁이 시작된 이유가 바로 아편인데, 나라에서 아편을 합법적으로 판매하다니, 이런 아이러니가 있을까요?

이렇듯 청나라 조정의 부도덕하며 무능하고 염치없는 행태를 그대로 둘 수 없다는 움직임이 하나의 소실점으로 합쳐져 폭발한 사건이 신해혁명입니다.

사건의 발단은 기차와 철로에서 시작됩니다. 의화단은 청나라를 파괴

아시아 최초 공화제 국가와 일국양제 구도

하기 위해 서구 열강이 철도를 부설했다고 여겼습니다. 게다가 일자리를 빼앗았다고 여겨 러다이트운동의 일환으로 철도를 파괴했습니다. 철도는 근대의 상징과도 같은 시설입니다. 우리 역사 연대표에서 근대의 시점을 철도가 생긴 때로 잡는 건 시간 개념과 밀접하기 때문입니다. 기차가 운행되며 정확한 시간에 대한 개념이 필요해졌습니다. 그전까지 인류는 '정오 즈음 만나자.'라든가 '해 질 녘까지 일을 마치자.' 등 일출과 일몰을 중심으로 한 대략적인 시간 개념으로 살아왔습니다. 철도가 발달하면서 누구나 공유할 수 있는 정확한 시간을 인지해야 승차가 가능해졌습니다. 기차의 발명을 근대의 시작으로 보는 이유죠.

서태후가 이화원 중건과 자신의 회갑연을 위해 낭비한 자금에는 함선 구입비뿐만 아니라, 철로 개설비도 포함되어 있었습니다. 서태후가 사치로 녹여 버릴 돈으로 톈진에서 펑톈 나아가 지린성까지 이어지는 철도를 부설했다면, 만주 방면으로의 병력 전개가 용이해져 청일 전쟁에서 승리할 수도 있었다는 군사적 가설이 있습니다. 쓰촨성의 총독 시량은 철도의 중요성을 일찌감치 깨달았습니다. 철도 부설의 주도권을 서구 열강에게 빼앗겼다가는 정치적으로 독립을 이루어도 경제적으로 예속될 수밖에 없다는 점을 알고 있었기 때문이죠. 시량 총독은 민족 자본을 모아 철도 부설에 열과 성을 다했습니다. 청나라 부호들의 자본은 물론 상인, 학생, 노동자 등의 푼돈까지 모았습니다. 거지들의 동냥까지 모을 정도로 민족 자본이자 민간 자본으로 철도를 부설하고자 노력했다고 합니다.

이 와중에 청나라 조정은 외국 자본을 유치해 민간 철도를 국유화하고, 철도를 신설하겠다는 계획을 실행합니다. 외국 자본에게는 이자 5퍼센트에 탄광과 소금에 부과하는 세금을 담보로 제공했습니다. 반면 자국 백성에게는 언제 돌려줄지 기약 없는 국채를 발행했죠. 선로가 뚫리고 이익이 발생하면 그제야 돌려준다는 것이니, 당장은 휴지 조각이나 다름 없었습니다. 분노가 끓어올랐죠. 대등한 관계가 아닌 사실상 식민지 상태에서 이루어진 외국 자본 유치는 경제 식민지로 전락할 가능성이 농후했습니다. 민심이 이반할 수밖에 없었겠죠.

1911년 9월, 민간 철도 부설에 열정적이던 쓰촨성에서 먼저 봉기가 일어납니다. 철도 국유화 반대 운동인 이 운동을 '보로운동'이라 합니다. 철도를 지키는 운동이란 뜻이죠. 무려 10만 명의 군중이 모여 시위를 이어 갔고, 보로운동군은 쓰촨의 성도인 청두까지 점령하게 되었죠. 정부는 이를 진압하기 위해 당시 군사 거점인 후베이성 우창의 주력 병력을 빼내 쓰촨으로 파병합니다. 그해 10월 10일 무주공산이 된 우창 지역의 혁명파는 잔존 병력 가운데 공병 8대대 부사관을 비롯해 보병, 포병, 사관생도를 포섭해 봉기를 일으킵니다. 우창 총독 시징은 도주하고, 혁명군은 우창을 점령합니다. 그리고 이어서 민주공화정을 표방하는 중화민국 성립을 선포한 게 바로 신해혁명입니다. 아이러니하게도 쑨원은 신해혁명이 발발했을 때, 중국 대륙 어디에도 없었습니다. 미국 콜로라도주 덴버에서 혁명 자금을 모으고 있었던 거죠. 그러나 쑨원이 십여 년간 뿌려 놓은 씨앗이 열매를 맺은 것이니, 쑨원을 신해혁명의 아버지라고 하는 겁니다. 신해혁명이 시작된 10월 10일은 쌍십절로, 대만의 가장 중요한 국경일로 지정되어 있습니다.

쑨원의 사상은 전근대 왕조 타파에 초점이 맞춰져 있습니다. 개혁을 통해 도탄에 빠진 국민을 구해 내겠다는 삼민주의는 무척 실용적이고 민생에 닿아 있는 이론입니다. 좌파와 우파 모두 이념에 맞춰 해석 가능한 보편적 가치를 추구하는 혁명이었죠. 그러니 쑨원은 대륙과 대만 양안에서 국부의 아이콘이 되었고, 신해혁명은 공산당조차 농민 무산계급 위주의 혁명이라 높이 평가합니다. 양안 국민이 21세기에 이르기까지 쑨원을 존경하는 이유입니다.

# 권력욕이 꺾은 신해혁명의 기세

신해혁명은 후베이·후난·광둥·쓰촨·산시 등 여러 성으로 들불처럼 퍼져 나갑니다. 청나라 조정은 신해혁명을 진압할 능력도 없으면서, 공화정의 탄생만큼은 볼 수 없다는 심보였는지 북양 군벌 위안스카이에게 긴급히 SOS를 보냅니다. 위안스카이 이전에 이홍장이 구축해 놓은 북양 군벌은 당시 최정예 병력이었기에 신해혁명군을 진압할 수 있었습니다. 혁명군은 그 기세는 높았지만 여기저기서 모여 계통도 없는 오합지졸이었고, 보급도 제대로 이루어지지 않아서 북양군과 싸울 형편이 아니었기 때문이죠.

하지만 위안스카이는 희대의 기회주의자로, 당시 정세를 파악하고 있었습니다. 허수아비 선통제를 중심으로 포진한 수구세력을 위해 충성을 다할 필요 없으며, 청나라는 이미 기울어진 왕조라는 사실을 말이죠. 이에 더해 장강 부근 이권을 확보하고 있던 영국은 북양 군벌과 남부 혁명군의 전쟁을 바라지 않았습니다. 영국은 자기들의 수탈에 지장을 받을 거라는 이기적인 이유로 양자 간의 화의를 조율했습니다. 위안스카이는 이 화의를 통해 혁명군 편에 섰고 대총통의 자리를 약속받았죠. 청나라 조정의 뒤통수를 제대로 때린 겁니다.

한편 쑨원은 그해 12월에 귀국합니다. 그는 '여러 외국을 돌며 무엇을 가지고 돌아왔느냐?'는 기자들 질문에 '혁명 정신을 가지고 귀국'했다고 답합니다. 그리고 쑨원은 임시 대총통에 오르게 됩니다. 그는 우창 봉기가 성공했다는 소식을 들었지만, 곧바로 돌아오지 않았습니다. 워싱턴·파리·런던 등을 경유했죠. 왜 그랬을까요? 혹시 겁이 나서 혁명이 제대로 자리 잡는지 간을 보려고 몸을 사렸던 걸까요?

쑨원은 이미 광둥·광시·윈난 등 여러 곳에서 목숨을 걸고 봉기를 일으켰고, 혁명이 실패하면 다시금 망명길에 올랐죠. 신해혁명 이전의 봉기가 모두 실패로 끝났고, 그럴 때마다 그는 다시금 정비하여 혁명 의지를 불태우며 다음을 기약했습니다. 직업이 혁명가이던 쑨원이 고작 자기 안위 때문에 늦게 귀국하지는 않았을 겁니다. 그렇다면 그는 왜 파리·런던·워싱턴 등을 방문했을까요?

쑨원은 19세기 후반 청나라의 상황을 '차식민지'라 규정했습니다. 차식민지는 식민지보다도 못한 처지라는 뜻입니다. 영국·프랑스·독일·러시아·일본 등 제국주의 열강은 독자적 사법권과 행정권을 행사하는 조차지를 중국의 주요 항구 도시마다 두었습니다. 철도·광산·항만 등 청나라 경제의 핵심 요소들을 차지하고도 있었죠. 그러니 쑨원은 식민지나 다름없이 비참하던 청나라의 상황을 차식민지라고 표현한 것이죠. 중국 대륙에서 혁명이 성공하려면 열강들의 입장이 관건이었습니다. 쑨원은 여러 열강이 중국의 혁명에 개입하지 않겠다는 약속을 받아 내기 위해, 여러 나라를 돌아서 귀국한 겁니다. 이처럼 쑨원은 열강들의 이권 다툼에 사분오열되지 않고 혁명을 완수하기 위해 노력하였기에 진정한 혁명의 아버지로 추앙받고 있는 것이죠.

아시아 최초 공화제 국가와 일국양제 구도

쑨원은 혁명의 기운이 고조되면서 군사력으로 상대가 되지 않음을 인지하고 위안스카이에게 대총통 자리를 양보하겠다고 약속합니다. 쑨원에게는 공화정만 들어선다면 자신의 지위는 중요치 않았던 겁니다. 그는 권력욕보다 대의와 명분을 생각한 인물이었죠. 반면 위안스카이는 권력욕으로 가득 차서 최고 권력자에 오른다는 희망에 총부리를 거꾸로 들고 베이징의 자금성으로 진격합니다. 프랑스 혁명을 운운하며 공화정을 받아들이라고 겁박하고, 마침내 무력으로 청나라의 마지막 황제인 선통제를 퇴위시킵니다.

쑨원은 선통제의 퇴위 다음 날에 대총통의 자리에서 물러나고, 위안스카이가 그 자리를 대신해 중화민국 제2대 총통에 취임합니다. 신해혁명에는 조선의 독립운동가 신규식을 비롯해 여러 나라의 혁명가들이 참여했습니다. 반봉건 근대 민주공화국의 설립은 각자 자신의 나라에도 긍정적 영향을 미치리라 생각했기 때문입니다. 이렇듯 세계 각국의 선의가 모여 출범한 중화민국은 위안스카이의 간교하고 야비한 술책에 무너져 갑니다. 그는 난징 천도와 민주공화정 설립이라는 약속을 어기고, 정적을 무자비하게 암살하기 시작했습니다.

혁명의 주체였던 중국동맹회는 국민당으로 전환하여 위안스카이의 독주를 견제하기 위해 노력했습니다. 쑹자오런을 중심으로 국회의원 선거에 승리해 혁명 정신을 이으려 했지만 의회를 통한 민주적 견제는 무자비한 총칼에 스러집니다. 위안스카이는 쑹자오런을 암살했고, 혁명의 기세는 완전히 꺾였죠. 쑨원은 신해혁명조차 실패했음을 확인하고, 다시 일본으로 망명합니다.

위안스카이는 독재 체제를 강화하다 1916년에 이르러 황제로 등극하려 합니다. 기시감이 들죠? 코르시카의 촌뜨기 시골 장교가 프랑스 대혁명의 기운을 등에 업고 쿠데타에 성공했지만, 자신이 무너뜨린 황제의 자리에 오른 나폴레옹의 이야기 말입니다. 우창 봉기에서 흘린 민중의 피와 바스티유 감옥에서 스러져 간 프랑스 젊은이들의 목숨이 헛된 희생으로 전락해 버렸습니다. 위안스카이나 나폴레옹과 같은 권력욕에 눈먼 군인들 때문에 혁명은 실패하였습니다.

# 중국 민중이 주체로 등장한 5·4운동

중국사에서 현대의 기점으로 청조를 몰락시킨 1911년 신해혁명을 잡기도 하고, 1919년 5·4운동으로 보기도 하며, 중국공산당이 공산주의 혁명을 통해 중화인민공화국을 건국한 1949년으로 잡기도 합니다. 각각 의미가 있지만, 1919년의 5·4운동을 현대의 기점으로 삼는 게 통설입니다. 현대 중국 사회의 주체인 다수 민중이 노동운동과 농민운동의 주체로 등장한 시점이 1919년 5·4운동이기 때문입니다.

위안스카이의 야욕으로 공화정의 이상은 무너졌고, 중화민국의 국내외 정치 상황은 혼돈 자체였습니다. 위안스카이 사망 후에 총통부와 의회 간의 갈등이 이어졌고, 제1차 세계대전 참전 안건에 대해서는 찬반양론으로 격렬하게 충돌했으며, 심지어 군부 세력 가운데 일부는 청조 복벽을 추진하기도 했죠. 다시금 군벌이 전면에 등장하여 공화정을 위협하는 상황이었습니다. 내각이 1916년부터 1928년에 이르기까지 12년 동안 38차례나 경질되었고 평균 재임 기간은 3개월밖에 되지 않았습니다. 단편적인 통계 수치 하나가 당대 혼란상을 여실히 보여 줍니다.

군벌 세력은 정치적 불안을 야기했고, 사회·문화·경제에 대한 장악력은 취약했습니다. 아이러니하게도 불안한 정치 상황 속에서, 경제는 약진하고 문화운동이 발전했죠. 천두슈나 후스 등의 인물이 잡지를 발간하고 문학혁명론을 비롯한 다양한 사상을 전개하였습니다. 그중 특히 주목할 만한 부분은 '백화운동'입니다. 백화운동은 기존 상투어·대구·문어체 문장으로 이루어진 문학을 '죽은 문학'이라 비판하며 살아 있는 문학을 강조했습니다. '문장은 도리를 담고 있어야 한다.'라는 유학적 전통을 부정하고, 속어를 포함한 민중의 구어 사용을 주장했죠.

언어는 인간에게 그 정체성을 설명하는 중요한 요소입니다. 따라서 민중의 언어 백화로 시를 짓고 소설을 쓴다는 것은 문학혁명인 동시에 사상혁명이기도 합니다. 마르틴 루터가 성직자의 전유물이던 성경을 민중의 언어로 번역해 공유한 것과 같은 맥락입니다. 소수 특권층의 언어와 대중의 언어를 일치시키는 과정이야말로 근대의 시작입니다. 서양의 근대화는 16세기에 이루어진 종교개혁으로부터 시작됩니다. 종교개혁이라는 정신적 토대가 갖춰졌기에, 대항해 시대가 열릴 수 있었던 거죠.

루쉰의 《광인일기(狂人日記)》는 이즈음 탄생한 소설입니다. 피해 망상증에 걸린 광인의 일기 형식으로, 주변 사람들이 자신을 잡아먹으려 한다는 광인의 강박이 주된 내용을 이루는 작품입니다. 여기서 식인은 4천 년간 이어져 온 봉건의 인습과 비윤리성을 상징합니다. 광인은 식인을 해 본 적 없는 아이들에게서 희망을 찾을 수 있다고 주장하며, '아이를 구하라!'라고 절박하게 외칩니다. 반전통의 사상 혁신을 강렬하고도 예리하게 담아 낸 이 작품은 백화문으로도 훌륭한 작품이 나올 수 있음을 보여 주었고, 문학혁명과 신문화운동의 상징이 되었습니다.

이처럼 정신적 토대가 하나둘 갖춰지다가 1919년 5월 4일 천안문 광장에 모인 학생들의 시위로 5·4운동이 시작되었습니다. 1918년 제1차

아시아 최초 공화제 국가와 일국양제 구도

세계대전이 끝나고 파리강화회의가 시작되었을 때, 중국인들은 패전국인 독일이 차지하고 있던 산둥반도의 주권과 철도 이권을 되찾아 올 것이라 생각했습니다. 산둥반도는 현재 칭다오 맥주 공장이 있는 곳입니다. 중국 대륙에서 톡 튀어나와 우리나라와 가까운 곳으로, 춘추전국 시대 제나라가 자리 잡았던 지역입니다. 수도인 베이징 및 항구 도시 톈진과도 가깝고, 바다에 면해 물산이 풍부하고 인구도 많은 지역입니다. 산둥성의 인구는 오늘날 1억 150만이 넘어 중국에서 광둥성 다음으로 인구가 많은 지역입니다.

이런 산둥반도의 주권을 되찾아 올 거라는 기대는 무너졌습니다. 일본은 제1차 세계대전에 숟가락을 슬쩍 얹었죠. 일본은 독일이 패전하자 중국 땅에서 독일이 차지하던 모든 권리를 슬며시 승계하려던 겁니다. 이미 영국·프랑스·러시아 등에 비밀리에 약속을 받아 놓은 상황이었죠. 다른 한편으로는 베이징의 친일파 고관들에게 접근해 일본이 산둥 지방을 차지하는 데 동의한다는 공문을 받아 냈습니다. 중일 간의 외교 전쟁에 촉각을 곤두세우던 학생들이 허무한 결론에 분노하여 매국노들을 파면하라는 시위를 벌인 게 5·4운동의 시발입니다.

지금처럼 교통과 통신이 발달하지 않은 상황에서도 베이징의 여러 학교 학생이 몰려나와, 시위대는 금세 수천 명으로 불어났습니다. '안으로는 역적을 징벌하고, 밖으로는 국권을 쟁취하자!'라며 그동안 정부에 대해 쌓인 학생들의 분노가 폭발했습니다. 1987년 우리나라 6·10 항쟁처럼 학생들의 시위는 사회 각계각층으로 전파되었고, 베이징과 상하이 등 전국 방방곡곡으로 퍼져 나갔습니다.

상하이에서는 특히 삼파 투쟁이 전개되었는데, 삼파는 파과·파시·파공이라 하여, 수업 거부·철시·노동자 파업을 의미합니다. 학생과 상인, 노동자 등 중국의 전 민중이 들고일어난 대중운동이었습니다. 민중의 조직된 힘과 집단지성이 현실 정치를 변화시킬 수 있다는 깨달음을 남긴 사건이기도 합니다.

5·4운동은 우리나라의 3·1운동과도 관련이 깊습니다. 제1차 세계대전의 종결과 더불어 국제 정치 질서의 급격한 변동이 이루어졌고, 이에 대한 대응으로 우리나라에서는 3·1운동이 일어났습니다. 3·1운동은 다시 중국의 5·4운동과 인도의 비폭력 불복종 운동에 영향을 미쳤습니다.

# 국공합작의 실패 이유

쑨원은 5·4운동에 고무된 때문인지 다시 한 번 혁명의 기치를 내겁니다. 그는 1919년 10월 10일 중화혁명당을 국민당으로 개편하고 새로운 국가를 세우려고 했습니다. 1894년 하와이에서 조직한 흥중회가 1905년 동맹회로 바뀌고, 다시 1912년 국민당이 되었다가, 1914년 중화혁명당으로 개편되었습니다. 조직이 여러 차례 바뀌고 혁명은 늘 실패했지만, 쑨원의 삼민주의는 중국 민중에게 시나브로 스며들고 있었습니다.

중국 민중의 염원은 시베리아 너머 상트페테르부르크에서 불어오기 시작한 공산주의의 바람을 온몸으로 받아들였습니다. 당시 블라디미르 레닌은 10월 혁명으로 제정 러시아를 무너뜨리고 코민테른(Comintern)을 설립하여 전 세계의 공산화를 위해 열을 올리고 있었죠. 공산주의에서는 '만국의 노동자여! 단결하라!'라는 〈공산당 선언〉의 마지막 문구처럼 국가나 민족의 개념보다는 유산계급과 무산계급의 구분이 더 중요합니다. 코민테른은 국경을 넘어 세계의 무산계급이 단결할 수 있는 조직체로 코뮤니스트 인터내셔널(Communist International: 국제 공산당)의 준말입니다.

코민테른은 국경에 접해 있고 광활한 영토와 풍부한 자원, 엄청난 인구가 있는 중국에 관심을 기울이지 않을 수 없었겠죠. 레닌이 이루어 내려는 공산국가도 억압받는 계급과 민족을 해방하는 것이니, 중국 혁명가들의 이상과도 맞닿아 있었습니다. 쑨원이 러시아 혁명을 축하하는 전문을 보낼 정도였으니까요. 코민테른의 활약으로 인도네시아·이란·일본에 공산당이 결성되었고, 중국에서도 공산당 조직의 본격적인 활동이 시작되었어요. 1921년 제1회 전국대표대회가 열리고 중국에서도 공산당이 조직됩니다. 여기에 참석한 열세 명 중 한 명이 마오쩌둥입니다.

쑨원은 군사적·정치적 배경이 빈약하여 누구의 손이라도 잡아야 했습니다. 이런 상황에서 '연소용공(聯蘇容共)'이라는 정책이 등장합니다. 연소용공은 소련과 연합하고 공산당도 용인한다는 뜻입니다. 1924년 1월 국민당 제1차 전국대표자회의가 광저우에서 열려, 노동자와 농민 중심의 반봉건 혁명을 주도하고 소련 방식의 당 체제 개편을 실행할 것을 결의했는데 이것이 제1차 국공합작입니다. 경자유전(耕者有田: 농사짓는 사람이 땅을 소유함)의 법칙에 따라 농민에게 토지를 분배하고 열강의 침탈을 반대하고 북양 군벌 세력을 타도하는 것 등을 주요 과제로 내걸었습니다. 수많은 공산당원들이 국민당에 입당하였고 마오쩌둥도 이 회의에서 후보위원으로 선출되었습니다.

당시 쑨원은 국민당에게 필수 요소이자 가장 큰 취약점을 보완하였습니다. 황포군관학교를 건립한 것입니다. 쑨원은 황포군관학교를 통해 미약하게나마 자체 군사력을 확보할 수 있었습니다. 이 학교에서 많은 독립운동가가 배출되었는데, 4기 졸업생 약산 김원봉이 대표적입니다. 황포군관학교에는 조선 외에 식민지로 전락한 비슷한 처지의 베트남, 몽골, 티베트 등에서도 우국지사들이 몰려와 군사교육을 받았습니다. 정식

아시아 최초 공화제 국가와 일국양제 구도

명칭인 국민당 육군군관학교는 아시아 전역의 식민지 독립운동의 전초 기지가 되었습니다. 국민당만의 학교가 아닌 반제국주의를 표방하는 국제기구였던 셈이죠. 이 학교 출신들이 국민당과 공산당 양 진영에서 군사 수뇌부로 활약했어요. 저우언라이는 학교의 정치부 주임을 역임했으며, 훗날 북한에서 최고인민회의 상임위원장 자리까지 오른 최용건도 이곳에서 3년간 교관 생활을 했습니다. 장제스는 황포군관학교의 초대 교장입니다. 세기의 라이벌 마오쩌둥과 장제스의 만남은 이렇게 황포군관학교에서 이루어진 겁니다.

당시 쑨원의 존재감은 미약했고, 군벌들의 군웅할거는 심각한 니다. 쑨원이 1925년 세상을 떠나자 국민당에 집단지도체제가 성립되었지만, 얼마 지나지 않아 붕괴되었습니다. 권력의 공백을 재빠르게 차지한 인물이 장제스였죠. 그는 스스로 쑨원의 후계를 자처하고 군사 지휘권을 획득한 후에 이내 당권까지 장악합니다. 장제스는 권력을 차지하자 국민혁명군을 동원해 곧바로 북벌에 나섭니다. 국민혁명군은 후난의 창사와 후베이의 우한 지역을 점령했고, 푸젠성과 장시성에서 저장성과 장쑤성에 이르기까지 진격을 이어 갔고, 전략적 요충지 난징과 상하이까지 손에 넣었습니다. 실로 거칠 것 없는 공세였습니다.

국민혁명군이 고작 10만 병력으로 70여만 명의 북양 군벌 세력을 이길 수 있던 원동력은 무엇일까요? 첫째로 꼽는 요인이 황포군관학교입니다. 국공합작 체제 아래 고도로 훈련받은 군관학교 출신 장교들은 가공할 만한 위력을 발휘했습니다. 적절한 전략과 전술을 구사하는 것은 물론이고, 투철한 사명감과 드높은 사기에 더해 도시와 농촌에서 이루어진 대중 선전 활동은 민심을 국민혁명군 쪽으로 기울게 했습니다. 국민당의 공화정이 성공할 수 있다는 기대감과 정치적 의식의 고양이 한몫제대로 했죠. 국민당은 북벌의 성공 덕분에 광둥성 중심의 지방 정권에서 일약 전국구로 도약하게 되었습니다.

장제스는 북벌 성공에 심취하여 국민당 내 공산주의 세력을 눈엣가시처럼 보게 됩니다. 1927년 국민당 우파가 전광석화처럼 공산당원을 체포하여 처형한 것을 4·12 상하이 쿠데타라고 합니다. 일반적으로 정권을 잡고 있는 세력이 군사력을 사용하면 쿠데타라고 규정하지 않죠. 그런데 군권을 쥐고 있던 장제스가 일으킨 참사를 왜 굳이 쿠데타라고 명명할까요? 명분이 없었기 때문입니다.

반봉건과 반외세의 기치를 걸고 협력하던 두 세력이 반목할 필요는 없었어요. 장제스는 모스크바 유학 시절 볼셰비키 혁명이 얼마나 가공할 만한 위력을 가지고 있는지 알고 있었고, 자칫 자신의 주도권을 잃을까 두려웠던 겁니다. 뒷골목 삼합회까지 가세했던 이 기묘한 사건은 이방인의 눈에도 독특해 보였나 봅니다. 프랑스 작가 앙드레 말로는 4·12 상하이 쿠데타를 소재로 《인간의 조건(La condition humaine)》이라는 소설을 집필했고, 이 작품으로 공쿠르 상을 받았습니다.

4·12 상하이 쿠데타가 발생한 상하이의 지역적·지리적 특성에 주목해야 합니다. 중국이 아편 전쟁에 패배하고 1842년 난징 조약이 체결되면서, 조용한 어촌 마을이던 상하이는 조금씩 성장하기 시작합니다. 구미 열강의 입장에서는 최적의 입지였기 때문에, 조계지가 늘어나고 서양 문물이 물밀듯 들어오며 오늘날에는 세계에서 손꼽히는 메가 시티로 성장하였죠. 상하이의 시민들은 신해혁명 이후에 다른 지역보다 좀 더 적극적으로 반봉건 공화정을 환영했습니다. 서양 문화를 빈번히 접하다 보니 시민 의식이 높았던 거죠. 상하이는 국민혁명군이 진입하기 전에 이미 노동자의 단결로 군벌 세력을 몰아낸 후였죠. 상하이에는 혁명의 기운이 끓고 있었습니다.

무르익은 혁명의 기운은 여러모로 공산주의와 궁합이 잘 맞았습니다.

저우언라이는 공산당원에게도 치안권을 나눠 줄 것을 요구했지만, 장제스는 거절했죠. 하지만 공산당 주도의 노동 규찰대는 점차 세력을 강화하며 궁극적으로 상하이를 공산화하려고 시도했습니다. 이러한 분위기가 감지되자 부르주아 상공 계층과 조계에 머무는 외국인들이 장제스에게 불만을 토로하며 공산당을 제압해 줄 것을 요청합니다. 장제스는 쑨원 생전에는 그의 권위에 눌려서 공산당과 억지로라도 협력해야 했지만, 권력을 잡은 그에게 거칠 것이 없었죠(쑨원은 죽는 날까지 공산당을 인정하고 품으려 했습니다. 이것이 그가 양안에서 모두 존경받는 결정적인 이유입니다).

상하이는 공산당을 척결하자는 우파 민병대와 장제스의 군대까지 더해져 피비다가 되었고, 그해 말까지 공산당원의 8할인 약 30만 명이 처형당했습니다. 쿠데타는 주도면밀한 동시에 잔혹했습니다. 청당(당을 깨끗하게 만든다는 것)을 명분으로, 공산당은 물론이고 조금이라도 좌파 색채를 띠는 사람까지 참수하고 총살하고 태워 죽이기까지 했습니다.

당시 공산당의 당권을 쥐고 있던 천두슈는 순진하게도 공산당원 명부를 장제스에게 바치고, 다시금 국공합작을 이어 가자고 했습니다. 하지만 마오쩌둥은 '모든 권력은 총구에서 나온다!'라며, 무력에는 무력으로 대항해야 한다고 주장했죠. 마오쩌둥과 저우언라이도 체포되어 처형당할 뻔했지만, 가까스로 도망칩니다. 제1차 국공합작은 이렇게 소멸해 버렸습니다.

# 위대한 여정의 시작

    중국에는 위대한 '장'이 세 가지 있습니다. 장성(長城), 장강(長江) 그리고 장정(長征)입니다. '장성'은 루쉰이 만리장성에 대해 쓴 글의 원제입니다. 국내에서는 흔히 만리장성이라고 하지만, 중국 현지에서는 그냥 장성이라고 합니다. 기다란 성이란 의미의 장성이 고유명사화된 것입니다. 그만큼 만리장성이 길고, 하나의 상징이 되었다는 뜻이기도 하죠.

    삼협댐을 구경할 수 있는 양쯔강 크루즈는 여행객에게 인기가 많은데, 실상 양쯔강은 장강의 한 지류입니다. 장강을 양쯔강이라고 한다면, 서울의 한강을 안양천이나 탄천이라고 하는 것과 다를 바 없습니다. 중국 고문헌에서 '강(江)'은 장강을 의미하고 '하(河)'는 황하를 뜻합니다. 그만큼 6천3백 킬로미터의 장강은 중국 역사 내내 강을 상징하는 존재죠. 장강의 하류 지역인 장쑤성 양저우시에서 부르는 강 이름이 바로 양쯔강입니다. 이 지역에 많이 활동하던 서양 선교사들에 의해 양쯔강이라는 이름이 널리 알려지게 된 겁니다. 중국 여행 중 양쯔강을 찾으면, 장쑤성

아시아 최초 공화제 국가와 일국양제 구도

사람들이나 알아듣지 다른 성에서는 통하지가 않죠.

장성과 장강에 이은 장정은 그 앞에 '위대한'이란 의미의 '대'를 붙여 대장정이라고 합니다. 장정은 중국공산당 역사의 하이라이트로, 홍군의 눈물겨운 희생과 인내로 이루어진 한 편의 드라마입니다. 마오쩌둥을 오늘날 마오쩌둥으로 만들어 준 것도 장정입니다. 마오쩌둥은 장제스의 배신으로 처량한 신세가 되어 농촌 징강산으로 들어갑니다.

볼셰비키 노선은 원칙적으로 산업노동자 중심으로 민중 봉기를 일으켜 혁명을 완수합니다. 어디까지나 도시와 시민 중심의 혁명입니다. 소련 코민테른의 영향으로 중국공산당이 성립되었기 때문에 당시 중국 공산당 중앙위원회 엘리트들은 볼셰비키 노선을 신봉했죠. 그래서 '농민 중심의 공산 혁명'을 주창한 마오쩌둥의 보고서는 중앙위원회에서 외면당했습니다.

중국은 농업 국가입니다. 수천 년 이어 온 유교 사상과 결합된 농업 중심 사회 구조가 쉽게 변할 리 없죠. 마오쩌둥은 이 점을 간파한 것이지만, 중국 공산당 수뇌부는 교조주의에 갇혀 마오쩌둥의 영리한 전략 전술을 받아들이지 못했습니다. 마오쩌둥은 장시성과 후난성 경계에 있는 징강산으로 숨어 들어갔고, 징강산 일대 주변 농민들도 공산당에 가입하기 위해 입산하기 시작했죠. 그는 일찍이 중국식 사회주의의 핵심은 농촌에 있다고 인식하였고, '후난성 농민운동 시찰보고서' 등 다양한 이론적 배경까지 쌓아 가며 진심을 다해 농민에게 다가갔습니다. 1927년 여름, 장시성 난창에서 저우언라이를 필두로 농민 중심 봉기가 일어나고, 스스로 중국공농혁명군이라 개명했습니다. 농민 혁명 세력은 이듬해 5월에 중국공농홍군으로 개명했고, 국민당 정부는 붉은 도적이란 의미로 '홍비' 혹은 '공비'라고 불렀죠.

징강산의 홍군은 대중 노선 전략을 강화합니다. 혁명의 성공을 위해서는 전투도 중요하지만 인민의 마음을 얻는 것도 필수라는 점을 인지하고 있던 겁니다. 홍군은 지주로부터 몰수한 토지나 곡식을 빈농과 소작농에게 나누어 주었습니다. 이러한 전략을 통해 정치적 문제를 경제적 문제로 치환하여 농민의 공감을 유도했고, 향후 공산당이 민심을 얻게 되는 기반을 구축하였습니다.

한편 장제스는 점차 세력이 불어나는 홍군을 소탕해야겠다고 결심합니다. 그는 1930년 11월 제1차 홍군 소탕 작전을 개시한 후에 수차례에 걸쳐 공격을 감행합니다. 그가 친정에 나선 경우도 있었지만 번번이 패합니다. 홍군의 무기는 주로 국민당으로부터 빼앗은 소총이라서 보급이 처참한 지경이었는데도, 어떻게 장제스의 국민당 정부군에 승리를 거두었을까요? 그 비결은 바로 유격전이었습니다. 유격전은 적을 유인해 깊숙이 끌어들이고, 포위 공격을 퍼부어 섬멸하는 방식이죠. 국민당 군대는 수적 우위와 원활한 보급에도, 홍군이 게릴라 방식의 유격전으로 대응하는 데 당황하며 연전연패했습니다. 그 와중에 홍군에 합류한 천군만마와 같은 인물이 주더입니다.

주더는 1886년 부유한 집에서 태어나 향시에 급제했으나 서양 학문에 관심이 많아 청두 사범학교를 졸업했습니다. 그는 당시 대부분의 지방 유지가 그렇듯 아편을 피우고 첩을 두는 등 전근대적으로 살다가 어느 날 농민의 피폐한 삶을 목도하고 깨달은 바가 있어서 아편을 끊고 주변 사람들에게 재산을 나눠 주고 독일로 유학을 떠납니다. 주더는 독일에 이어 소련에서 군사학을 유학하고 귀국하여 공산당에 가입했고, 국공합작이 진행되자 국민혁명군 지휘관이 되어서 제1차 북벌에 참여하기도 했죠.

주더는 4·12 상하이 쿠데타가 일어나자 간신히 목숨을 건져 도망쳤고, 유격전을 벌이며 1만여 명의 병력을 확보하여 마오쩌둥이 있는 징강

아시아 최초 공화제 국가와 일국양제 구도

산으로 합류합니다. 마오쩌둥은 제대로 군사학을 배워 본 적도 없었기 때문에, 이후에 홍군의 실질적 리더는 주더였습니다. 주더의 전략이 워낙 신출귀몰해 '축지법을 쓴다.', '비바람을 일으키는 도술을 부려 전투에 승리한다.', '총알을 맞아도 죽지 않는다.' 같은 얼토당토않은 루머가 돌 정도였죠. 그는 계급장을 달지 않았고, 사병들과 똑같이 먹고 입고 잤습니다. 그러니 홍군의 사기가 얼마나 높았을까요? 주더의 합류는 마오쩌둥에게는 큰 행운이었습니다.

마오쩌둥은 징강산 게릴라전으로 새로운 지도자로 떠올라, 장시성을 중심으로 군수 공장을 지어 장기전을 준비했습니다. 난징을 중심으로 중화민국이 있었다면, 1931년 장시성에서는 마오쩌둥이 중화소비에트공화국의 건국을 선포합니다. 이를 흔히 '장시 소비에트'라 부릅니다. 수많은 군벌이 중국 대륙 전체에 퍼져 있듯 반봉건의 기치를 내건 두 개의 근대 국가도 각자 자신의 본거지를 중심으로 건국된 겁니다.

중국 내륙 중심부에서 국공 내전이 한창이던 시기에 동북부 만주 지역에서는 일제가 야욕을 드러냈습니다. 일본은 러일 전쟁에 승리하고 체결한 포츠머스 조약으로 창춘-뤼순 간 철도 이권을 얻었고, 이를 바탕으로 만주는 원자재 공급처이자 상품 판매 시장으로 일본 경제에 효자 노릇을 하고 있었습니다. 관동군은 동북삼성 지역을 장악하고 있던 당대 최고의 군벌 봉천과 장쭤린을 암살해 버렸습니다.

봉천파는 원래 일제의 관동군과 우호적 관계였습니다. 장쭤린은 마적단 출신으로 자신에게 득이라면 무슨 일이든 가리지 않던 인물이었습니다. 그는 위안스카이가 권력을 쥐고 있을 때는 황제가 되라며 아첨했고, 관동군에게도 이득을 챙기는 선에서 협력했습니다. 민족 감정 따위는 개나 줘 버리라는 마인드였던 거죠. 장쭤린은 관동군과 미쓰야 협정을 맺고 당시 만주에서 활동 중이던 우리 독립운동가들을 공격해 댔으니, 우리 입장에서는 불구대천의 원수입니다. 장쭤린은 근시안적 이익에 눈이 멀어 관동군과 손잡았으나, 결국 이용 가치가 사라지자 관동군의 폭탄에 목숨을 잃었으니 자업자득인 셈이죠.

장쭤린은 신해혁명과 러일 전쟁의 격변 속에서 중국 최대 군벌로 성장했습니다. 봉천 군벌은 장제스의 북벌이 이루어지기 전까지, 천하통일을 바라볼 정도로 그 위세가 하늘을 찌를 듯했습니다. 하지만 장제스의 정예 병력은 장쭤린의 봉천 군벌을 격퇴했고, 베이징에서 내쫓아 다시 동북삼성 지역으로 돌아가게 만들었죠.

일제의 관동군은 장쭤린에게 매국적 밀약을 맺으면 장제스의 북벌군을 격퇴시켜 주겠다고 제안했지만, 장쭤린은 바지 사장이 될 것을 우려하여 거절했습니다. 그러자 관동군은 그가 탄 기차를 폭발시킨 겁니다. 관동군은 장제스의 테러라고 거짓 정보를 흘렸지만, 이내 사건의 전모가 밝혀졌습니다. 장쭤린의 장남인 장쉐량은 비극적 폭사의 진실을 알게 된 후에 장제스와 손을 잡습니다. 장쉐량은 국민당에 입당하여 곧 이인자의 자리에 올라 동북 지역 사령관이 되었습니다.

장제스가 홍군 토벌에 여념이 없던 1931년 9월 18일, 만주에서는 느닷없는 포성이 울리기 시작합니다. 관동군이 일으킨 류타오후 사건이 벌어진 겁니다. 역시나 관동군의 자작극으로 류타오후에 위치한 남만주철도를 폭파시키고, 장쉐량의 짓이라 몰아가며 전쟁을 일으켰습니다. 이를 만주사변 혹은 9·18사변이라고 합니다. 관동군의 총공세가 이루어진 와중에 장제스와 장쉐량의 오판으로 전쟁의 양상이 급물살을 타게 됩니다.

장쉐량은 만주사변이 벌어졌을 때 요양을 목적으로 자신의 정예 병력을 이끌고 베이징에 주둔하고 있었습니다. 그는 관동군의 공격을 보고받았지만, 종종 발생하던 국지적 도발로 여겨 전면전의 빌미를 주지 않기 위해 적극적으로 저항하지 말 것을 명령합니다. 장제스의 지시도 항전하

아시아 최초 공화제 국가와 일국양제 구도

지 말라는 것이었습니다. 장제스는 '국내를 안정시킨 후에 외세를 몰아낸다.'라는 것을 일관되게 주창했습니다. 공산당이 일본보다 자기 권력을 위협하는 요인이라 판단한 것이죠.

　　장제스가 공산당을 혐오한 반면에 일본의 침략에는 관대했던 이유는 무엇일까요? 장제스가 젊은 시절 일본에서 유학한 경험이 그의 친일 성향을 강화했을 겁니다. 그런 한편 장제스는 어린 시절의 전통 사상 영향 때문에 권위적이고 가부장적인 성향도 강했습니다. 공산당의 이념과는 거리가 멀었던 거죠. 그는 러시아 유학 당시 공산당이 얼마나 위협적인 조직인지 깨달았습니다. 장제스는 공산 혁명의 가공할 만한 위력에 두려움을 느꼈고, 그 공포가 그의 혐오를 더 강화시켰을 겁니다.

　　주력 병력도 베이징과 톈진 부근에 있는 상황에서 결사항전하지도 않았으니, 장쉐량의 만주 병력은 관동군에게 심각한 타격을 입었습니다. 타격을 입은 만주 병력은 장쉐량의 오판에 분개하여 관동군에 투항하고 오히려 길잡이가 되어 장쉐량의 본진을 향해 공격해 들어옵니다. 장쉐량의 30만 대군이 고작 2만도 되지 않는 관동군에게 패퇴한 이유입니다.

　　당시 조선 주둔군 사령관 하야시 센쥬로는 관동군의 이시하라 간지와 교감하던 상황이었고, 관동군의 공격이 성공하자, 일본 본국의 재가도 없이 1만여 병력과 비행대를 만주로 급파합니다. 일본의 내각도 당황했고, 장쉐량과 장제스도 혼란에 빠지게 되었죠. 일본 본토의 각료들은 만주사변 초기만 해도 장쉐량과 화의를 명했지만, 전황이 점차 유리해지자 관동군의 광기 어린 준동을 방관하게 됩니다.

　　장쉐량은 관동군의 공세에 불리함을 자각하고 장제스에게 도움을 요청합니다. 하지만 장제스는 크나큰 오판을 합니다. 공산당 토벌을 위해 주력 정예 부대가 출동해 있으니, 관동군과 맞서 싸우기 위해 파병할 병력이 없다고 알린 것이죠. 장제스는 봉천 군벌이 과거 관동군과 우호적 관계였던 점을 상기하며, 절대 항복하지 말 것을 주문합니다. 장쉐량은 병력은 보내지 않으면서 항복하지 말라는 장제스의 주문에 화가 나서 관동군과 단독 협상을 진행합니다. 하지만 관동군은 만주 일부를 차지하는 것으로는 성에 차지 않았죠. 협상은 결렬됩니다.

장쉐량은 이미 만주를 거의 다 빼앗기고 나서야 정예 병력 5만을 파병하여 관동군을 상대하려고 시도합니다. 하지만 이때 또 다른 군벌인 옌시산이 빈틈을 보인 장쉐량을 공격합니다. 협공에 몰린 장쉐량은 또 패퇴하고, 마지막 보루인 러허로 흘러듭니다. 관동군은 또다시 러허사변(熱河事變)을 일으켜 공세를 펼치고, 장쉐량은 쫓기듯 장제스에게 몸을 의탁하는 신세가 됩니다.

장제스는 만주가 초토화되는 와중에도 공산당 토벌에만 열을 올렸습니다. 국민당군은 몇 배의 화력과 병력으로 네 차례에 걸쳐 토벌 작전을 시행했지만, 번번이 홍군의 기동력과 게릴라 전술에 막혀 패퇴했습니다. 장제스는 제5차 토벌에 앞서 독일의 장군 한스 폰 젝트를 군사 고문으로 영입해 새로운 전술을 구가하게 됩니다. 이른바 토치카 방어선을 만드는 작전입니다. 토치카란 러시아어로 '점'이라는 뜻으로, 전투용 진지입니다. 도로와 참호를 만들며 천천히 전진하는 진지전과 마을을 아예 불태우는 초토화 작전을 통해 홍군에 승리를 거두게 됩니다. 유럽에서 들여온 기관총 등의 새로운 무기와 수백 대의 비행기도 한 몫 단단히 했죠. 장제스의 병력은 홍군을 압도하고도 남았습니다.

장시 소비에트는 많은 병력과 영토를 잃고 생존을 위한 이동을 결정하는데, 이것이 대장정의 시작입니다. 홍군을 지지하던 1백만 명의 농민이 학살당하거나 아사하는 상황에서 결행한 탈출이었죠. 국민당군은 군벌 세력과 마찬가지로 전근대적 사고에 젖어 있었습니다. 홍군이 농민의 바늘 하나라도 빼앗지 않으려고 노력하는 동안, 여전히 민중을 수탈하며

아시아 최초 공화제 국가와 일국양제 구도

진군했습니다. 마오쩌둥과 장제스가 민중을 대하는 태도는 이처럼 엇갈렸고, 그에 따라 민심도 다르게 반응했죠. 당시 농민은 당연하게도 홍군을 좋아했고, 국민당 정부군이라면 진저리를 쳤죠. 이와 같은 민심은 갈대처럼 흔들리기도 하지만 정확한 바로미터가 되기도 했습니다.

마침내 대장정이 시작되었습니다. 이때까지만 해도 도망가는 홍군도, 쫓아가는 국민당 정부군도 홍군의 여정이 무려 9천6백 킬로미터, 지구 한 바퀴의 4분의 1에 이를 것이라 예상하지 못했을 겁니다. 홍군은 11개의 성을 거쳐, 18개의 산맥을 넘고, 24번 도강했으며, 하루 평균 26킬로미터를 행군했습니다. 세계 전쟁사에서 보기 드문 고난의 행군입니다.

장제스의 병력은 홍군의 예상 이동로를 차단하고 포위하여 공격했지만, 그때마다 홍군은 극적으로 탈출했습니다. 사상자는 많아서, 10만에 육박하던 홍군 가운데 대장정을 마친 숫자는 겨우 3천여 명이었습니다. 대장정을 마친 산시성에서 마오쩌둥 곁을 지킨 홍군은 중간에 합류한 인원까지 합쳐서 겨우 6천여 명이었습니다.

실패한 여정이지만, 역사적으로 위대한 혁명의 길로 평가되는 것은 대장정에서 마주친 수많은 민중 때문입니다. 대장정을 함께한 민중의 수는 2억 명이 넘을 것이라 추산됩니다. 루딩 다리의 전투 등 대장정 중 구사일생의 순간도 의미 있겠지만, 그보다는 마을을 찾아가 부패한 지주·관리를 처단하고 그들의 부정한 재산을 공정하게 분배하며 농민과 나눈 교감이 대장정을 위대한 혁명의 여정으로 만들었습니다. 장정 도중 체포되어 홍군과 함께 4천 킬로미터를 행군하다 석방된 영국인 선교사 루돌프 보샤트는 회고록 《묶인 손(The Restranining Hand)》에서 홍군의 열정과 새로운 세계에 대한 추구와 신념에 대한 애착은 일찍이 찾아보기 힘든 것이었다고 증언합니다.

대장정이 시작된 이유, 즉 장제스의 군대가 홍군을 몰아낸 이유를 살펴보자면 쑹메이링이라는 여인을 소환해야 합니다. 그녀의 아버지 쑹자수는 가난한 집에서 태어나 미국으로 건너가 고학하여 선교사가 되어 귀국했습니다. 귀국 후에 부잣집 딸과 결혼하고 사업을 하여 큰돈을 법니다. 거부가 된 그는 상하이에서 쑨원과 운명적으로 조우합니다.

쑹자수는 3남 3녀의 자식을 두었는데, 그 가운데 세 자매가 유명합니다. 중국 근현대사에서 유명한 자매들이자, 역사의 흐름을 뒤바꾼 이들일 거예요. 쑹아이링은 자매 가운데 맏언니로 당대 최고의 금융 재벌 쿵샹시와 결혼했고, 둘째 쑹칭링은 쑨원의 아내이며, 막내 쑹메이링은 장제스의 아내였습니다. 당시 호사가들은 쑹씨 집안 자매를 언급하며 '한 여인은 돈을 사랑했고, 한 여인은 권력을 사랑했으며, 마지막 한 여인은 나라를 사랑했다.'라고 표현했습니다. 장제스가 어떻게 쑨원의 중화민국 아래에서 승승장구했는지 이해되죠? 단순히 쑨원과 동서 관계이었기에 군권을 쥔 것은 아니겠지만, 하나의 요인이 될 수는 있었겠죠.

미국 보스턴 근교에 웰슬리 칼리지라는 명문 여대가 있습니다. 이 학교 기숙사에는 2층에 툭 튀어나온 구조가 독특한 방이 있습니다. 이 방은 쑹메이링이 사용했던 것으로, 기숙사 회장들이 주로 사용하며 여전히 '쑹메이링의 방'으로 학생들에게 알려져 있죠. 쑹메이링은 웰슬리 칼리지 영문학과를 우수한 성적으로 졸업하고 역사학·철학·교육학 등 다방면에서 두각을 나타냈습니다. 그녀는 귀국 후에 장제스와 결혼하여 탁월한 영어 실력과 정무 감각을 바탕으로 남편의 비서이자 통역관, 조언자역할을 맡습니다. 그녀는 장제스와 한스 폰 젝트 장군과의 만남에서도 결정적인 역할을 합니다.

장제스는 공산당의 유격전에 연전연패하던 중에 독일 군사 고문을 통해 난국을 타개하려 했습니다. 화력과 병력 모두 압도적으로 우위에 있는데 패퇴한다는 것은 결국 전략 전술의 부재 때문이라고 판단한 것이

아시아 최초 공화제 국가와 일국양제 구도

죠. 그때 구세주처럼 등장한 인물이 한스 폰 젝트입니다. 제1차 세계대전의 패배 이후에 독일은 징병제를 모병제로 바꾸는 등 여러 가지 군사적 제약에 시달립니다. 영국과 프랑스가 다시는 독일이 재기하지 못하게 두 손 두 발을 꽁꽁 묶어 놓은 것을 베르사유 체제라고 합니다. 독일은 1919년 베르사유 궁전 거울의 방에서 이루어진 협정으로 강도 높은 경제적·군사적 제재를 받게 됩니다.

한스 폰 젝트는 이렇게 삼엄한 베르사유 체제 아래에서 독일 육군을 재건했다는 공로를 인정받아 '독일 육군의 아버지'라고 불리던 인물입니다. 한스 폰 젝트는 베르사유 체제 하에 10만 명으로 병력이 제한되자, 소규모로 잘 훈련된 직업 정예군을 육성하자는 아이디어를 관철시켰습니다. 그는 제1차 세계대전에 대령으로 참전했던 백전노장으로, 육군대장으로 예편하고 은퇴한 상황에서 중국으로 건너와 장제스와 만납니다.

한스 폰 젝트는 어쩌다 중국까지 오게 되었을까요? 독일 육군의 아버지이자 소수 정예 병력 전략을 추종하는 한스 폰 젝트가 독일 군대에 미친 영향은 그가 은퇴한 후에도 이어졌습니다. 하지만 히틀러는 집권한 후 대규모 병력을 양성하려 했고, 한스 폰 젝트는 눈엣가시였죠. 히틀러는 한스 폰 젝트가 국내에 남아 딴지라도 걸까 봐 군사고문이라는 명분으로 멀리 보내 버린 겁니다.

장제스는 군사 전략과 카리스마, 외교적 식견, 다른 문화를 이해하는 능력까지 두루 갖춘 이 백전노장에게 반해서 군사고문직을 제안하죠. 하지만 당시 환갑을 훌쩍 넘긴 한스 폰 젝트는 정중히 거절합니다. 물설고 낯선 중국에서 생활하는 것도 힘든 데다 군사 전략을 다시 고민하고 싶지 않았던 것이죠. 장제스는 독일어도 영어도 못하던 터라 자신의 비전을 한스 폰 젝트에게 잘 전달할 수 없었죠. 이때 장제스의 아내 쑹메이링이 등장합니다. 그녀는 유창한 영어 실력에 세상 돌아가는 일에도 박식

했던 터라 여러 차례 대화를 통해 한스 폰 젝트의 마음을 움직입니다.

두 사람은 쑹메이링의 통역으로 정치와 군사에 대해 깊이 있는 대화를 이어 갔고, 장제스는 한스 폰 젝트의 신뢰를 얻어 낼 수 있었습니다. 역사의 흐름이 뒤바뀌는 순간이었죠. 한스 폰 젝트는 홍군의 기동력에 주목했습니다. 이를 따라가는 것은 적의 박자에 맞춰 주는 것이라 여기고, 아예 진지전으로 차근차근 소비에트 해방구를 점령하며 홍군을 옥죄어 갔죠. 그는 항공전의 중요성을 강조하며 장제스에게 전투기 수입을 권합니다. 장제스는 독일의 융커스 폭격기를 들여와 항공전을 통해 홍군을 압박합니다.

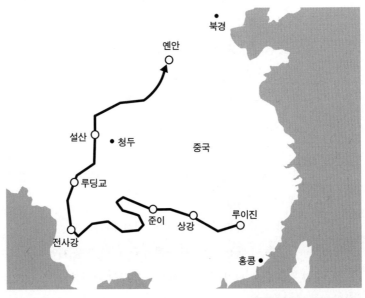

▲ 마오쩌둥 홍군의 대장정 경로

대장정의 길은 그 긴 여정만큼이나 엄청난 고생으로 악명 높습니다. 10만 가까운 홍군이 모두 국민혁명군의 총알에 죽은 것은 아닙니다. 굶

아시아 최초 공화제 국가와 일국양제 구도

어 죽고, 얼어 죽고, 병들어 죽은 병사가 훨씬 많았습니다. 전투의 기본은 보급인데 병참이 전무한 데다 지나쳐 가는 농민들의 곡식도 최대한 수탈하지 않으려 노력했으니 홍군의 행군이 얼마나 처참했을지 짐작됩니다.

대장정에 관한 수많은 일화 중 하나가 중국 최고의 명주 마오타이 이야기입니다. 어느 날 홍군은 구이저우성의 시골 마을을 지나가게 되고, 농민들은 마오쩌둥에게 마을에서 빚은 술을 대접합니다. 마오쩌둥이 애주가인 데다가, 고단한 행군 길에 마주한 술이 얼마나 맛있었을까요? 마오쩌둥은 중국을 통일하고 최고 권력자가 된 후에 이 술을 다시 찾죠. 그 술을 국가적 명주로 지정하고 국빈 만찬에 사용하는 특급주로 사용합니다. 이 술은 마오타이입니다. 핑퐁 외교라고 들어 보셨죠? 탁구 경기를 통해 미국과 중국이 친선을 도모하다 결국엔 수교를 이루어 냈죠. 당시 리차드 닉슨이 중국을 방문해 총리이던 저우언라이와 건배한 술도 마오타이입니다.

# 장쉐량이 장제스를 용서한 이유

1936년 12월 12일 새벽 5시, 시안의 화청지에서 총성이 울렸습니다. 잠옷 바람의 장제스는 반란을 직감했습니다. 그는 극소수의 호위병만 대동했던 터라 혼비백산 달아났습니다. 하지만 그는 뒷산 동굴에 몸을 숨겼다가 오래지 않아 수색대에 붙잡혔습니다. 이 쿠데타가 시안사변(西安事變)입니다. 당대 최고 권력자 장제스가 제대로 된 경호 병력도 없이 시안의 교외를 찾아간 이유는 무엇이고, 누구에게 붙잡힌 걸까요?

시간을 거슬러 1936년 4월, 장쉐량이 몰고 온 비행기 한 대가 옌안에 도착합니다. 그곳에는 대장정을 마치고 지칠 대로 지친 홍군이 가쁜 숨을 몰아쉬고 있었습니다. 장쉐량은 홍군 지도자 저우언라이를 만나 휴전을 논의했습니다. 홍군은 10만 가까운 병력에서 시작하여 겨우 6천 명이 남았고, 굶주렸고 헐벗었으며 무기도 제대로 갖추지 못한 상태였어요. 무엇보다 기나긴 행군으로 지쳐 있었습니다. 훗날 저우언라이의 회고를 들어보면 장쉐량의 제안이 얼마나 고마웠는지 드러납니다. 저우언라이는 1976년 임종을 앞두고도 장쉐량을 그리워하며 그에게 고마움과 미

아시아 최초 공화제 국가와 일국양제 구도

안함을 느꼈다고 합니다.

장쉐량은 타고난 금수저에 한량이자 멋진 용모로 인기가 높았습니다. 중국 내는 물론 외국에서도 인기가 있어서, 이탈리아 독재자 무솔리니의 딸 에다 무솔리니도 장쉐량에게 반했었다고 전해집니다. 그는 당시 사교계의 기린아인 한편, 저우언라이에게 찾아가는 비행기를 직접 조종할 정도로 자동차와 비행기 등에 관심도 높았습니다.

당시 동북 사령관 장쉐량과 서북 사령관 양후청은 대장정을 마친 공산당을 쓸어버리라는 장제스의 명령에 시달렸습니다. 홍군은 비록 6천 명의 병력이었지만 산전수전 다 겪고 살아남은 베테랑이었어요. 홍군은 여전히 유격전을 구사하고 있었습니다. 공산당 토벌보다는 항일 전쟁이 먼저라고 생각한 장쉐량의 안이한 공격은 번번이 실패했고 그때마다 장제스는 격하게 다그쳤습니다. 장쉐량은 직접 국공합작을 다시 제안했다가 장제스의 진노를 견뎌야 했습니다.

장제스는 오로지 공산당 척결에만 눈이 벌건 채 악다구니를 썼고, 일본의 침략에는 유독 관대했습니다. 관동군의 만주 점령도 선선히 인정했죠. 국민당 정부가 아무리 대륙 남부를 거점으로 삼았다고 하지만, 이해할 수 없는 작태였습니다. 자신의 권력을 유지하고자 일본과의 관계를 유화책으로 일관했고, 민중의 항일운동조차 탄압했습니다. 동티가 날까 두려웠던 거죠. 서북 군벌 평위샹이 관동군으로부터 러허를 되찾기 위해 출병하려 들자, 13개 사단을 보내 제압해 버렸습니다. 눈앞의 적을 두고 제 식구를 단죄한 셈이었습니다. 이처럼 장제스는 항일운동을 탄압하는 우를 범하여 민중의 지지라는 최고의 전력을 상실하게 된 겁니다.

한편 마오쩌둥은 1935년 8월 1일, 항일민족통일노선 수립을 발표합니다. 그는 대장정 이후에 국민당의 집요한 공격에서 벗어나 재정비의 시간이 필요하여 민중의 항일 정서에 기댄 겁니다. 민중은 내전에 지쳐 있던 터라 8·1선언을 환영했고, 국민당 지도부 내에도 균열이 일기 시작했습니다. 이때 순진한 도련님 장쉐량에게 누군가 찾아옵니다. 그의 정체는 정보 공작의 귀재 리커눙입니다. 마오쩌둥이 리커눙을 장쉐량에게 보낸 것이죠. 장쉐량은 리커눙의 감언이설에 속아 공산당과 힘을 합쳐 항일 투쟁을 해야 한다고 결심합니다.

장쉐량은 신임 장교들에게 연설을 부탁한다며, 장제스를 시안으로 유인합니다. 장제스가 최소한의 호위 병력만 갖춘 채 시안으로 입성했다는 것은 그만큼 장쉐량을 신임했다는 뜻이죠. 장쉐량 역시 장제스에 대한 신뢰가 깊었습니다. 국공합작을 통해 항일 투쟁에 매진하자는 대의명분을 이해해 줄 것이라 믿었기에 시안사변을 일으킨 겁니다.

시안사변의 최대 수혜자는 마오쩌둥이었습니다. 장쉐량이 팔을 비틀어 장제스는 억지로 국공합작을 다시 시작하게 되었고, 이로 인해 궤멸 직전의 공산당은 부활합니다. 이는 제2차 국공합작의 시작입니다. 시안사변 직후부터 장제스를 죽여야 한다는 여론이 들끓었지만, 낭만주의자 장쉐량은 그를 살려 둡니다. 이인자가 쿠데타를 일으키고도 끝내 일인자를 처형하지 않았다는 이 믿기 힘든 사실을 설명하는 수많은 가설 가운데, 장쉐량과 쑹메이링 사이에 이루어진 '세기의 로맨스'설이 꽤나 설득력 있어 보입니다.

1925년 당대 최고의 귀공자 장쉐량은 상하이에서 열린 미국 영사관 파티에서 쑹메이링을 만나고 한눈에 반했지만, 그는 이미 유부남이었죠. 그로부터 3년 후 재회한 쑹메이링은 장제스의 아내가 되어 있었습니다. 쑹메이링은 시안사변이 일어나자마자 시안으로 날아옵니다. 그리고 자신을 사랑하는 남자에게 자신의 남편을 살려 달라고 애원하죠. 쑹메이링의 간청이 통했는지 아무튼 장쉐량은 장제스를 살려 주고, 공산당과 협조한다는 약속을 받고 구금을 풀어 주고 함께 국민당 정부의 본거지인

아시아 최초 공화제 국가와 일국양제 구도

난징으로 귀환합니다.

하지만 난징에 도착하자 전세가 뒤바뀌었습니다. 장쉐량은 비행기에서 내리자마자 즉각 체포되었고 군사재판을 받게 됩니다. 전쟁 중 하극상은 사형도 가능한 중죄이니까요. 장쉐량은 이 모든 결말을 예견하고 있었습니다만, 난징에 돌아갔습니다. 자신의 행동이 권력을 탐한 쿠데타가 아니라, 중국 민중을 위한 구국의 결단이라 증명하고 싶었기 때문이죠. 장쉐량은 10년 징역형을 받게 되지만, 이번에는 쑹메이링이 자신의 남편에게 자신을 사랑하는 남자의 구명을 청합니다. 장쉐량은 곧바로 사면 받습니다.

시안 사변에서 장제스가 목숨을 건진 데 스탈린의 개입도 무시할 수 없는 요인이었습니다. 스탈린은 왜 장제스를 살려 두었을까요? 장제스는 일찍이 1920년대 군사 전략 전술을 전수받기 위해 소련을 방문한 '친소파'입니다. 그는 트로츠키를 만났고 스탈린과도 친분을 유지했죠. 장제스는 스탈린의 입장에서 영국·독일 등 제국주의의 침략에 맞서 싸우는 전사였습니다. 이 관계가 극적으로 변하게 된 계기는 상하이 쿠데타였습니다. 장제스가 하루아침에 공산당 세력을 몰아내자, 스탈린은 그를 '즙을 모두 짜낸 레몬'이라고 욕하며 공격해 댔죠. 하지만 스탈린은 막상 시안사변이 닥치자 장제스를 조금 더 짜낼 수 있는 레몬이라 판단하고, 중국 공산당에게 그를 살려 주라고 명합니다.

장제스는 사면했지만 장쉐량이 자유롭게 활동하지 못하도록 가택 연금을 지시합니다. 장제스는 1949년 공산당에 패퇴하여 대만으로 쫓겨갈 때조차 장쉐량을 끌고 갑니다. 대만에서도 차마 감옥에 가두지는 않고 가택 연금을 이어 갑니다. 장쉐량의 연금은 무려 56년간이나 이어졌고, 1993년이 되어서야 명예 회복을 이루고 풀려납니다. 연금에서 풀려난 장쉐량은 하와이로 이주해 2001년 세상을 떠나니, 19세기에 태어나

21세기에 죽음을 맞은 셈이네요. 장쉐량은 낭만주의자답게 중국과 대만 양안의 러브콜을 모두 무시하고 '나는 국민당도 공산당도 아니다.'라는 말을 남기며, 103세로 세상을 떠났습니다.

시안사변과 장쉐량에 대한 역사적 평가는 극과 극입니다. 장쉐량을 권력욕에 눈이 멀어 항일운동까지 탄압한 장제스를 제어하고, 국공합작을 통해 중국 민중의 염원을 이루어 내고 스스로 희생한 시대의 낭만주의자로 보는 입장도 있습니다. 반면 공산당의 간교한 정보 공작에 당해 중국 대륙을 공산주의로 붉게 물들인 순진한 얼치기로 보기도 하죠. 장쉐량에 대한 양안의 평가도 명백히 갈립니다. 중국에서는 제2차 국공합작으로 항일 투쟁을 선도한 애국자로, 대만에서는 평생 일제와 공산당의 주구 노릇을 한 역적으로 평가받습니다.

20세기 초반 중국 대륙을 달구었던 희대의 인물 장쉐량이 애국자인지 매국노인지는 진영 혹은 시대에 따라 바뀌지만, 그가 청년기를 보냈던 당대 중국은 맨정신으로 견디기 힘든 혼돈 속에서 부글부글 끓고 있었다는 점은 분명합니다. 공교롭게도 장쉐량이 시안사변을 일으킨 무렵 유럽에서는 히틀러가 총통에 취임했습니다. 인류사의 비극 제2차 세계대전의 싹이 꿈틀거리던 시점이었죠. 아시아와 유럽 모두 언제 터질지 모르는 화약고 상태가 지속되었습니다.

아시아 최초 공화제 국가와 일국양제 구도

# 악마를 보았다, 난징 대학살의 실체

  장제스의 국민당은 공산당과 제2차 국공합작을 이뤄 내고 항일 투쟁을 본격화하기 시작합니다. 시안사변의 이듬해인 1937년 중일 전쟁이 발발합니다. 중일 전쟁은 관동군의 광기와 장쉐량의 낭만적 애국주의가 충돌해 발생한 것으로, 이 전쟁을 통해 3천8백만 명이 사망했습니다.

  민족적 감정과 자긍심을 논외로 하고, 군사적 관점에서 냉정하게 판단한다면 당시 일본과의 전면전은 무모한 결정이었습니다. 청일 전쟁의 참담한 패배 이후에 중국 대륙은 군벌 체제로 사분오열되어 나뉘어 있었고, 그 사이에도 일본은 군비를 늘리며 전력을 강화했으니 말입니다.

  장쉐량의 살신성인으로 이루어진 제2차 국공합작은 만주까지 쳐들어온 공동의 적이 눈앞에 있어 수월하게 진행됐습니다. 게다가 19세기 이탈리아와 독일에서 민족주의 국가가 탄생했듯, 청조의 멸망과 신해혁명 등을 거치며 중국에서도 '민족주의 국가'라는 관념이 자리 잡게 되었습니다.

  신해혁명을 계기로 몽골족이나 티베트족 등 소수 민족이 독립한 것은 사실이나, 한족이든 소수 민족이든 '넓게 보면 우리는 하나다!'라는 범중화권에 펼쳐진 광의의 민족주의 관념이 당대 민중 정서에 이입된 거죠. 홍군은 국민혁명군에 편입되었고, 장제스가 행정 수반을 맡았습니다.

1937년 7월 7일, 베이징 외곽의 노구교에서 민족국가 중국과 일본의 충돌이 일어났습니다. 만주까지 점령한 일본군과 국민혁명군은 노구교를 사이에 두고 각각 서쪽과 동쪽에 대치 중이었습니다.

노구교는 금나라 시절 1192년 세워진 다리로, 마르코 폴로가《동방견문록》에서 상찬한 다리이기도 하여 '마르코 폴로 다리'라고도 합니다. 이 다리는 베이징 근방에서 가장 오래된 석조교로 유럽에까지 명성이 자자합니다. 특히 11개의 아치와 485개의 사자상이 아름다운데, 노구교 사자상이 몇 개인지 아무도 모른다는 속담이 있을 정도로 즐비한 사자상은 그 모양이 각기 다른 것으로도 유명합니다.

이처럼 역사와 아름다움을 자랑하는 다리에서 사건이 벌어집니다. 일본군은 야간 훈련 중 병사 한 명이 실종되자, 이를 국민혁명군의 소행이라며 국민혁명군 진영을 수색하겠다고 주장했지만, 당연히 거절당합니다. 그러자 7월 8일 새벽 포격을 가하며 공격을 개시했고, 다리를 점령했습니다. 실종됐다던 척후병은 설사하고 20분 만에 부대에 복귀했는데 이 사달이 발생한 겁니다.

그래서 후세의 사가들은 노구교 사건을 일본의 자작극이라 평가합니다. 배가 아파 잠시 사라진 병사를 구실로 전쟁을 일으켰거나, 혹은 극단적으로 실종된 병사가 아예 처음부터 존재하지 않았을 수도 있습니다. 상식적으로 점호 후 20분 만에 복귀한 병사를 상부에 즉각적으로 보고해 일을 키울 까닭이 없죠.

아무튼 일본과 중국 사이에 군사적 충돌이 발생했다는 건 일본 군부를 흥분시켰습니다. 일본은 만주를 넘어서 본격적으로 중국 대륙을 침략

아시아 최초 공화제 국가와 일국양제 구도

하고 싶었던 차에 좋은 구실이 생긴 겁니다. 관동군 참모장 도조 히데키는 전면 공격을 개시했습니다. 홍군 토벌에 매진하던 장제스라면 굴욕적 협상을 통해서라도 노구교 사건을 국지적 도발로 마무리했겠지만, 국공합작이 이루어진 마당이라 관동군의 공격에 단호한 태도를 견지했고, 이는 중일 전쟁으로 비화됩니다.

당시 유럽 상황도 만만치 않았어요. 스페인에선 프랑코로 인해 내전이 벌어졌고, 이탈리아의 무솔리니나 독일의 히틀러 등으로 대표되는 파시즘이 준동하기 시작했습니다. 분위기가 어수선하고 불안했죠.

만주사변 당시 국민당은 국제연맹에 일본을 제소했고, 일본은 그깟 연맹이 무슨 소용이냐며 아예 탈퇴하는 강경한 대응을 했습니다. 하지만 일본도 중일 간 전면전은 부담스러웠죠. 세계 열강의 주목을 피하려면 아무래도 단기전으로 전쟁을 끝내야 했죠.

일본군은 중국을 3개월이면 평정할 것이라고 예상했지만, 이는 국공합작의 저력과 중국의 힘을 간과한 오판이었습니다. 주더, 린뱌오, 펑더화이 등 게릴라전의 베테랑들이 이끄는 홍군과 국민혁명군의 저항이 만만치 않았습니다. 일본군은 베이징과 톈진을 전광석화처럼 점령하고 국민당의 심장인 난징을 공략했지만, 전쟁 개시 5개월 만에 겨우 함락시켰습니다.

일본군은 예상하던 3개월을 훌쩍 넘겨 중국 전역을 점령하기는커녕 겨우 상하이와 난징을 차지했다는 생각에 분노했습니다. 게다가 베이징, 톈진, 상하이, 난징을 차례로 점령하며 치러야 했던 일본군의 사상자도 만만치 않았습니다. 실질적 타격과 심리적 불안이 더해진 일본의 분노 발작은 역사상 유례를 찾기 힘들 정도로 잔혹한 대학살을 일으켰습니다. 난징 대학살이었습니다.

난징 대학살은 일본군이 중국군 잔당을 수색한다는 미명 아래, 35만 명의 무고한 난징 시민을 무차별로 학살한 사건입니다. 나치의 손에 학살된 유대인의 숫자를 대략 6백만 명, 그 기간은 5년으로 추산됩니다. 일본군은 난징에서 6주 동안 강간과 학살을 이어 갔습니다. 젊은 남성은 닥치는 대로 총살했고, 여성은 집단 강간 후 살해했습니다.

1937년 11월 30일 자 오사카 〈마이니치 신문(每日新聞)〉은 믿기 어려운 제목의 기사를 싣고 있습니다. '100인 참수, 엄청난 기록', '무카이 106 대 노다 105', '두 명의 소위 연장전까지'. 과연 20세기 문명 세계의 일간지에 실릴 수 있는 기사일까요? 두 군인의 사진 옆으로는 '100인 베기 경쟁 중인 두 장교'라는 설명도 깨알같이 실려 있습니다. 무카이 도시아키 소위와 노다 쓰요시 소위가 난징의 무고한 시민 100명을 누가 먼저 일본도로 베는지 시합했고, 본국 주요 일간지에까지 대서특필된 것입니다. 위풍당당한 표정으로 일본도를 쥐고 서 있는 두 악마의 사진은 난징 대학살의 참혹함을 보여 줍니다.

난징 대학살의 또 다른 이름은 '아시아 홀로코스트'입니다. 대참사를 의미하는 영어 단어 홀로코스트(holocaust)에 정관사를 붙이고 대문자로 표기한 '더 홀로코스트(The Holocaust)'는 히틀러의 나치가 1941년부터 제2차 세계대전이 끝난 1945년까지 저지른 유대인 대학살을 뜻합니다.

일반명사가 고유명사로 전환될 정도로 인류 역사에 큰 충격을 준 사건이 나치의 유대인 학살입니다. 나치가 저지른 유대인 대학살은 전 세계가 알고 있지만, 난징에서 벌어진 아시아 홀로코스트는 모르는 이가 많습니다. 양자 모두 차마 입에 올리기 어려울 정도로 끔찍한 사건이었지만, 전자는 많이 알려졌는데, 후자는 그렇지 않은 이유가 무엇일까요?

제2차 세계대전의 승전국들이 공고히 해 놓은 국제 질서의 영향 때문이겠죠. 승전국이 짜 놓은 '오직 독일만이 악마'라는 프레임이 작동했습니다. 나치는 유대인, 슬라브인, 집시, 장애인, 동성애자 등 천만 명이 넘

　　　　　　　　아시아 최초 공화제 국가와 일국양제 구도

는 소수자와 약자를 차별하고 죽음으로 내몰았습니다.

나치는 백인계 아리아인만이 세계를 지배해야 한다는 망상에 빠져 인종차별주의와 우생학을 신봉하여 수많은 이민족을 박해하고 학살했습니다. 나치가 아우슈비츠 강제수용소에서 저지른 생체 실험도 야만의 증거입니다. 히틀러와 나치에 대한 비판은 아무리 강조해도 모자람이 없습니다.

하지만 나치 독일만이 악마였을까요? 영국, 프랑스, 벨기에, 미국도 그 못지않은 악마였던 때가 있습니다. 히틀러의 광기에 결코 뒤지지 않는 벨기에의 국왕 레오폴드 2세를 먼저 만나보실까요?

레오폴드 2세는 1835년 태어나 1865년 아버지의 대를 이어 왕위에 올라, 서구 열강들의 식민지 확장을 목격했습니다. 그는 서유럽의 작은 나라 벨기에의 국력을 신장하기 위해서는 오직 식민지 확보만이 유일한 길이라 여겼죠. 하지만 후발 주자 벨기에는 식민지로 삼을 만한 나라가 거의 없었습니다. 조바심이 난 레오폴드 2세의 눈에 아프리카 대륙의 콩고가 들어왔습니다.

벨기에는 콩고에 기독교를 전파하고 박애주의적인 관점에서 도움을 준다고 포장하며 접근한 후에 이내 자연스럽게 식민지로 삼았습니다. 레오폴드 2세는 식민지화한 콩고의 자원을 수탈하는 데 열을 올립니다. 당시 유럽에 자전거가 보급되어 인기를 끌고 있었고 자동차 산업이 빠르게 성장하고 있었습니다. 자전거나 자동차에나 고무바퀴가 필요했는데, 콩고 국토 전역에 어마어마한 양의 고무나무가 산재해 있었죠.

레오폴드 2세는 고무 채취를 위해 콩고 국민을 고무나무가 있는 밀림으로 내몰았습니다. 아내와 아이를 볼모로 잡고 남편은 밀림에 가서 고무 할당을 채워야 풀어 주기도 했습니다. 할당량을 채우지 못하면, 남녀노소 가리지 않고 손목을 가차 없이 잘랐다고 합니다. 정확한 통계 수치는 없지만, 각종 기록을 통해 역산한 결과, 레오폴드 2세가 스무 해 남짓 콩고를 수탈한 기간에 콩고 인구 1천만 명이 줄어들었습니다. 히틀러의 나치 독일 뺨치는 만행입니다.

마크 트웨인이나 아서 코난 도일 같은 작가들도 레오폴드 2세의 만행을 격하게 비판했습니다. 베트남전 당시 미국의 광기를 생생히 그려낸 전쟁 영화 〈지옥의 묵시록(Apocalypse Now, 1979)〉의 원작 소설 작가인 조지프 콘래드도 동물보다 못한 취급을 받는 콩고인들에 대한 연민과 벨기에인의 잔혹함을 고발하고 비판했습니다. 그의 소설 《어둠의 심연(Heart of Darkness)》에 이러한 문제의식을 펼치고 있습니다. 영국의 유력 일간지 〈더 타임스〉도 레오폴드 2세의 만행을 폭로하고 경고했습니다.

그런데 영국도 남아공에서 보어인에게 저지른 만행, 인도를 수탈하며 벌인 펀자브주 암리차르 학살, 17세기 찰스 2세 재위기 노예무역까지 각종 수탈의 장본인이었습니다. 특히 삼각무역을 달성하기 위해 카리브해까지 흑인들을 짐짝 부리듯 층층이 가두어 놓고 먹을 것도 마실 것도 주지 않으며 몇 날 며칠을 항해했습니다. 아래층에 있는 흑인들은 위층에서 떨어지는 대변과 소변에 그대로 노출되었고, 온갖 병균에 감염되어 부지기수로 죽어 나갔습니다.

현재 팔레스타인과 이스라엘 사이에 벌어지는 전쟁의 참상도 영국에 귀책사유가 있습니다. 기관총을 갈기고, 복수를 위해 폭탄을 던지고, 다시 이를 복수하려고 미사일을 발사하는 비극의 현장입니다. 피는 피를 부르고 복수는 복수를 부르는 무간지옥은 21세기에 들어서도 해법이 보이지 않고, 분쟁은 확산되고 있습니다.

제1차 세계대전 당시 영국에 가장 버거운 상대는 오스만제국이었습니다. 영국군은 지금의 터키와 주변부를 차지했던 대제국의 마지막 용틀임에 고전했습니다. 영국 정부는 워낙 거대한 제국에 맞서다 보니 '총알'

이 부족했고, 로스차일드 가문에서 전쟁 자금을 빌립니다. 로스차일드는 전 세계에서 가장 돈 많은 유대인으로 유명하죠. 영국은 유대인의 돈으로 전쟁을 치러 승리했으니, 그 대가를 지불해야 했습니다. 영국 정부는 유대인에게 팔레스타인을 떼어 주었고, 그 후유증으로 팔레스타인은 피를 흘리고 있습니다. 영국의 외무부 장관 아서 밸푸어는 1917년에 베이론 로스차일드에게 팔레스타인 지역에 유대인 국가를 건설해 주겠다고 약속하는 편지를 보냅니다. 이것이 밸푸어 선언입니다.

밸푸어 선언이 사악한 이유는 땅 하나를 가지고 양쪽에 공수표를 날렸다는 점입니다. 영국은 제1차 세계대전 당시 독일과 동맹인 오스만 제국을 무너뜨리기 위해 아라비아인들에게도 손을 내밀었습니다. 힘을 합쳐 오스만 제국을 무너뜨리면, 아라비아 국가를 세우게 도와주겠다고 약속했습니다. 이를 맥마흔 선언이라고 합니다.

땅은 하난데 유대인의 국가도 약속하고 팔레스타인 국가도 약속했으니, 이로 인해 1백여 년 동안 이어지는 참극이 시작되었습니다. 영국이 전쟁에 이겨 보겠다고 여기저기 지키지도 못할 약속을 남발한 탓에, 엉뚱한 팔레스타인과 이스라엘이 오늘날까지 그 대가를 치르고 있습니다. 포연에 휩싸인 가자 지구나 선혈이 낭자한 텔아비브의 테러 현장은 현재 진행형입니다.

그런데 현재 미국의 금융·언론·문화를 장악한 유대인들의 주된 목표는 어디까지나 나치였습니다. 독일에 맞섰던 연합국 영국이나 벨기에의 만행까지 들출 여력이 없었죠. 대중의 인식을 빠른 시간 내 효율적으로 바꿔 주는 도구로 문화콘텐츠만큼 좋은 게 없죠.《안네의 일기(Het Achterhuis)》,《죽음의 수용소에서(trotzdem Ja zum Leben sagen)》와 같은 도서나 〈쉰들러 리스트(Schindler's List, 1994)〉, 〈피아니스트(La Pianiste, 2001)〉 등의 영화를 통해 히틀러의 만행은 널리 알려지게 되었습니다.

반면에 제1차 세계대전 이후에 이어진 냉전 체제 아래 승전국인 미국의 비호를 받으며 성장한 일본의 악행은 나치의 만행만큼 널리 알려져 있지 않습니다. 덕분에 일본은 여전히 공식적으로 난징 대학살을 인정하지 않고 있습니다.

2004년 11월 9일, 미국 캘리포니아주의 한 도로변에 주차된 차량에서 여성의 시신이 발견됩니다. 여성은 권총으로 자살한 36살의 중국계 미국인 아이리스 장이었습니다. 그녀의 이름을 세상에 알리고 결국 그녀를 세상으로부터 몰아낸 것은 세계적인 베스트셀러 《난징의 강간(The Rape of Nanking)》이었습니다(국내에는 《역사는 누구의 편에 서는가》로 출간되었습니다).

이 책은 난징의 비극을 몸소 겪다 구사일생 탈출한 아이리스 장의 부모가 어린 딸에게 알려 준 역사적 진실 덕분에 세상에 나올 수 있었습니다. 아이리스 장의 부모는 대만을 거쳐 미국으로 가서 하버드 대학을 졸업한 엘리트 미국인으로 살아갔지만, 수십 년 전 겪은 비극을 잊지 못했습니다.

아이리스 장은 〈시카고 트리뷴(Chicago Tribune)〉, 〈AP 통신〉 등에서 기자로 활동하다가, 조부모와 부모가 겪은 비극이 서구 사회에 알려지지 않았음을 깨닫고 이를 고발하고자 집필을 시작합니다. 책의 제목에서도 강조하듯 난징에서는 8만 명이 강간당했습니다. 당시 군형법상으로도 강간은 불법이었습니다. 증거 인멸을 위해 윤간당한 여성들은 살해되었습니다. 차마 글로 옮기기 어려운 악행과 울부짖음이 도시 곳곳을 채웠지만, 잔혹한 과거는 역사의 뒤안길로 사라졌습니다.

아이리스 장은 그 이유를 다음과 같이 분석합니다. 비극의 대상이던 국민당 정부는 공산당에 밀려 대만으로 쫓겨 갔고 일본으로부터 난징 대학살의 책임을 묻는 대신 정식 국가로 인정받고 싶어 했습니다.

아시아 최초 공화제 국가와 일국양제 구도

그리고 중국 공산당 정부의 입장에서 당시 비극은 '중국이 당한 것이 아니라 국민당이 당한 것'이라고 여기고 싶었던 거죠. 마지막으로 제2차 세계대전 이후의 냉전 체제에서 미국은 일본의 잘못을 들추기보다 일본을 성장시켜 미국의 극동 지역 영향력을 극대화하기 위한 '장기말'로 사용하고 싶어 했습니다.

난징 대학살의 비극은 대내외적 상황이 복합적으로 작용해 1997년이 되어서야 세상에 알려졌습니다. 난징 대학살이 벌어진 지 60년이 되던 해였습니다. 아이리스 장은 60년간 묻혀 있던 진실을 세상에 알린 대가로 일본 극우 세력의 협박과 괴롭힘에 시달렸습니다.

그녀는 극우 세력의 암살 위협에 신변보호까지 받다가 지독한 괴롭힘에 우울증을 앓게 되어 극단적 선택을 하게 되었던 거죠. 아이리스 장 덕분에 난징 대학살의 전모가 세상에 드러났지만, 한 인간의 투철한 역사관과 소명 의식이 감당하기엔 너무나 흉포한 사건이었던 겁니다.

유대인 가운데 각계각층에서 활약하는 인물이 많죠. 그런 인물 중에서도 스티븐 스필버그 감독은 가장 효과적으로 나치의 만행을 알렸을 거예요. 그는 나치의 만행을 일차원적으로 노출시키기보다 오스카 쉰들러라는 의인을 앞세워 독일의 민낯을 전 세계 대중에게 각인시켰습니다. 난징 대학살에서도 쉰들러처럼 자신을 희생하여 많은 양민을 구출해 낸 의인이 있었습니다.

독일인 욘 라베는 중국에서 지멘스 공장을 운영하며 30년간 살다가, 난징 대학살이 벌어지자 자기 공장 직원을 보호하기 위해 사재로 난징 안전지대를 구축합니다. 난징 시민이 강간과 약탈, 살육으로 위협받자 난징대학과 각국 대사관을 거점으로 난징 시민을 수용했고, 제2차 세계대전 당시 동맹 관계였던 일본과 독일의 특수성을 내세워 일본군의 진입을 막았습니다.

욘 라베는 미국과 유럽에서 온 선교사와 기업인과 연대하여 안전지대를 지키려 노력했어요. 철조망조차 없는 무방비 상태에서 일본군을 막아내다 보니 실패한 경우도 많았지만, 그의 안전지대 계획 덕분에 일본군의 총칼로부터 보호되거나 난징을 탈출한 시민은 25만 명으로 추산됩니다. 난징 대학살로 희생된 중국인이 35만 명으로 추정되니, 실로 엄청난 수의 시민을 구한 거죠.

욘 라베가 나치 당원이었다는 점이 아이러니합니다. 두 가지 해석이 가능합니다. 나치 당원이 보기에도 난징 대학살은 천인공노할 악행이라는 점과 그가 나치 당원이 된 후에 외국에 머물 동안 나치의 성격이 변했다는 점입니다.

그는 젊은 시절 국가사회주의 독일 노동자당 즉, 나치당에 가입하고 아프리카와 중국 등지를 떠돌며 사업가로 활동하며 본국에서 나치가 악독한 만행을 자행하고 있는지 인지하지 못했습니다. 욘 라베가 독일 대사관에 난징 학살을 막아 달라고 요청했다가 대차게 거절당한 사건이 그 증거죠(〈세계 다크투어, JTBC, 2022〉 참고).

나치의 참상은 전 세계에 알려졌지만, 중국 땅에서 한 나치 당원이 겪어야 했던 대학살의 진상은 여전히 베일 속에 가려져 있습니다. 중국의 사드 보복 이후 동북공정에 기초한 김치와 한복 논란이 이어졌고, 혐중과 혐한의 불안한 이중주가 이어지고 있습니다. 한중 수교 이후 양국 간의 정서는 최악으로 치닫고, 중국과의 관계 설정이 쉽지 않은 상황이죠. 그러나 한국과 중국은 강제 징용, 난징 대학살 등 일제가 저지른 역사적 만행에 대해서 상호 협력하여야 할 대상입니다.

　아시아 최초 공화제 국가와 일국양제 구도

# 중국 보물이 대만에 있는 이유

……유구한 역사와 전통에 빛나는 우리 대한민국은 3·1운동으로 건립된 대
한민국임시정부의 법통과 불의에 항거한 4·19민주이념을 계승하고……

-대한민국 헌법 전문 중

이처럼 우리 헌법은 대한민국 건국의 뿌리가 임시정부에 닿아 있음을
명시하고 있습니다. 그런 까닭에 중국을 여행하는 한국인 관광객이 상하
이에 가면 들르는 장소가 상하이 임시정부청사입니다. 백범 김구 선생이
기꺼이 문지기가 되겠다던 그 임시정부청사입니다. '한국애국단'을 조직
한 김구의 주도 아래 굵직한 의거를 성공시킨 독립운동의 산실이기도 합
니다. 대표적으로 이봉창 의사의 일왕 투탄 의거와 윤봉길 의사의 훙거
우 공원 의거가 바로 상하이 임시정부 시기에 이루어졌습니다.

상하이의 임시정부청사와 함께 찾게 되는 곳이 충칭입니다. 1937년
발생한 중일 전쟁의 영향으로 1932년부터 상하이시에 자리하던 임시정
부는 항저우, 자싱, 난징, 창사, 광저우, 류저우로 떠돌다 국민당 정부의

도움으로 1940년 중국 내 마지막 소재지인 충칭으로 옮겨졌기 때문입니다. 오늘날 충칭은 베이징, 톈진, 상하이와 더불어 중국에 네 곳뿐인 직할시 중 하나로 인구 3천만 명이 넘는 메가 시티입니다(흔히 장제스를 부패와 무능의 화신으로 치부하지만, 국민당 정부는 충칭으로 쫓겨 가는 와중에도 우리 임시정부에 6대의 차량과 여비를 지원했으니 우리 독립운동사의 관점에서 보자면 마오쩌둥의 공산당보다는 장제스의 국민당이 좀 더 가깝게 느껴지죠?).

충칭에 입성하기 직전인 1939년 11월에 한국청년전지공작대가 결성되었습니다. 한국청년전지공작대에서 조직된 장교들이 병사를 모집하여 임시정부의 숙원 사업인 군대를 창설한 게 광복군입니다. 총사령관 지청천, 참모장 이범석 장군을 중심으로 해방되는 날까지 광복군은 임시정부의 직할 군대로 그 역할을 다했습니다. 장준하, 김준엽 등 현대사에 큰 족적을 남긴 위인들도 일본군에 학병으로 강제 차출되었다가 탈출하여 광복군에 합류했습니다. 그러니 충칭은 본격적인 항일운동의 터전이라 할 수 있죠.

이렇듯 상하이에서 충칭까지 이어진 대한민국 임시정부의 여정은 1937년부터 1945년까지 이어진 중일 전쟁과 관련이 있습니다. 이 기나긴 전쟁은 제2차 세계대전에서 일본이 패망함으로써 드디어 막을 내렸습니다. 하지만 공동의 적이 사라지자 국민당과 공산당 사이의 내분이 다시 격화되었고 1946년 국공내전에 돌입하게 됩니다. 중일 전쟁 전의 제1차 국공내전이 국민당의 일방적인 우세였던 것과 달리 이번에 벌어진 제2차 국공내전은 공산당에게 유리하게 전개되었습니다.

시안사변에서 목숨을 건진 장제스는 항일 투쟁에 나섰고, 공산당이 산골 본거지에서 입지를 다질 동안 해안 평야 지대에서 일본군과 소모전을 펼쳤습니다. 둘 다 지쳐 나가떨어지자 어부지리로 공산당은 국민당을 몰아내게 된 것이죠. 마오쩌둥이 장제스를 몰아내고 중국 대륙을 통일하

아시아 최초 공화제 국가와 일국양제 구도

게 됩니다.

장제스는 상하이와 난징에서의 잇단 패배 때문에 많은 병력을 잃었습니다. 그 가운데 치명타는 자신이 애지중지 양성한 직계 엘리트 장교들 수천 명을 잃은 겁니다. 뚜렷한 주도 세력 없이 군벌이 난립한 상황에서 장교를 중심으로 병력을 충원해 군대를 구성하는 것이 무엇보다 중요한 상황이었습니다. 장제스의 엘리트 장교들은 톡톡히 제 몫을 다했죠. 장제스는 기울어진 병력을 일으켜 세울 구심점을 잃어버리자 탈출을 결심합니다.

장제스는 보물을 바리바리 챙겨 대만으로 도망갑니다. 중국 대륙을 거의 다 차지했다가 처량한 신세가 되어 패퇴하면서도 수천 년 역사의 중국 유물을 챙겼습니다. 장제스의 대단한 '문화 사랑'일까요? 그 덕분에 대만은 국립고궁박물원을 통해 막대한 관광 수입을 올리고 있습니다. 베이징에도 없는 진귀한 문화유산이 전시되어 있기 때문이죠.

대만 국립고궁박물원에는 송나라의 수도 개봉의 모습과 당시 시대상까지 세밀하게 담아 낸 명작 〈청명상하도(淸明上河圖)〉를 비롯하여 많은 보물이 보관되어 있습니다. 이곳의 유물을 다 관람하려면 30년이 걸린다는 소리가 있을 정도입니다. 69만여 점의 유물을 3개월마다 한 번씩 교체하며 전시하는데, 산술적으로 하나의 전시 조합인 5천8백 점의 보물을 3개월 동안 봐야 하니 30년 동안 보는 것도 쉬운 일은 아니겠네요.

특히 배추 모양의 '취옥백채'와 동파육을 썰어 놓은 듯한 '육형석'이 관람객의 눈을 사로잡습니다. 대만 국립고궁박물원을 루브르에 비견하는데요, 모나리자 앞에 인파가 모이듯 육형석과 취옥백채도 많은 관람객의 사랑을 받고 있습니다. 문화대혁명으로 중국 본토의 문화재가 처참하게 파괴되었기에 그 귀중함이 더욱 빛납니다.

장제스 일가는 대만을 차지하고 권력을 세습하며, 대만을 외성인의 나라로 만듭니다. 본래 타이완섬은 중국 대륙과 다른 독자적 문화를 일구고 있었습니다. 지금이야 엎어지면 코 닿을 거리라고 여기지만, 항해술이 발달하지 않던 시절 굳이 위험을 무릅쓰고 타이완섬까지 넘어갈 필요가 없었죠. 타이완섬에서는 태평양에서 건너온 선주민이 살고 있었고, 이들의 존재는 대륙의 중국인보다 포르투갈·네덜란드 등 대항해 시대 유럽인에게 먼저 각인되었습니다. 이들을 내성인 또는 본성인이라고 칭하고, 대륙에서 건너온 중국인을 외성인이라고 합니다.

제2차 세계대전에서 일본이 패망하자, 청일 전쟁 이후에 일본의 식민 지배를 받던 대만은 온전히 국민당 정부의 통치 아래 편입됩니다. 장제스는 섬으로 건너와 중화민국을 건국했지만, 여전히 그의 관심은 대륙을 향하고 있었습니다. 대만을 발판 삼아 권토중래하겠다는 야욕에 차 있다 보니, 내성인을 수탈하고 착취했죠. 수백 년간 잘 살고 있던 선주민인 내성인의 입장에서는 중국 대륙으로부터 건너온 자들이 온갖 자리를 차지하고 자신들의 자원을 앗아갔으니 곱게 보일 리가 없었겠죠.

이런 배경에서 1947년에 대만에 2·28사건이라는 비극이 벌어집니다. 내성인과 외성인의 갈등이 고조되던 어느 날, 담배를 팔던 내성인이 단속반에게 무자비한 폭행을 당합니다. 이에 내성인은 분노하여 시위하게 되었죠. 국민당 정부에 대한 항의 시위와 파업이 전국으로 들불처럼 퍼져 나갔고, 정부군은 이를 진압하기 위해 학살을 저질렀습니다. 당시 희생된 내성인은 3만 명을 넘을 것으로 추정되고 있습니다.

영화 〈비정성시〉를 보면 2·28사건의 비극과 당대의 시대상이 잘 반영되어 있습니다. 1987년에 대만의 계엄령이 해제되고 국민당 독재 정치에 균열이 생긴 후 〈비정성시〉와 같은 영화가 빛을 볼 수 있었습니다. 2·28사건으로 촉발되어 내려진 계엄령은 1949년부터 38년이나 이어졌습니다. 어찌 보면 대만 현대사는 내성인과 외성인 사이에 벌어진 갈등

아시아 최초 공화제 국가와 일국양제 구도

의 역사라 할 수 있습니다. 21세기를 살아가는 대만인에게도 가장 큰 현안은 대륙과의 관계이니까요.

시진핑은 2022년 10월에 자신의 3연임을 결정짓게 되는 공산당 제20차 전국대표대회를 앞두고 전쟁을 통한 대만 흡수통일을 언급했습니다. 언론은 시진핑의 권력 강화를 위한 소위 '외부의 적' 만들기의 일환으로 해석했죠. 하지만 그는 3연임이 결정되고 사실상 영구 집권이 확정된 이후에도 대만 침공을 스스럼없이 내뱉고 있습니다. 그 이유가 뭘까요?

첫째, 경제 위기 때문입니다. 몇 년 전 헝다그룹의 붕괴 이후 2023년 중국 1위 부동산 개발업체 비구이위안도 디폴트 위기에 처하며 중국 부동산 시장이 통째로 무너질 위험에 처해 있습니다. 해마다 두 자릿수 성장률을 보이던 중국 경제 성장도 멈춰 버렸습니다. 요즘 중국 젊은 세대는 개혁개방의 세례를 받고 자라났죠. 그들은 코로나19가 한창일 때 상하이와 같은 세계 도시를 무조건 봉쇄하는 정책을 정서적으로 받아들이기 어려운 세대인 겁니다. 시진핑은 이러한 중국 내부의 불만을 외부로 돌리기 위해서라도 대만 침공을 전가의 보도처럼 휘두르는 겁니다.

다음으로 신장위구르자치구나 네이멍구자치구 등에 대한 경고의 의미를 꼽을 수 있습니다. 사실상 언어도 인종도 전혀 다른 여러 자치구는 강력하게 독립을 원합니다. 신장위구르자치구가 대표적인데요, 국제 사회에 당국의 인권 탄압을 알리거나 워싱턴 등 국제적 이목을 끄는 도시에서 독립을 원한다는 시위를 벌이기도 했죠. 시진핑은 해마다 신장위구르자치구를 시찰하며, 독립은 절대 불가하다는 메시지를 전하고 있습니다. 중국 영토의 일부로 포함되지 않은 대만도 곧 포섭할 것인데 하물며 국제법상 중국에 속하는 자치구들에게 독립은 언감생심 꿈도 꾸지 말라는 메시지입니다.

2016년 대만 총통 선거에서 반중국 노선을 표방한 차이잉원이 집권한 것은 역설적이게도 시진핑과 중국공산당의 강력한 드라이브 덕분이었죠. 중국 공산당이 일국양제(하나의 국가에 두 개의 체제를 허용한다는 의미), 즉 대만도 결국은 중국이라는 프로파간다를 강화할수록 대만의 민심은 차갑게 돌아섰습니다. 수십 년간 자유민주주의 체제로 잘 살고 있는데 왜 공산국가로 편입되어야 하는지 이해할 수 없다는 여론이었죠.

대만은 1987년 계엄령 해제 전까지 사실상 국민당 일당독재 체제였습니다. 1980년대 후반 민진당이 출범하고 본격적인 민주화의 바람이 불기 시작했죠. 대만 역사상 최초로 정권 교체를 일구어 낸 민진당 천수이볜 총통이 뇌물 혐의로 나락으로 떨어지며 다시금 국민당 세상이 될 것이라는 예상이 팽배했지만, 이때 차이잉원이 등장합니다.

차이잉원은 민진당 최초의 여성 총통으로, 그의 정치적 자산은 반중국 정책입니다. 마잉주 총통의 친중 정책을 강력하게 비판하며 대중적 인기를 모았고, 정치적 입지를 다졌기 때문입니다. 아시아 최초로 동성혼을 법제화한 나라가 대만입니다. 차이잉원 총통은 집권 이후 줄곧 중국의 권위주의에 맞서는 정책을 펼쳐 왔고 그 가운데 대표적인 게 동성혼 합법화예요.

그녀는 특정 가문의 후광이나 혼맥의 도움 없이 총통의 자리까지 오른 이력답게 개혁 정책을 주도해 나갔습니다. 차이잉원은 시진핑이 대만의 독립 움직임에 전쟁도 불사한다는 입장을 공식적으로 피력하자, 전 세계를 돌며 대만의 민주주의를 지켜달라는 호소를 이어 가기도 했지요. 어쩌면 차이잉원이 민진당 내 수많은 견제 세력을 이겨 내고 재선에 성공한 이유는 시진핑이 가져다준 시련과 압박 덕분이 아닐까요?

아시아 최초 공화제 국가와 일국양제 구도

# 농민의 공산당이 농민을 아사시킨 아이러니

중국 역사서에는 왕조 교체기마다 '황해(蝗害)'라는 단어가 등장합니다. 황해란 메뚜기로 인한 피해를 의미합니다. 기득권층이야 언제나 잘 먹고 잘 살았고, 기층 민중은 어느 왕조가 들어서든 헐벗고 굶주렸죠. 왕조 교체가 일어나는 이유는 극심한 식량 부족으로 뭐가 되었든 당장 판을 뒤집어엎어야 한다는 분노가 폭발하기 때문이었고요.

황건 봉기가 일어났던 후한 말을 비롯해 왕조 교체기 대부분 황해로 인한 대기근이 발생했습니다. 원나라도 예외는 아니었죠.《원사(元史)》에 따르면 유독 황해에 관한 피해 기록이 자주 등장합니다. 송나라의 강남 개발로 노동집약적이고 효율 높은 농사가 보편화되었고, 기술 발전에 맞춰 인구가 증가했습니다. 그런데 메뚜기 떼가 몰려와 곡식을 갉아먹으니, 늘어난 인구를 부양할 수 없던 겁니다. 원명 교체기 홍건적의 봉기도 황해가 부른 민란입니다.

마오쩌둥은 평소《삼국지연의》와《수호지》를 끼고 살았다는 '역사 덕후'인데, 이런 역사의 교훈을 몰랐던 걸까요? 치명적인 실수로 황해를 불러 일으켜 대기근을 자초합니다. 카리스마로 온 나라를 휘어잡던 지도자의 판단 착오 하나가 중국을 지옥으로 만들었으니까요. 마오쩌둥의 잘못된 정책으로 6천만 중국 농민이 아사했습니다(2024년 기준으로 우리나라의 인구가 5천만이 넘으니, 얼마나 많은 중국 농민이 아사했는지 가늠되죠?).

마오쩌둥은 국민당을 가까스로 몰아내고 1949년 10월 1일 마침내 중화인민공화국을 선포했습니다. 중국은 수천 년 역사에서 처음으로 황제가 아닌, 인민의 나라가 되었습니다. 그런데 인민의 공화국 안에 여전히 황제가 존재했으니, 마오쩌둥이라는 이름의 황제가 공화국의 모든 권한을 한 몸에 응축시킨 채 국정을 진두지휘했습니다.

중국 공산당은 일단 거대한 대륙을 차지했지만, 인민이 먹고살 수 있는 식량을 확보하는 게 당면한 과제였습니다. 마오쩌둥은 농촌의 지지를 기반으로 대장정을 성공했고, 끝내 대역전극을 펼쳐 냈기에 유독 농민을 챙겼습니다. 하지만 지도자의 극진한 마음이 어리석은 상황 판단과 결합하여 의도치 않은 최악의 결과를 연출했습니다. 마오쩌둥은 1958년 쓰촨성의 한 농촌 마을을 순시하던 중 벼를 쪼아 먹고 있는 참새를 관찰하게 됩니다. 그는 농민이 피땀 흘려 농사지은 곡식을 모지락스럽게 앗아가는 참새에게 참을 수 없는 분노를 느껴 '해로운 새'라고 말했습니다.

절대 권력자인 마오쩌둥의 말 한마디는 중국을 뒤흔들어 놓았습니다. 국영 연구소에서는 참새 한 마리가 1년에 곡식 2.4킬로그램을 먹어치운다는 연구 결과를 즉각 발표합니다. 참새만 박멸해도 70만 인민이 먹고 살 수 있는 식량이 확보된다면서 마오쩌둥의 혜안에 경탄을 금치 못한다며 설레발을 늘어놓았죠. 이어서 대륙 전역에 걸쳐 참새 박멸 작전이 기민하게 실행됩니다. 마오쩌둥의 지시를 감히 어길 수는 없었죠. 순식간에 참새는 씨가 말랐어요.

인민이 배불리 먹을 수 있게 되었을까요? 아니요. 상황은 반대였습니다. 참새가 사라지자 참새의 먹잇감인 메뚜기 등 해충이 기승을 부리기 시작했죠. 천적 관계가 교란되어 생태계 피라미드가 일순간에 붕괴된 겁니다. 인민의 피와 땀이 서린 곡식을 참새로부터 지켰으나, 훨씬 많은 양의 곡식이 메뚜기의 피해를 입었으니 농촌마다 아사자가 급증했습니다. 자연재해가 아닌 인재로 벌어진 대기근은 급기야 6천만 명의 목숨을 앗아갔습니다. 대약진운동 중 벌어진 최악의 사건입니다.

마오쩌둥은 나라의 살림을 윤택하게 만들고자 참새 박멸 외에도 다양한 정책을 시도하는데, 그가 시행한 정책을 통틀어 대약진운동이라고 합니다. 공산당 종주국인 소련이 미국을 따라잡기 위해 펼친 노력에 영감을 얻어 산업 선진국 영국을 추월하겠다는 목표로 추진된 경제 성장 정책입니다. 가장 대표적인 게 토법고로운동입니다. 당시 제철은 국가 산업의 가장 중요한 분야였습니다. 오늘날 반도체 산업이 그러하듯, 철을 생산해야 공장도 짓고 기계도 만들 수 있으니 국가 기간산업 중에서도 핵심이었죠.

철을 생산하려면 제대로 된 제철소를 지어야 하는데 당시 중국 정부는 재정이 부족했습니다. 그래서 생각해 낸 궁여지책이 마을마다 철을 녹일 수 있는 고로를 만들어 제철 공정을 시행하자는 것이었습니다. 공산당의 지령이니 마을에서는 울며 겨자 먹기 식으로 고로를 만들어 강철을 생산합니다. 거대한 용광로를 만들고 전문적인 엔지니어가 달라붙어서 만들어야 할 강철을 농촌에서 주먹구구식으로 만드니, 제대로 된 철이 생산될 리가 없죠. 제철의 핵심은 불순물을 제거하는 것이고, 이를 위해서는 아주 높은 온도의 용광로가 필요한데 농촌에는 제대로 된 시설이 없었습니다. 토법고로는 비전문가가 만든 '홈 메이드 장작 고로'로서 나무를 아무리 오래 태워도 특정 온도 이상 올라가지 않습니다. 석탄의 폭발적 화력이 필요한 제철산업을 우습게 본 마오쩌둥의 만용이었죠.

공산당의 지령으로 마을마다 강철 생산량이 할당되었으나, 도저히 제철에 성공하지 못한 농민은 젓가락과 밥그릇을 녹여 나라에 바치는 촌극이 발생합니다. 이미 만들어진 쇠붙이를 다시 녹여 제철 생산에 성공했다고 거짓 보고를 한 것이죠. 마오쩌둥의 대약진운동이 불러온 비극입니다. 농촌 마을에서는 밥 차려 먹을 식기조차 빼앗겼고, 참새 소탕 작전으로 그릇에 담을 곡식조차 잃었습니다. 대약진은커녕 '대퇴보'의 시대였죠. 마오쩌둥은 2억 마리의 참새가 사라져 인민이 아사하자, 기껏 멸종시킨 참새 20만 마리를 소련으로부터 수입합니다. 이 참새들이 단기간에 황해를 제거하진 못했고, 차츰 그 개체 수를 늘려가며 중국 농촌을 정상화시켰죠. 리더의 오판이 얼마나 무서운지 보여 주는 사례입니다.

아시아 최초 공화제 국가와 일국양제 구도

# 불상의 머리를 자른 대퇴보의 시대

마오쩌둥은 대약진운동의 참사를 어떻게든 만회해 보겠다고 노력했지만, 수렁에 빠진 중국 대륙은 쉽사리 회복되지 못했습니다. 당시 경제 사정이 얼마나 열악했던지, 절대적인 신임을 받던 지도자 마오쩌둥에 대한 민심도 차갑게 식어 갔습니다. 마오쩌둥은 농촌을 돌며 인민의 민심을 얻어 권력을 손에 쥔 지도자입니다. 그러니 민심 이반은 그에게 치명타였죠. 마오쩌둥은 권력 기반에 누수가 생기자, 무리수를 꺼내 듭니다.

마오쩌둥은 1959년 대약진운동 실패의 책임을 지고 형식적으로나마 국가 주석 자리에서 내려옵니다. 류사오치가 주석을, 덩샤오핑이 당 총서기를, 저우언라이가 총리를 맡아 1인 독재가 다소 누그러지고 조금 합리적인 지도 체제로 변모하게 되었죠. 특히나 류사오치는 마오쩌둥의 여러 도약 정책을 주저앉히고, 노동자의 불만과 공산주의 지식인의 좌절을 달래려고 했습니다. 마오쩌둥은 비록 2선에 후퇴해 있었지만 여전히 권력을 쥐고 있던 입장에서 류사오치의 정책이 눈엣가시였습니다.

마오쩌둥이 꺼내든 카드는 문화대혁명입니다. 중국 국민을 도탄에 빠지게 한 주범이 된 자신의 입지를 되찾을 방법은 노선 투쟁밖에는 없었습니다. 마오쩌둥은 부르주아 세력과 자본주의 체제를 분쇄하겠다는 의지를 천명하며 분연히 일어나 야만적 파괴를 일삼았습니다. 그는 현 지도 체제는 공산당 본령에서 벗어난 수정주의이자 실용주의라는 비난을 퍼부으며 격렬하고도 처절한 반격을 실행했죠. 인민이야 굶어죽든 말든 중화인민공화국은 오로지 공산주의 이념에 철저히 복무해야 한다는 명분으로 무자비한 피의 숙청이 시작되었습니다.

문화대혁명을 설명하는 키워드는 '20세기에 벌어진 분서갱유', '인류 최악의 반달리즘', '중국 역사를 30년 전으로 퇴행시킨 참사' 등 다양합니다. 문화대혁명은 캄보디아 크메르 루주의 킬링필드나 루마니아 니콜라에 차우셰스쿠의 독재와 더불어 인류 역사의 비극적 사례입니다. 겉으로 내세우는 명분은 확실했습니다. 낡은 사상, 낡은 문화, 낡은 풍속, 낡은 관습을 타파하겠다는 그럴싸한 슬로건을 내세우며 실상은 정적을 정조준해 제거하는 것이었죠.

발단은 한 연극이었습니다. 베이징 부시장 우한은 1959년 〈해서파관 (海瑞罷官)〉이라는 연극을 발표합니다. 연극의 배경은 명나라 가정제 재위기입니다. 청백리 해서가 선정을 베풀다가 폭군 가정제의 손에 파직당한다는 내용의 연극입니다. 수탈과 부정부패를 야기한 가정제의 내치가 명나라 쇠퇴의 시발점이란 것이 사가들의 공통된 의견입니다. 마오쩌둥은 해서를 공산당원의 모범으로 삼아야 한다고 하며 연극을 칭찬했습니다.

그런데 느닷없이 6년이 지난 후에 마오쩌둥의 부인인 장칭이 '〈해서파관〉이 은근슬쩍 마오쩌둥을 비판하는 내용'이라는 칼럼을 신문에 실으며 공격하기 시작합니다. 이때 등장한 세력이 바로 홍위병입니다. 마오쩌둥이 문화대혁명을 일으키며 조종했던 장기말이 홍위병이었습니다. 홍위병은 주로 어린 학생들로 구성된 준군사 조직으로 거리낌 없는 살상을 일삼았습니다. 1966년 8월에는 중국 공산당 중앙위원회의 이름으로 '프롤레타리아 문화대혁명에 관한 결정'이라는 16개 조항을 발표합니다. 그 내용은 마오쩌둥의 말씀은 무조건 진리이며, 홍위병들은 마오쩌둥을 뒷배 삼아 마음대로 초법적 폭력을 휘두를 수 있다는 겁니다. 혈기왕성한 홍위병 천만 명은 미쳐 날뛰기 시작합니다. 공안조차 그 살상 행위를 멀거니 지켜보며 '그들을 막는 행동이야말로 과오를 범하는 것'이라고 했으니, 중국 대륙은 무법지대로 변했습니다.

홍위병은 붉은 완장을 차고, 마오쩌둥의 교시를 등에 업은 채 각 지역 지식인·교사·당 지도자에게 린치를 가했습니다. 홍위병에게 당한 지식인 대부분이 잘못도 없이 억울하게 조리돌림 당하거나, 심각한 부상을 입고 죽음으로 내몰리기도 했습니다. 덩샤오핑이나 류사오치와 같은 당권파도 모진 탄압을 받고 실각했습니다. 마오쩌둥이 정조준한 것은 자신의 정적들이었습니다. 마오쩌둥의 정치적 야욕을 실현하기 위해 무고한 지식인이 희생된 것이죠. 중세 시대의 마녀사냥과 같이 아무 잘못 없어도 누군가 해코지할 요량이면 반동분자라고 몰아세우면 되었습니다.

구체제는 무조건 '구악'으로 치부되었기 때문에 각 분야에서 이름 꽤나 알리며 업적을 이룬 기성세대는 누구라도 표적이 될 수 있었죠. 부모 형제라도 안심할 수 없었습니다. 시진핑과 어깨를 나란히 할 정도로 유력한 정치가인 보시라이도 문화대혁명 당시 자신의 아버지 보이보의 뺨을 올려붙이며 반동분자라고 매도한 적이 있습니다. 보이보는 일본군·국민당군과 끝까지 싸워 통일 중국을 이루어 낸 원로 혁명 영웅이었지만, 아무 잘못 없이 자식에게 모욕을 당했습니다.

중국 국가인 '의용군행진곡'에 가사를 붙인 작가 톈한의 사례도 비극적입니다. 이 노래는 국민당 정부 시절 상하이에서 인기 절정이던 영화 〈풍운아녀(風雲兒女, 1935)〉의 주제곡이었고, 원제목은 '반만주 항일 의용군의 행진곡'이었습니다. 〈풍운아녀〉의 주인공 중 한 명이 사회주의 혁명가라는 이유로 국민당 정부는 영화의 주제곡을 작사한 좌파 작가 톈한을 4개월 동안 구금했습니다. 이 노래는 외세로부터 억압받은 민중이 단결하여 적을 무찌르자는 내용의 가사로 중일 전쟁 내내 대중에게 큰 사랑을 받았고, 중화인민공화국의 국가로 지정되기까지 했죠.

그런데 톈한은 이 노래로 문화대혁명 시기에 극심한 고초를 겪습니다. 톈한의 희곡 작품들이 반사회주의적이라는 비판이 일어났고, 결국엔 그가 작사한 국가를 끌어내렸습니다. 그의 사상마저 불순하다는 멍에를 씌워 반동분자로 몰아갔습니다. 심지어 톈한의 아들은 자신의 아버지를 '개새끼'라고 표현한 대자보를 써야만 했습니다. 톈한은 당뇨 등의 지병을 앓다가 감옥에서 비참한 죽음을 맞이했고, 그의 작품은 모두 금지되었습니다. 이 노래로 국민당 정부에게 좌익으로 찍혀 구금을 당했던 전력이 있었으니, 그는 한 작품을 가지고 양쪽 진영에서 핍박받은 셈입니다. 논리적으로 말이 안 되는 일이죠.

뭔가 잘못된 구절이 있다 한들, 건국 이후 십 년간 국가로 불리던 노래를 하루아침에 불순하다고 폐기한다는 게 과연 합당한 것일까요? 톈한의 사례가 명징하게 보여 주듯, 문화대혁명은 집단 광기가 자아낸 파괴와 살상 그 이상도 그 이하도 아니었습니다(톈한은 1982년에 복권되었고, 의용군행진곡도 중화인민공화국 국가의 지위를 되찾았습니다).

문화대혁명의 소용돌이 속에서 퇴보했다가 회복하지 못한 분야도 많습니다. 문화재 파괴가 대표적인 사례입니다. 중국을 여행한 여행객은 문화 유적을 둘러보다가 목 잘린 석상이나 훼손된 비석 등의 기괴한 모습에 놀라기 마련입니다. 광기 어린 홍위병이 문화재도 봉건주의의 산물이라며 철저히 깨부수었던 거죠. 홍위병은 공자나 관우 사당을 비롯해 종교 사원도 닥치는 대로 부쉈습니다. 염제릉이 불탔고, 우임금 조각상은 머리와 목이 잘렸으며, 공자의 무덤이 파묘되었습니다. 이화원의 불향각이 부서지고, 구양수의 비석 글자는 파괴됐으며, 청백리 포청천의 무덤은 파헤쳐졌습니다.

　문화대혁명을 그저 중국 문화의 퇴보라고 치부하기에는 인류 문명사에 끼친 악영향이 너무나 큽니다. 중국이 수천 년간 이룩해 온 문화를 부정하는 반달리즘 사례니까요. 아시아 문화의 정수가 고스란히 잿더미 속에 사라진 셈이죠. 경제적 손실도 엄청납니다. 문화대혁명으로 인한 경제적 손실을 추산하면 오천억 위안, 우리 돈 90조에 가까운 천문학적 금액입니다. 한 노회한 정치인의 권력욕을 채우기 위한 참극의 대가로는 너무 큰 손실이죠.

# 천안문에 여전히 걸린 마오쩌둥 사진

중국의 수도 베이징의 랜드마크인 천안문 광장에 들어서면 웅장한 건물이 보이고, 그 중앙에 사진이 걸려 있습니다. 사진의 주인공은 마오쩌둥입니다. 현재 우리나라의 인구보다 많은 6천만 명의 인민을 아사로 몰아간 지도자의 사진이 버젓이 광장에 있다는 게 믿기시나요?

홍위병을 등에 업고 다시금 권력을 틀어쥔 마오쩌둥에게는 '4인방'이라는 인의 장막이 드리워졌습니다. 마오쩌둥의 부인 장칭을 비롯해 왕홍원, 장춘자오, 야오원위안 네 명의 인물이 국정을 농단했죠.

마오쩌둥은 조반유리(造反有理: 모든 반란에는 다 이유가 있음)의 논리를 내세워 질풍노도의 청소년(홍위병)을 부추겨 공자 관련 문화재 6천여 점을 파괴했고, 현 단위 도서관의 3할 이상을 폐관시켰고, 수억 권이 넘는 책을 불태웠습니다. 현대판 분서갱유라고 할 수 있죠. 마오쩌둥의 어록을 기록한 《소홍서(小紅書)》를 지참하고 팔에는 붉은 완장을 두른 홍위병에게 마오쩌둥의 말은 경전이자 절대적 교리였습니다. 홍위병에게 인민의 적으로 낙인찍히면 몽둥이로 맞아 죽고, 작두 칼날에 베여 죽고, 팔다리

아시아 최초 공화제 국가와 일국양제 구도

를 찢겨 죽었습니다. 명분도 실리도 없이 오직 마오쩌둥의 정적을 제거하고 그의 권력욕을 충족시키기 위한 대학살극이 연출됐습니다.

이런 집단 광기를 기획하고 부추긴 주범인 마오쩌둥의 사진이 여전히 수도 한복판에 걸려 있고, 중국의 국부로 추앙받는 아이러니가 놀랍기만 합니다. 그 이유를 분석하기 위해 먼저 덩샤오핑의 인터뷰를 살펴볼 필요가 있습니다. 1980년, 이탈리아 출신으로 세계 최고의 종군 기자로 알려진 오리아나 팔라치와 덩샤오핑 사이의 대담에서, 팔라치가 천안문 위의 마오쩌둥 초상을 계속 그곳에 놓아 둘 생각인지를 묻습니다. 그러자 덩샤오핑은 그럴 생각이고, 마오쩌둥 주석이 일정 기간 실수한 것은 사실이지만 중국공산당과 중화인민공화국을 창립한 인물이기 때문에 중국인은 그를 당과 국가의 창시자로 소중히 여길 것이라고 답합니다.

마오쩌둥에 대한 '공칠과삼(功七過三: 공적이 칠이라면 과실이 삼)'이라는 평가가 드러난 인터뷰입니다. 그를 무턱대고 비난할 수만은 없다는 논리죠. 덩샤오핑은 문화대혁명 당시 심한 고초를 겪었습니다. 심지어 그의 큰아들은 홍위병에 쫓기다 추락 사고를 당해 하반신이 마비되었습니다. 자신의 실각과 가족의 비극까지 겪어야 했던 정치인이 기자의 선동에도 꿋꿋하게 마오쩌둥을 옹호합니다. 사적인 원한을 억누르고 대승적 차원에서 국가의 안위를 먼저 생각한 발언이었죠.

공산주의 이념의 틀 안에서 외국 자본에 경제를 개방하고 개혁을 추진한 이력답게 유연하고 품 넓은 덩샤오핑의 정책을 '흑묘백묘론(黑貓白貓論)'이라고 합니다. 검은 고양이든 흰 고양이든 쥐만 잘 잡으면 된다는 논리로 경제 정책에서만큼은 실용주의 노선을 강력히 주창했고, 그 덕분에 중국은 매년 두 자릿수 고도성장을 이뤄 낼 수 있었습니다.

현재 중국에서 흔히 대약진운동과 문화대혁명은 혁명 과정에서 빚어진 불가피한 희생으로 미화하는 경우가 많습니다. 인민을 위한 본질은 폄훼할 수 없다는 논리죠. 경제적·사회적 실정과는 별개로 외세를 물리치고 중국을 통일한 점과 인민을 위한 사회주의 건설에 성공했다는 공적만을 부각시키려는 시도입니다. 마오쩌둥이 초대 주석에 오르며 시행한 토지 개혁 정책은 덩샤오핑의 평가대로 '공칠'에 해당하는 대표적인 공적입니다. 아시아에서 토지 개혁이란 어떤 의미일까요? 또한 주변 아시아 국가들에게는 어떤 영향을 미친 것일까요?

우리나라에서 용서할 수 없는 두 가지 잘못이 있습니다. 병역 비리와 입시 부정입니다. 당선을 코앞에 둔 대권주자들도 넘어지게 만드는 게 이 두 가지 역린입니다. 남북이 분단된 상황에서 병역의 의무는 고달프지만 신성한 책무입니다. 대한민국 남성 모두 그리고 그 가족까지 밀접하게 관련된 이슈이니 이해하지만, 입시에 대해 이토록 예민하고 교육열이 뜨거운 이유는 무엇일까요? 만 5세부터 시작되는 무려 26조 규모의 사교육 시장을 어떻게 이해해야 할까요? 노후 대비에는 뒷전이고 월급의 8할 이상을 사교육에 쏟아붓는 이른바 '에듀푸어' 학부모들이 넘쳐나는 이유는 뭘까요?

폭주하는 교육열의 원인은 토지 개혁에 있습니다. 교육과 토지 개혁이 무슨 관계냐고요? 과도한 교육열의 뿌리를 찾아가면 그곳에 토지 개혁이 자리 잡고 있습니다. 근대를 맞이하기 직전까지 아시아 경제의 근간은 농업이었습니다. 병력의 열세를 딛고 공산당이 국민당과의 내전을 승리로 이끈 원인은 대장정이었습니다. 공산당 선배 러시아의 브나로드(민중 속으로)운동처럼 '농민 속으로' 들어간 마오쩌둥의 선택은 옳았습니다. 산업의 근간이 농촌에 있었기에 그들의 마음을 사로잡는 토지 개혁은 군사적 열세를 뒤집을 수 있는 열쇠였죠.

마오쩌둥이 기나긴 내전을 승리로 이끌고 마침내 공산주의 이념의 중화인민공화국이 들어섰을 때, 가장 긴장한 나라가 미국이었습니다. 미국

아시아 최초 공화제 국가와 일국양제 구도

정부는 러시아, 몽골, 중국에 이어 아시아 전체가 공산화될 것을 두려워 특단의 대책을 내놓습니다. 아시아 주요 국가들에게 강력한 토지 개혁을 주문했습니다. 살을 내놓고 뼈를 취하는 전략이랄까요? 자본주의를 지키기 위해 공산주의 강령을 일부 선택한 거죠.

우리나라 상황을 보면, 3·8선 이북에서는 이미 1946년 북조선 임시위원회의 주도로 토지의 무상몰수와 무상분배가 이루어진 상황이었습니다. 미군정 입장에서 3·8선 이남 농민의 부글대는 민심을 감지할 수밖에 없었죠. 군정 책임자 더글라스 맥아더는 이러다 한국도 중국처럼 공산화되면 큰일 나겠다고 판단하여 이승만 정부를 압박했고, 1949년 제헌국회는 농지개혁법을 통과시키게 됩니다.

아시아에서 가장 교육열이 높고 입시 경쟁이 치열한 대한민국·대만·일본 모두 비슷한 과정을 겪었죠. 찢어지게 가난해도 아이들 교육은 시킨다는 것이 우리 시대의 통념이지만 사실 완전히 잘못된 정보입니다. 한국 전쟁의 피해가 어느 정도 회복된 1960년 기준으로, 세계은행보고서는 세계에서 가장 토지 소유가 균등한 나라로 대한민국을 꼽습니다. 놀랍죠? 소 팔아 자식 대학 공부 시켰다는 '우골탑'도 결국 여유가 있으니 가능했던 교육열이었습니다. 소와 전답을 팔아도 먹고살 수는 있으니, 똑똑한 자식의 계층 이동을 위해 희생한 것이죠.

반면 우리가 가장 평등하다고 여기는 기회의 나라 미국의 경우는 어떨까요? 미국은 여전히 기부금 입학 제도가 합법이고 학생이나 학부모 역시 이를 자연스레 여깁니다. 돈을 내고 대학교 졸업장을 사는 기부금 입학제는 우리나라에서는 엄두도 못 낼 일이죠. 누군가 그런 무모한 정책을 입안하려 했다면, 온 국민의 지탄 아래 정계 은퇴 수순을 밟았겠죠.

미국에서는 똑똑하고 공부를 잘한다고 모두 대학에 진학하지도 않습니다. 집안 형편이 어려우면 학자금을 감당할 수 없어 곧바로 생업 전선에 뛰어드는 것을 당연하게 여깁니다. 아무리 봐도 교육 기회의 균등이란 잣대로 사회를 평가하자면, 우리나라가 훨씬 평등합니다. 토지 개혁으로 인해 주어진 농지를 통해 대다수 국민은 일정 수준 이상의 수입을 확보할 수 있었고 이 균등한 자산 배분을 지렛대 삼아, 교육열을 불태울 수 있었습니다. 치열한 입시 경쟁은 아이러니하게도 경제적 평등에서 비롯된 겁니다.

마오쩌둥이 공산혁명을 통해 이룬 농지 개혁이 아시아 전체의 사회, 경제 지형도를 바꿔 놨다고 해도 과언은 아니겠죠?

아시아 최초 공화제 국가와 일국양제 구도

# 시진핑이 권력을 틀어쥘 수 있던 까닭

2022년, 러시아와 우크라이나 전쟁 발발 이후에 사우디아라비아는 중국 위안화를 원유 구매 대금으로 인정했습니다. 세상이 변하고 있습니다. 페트로 달러에서 페트로 위안으로 패권이 넘어가느냐는 이슈에 대해 뉴스가 쏟아져 나왔죠.

이런 국제 통화 체제가 흔들리기 시작한 것은 1971년 리처드 닉슨 미국 대통령의 금태환제 포기 선언부터입니다. 금본위를 포기한 닉슨의 발표를 닉슨 쇼크라고도 합니다. 닉슨 쇼크의 원인은 베트남 전쟁에 있었습니다. 베트남은 몽골 제국 그리고 미국과도 한판 붙어 모두 승리를 거둔 나라입니다. 제2차 세계대전 직후의 미국은 세계 최강자였는데도 말이죠.

제2차 세계대전 이후의 브레턴우즈 협정을 통해 기축 통화가 된 달러는 금태환제 포기, 서브프라임 모기지 사태 이후의 양적 완화를 거치며 위상이 약해지긴 했지만 여전히 가공할 만한 위력을 지니고 있습니다. 그런데 개혁개방 이후 중국이 이루어 낸 엄청난 성장을 무기로 삼아 달러 패권에 균열을 일으킨 인물이 시진핑입니다. 청일 전쟁이나 러일 전쟁처럼 대포가 불을 뿜고 피가 튀어야만 전쟁이 아닙니다. 총성 없는 경제 전쟁에서 미국의 달러 패권에 치명타를 먹인 것도 승리입니다. 헌법까지 고치며 3연임을 이루어 낸 중화인민공화국의 제7대 주석 시진핑은 과연 어떤 인물일까요?

마오쩌둥의 사망 이후에 후계 문제가 중국 공산당의 가장 큰 골칫거리였습니다. 대부분의 왕조나 기업에서 카리스마 넘치는 창업주가 사라지면 왕자의 난이 종종 일어나는 것처럼 말이죠. 공산당 내 파벌 간 신경전이 살벌했습니다. 주요 파벌로는 공청단·상하이방·태자당이 있습니다. 공청단은 중국 공산주의 청년단의 약자로, 후진타오·리커창·후야오방 등이 대표적인 인물입니다. 주로 각 학교에서 품행이 단정하고 두뇌가 명석한 모범생들이 입단하며 공산당 내 최대 파벌이기도 합니다.

상하이방은 상하이 지방 행정 관료들이 공산당 고위직에 진출해 계파를 형성해 만들어졌습니다. 대표적 인물로 장쩌민, 주룽지, 우방궈 등이 있습니다. 장쩌민은 1989년 천안문 시위가 발생하자, 베이징의 강경 진압과 달리 상하이시에서 일어난 시위를 비교적 온건하게 처리했습니다. 그는 덕분에 덩샤오핑의 눈에 들어 일약 지방 행정관에서 중앙 정치의 기린아로 등극하였죠. 공산당 내에 자기 세력이 없으니 상하이 시절 인연을 맺었던 인사들을 중용하여 상하이방이 구성되었습니다. 비교적 뒤늦게 조성된 파벌입니다.

태자당은 혁명 원로·당·정·군·재계 고위층 자식들이 속한 파벌입니다. 공식적 조직이 존재한다고 표현하기는 어렵고, 선대부터 이어지는 끈끈한 네트워크를 바탕으로 서로 끌어 주고 밀어주는 관계입니다. '꽌시(關係: 관계)'를 중요시하는 중국 문화에서 이러한 네트워크는 단순한 사교 수준을 넘어서는 중요한 자산입니다. 태자당에는 금수저로 태어나 고급 교육을 받고 어린 나이에 출세한 인물이 많습니다. 국무원 부총리를 지낸 원로 보이보의 아들 보시라이가 대표적 인물입니다. 온갖 추문과 부패 혐의로 몰락한 정치인이죠. 그와 같은 태자당 출신이지만 10여 년째 중국 최고 권력자로 군림해 온 인물이 시진핑입니다.

물론 시진핑과 보시라이는 같은 태자당이만, 근본적인 차이가 있습니다. 시진핑의 아버지 시중쉰이 마오쩌둥에게 숙청당했기 때문이죠. 태자당은 태자당이로되 시련을 겪은 태자당입니다. 시진핑은 눈물 젖은 빵을 먹어 봤습니다. 시중쉰은 산시성 지주의 아들로 태어나 자생적 공산주의자의 길을 걸었습니다. 공청단에 가입하여 투옥을 불사할 정도로 열혈 활동을 이어 가던 중, 대장정을 통해 산시성으로 들어온 마오쩌둥과 운명적으로 만납니다. 중화인민공화국의 건국 이후에 중국을 5개의 권역으로 나눠 통치했는데, 그 가운데 서북국의 책임자가 될 정도로 공산당의 핵심이었습니다. 하지만 국무원 부총리까지 지낸 시중쉰의 운명은 문화대혁명의 소용돌이 속에서 나락까지 떨어지게 됩니다.

시중쉰은 반역 분자로 몰려 투옥되고 집안은 풍비박산 납니다. 시진핑 누이 시허핑은 반동의 딸이라는 이유로 두들겨 맞고 조리돌림 당하다가 죽음을 맞습니다. 시진핑도 시골로 추방되어 고생합니다. 이른바 하방(下放: 중국 당원·공무원 관료화 방지를 위해 일정 기간 농촌·공장에서 노동에 종사하도록 하는 것)을 겪은 것이지요. 시중쉰은 문화대혁명이 시들해질 무렵 석방되었고, 덩샤오핑이 집권하자 다시 고위직으로 복귀하게 됩니다. 시진핑도 하방 생활을 마치고 칭화 대학에 입학하며 입지를 다졌습니다. 시진핑은 대학 졸업 후에 허베이성, 푸젠성, 저장성 등 여러 지방에서 당 고위직을 맡으며 승승장구합니다. 하지만 이때까지만 해도 시진핑이 중국 최고 권력자가 되리라고 예상한 이는 많지 않았죠. 그렇다면 시진핑은 어떻게 중화인민공화국 주석에 오를 수 있었을까요?

그 이유를 밝히려면 마오쩌둥 사망 이후 극심한 혼란기를 정리하고 집권한 덩샤오핑으로 거슬러 올라가야 합니다. 덩샤오핑은 자신의 후계를 상하이방 장쩌민에게 넘기며 한 가지 조건을 겁니다. 장쩌민이 물러날 때는 자신의 파벌 상하이방이 아닌 공청단의 후진타오에게 후계를 물려줘야 한다는 겁니다. 한쪽 파벌이 득세하여 힘의 균형이 무너지는 것을 경계했기 때문입니다. 믿기 어려운 이야기지만, 비정한 정치 세계에서 이 이상적인 약속이 지켜집니다. 덩샤오핑에서 장쩌민, 장쩌민에서 후진타오로 이어진 권력 승계를 흔히 '격대지정(隔代指定: 현 최고지도자가 차차기 최고지도자를 미리 정해 권력 승계를 투명하게 하는 중국의 최고지도자 교체 방식)'이라고 합니다.

　　후진타오가 권좌에서 내려올 때, 이제 다시 상하이방으로 후계를 이어 가야 하는 상황이었습니다. 상하이방의 천량위가 차기 지도자로 낙점된 상태였습니다만, 그의 비리가 천문학적 규모여서 같은 파벌 장쩌민도 방어해 줄 수 없었습니다. 이 틈을 타 후진타오는 같은 공청단의 리커창을 후계로 삼으려고 했습니다. 이에 상하이방은 연이어 공청단이 집권하는 꼴만은 볼 수 없었기에, 제3의 카드를 내밀게 되니 그것이 바로 태자당의 시진핑이었습니다. 상하이방과 공청단에 치여 약체로 분류되던 태자당에게 권력을 넘기는 편이 오히려 마음 놓이는 정세였죠. 시진핑의 입장에서는 그야말로 어부지리였습니다.

　　거기에 아버지 시중쉰의 업적과 정치적 행보 및 성품도 큰 영향을 미쳤습니다. 덩샤오핑에 의해 복권된 시중쉰이지만, 결국 권력 투쟁에서 밀려난 후 광둥성으로 정치적 하방을 선택했습니다. 베이징에 남아 원로 대접을 받을 수 있었지만, 한껏 몸을 낮춘 셈이죠. 개혁개방 정책의 최선봉 선전 경제특구나 광둥성을 기반으로 삼아, 시중쉰은 여러 관계를 구축했고 이는 훗날 시진핑의 정치적 자산으로 작용되었습니다. 시중쉰은 실용적 노선에 온건한 성품으로 주변의 신망이 두터웠죠. 각 계파 원로들은 아버지 시중쉰의 성격이 온화했으니 시진핑도 여러 파벌의 의견을 경청할 것이라 믿고 지지했습니다. 혁명 원로 시중쉰의 하방으로 고초를 겪기도 했지만, 결국 시진핑이 집권할 수 있던 원동력은 아버지 시중쉰의 유산이었습니다.

하지만 웬걸? 고양이인 줄 알았던 시진핑이 호랑이라는 사실을 깨닫는 데 그리 오래 걸리지 않았습니다. 당 총서기와 중앙군사위 주석 자리를 동시에 이양받은 시진핑은 자신의 권력을 공고히 하고 3연임으로도 모자라 영구 집권을 꾀하고 있는 실정입니다.

인민이 주인이라는 공산 국가에서 아이러니하게도 '시황제'라는 별명으로 불리며 1인 독재로 나아가고 있는 시진핑의 중국이 앞으로 어떤 변화를 보여 줄지 귀추가 주목됩니다.

| 참고 자료 |

## 참고 도서

《고전의 힘, 그 역사를 읽다》, 김월회, 안재원, 현암사, 2016.

《녹주공안, 청조지방관의 재판기록》, 남정원, 이산, 2010.

《만주족 이야기》, 이훈, 너머북스, 2018.

《명나라의 임진전쟁》, 송응창, 사회평론아카데미, 2020.

《상소문을 읽으면 조선이 보인다》, 구자청, 역사공간, 2013.

《세계의 역사》, 앤드루 마, 은행나무, 2014.

《열하일기》, 박지원, 돌베개, 2009.

《옥스퍼드 중국사 수업》, 폴 로프, 유유, 2016.

《이것이 중국의 역사다》, 홍이, 애플북스, 2018.

《이중톈, 중국인을 말하다》, 이중톈, 은행나무, 2008.

《일본극우의 탄생, 메이지유신 이야기》, 서현선, 라의누, 2019.

《일요일의 역사가》, 주경철, 현대문학, 2016.

《정조어찰첩》, 성균관대학교 동아시아학술원 편저, 성균관대학교출판부, 2009.

《중국사의 대가》, 수호전을 역사로 읽다, 미야자키 이치사다, 푸른역사, 2006.

《중국의 역사, 판슈즈》, 고려대학교출판부, 2007.

《천추흥망》, 야오따리, 따뜻한손, 2010.

《칭기즈칸 신 앞에 평등한 제국을 꿈꾸다》, 잭 웨더포드, 책과함께, 2017.

《칭기즈의 교환》, 티모시 메이, 사계절, 2020.

《하버드 중국사 원·명》, 티모시 브룩, 너머북스, 2014.

《한시를 알면 중국이 보인다》, 오성수, 청동거울, 2002.

《해양실크로드의 역사》, 이경신, 선인, 2018.

## 참고 사이트

조선왕조실록 https://sillok.history.go.kr/main/main.do